Leopold Joseph Fitzinger

Der Hund und seine Rassen

Naturgeschichte des zahmen Hundes, seiner Formen, Rassen und Kreuzungen

Verlag der Wissenschaften

Leopold Joseph Fitzinger

Der Hund und seine Rassen

Naturgeschichte des zahmen Hundes, seiner Formen, Rassen und Kreuzungen

ISBN/EAN: 9783957003300

Auflage: 1

Erscheinungsjahr: 2015

Erscheinungsort: Norderstedt, Deutschland

Hergestellt in Europa, USA, Kanada, Australien, Japan
Verlag der Wissenschaften in Hansebooks GmbH, Norderstedt

Der Hund und seine Racen.

Der

Hund und seine Racen.

Naturgeschichte des zahmen Hundes, seiner Formen, Racen und Kreuzungen

von

Dr. Leop. Jos. Fitzinger,

Ritter des kaiserl. österr. Franz-Joseph- und königl. preuß. Kronen-Ordens 3. Cl., emerit. Erstem Custos-Adjuncten des k. k. zoologischen Hof-Cabinetes, wirkl. Mitgliede der kaiserl. Akademie der Wissenschaften u. s. w.

Mit 6 Tafeln Abbildungen und vielen Text-Vignetten in Holzschnitt.

Tübingen.

Verlag der H. Laupp'schen Buchhandlung.

1876.

Vorwort.

Diese Schrift, welche — wie schon aus dem Titel derselben hervorgeht, — sich nur mit den heut zu Tage nicht mehr im wilden oder freien Naturzustande vorkommenden Arten der natürlichen Familie der Hunde zu beschäftigen bestimmt ist, das ist mit allen jenen Arten, welche die Zoologen sowohl als auch die Laien unter der gemeinsamen Benennung „der zahme Hund" zusammenzufassen gewohnt sind, hat die Aufgabe, sämmtliche Hauptformen desselben, so wie auch alle ihre seither beschriebenen Abänderungen und Racen in umfassender und möglichst erschöpfender Weise zu behandeln. Sie soll ein Compendium bilden, das über alle die Natur des zahmen Hundes betreffenden Fragen, seine Eigenschaften, Verwendung, Geschichte u. s. w. genügenden Aufschluß gibt und den Freunden dieses für den Menschen so wichtigen Thieres zugleich Gelegenheit bietet, sich bei der überaus großen Anzahl von Abänderungen und Racen in der richtigen Erkennung zurecht zu finden.

Von der Verlagshandlung mit der Bearbeitung dieser Schrift betraut, betrachte ich es für meine Pflicht vor Allem darüber Rechenschaft zu geben, auf welchen Grundlagen dieselbe beruht.

Seit mehr als fünfzig Jahren habe ich meine Aufmerksamkeit dem Studium der Hunde-Racen zugewendet und das Resultat derselben in mehreren meiner Schriften niedergelegt, und zwar hauptsächlich im ersten Bande meiner zwischen den Jahren 1855—1861 zu Wien in sechs Octav-Bänden erschienenen „Wissenschaftlich-populären Naturgeschichte der Säugethiere in ihren sämmtlichen Hauptformen", welche jedoch nicht außerhalb Oesterreich unter das große Publikum gelangte und in Deutschland gänzlich unbekannt geblieben ist, da sie im eigenen Lande vollständig abgesetzt wurde und schon seit mehreren Jahren bereits vergriffen ist, — und in zwei größeren strengwissenschaftlichen Abhandlungen, von denen die eine „Untersuchungen über die

Abstammung des Hundes" im LIV. Bande der Sitzungsberichte der mathematisch-naturwissenschaftlichen Klasse der kaiserlichen Akademie der Wissenschaften, der im Jahre 1866 ausgegeben wurde, die andere aus drei Abtheilungen bestehende aber unter dem Titel „Die Racen des zahmen Hundes" im LVI. Bande der akademischen Sitzungsberichte, der im Jahre 1867 veröffentlicht wurde, enthalten ist, und die beide wohl nur unter meinen Fachgenossen bekannt geworden sind.

Es ist wohl selbstverständlich, daß ich diese meine früheren Arbeiten bei Verfassung des vorliegenden Buches benützt habe und von den darin bekannt gegebenen, aus meinen Untersuchungen hervorgegangenen Resultaten nicht abgewichen bin, da sich dieselben auf langjährige gründliche Studien und eine sorgfältige Vergleichung der allermeisten seither beschriebenen Racen gründen, die ich während jener Zeit lebend zu sehen oder beobachten zu können Gelegenheit hatte.

Doch habe ich diesem Gegenstande in dem vorliegenden Buche eine weit größere Ausdehnung gegeben, denselben durchaus neu bearbeitet und in einer leichtfaßlichen, daher auch allgemein verständlichen Weise darzustellen mich bestrebt, so daß ich ohne Unbescheidenheit aussprechen zu dürfen glaube, denselben möglichst erschöpft zu haben.

Möchte dieses Buch, welches wohl allen Anforderungen entsprechen dürfte, die man an dasselbe zu stellen berechtigt ist, nicht nur bei meinen Fachgenossen, sondern auch beim größeren Publikum, für welches es vorzugsweise bestimmt ist, eine freundliche wohlwollende Aufnahme finden, wodurch sowohl ich, als auch die Verlagshandlung, die keine Kosten gescheut, dasselbe in einer würdigen Weise auszustatten, hinreichende Belohnung finden würden.

Hietzing bei Schönbrunn am 15. December 1875.

Der Verfasser.

Inhalt.

Verzeichniß der Abbildungen

(siehe Berichtigung auf Seite 276).

Tafel 1.

Deutscher Stöberhund. Deutscher Jagdhund. Leithund. Langhaariger Vorstehhund. Englischer Hühnerhund.

Tafel 2.

Türkischer Windhund. Englischer Windhund. Großer Windhund. Persischer Windhund. Lurcher.

Erste Abtheilung.

Der zahme Hund im Allgemeinen.

Unter dem Namen „der zahme Hund“ versteht man alle jene Formen der hundeartigen oder der natürlichen Familie der Hunde (Canes) angehörigen Thiere, welche dermalen nirgends mehr im wilden oder frei lebenden Zustande angetroffen werden und im Laufe der Zeiten vollständig domesticirt und der Herrschaft des Menschen unterworfen worden sind.

Alle jene Hunde, die in mehreren Ländern heut zu Tage im wilden Zustande vorkommen, gehören zwar derselben Gattung, doch durchaus verschiedenen Arten an und nur selten werden jetzt noch hie und da einzelne Formen des zahmen Hundes im verwilderten oder halbwilden Zustande angetroffen.

Ein ähnliches Verhältniß findet auch fast bei allen übrigen unserer Haus-Säugethiere statt, von denen gleichfalls die allermeisten Arten blos im zahmen Zustande bekannt sind und unter denen sich nur sehr wenige befinden, welche auch noch dermalen im freien Naturzustande angetroffen werden.

Ebenso verhält es sich mit dem größten Theile der zu Hausthieren des Menschen gewordenen Arten der Vögel, von denen eine nicht unbeträchtliche Anzahl heut zu Tage nur im Hausstande bekannt ist und nach welchen man im freien Naturzustande vergebens suchen würde.

Die Zähmung des Hundes und höchst wahrscheinlich auch so mancher anderer unserer Hausthiere scheint bis in die Urzeit des Menschengeschlechtes zurückzureichen, wie wir dieß zum Theile auch in der heiligen Schrift bestätigt finden, die Kain als Ackersmann nennt, Abel als Hüter der Schafe.

Der Uebergang dieser Thiere in den Hausstand kann aber nur allmählig stattgefunden haben, bis es endlich dahin kam, sämmtliche Individuen gewisser Arten vollständig unter die Herrschaft des Menschen zu bringen.

Daß aber die zahlreichen Formen und Racen des zahmen Hundes nicht so wie die älteren Naturforscher wähnten und auch die späteren selbst bis in die neueste Zeit anzunehmen gewohnt waren, sämmtlich nur von einer einzigen Stammart abgeleitet werden können, sondern denselben ebenso wie den allermeisten von unseren Hausthieren mehrere und zum Theile sehr deutlich von einander verschiedenen Arten zu Grunde liegen, wird in einem der folgenden Abschnitte, welcher von der Abstammung des zahmen Hundes handelt, näher erörtert werden.

Seine Lebensweise, Sitten und Gewohnheiten.

Sämmtliche Formen des zahmen Hundes, so verschieden manche derselben bezüglich ihrer körperlichen Merkmale von einander auch erscheinen mögen, kommen in Ansehung ihrer Lebensweise, ihrer Sitten und Gewohnheiten in vieler Hinsicht beinahe vollständig mit einander überein.

Alle sind Tagthiere und lieben mehr oder weniger die Geselligkeit. Es ist dieß eine Eigenschaft, welche das wichtigste Erforderniß für jedes Hausthier bildet und die auch bei den im halbwilden Zustande vorkommenden Hunden angetroffen wird, indem sich dieselben mit einander vereinigen, um gemeinschaftlich einer Beute nachzujagen, oder auch um sich gegen Feinde zu vertheidigen und sich hierbei gegenseitig zu unterstützen.

Die Stimme des zahmen Hundes besteht theils in einem mehr oder weniger lauten und hellen Gebelle, das bald kürzer, bald länger anhält, theils in einem kläglichen Geheule, oder auch in einem Knurren oder Winseln, je nach den verschiedenen Leidenschaften, die ihn bewegen und die er dadurch auszudrücken sucht.

Er genießt beinahe Alles und nimmt thierische sowohl, als vegetabilische Nahrung, im rohen wie im zubereiteten Zustande zu sich. Fleisch zieht er aber jeder anderen Nahrung vor und scheint eine besondere Vorliebe für das etwas faul gewordene zu haben; wie er denn überhaupt selbst jene Nahrungsmittel, an die er sonst nicht gerne geht, oft mit Gier verzehrt, wenn er in denselben auch nur den Geruch von Fleisch verspürt. Nach dem Fleische sind es zunächst die Knochen, für welche er eine besondere Leidenschaft hat und welche auch wesentlich zur Erhaltung seiner Gesundheit beitragen. Fast ebenso liebt er auch das Fett und vorzüglich die Butter, daher er unter den gekochten Speisen auch allen jenen den Vorzug gibt, die mit Fett versetzt sind. Auch mehlige Speisen frißt der Hund gerne, wenn dieselben genügend mit Zucker versüßt sind, da er für diesen eine fast ebensogroße Vorliebe hat, wie für das Fleisch; denn keine Nahrung, kein Getränke wird von ihm verschmäht, wenn er den süßen Geschmack derselben kennen gelernt hat. Aus diesem Grunde frißt er auch gerne süßes Obst, unter welchem er den Birnen und vorzüglich den Pflaumen den Vorzug gibt.

Eines der Hauptbedürfnisse des Hundes besteht aber in dem Getränke und vor Allem in frischem reinem Wasser, von welchem er nicht nur sehr viel trinkt, sondern dasselbe auch sehr oft aufsucht. Uebrigens kann er den Hunger sowohl, als auch den Durst sehr lange ertragen. Sein Getränke vermag der Hund nur mittelst seiner Zunge schlappend in den Mund zu schöpfen, wobei dieselbe beinahe eine löffelförmige Gestalt annimmt und nur an der Spitze etwas nach abwärts gebogen erscheint.

Fleisch, Knochen und Brod verscharrt er, wenn er sich schon gesättigt fühlt und nichts weiter mehr davon verzehren kann, mittelst seiner Nase in die Erde, indem er diese von der Mahlzeit erübrigten Reste sorgfältig mit derselben überdeckt, oder trägt sie auch an irgend einen sicheren und versteckten Ort, um sie später wieder sich zu holen.

Hat sich der Hund den Magen überladen oder fühlt er in demselben einen Knochen, den er nicht leicht verdauen kann, so sucht er sich durch Erbrechen Erleichterung zu verschaffen und befindet sich in der Regel schon sehr bald darauf wieder völlig wohl. Instinktmäßig sucht er sich durch den Genuß von allerlei Grasarten, vorzüglich von junger Saat und bei uns auch von einer gewissen Queckenart, die unter dem Namen „Hundsquecke“ bekannt ist, zum Erbrechen zu reizen, sowie er auch um eine Darmentleerung zu erzielen, mancherlei stachelige Kräuterarten frißt.

Trifft er irgendwo auf Aas, sei es auch nur von einer Maus oder einem kleinen Vogel, so wälzt er sich gierig auf demselben, da er ein ganz besonderes Wohlgefallen an dem faulen Geruche findet. Wenn der Hund aber, was sich öfter ereignet, selbst die ekelhaftesten Gegenstände und sogar menschliche Excremente verzehrt, so ist dies immer ein Zeichen, daß er an einem Wurmübel leidet.

Der gewöhnliche Gang des Hundes besteht in einem raschen, andauernden Trabe, bei welchem der Hintertheil des Körpers beinahe immer eine etwas schiefe Richtung zeigt, doch kann er auch mit großer Schnelligkeit und Ausdauer laufen und häufig wird sein Lauf durch oft ziemlich weite Sprünge unterbrochen. So leicht er sich auch beim Trabe wenden und die eingeschlagene Richtung ändern kann, so schwierig wird es ihm, eine rasche Wendung beim Laufe vorzunehmen.

Mit großer Leichtigkeit und Gewandtheit kann der Hund auch springen und dadurch selbst auf verhältnißmäßig ziemlich hohe Gegenstände gelangen, vorzüglich wenn er dazu einen besonderen Anlauf nimmt, doch klettern kann er durchaus nicht, da seine Krallen ganz und gar nicht hierzu eingerichtet sind.

Alle Hunde können schwimmen und gewisse Formen sogar mit außerordentlicher Gewandtheit und Ausdauer, aber nicht jeder Hund geht gerne in das Wasser und manche scheuen sich sogar vor demselben, während andere wieder große Liebe für dasselbe zu erkennen geben.

Um auszuruhen, nimmt der Hund entweder eine sitzende oder auch eine liegende

Stellung an. Im ersteren Falle setzt er sich auf den Hintertheil seines Körpers und stützt den Vordertheil desselben auf die beiden Vorderbeine; im letzteren Falle legt er sich auf eine seiner Leibesseiten und streckt dabei alle vier Beine von sich, oder auch auf den Bauch, wobei er die Vorderbeine nach vorwärts streckt, um zwischen dieselben seinen Kopf zu legen, und die beiden Hinterbeine gewöhnlich nach einer Seite legt, oder dieselben auch, obgleich nur selten, gerade nach rückwärts ausstreckt. Zuweilen legt er sich aber auch auf den Rücken und vorzüglich zur Sommerszeit oder auch bei Nacht, die er gewöhnlich schlafend zubringt und wobei er die Beine an sich zieht, den Rücken krümmt und die Schnauze zwischen die Vorderbeine verbirgt, wodurch er sich zur Winterszeit zugleich erwärmt.

Der Hund bringt einen großen Theil seines Lebens mit Schlafen zu und häufig schläft er auch — obgleich mit Unterbrechungen — bei Tage. Immer ist sein Schlaf aber leise und sehr oft auch unruhig, indem er bisweilen zu wiederholten Malen die angenommene Lage verändert oder auch seine Lagerstätte wechselt. Nicht selten träumt er auch im Schlafe, wie dieß aus seinem Benehmen deutlich zu ersehen ist. Manchmal gibt er dieß durch allerlei Zuckungen an verschiedenen Körpertheilen und insbesondere an den Lippen und den Beinen zu erkennen, wobei er die letzteren oft rasch und gleichsam wie beim Laufe bewegt, oder auch durch Wedeln mit dem Schwanze, durch dumpfes Knurren und zuweilen sogar durch ein leises und gleichsam unterdrücktes Aufbellen, da er den Mund dabei fest geschlossen hält. Beim Erwachen schüttelt er jedes Mal Kopf und Ohren, gähnt einige Male und streckt dann Leib und Glieder.

Eigenthümlich ist das Betragen des Hundes, bevor er sich der Ruhe überläßt; denn immer geht er vorerst einige Male im Kreise um sein Lager und scharrt dasselbe auf, und wenn er keine besondere Unterlage hat, auch selbst den nackten Boden, worauf er sich dann plötzlich hinstreckt.

Ueberhaupt scharrt er gerne in der Erde und wühlt den Boden sowohl mit den Vorder- als den Hinterfüßen auf.

Obgleich der Hund sich in der Wärme ganz besonders behaglich fühlt und zur Sommerszeit sich sehr gerne von den Sonnenstrahlen bescheinen läßt, während er im Winter sich stets in der Nähe des Ofens zu lagern sucht, so kann er die drückende Sonnenhitze doch nicht gut vertragen, denn schon nach kurzem Laufe in derselben läßt er keuchend seine Zunge aus dem Munde hängen.

Verzärtelte Hunde sind gegen Kälte sehr empfindlich, daher sie auch schon bei einem geringen Herabsinken der Temperatur oft an allen Gliedern zittern. Demungeachtet vertragen nur wenige eine Decke.

Eine fast eben so große Liebe wie für Wärme, zeigt der Hund für Reinlichkeit, daher er auch verlangt, daß seine Lagerstätte stets rein gehalten werde. Deßhalb geht er auch meistens gerne in's Wasser und beleckt sich, so oft er eine unreine Stelle an irgend einem Theile seines Körpers bemerkt.

Um sich seiner Excremente zu entledigen, sucht der Hund gewöhnlich kahle

Stellen und insbesondere Steine auf und überdeckt dann seinen Unrath meistens mit Kehricht oder Erde, die er mittelst seiner Hinterfüße aufscharrt und hinter sich zurückwirft.

Eine besondere Eigenthümlichkeit des Hundes, die jedoch nur dem Männchen eigen ist, besteht in dem unzählige Male sich wiederholenden Absetzen seines Harnes, wenn er in's Freie kommt, was immer mit aufgehobenem Hinterbeine geschieht, sobald er ein Alter von 9 Monaten erreicht hat. In der Jugend harnt auch das Männchen hockend, wie die Weibchen. Fast an keiner Mauer, keinem Ecksteine, Erd- oder Steinhaufen, an keinem Pfahle, Baume, Strauche oder Zaune kann der männliche Hund vorübergehen, ohne dieselben wenigstens zum tropfenweisen Absetzen seines Harnes zu benützen. Treffen die Männchen mit einem anderen Hunde zusammen, so nähern sie sich einander, um sich gegenseitig zu beriechen, und zwar vorzüglich in der Aftergegend, wo sich jederseits eine besondere Absonderungsdrüse befindet, die eine schmierige und eigenthümlich riechende Substanz in den Mastdarm ausscheidet; und sehen sie sich zum ersten Male, so geben sie ihre wechselseitige Begrüßung dadurch zu erkennen, daß sie mit der freundlichsten Miene an dem Orte ihrer Zusammenkunft unzählige Male einige Tropfen ihres Harnes lassen.

Auffallend ist es, daß während so manche andere unserer Haus-Säugethiere deutlich am ganzen Körper schwitzen, dieß beim Hunde nur in sehr geringem Maße der Fall ist und sich der Schweiß bei demselben fast ausschließlich auf der Zunge absondert, die er schon bei geringer Erhitzung unter fast beständigem Keuchen aus dem Munde hängen läßt und von welcher der Schweiß tropfenweise herabtriest.

Seine Wunden heilt sich der Hund selbst und zwar blos durch fortwährendes Belecken mit der Zunge, und kann er nicht selbst mit derselben bis an die wunde Stelle langen, so übt einer seiner Hausgenossen diesen Dienst.

Er besitzt auch ein nicht zu verkennendes Vorgefühl bei Veränderung der Witterung und verbreitet bei herannahendem Regen meist einen widrigen Geruch. Er zeigt dann nur wenig Lustbarkeit, ist träge, nimmt blos wenig oder gar keine Nahrung zu sich und erbricht sich auch zuweilen ohne eine vorausgegangene Ueberladung des Magens.

Seine Nerven sind überhaupt höchst reizbar und empfindlich. Glockengeläute, Musik, besonders der Schall von Blas-Instrumenten, und selbst das helle Licht des Vollmondes, versetzen ihn in große Unruhe. Er flieht dann, wenn er kann, an eine Straßenecke, fängt jämmerlich zu heulen an und lockt dadurch auch andere Hunde herbei, die in sein Geheul einstimmen.

Alles was schnell und rasch an ihm vorübereilt, seien es Menschen, Thiere oder rollende Wagen, oder auch ein vom Winde vor ihm hergetriebenes Blatt, fällt er und insbesondere in seiner Jugend an und verfolgt es unter beständigem Gebelle.

Sein Bellen ist aber keineswegs immer ein Zeichen seines Unmuthes oder seines Grimmes, sondern erfolgt häufig auch aus Freude und bisweilen sogar aus Furcht. Schlecht gekleidete Personen und vorzüglich wenn sich dieselben leise und gleichsam ausspähend in die Häuser schleichen und ihren Blick umherstreichen lassen, fällt er heftig bellend an und ebenso auch jene, welche vor ihm fliehen und die er dann verfolgt.

Wer sich ruhig verhält und unerschrocken stehen bleibt, schreckt nicht selten dadurch den Hund zurück. Auch die Ausdünstung mancher Personen scheint widrig auf ihn einzuwirken, denn solche Leute fällt er gewöhnlich an und läßt sich nicht so leicht und selbst von seinem eigenen Herrn nicht besänftigen.

Dagegen scheint er die Neigung, die manche Personen zu den Hunden haben, schon im Voraus zu erkennen, obgleich er jedem Fremden immer nach den Augen sieht. Niemals vergißt er aber seinen Wohlthäter, denn wer ihm Gutes gethan, ihn gepflegt, geheilt, beschützt oder gerettet hat, dem bleibt er immer dankbar. Ebensowenig vergißt er aber auch Denjenigen, der ihm Unrecht gethan, ein Leid zugefügt, geneckt oder gequält hat.

Seine Freude gibt er durch Wedeln mit dem Schwanze und rasches Hin- und Herbewegen des Hintertheiles seines Körpers zu erkennen, durch Entgegenspringen, Anschmiegen und Belecken, und fast immer auch durch anhaltendes und wiederholtes Bellen.

Fortpflanzung und Alter.

Die Paarungs- oder Laufzeit tritt bei allen Formen und Racen des zahmen Hundes in der Regel zweimal im Jahre ein und zwar einmal im Sommer und ein zweites Mal im Winter und hält 10 bis 14 Tage an; doch ist sie keineswegs immer an einen bestimmten Zeitpunkt gebunden.

Gewöhnlich fällt die sommerliche Paarung in die Monate Juli und August, die winterliche in die Monate Januar und Februar; nicht selten treten beide aber auch etwas früher oder später ein und zwar bei den größeren Formen früher, bei den kleineren später. Kommt diese Zeit heran, so ist es kaum möglich die Männchen im Hause zurückzuhalten; denn sind dieselben nicht angekettet, so ist selbst die strengste Aufsicht fruchtlos, da sie stets den richtigen Moment abzulauschen wissen, um aus dem Hause entfliehen zu können. Ja selbst dem eigenen Herrn, wenn er den Hund, ohne denselben an der Schnur zu führen, mit sich auf die Straße nimmt, entwischt er und kommt dann oft viele Stunden und selbst Tage lang nicht zurück, oder bleibt auch nicht selten ganze Nächte hindurch vom Hause fern, was sich gewöhnlich durch mehrere Tage wiederholt. So unangenehm dieß auch für den Besitzer sein mag, so erscheint es doch durchaus nicht räthlich, den Hund während der Laufzeit von diesen Ausflügen gewaltsam abzuhalten, da hierdurch der Geschlechtstrieb unterdrückt wird, was eine der Hauptursachen ist, durch welche eine der gefürchtetsten Krankheiten des Hundes, die Wuth, hervorgerufen wird.

Kommt der Hund einer läufigen Hündin auf die Spur, so verfolgt er diese so lange, bis er die Hündin trifft, um welche sich beinahe immer schon eine größere Anzahl von Männchen versammelt hat, unter denen es dann gewöhnlich zu heftigem Streite und erbitterten Kämpfen kommt, und bei welchen es selten ohne Verwundungen abgeht. Die Ausdauer, mit welcher der Hund die Behausung des aufgefundenen Weibchens bewacht, erscheint beinahe unglaublich, denn unverrückten Auges den Blick nach dem Hause gerichtet, in welchem sich die Hündin befindet, verweilt er oft viele Stunden an einer und derselben Stelle vor demselben, und kehrt, wenn er sich bisweilen auf kurze Zeit davon entfernt, immer wieder dahin zurück.

Die Tragzeit des Weibchens beträgt 9—10 Wochen, meistens aber 63 Tage.

Der Wurf der Jungen erfolgt nach der Sommer-Paarung am häufigsten im Monate September oder Anfangs Oktober, nach der Winter-Paarung im Monate März oder Anfangs April, bisweilen aber auch zu beiden Jahreszeiten etwas früher oder später, und gewöhnlich geht derselbe an einem dunklen Orte vor sich. Die Zahl der Jungen beträgt in der Regel 4—6, seltener bis 10, und nur in höchst seltenen Fällen steigert sich die Zahl derselben bis auf 15, ja selbst bis auf 21, die vollkommen ausgebildet, behaart und bereits mit den Vorderzähnen versehen, aber mit geschlossenen Augen zur Welt kommen und bei denen sich erst nach 10—12, ja selbst nach 14 Tagen die Augenlider öffnen.

Die Pflege der Jungen wird nur von der Mutter allein besorgt, welche sie durch 5—8 Wochen oder 2 Monate säugt, sorgfältig bewahrt, beleckt, erwärmt, vertheidigt und bisweilen auch, wenn sie dieselben nicht für vollkommen gesichert hält, im Munde von einem Orte zum anderen trägt, wobei sie jedes einzelne an der schlaffen Haut des Halses sanft mit den Zähnen erfaßt und an eine ihr sicher erscheinende Stelle bringt.

Schon während des dritten und vierten Monats ihres Lebens wechseln die Jungen ihre ersten Zähne, verlassen die Mutter im sechsten Monate und sind nach dem zehnten Monate und zuweilen auch schon nach dem neunten selbst zur Fortpflanzung geeignet.

Mit dem fünften Jahre ist der Hund vollständig erwachsen, aber im zwölften Jahre bereits alt, doch kann er ein Alter von zwanzig Jahren und auch darüber erreichen. Es sind einzelne, jedoch nur äußerst selten vorkommende Beispiele bekannt, daß Hunde bei sorgfältiger Pflege in ihren späteren Jahren und wenn sie blos mit kräftiger Fleischbrühe und Weißbrod gefüttert wurden, sogar ein Alter von mehr als 26, ja selbst bis zu 30 Jahren erreicht haben.

Im höheren Alter verliert der Hund aber sein Gehör und noch mehr seinen Geruch. Er erblindet, seine bereits stark abgenützten Zähne sterben ab und fallen aus, sein Haar ergraut in der Stirngegend, um die Augen und an der Schnauze, und Unreinheit tritt an die Stelle früher gewohnt gewesener Reinlichkeit, indem er sich nicht mehr gehörig beleckt. Durch alle diese körperlichen Gebrechen wird er endlich nicht nur seiner Umgebung, sondern auch sich selbst zur Last.

Körperliche und geistige Eigenschaften.

Muskelkraft. Die Muskelkraft des Hundes beruht nicht blos auf der Stärke der Muskeln seiner Gliedmassen, sondern auch seiner Nacken-, Brust- und Rückenmuskeln, so wie auch jener seiner Kiefer, und ist im Verhältnisse zu seiner Körpergröße jedenfalls eine bedeutende. Insbesondere sind es aber die größeren Formen, bei denen dieselbe in höherem Maße ausgebildet erscheint.

Die schwerer gebauten zeichnen sich durch Körperkraft und Stärke im Allgemeinen, die leichter gebauten durch Schnelligkeit und Ausdauer im Laufe aus. Erstere eignen sich daher ganz vorzüglich zum Zuge, letztere zur Verfolgung des flüchtigen Wildes.

Manchen der größeren und stärkeren Formen können auch Lasten auf dem Rücken aufgebürdet werden, und fast alle und selbst kleinere Hunde sind im Stande, verhältnißmäßig ziemlich schwere Gegenstände, die sie mit den Zähnen erfassen können, durch längere Zeit im Munde mit sich fortzutragen.

Von der Stärke der Muskeln seiner Gliedmassen hängt auch das Vermögen ab, weitere Sprünge ausführen zu können und mittelst eines einzigen solchen Sprunges selbst auf höhere Gegenstände zu gelangen. Entweder geschieht dieß ohne einen vorher hierzu genommenen Anlauf unmittelbar von der Stelle aus, in deren nächster Nähe sich der Gegenstand, auf welchen er hinaufzuspringen beabsichtigt, befindet, oder wenn dieser ein verhältnißmäßig hoher ist, indem er hierzu einen besonderen Anlauf nimmt. Immer mißt er aber genau die Distanz, bevor er den Sprung unternimmt und nur selten ereignet es sich, daß er dieselbe verfehlt.

Ebenso ist es auch die Muskelkraft seiner Gliedmassen, von welcher die größere oder geringere Behendigkeit und Ausdauer im Schwimmen abhängt, die allerdings auch durch eine stärkere Entwickelung der Spannhäute zwischen den Zehen wesentlich erhöht wird; wie dieß namentlich bei einigen Formen und Racen der Seidenhunde und Bullenbeißer der Fall ist und insbesondere bei den Pudeln, den Neufoundländerhunden und dem doppelnasigen Bullenbeißer, welche die besten Schwimmer unter allen Hunden sind.

Sinneseigenschaften. Die vorzüglichsten Sinneseigenschaften des Hundes bestehen in der außerordentlichen Feinheit seines Geruches und der großen Empfindlichkeit seines Gehöres, weniger dagegen in einer besonders scharfen Ausbildung seines Gesichtes.

Unstreitig ist es aber der Geruchssinn, welcher bei sämmtlichen Formen und Racen des zahmen Hundes unter allen übrigen Sinnen am meisten entwickelt ist und zur höchsten Ausbildung scheint dieser Sinn bei den Jagd- und Dachshunden, so wie auch bei den Bullenbeißern zu gelangen.

Die Feinheit des Geruches des Hundes grenzt beinahe an's Unglaubliche; doch ist dieselbe nicht allen Formen und Racen in gleicher Vollkommenheit eigen. Mit untrüglicher Sicherheit finden manche Formen der Jagd- und Dachshunde die Spur eines Wildes, die sie unermüdlich verfolgen und wenn dieselbe auch von der eines anderen Wildes durchkreuzt wird, während andere wieder sich minder tauglich hierzu zeigen. Häufig suchen sie dabei auch Krümmungen auszuweichen, indem sie den Weg abzuschneiden suchen, doch treffen sie immer wieder genau bei den Fährten des Wildes ein. Andere Hundeformen und namentlich gewisse Haus- und Seidenhunde spüren durch den Geruch die unter der Erde verborgene Trüffel auf. Viele tragen deßhalb den Kopf beim Trabe meistens tief gesenkt, so daß sie mit der Nase beinahe den Boden berühren, oder schnuppern im Stande der Ruhe fast beständig in der Luft.

Alle Hunde wittern aber schon aus weiter Ferne eine läufig gewordene Hündin und treffen durch die Spuren derselben geleitet, immer an den Ort ihres Aufenthaltes hin. Ebenso erkennen sie auch durch den Geruch den Weg, den sie bei ihren Ausflügen in entferntere Gegenden genommen oder der auch kurz vorher von ihrem Herrn betreten worden ist, um demselben zu folgen, so wie sie auch ihren Herrn oft mitten im Gedränge einer Menschenmenge mit Hilfe ihres Geruchssinnes auffinden.

Nach dem Geruchssinne ist es zunächst der Gehörssinn, welcher bei den Hunden zu einer höheren Ausbildung gelangt und auch hierin stehen die Jagdhunde, Dachshunde und Bullenbeißer den übrigen voran.

Der Gesichtssinn dagegen ist im Verhältnisse zu den übrigen Sinnen bei allen Hundeformen durchgehends minder scharf entwickelt, am meisten aber noch bei den Jagd- und Windhunden, welche auf ziemlich weite Entfernungen die Gegenstände deutlich zu unterscheiden vermögen.

Intelligenz. Unstreitig nimmt der Hund in Ansehung seiner Intelligenz eine der höchsten Stufen in der Reihe der Säugethiere ein und steht in dieser Beziehung sicher noch höher als der Elephant und zum Mindesten eben so hoch als selbst die menschenähnlichsten Affen. Diese ihn so sehr auszeichnende Eigenschaft ist ihm zwar schon angeboren, doch wurde dieselbe durch sein inniges Verhältniß zum Menschen im Laufe der Zeiten offenbar noch weiter ausgebildet.

Aber nicht bei allen Hunden ist diese Eigenschaft in gleich hohem Grade entwickelt, sondern theils nach den einzelnen Arten und ihren verschiedenen Formen, theils nach den mannigfaltigen Racen derselben mehr oder weniger scharf hervortretend, und unstreitig ist dieselbe bei den Jagd- und Dachshunden am höchsten, bei den Bullenbeißern, Windhunden und nackten Hunden am wenigsten ausgebildet.

Es kann wohl durchaus keinem Zweifel unterliegen, daß die Verstandeskräfte des Hundes in Folge seiner Erziehung und durch den stäten Umgang mit dem Menschen bedeutend geschärft werden können; denn nur dadurch lassen sich so manche seiner Eigenschaften und Handlungen erklären, die uns sonst fast völlig unbegreiflich erscheinen müßten.

Nicht der Name, den man dem Hunde gibt und mit welchem man ihn zu rufen pflegt, ist es allein, der sich seinem Gedächtniß einprägt, sondern auch noch viele andere Worte sind es, deren Bedeutung er nach und nach in sich aufzufassen im Stande ist. Der Hund lernt die Sprache seines Herrn und der Personen, die ihn stets umgeben, wenn auch nicht ganz, doch wenigstens großentheils verstehen. Er weiß nicht nur wann, sondern der Hauptsache nach auch was man von ihm spricht. Durch diesen steten Umgang gewöhnt er sich auch allmählig an die im Hause seines Herrn eingeführte Ordnung und nimmt zum Theil sogar die Sitten und Gewohnheiten desselben an. Hierdurch gelangt er auch zu einer Unterscheidung und Erkennung der Zeit, und gewinnt in dieser Beziehung nach und nach eine fast an's Unglaubliche grenzende Vollkommenheit. Er weiß nicht nur genau, und zwar wenn er sich auch außer Hause befinden sollte, wann des Morgens, Mittags oder Abends die Zeit zum Essen kommt, oder wann sein Herr sich zur Ruhe zu begeben pflegt, sondern versteht auch die einzelnen Tagesstunden mit voller Sicherheit zu unterscheiden. Ebenso kennt er auch ganz genau die Stunden und selbst die Tage, an welchen sein Herr auszugehen und ihn mit sich zu nehmen pflegt, und ebenso auch jene, an welchen er ihn nicht begleiten darf. Im ersteren Falle kann er, sobald diese Zeit heranrückt, seine Freude nicht unterdrücken, während er im letzteren nicht im Geringsten Miene macht, ihm bei seinem Ausgange zu folgen.

Verliert er seinen Herrn zufällig auf der Straße, so sucht er ihn gewöhnlich an allen jenen Orten auf, von denen ihm bekannt sind daß dieser dieselben öfter, oder wohl gar regelmäßig zu besuchen pflegt und kehrt erst dann wieder nach Hause zurück, wenn er ihn durch längere Zeit vergeblich allenthalben aufgesucht hat.

Den Weg, den er einmal betreten, vergißt er nicht so leicht und hat er denselben schon öfter zurückgelegt, so trifft er auch immer wieder in das Haus seines Herrn zurück und sei er auch noch so weit von demselben abgekommen.

Wir kennen zahlreiche Beispiele, daß Hunde, welche auf höchst bedeutende Strecken und sogar viele Meilen weit von ihrem Wohnorte entfernt wurden, dennoch wieder an ihren früheren Aufenthalt zurückkehrten, wobei jedoch in vielen Fällen so manche Zufälligkeiten mitgewirkt haben mochten.

Der Hund prägt sich auch fremde Personen, die öfters das Haus seines Herrn zu besuchen pflegen, seinem Gedächtnisse ein und kommt ihnen freundlich wedelnd entgegen, selbst wenn sie nach längerem Hinwegbleiben wieder einmal im Hause erscheinen.

Nicht minder versteht er auch genau zu unterscheiden, ob er gefehlt und eine Strafe verdient habe, oder nicht, nimmt in beiden Fällen meist mit Ergebenheit geduldig, obgleich bisweilen auch sich widersetzend, die über ihn verhängte Züchtigung entgegen und gibt nach Empfang derselben weder Unfolgsamkeit noch Rache zu erkennen, sondern schmiegt sich so wie früher seinem Herrn freudig und liebkosend wieder an.

Niemals entschwindet ihm aber das Bild seines Herrn, wenn er an ihn bereits gewohnt war und ihn liebgewonnen hat; denn er erkennt ihn immer wieder und freut sich ihn zu sehen, und wenn er auch durch eine Reihe von Jahren von ihm getrennt gewesen war, gleichviel, in welcher Kleidung er denselben wieder trifft.

Aber nicht nur die Menschen, sondern auch die Thiere, die ihn stets umgeben, lernt der Hund schon sehr bald kennen und der zur Bewachung der Schafe verwendete Haushund sogar jedes einzelne Schaf der seiner Hut anvertrauten Heerde.

Es sind dieß schlagende Beweise für sein Rückerinnerungsvermögen und seine Intelligenz.

Anhänglichkeit und Treue. Was den Hund unter allen Säugethieren am meisten auszeichnet, ist die Anhänglichkeit und Treue, die er seinem Herrn gegenüber bewahrt, und in dieser Beziehung steht er selbst unter allen unseren Haus-Säugethieren obenan und ist mit keinem derselben auch nur entfernt zu vergleichen, da er sie alle in diesen Eigenschaften weit übertrifft.

Diese Anhänglichkeit und Treue ist so groß, daß er keine Gefahr scheut und selbst das eigene Leben nicht achtet, wenn es gilt, einen Angriff auf seinen Herrn von demselben abzuwehren. Vorzüglich sind es aber die großen starken Formen, welche ihrer Kraft bewußt, eine ganz außerordentliche Kühnheit hierbei kund geben, denn mit Unerschrockenheit und Muth stürzen dieselben auf den ihnen gegenüberstehenden Feind los, erfassen ihn mit den Zähnen, werfen ihn zu Boden und halten ihn fest, bis sich dieser überwältigt sieht und sich ergeben zu müssen gezwungen fühlt.

Kleinere Hunde müssen sich allerdings damit begnügen, den frechen Gegner durch ihr heftiges Gebelle zu erschrecken oder ihm höchstens einige Bisse in die Hände oder Beine zu versetzen, da sie zu schwach sind, mit Aussicht auf Erfolg einen ernsteren Angriff wagen zu können.

Wahrhaft bewunderungswürdig ist die Liebe, welche der Hund zu seinem Herrn hat und beinahe eben so groß ist auch die Zuneigung, die er für alle Familienglieder des Hauses, von denen er umgeben ist, bewahrt und die er bei jeder Gelegenheit zu erkennen gibt.

Immer steht aber in dieser Beziehung der Herr obenan, welchem gegenüber er sogar — man könnte beinahe sagen — eine gewisse Eifersucht zu erkennen gibt, indem er durchaus nicht dulden will, daß diesem von irgend einem Gliede der Familie eine Liebkosung zu Theil werde.

Befindet sich sein Herr oder eine der Personen, die ihn stets umgeben, außer Hause, so harrt er aufmerksam und mit gehobenen Ohren, oft stundenlang den Blick auf die Eingangsthür gerichtet, auf ihre Rückkunft, kommt ihnen mit freudigem Geheule und Gebelle wedelnd entgegen, springt auf sie hinauf, um sie zu belecken und kneipt sie dabei aus Liebe und vor Freude oft ziemlich unsanft mit den Zähnen in die Hände.

Stets ist er bereit denselben zu dienen und sich aufmerksam gegen sie zu beweisen, so oft und wo immer nur er ihnen ein Vergnügen bereiten zu können vermeint. Ist er daran gewöhnt, gewisse Gegenstände im Munde zu tragen, so läßt er keine Gelegenheit vorübergehen, dieses Geschäft zu üben und mit sichtbarer Lust verlangt er nach denselben, die er sorgsamst und unversehrt nach Hause bringt, selbst wenn sie in den kostbarsten Leckerbissen für ihn bestehen sollten.

Traurig und besorgt aber ist der Hund, wenn er allein im Hause zurückbleiben und auf die Rückkehr der Hausgenossen warten muß, daher er auch während der ganzen Zeit, als er sich allein befindet, fast beständig winselt und heult.

Ueberhaupt hängt der Hund mit ganzer Seele an seinem ihm lieb gewordenen Herrn. Er theilt eben so wie die Freude, auch mit ihm das Leid, folgt ihm überall nach, wo immer hin derselbe auch ziehen mag, kümmert sich nicht mehr um seinen früheren Aufenthalt und die gewohnt gewesene Lebensweise und fügt sich ganz und gar den neuen Verhältnissen, und sollte ihn das Schicksal auch von einem früher genossenen Wohlleben sogar in tiefstes Elend führen; denn Nichts vermag ihn von seinem Herrn, den er einmal lieb gewonnen, zu entfremden, oder von demselben abwendig zu machen. Oft schon war der Hund der Begleiter seines Herrn im Kriege, ist ihm bis in die Schlacht gefolgt und hat ihn mitten im Kugelregen nicht verlassen, wenn er auch selbst verwundet worden war.

Es sind so manche Beispiele bekannt, daß der Hund sogar zum Führer und Leiter seines erblindeten Herrn geworden ist; und auch dieser Dienst gründet sich auf die Liebe, Treue und Anhänglichkeit, mit welcher er an seinem Herrn hängt. Wahrhaft rührend ist es anzusehen, mit welcher Sorgfalt, Behutsamkeit und Vorsicht ein solcher Hund seinen Herrn, der sich ihm vollständig und unbesorgt anvertrauen kann, selbst in einer volksreichen Stadt mitten durch die belebtesten Straßen führt, jedem Hindernisse bedächtig ausweicht und sich durch nichts beirren läßt, seine Aufgabe zu vergessen und vom betretenen Wege abzuweichen, indem er, jede Verlockung unbeachtet lassend, stets langsamen Schrittes vor ihm einhergeht und ihn an der Schnur, durch welche er mit ihm verbunden ist, auf sicherem Pfade leitet.

Daß Hunde, welche ihren Herrn oder eines der zum Hause gehörigen Familienglieder durch den Tod verloren haben, aus Gram gestorben sind, ist durch zahlreiche Thatsachen bestätiget worden und es haben sich sogar Fälle ergeben, daß Hunde ihrem Herrn bis in den Tod gefolgt sind und durchaus nicht zu bewegen waren, den Grabeshügel desselben zu verlassen. Weit seltener dagegen hat es sich ereignet, daß Hunde beim Wiedersehen ihres durch lange Zeit von ihnen getrennt gewesenen Herrn vor Freude starben. Beides beweist die außerordentliche Liebe, die der Hund zu seinem Pfleger hat und die Treue, mit welcher er ihm ergeben ist.

Schon öfter ist durch dieselben der Hund sogar zum Rächer einer an seinem Herrn verübten Missethat geworden, indem er den Ort verrathen hatte, wo dieser in die Erde verscharrt worden war, oder den Mörder desselben aufsuchte und ihn auch fand.

Mit der Anhänglichkeit und Treue des Hundes gegen seinen Herrn steht auch seine Wachsamkeit im innigen Verbande; denn hat er sich an ihn bereits gewöhnt und denselben lieb gewonnen, so kann man sicher sein, daß er auch sein Haus, sein ganzes Hab und Gut zu bewachen bestrebt ist.

Dieses nur dem Hunde eigene Bestreben gibt sich schon bei den kleinsten Racen desselben kund und gehören dieselben großen starken Formen an, so scheuen sie auch nicht vor einem überlegenen Feinde zurück.

Bei dem leisen Schlafe, der dem Hunde eigen ist, horcht er auf jedes und selbst das geringste Geräusch, und scheint ihm dasselbe verdächtig, so schlägt er sein Gebell an, um die Bewohner des Hauses dadurch aufmerksam zu machen, daß Jemand in der Nähe ist, der nicht dahin gehört.

Vorzüglich gilt dieß aber von Hunden, die zur Bewachung des Hauses bestimmt sind. Unermüdlich läßt der treue Wächter desselben, und selbst wenn er angekettet ist, sein Gebell erschallen, sobald sich irgend Etwas in der Nähe auch nur rührt, und setzt dasselbe so lange fort, bis er sich überzeugt hat, daß sich Niemand mehr daselbst befindet und daher keine Gefahr zu befürchten ist.

Mit derselben Wachsamkeit beschützt der Hund auch die seiner Hut anvertraute Heerde und fühlt er sich stark genug, einen ihm entgegenkommenden Feind zu bändigen, so fällt er denselben auch an und sucht ihn nach allen seinen Kräften zu bewältigen.

Selbst kleinen Hunden kann man unbesorgt die Bewachung eines mit Waaren oder sonstigen Gegenständen beladenen Wagens anvertrauen; denn unablässig begibt sich der Hund auf demselben von einem Ende zum andern, späht nach allen Seiten hin, um zu sehen ob Alles sicher sei und bellt Jeden an, der sich dem Wagen nähert oder an demselben auch nur vorübergeht. Ebenso überwacht er auch den Karren, an welchen er gespannt ist, gleichviel, ob derselbe beladen sei oder nicht.

Aber nicht nur allein seinem Herrn und den zu dessen Hause gehörigen Familiengliedern gegenüber bewahrt der Hund Anhänglichkeit und Treue, sondern er ist auch fähig, sogar ein Freundschaftsbündniß mit Thieren einzugehen, und zwar selbst mit Thieren, gegen welche er eine schon angeborene Abneigung in sich trägt.

Nicht die Anhänglichkeit an Schafe, Ziegen, Rinder und Pferde, mit denen er oft in einem und demselben Stalle lebt und an die er durch lange Zeit gewöhnt ist, ist es, die in dieser Beziehung als Beispiel dienen kann, und auch nicht die Zuneigung zur Hauskatze, die er gewinnt, wenn er mit ihr erzogen worden ist, sondern das bewunderungswürdige Bündniß, das er sogar mit wilden großen, starken und mächtigen, ihm weit überlegenen Thieren zuweilen schließt, mit denen er gewaltsam in einen und denselben Käfig gesperrt wurde, wie wir dieß schon in so mancher wandernden Menagerie zu sehen Gelegenheit hatten. So sahen wir ihn mit Bären, Löwen, Panthern und selbst Tigern in vollster Eintracht im gemeinschaftlichen Käfige zusammen wohnen, ohne Streit und Zank das Futter mit denselben theilen, und konnten sogar die Theilnahme bewundern, welche er, wenn sein Gefährte erkrankt war, an dem Schicksale desselben genommen hatte.

Gelehrigkeit und Abrichtungsfähigkeit. Gelehrigkeit ist eine Eigenschaft, die allen Formen des zahmen Hundes ohne Ausnahme zukommt, und nicht etwa denselben erst anerzogen wird, sondern ihnen schon angeboren ist.

Jedenfalls gelangt diese natürliche Anlage aber durch den steten Umgang mit dem Menschen zu einer höheren Ausbildung und vorzüglich durch die Erziehung, die derselbe dem Hunde angedeihen läßt.

Doch nicht allen Formen und Racen des zahmen Hundes ist die Gelehrigkeit in gleich hohem Grade eigen, denn bei manchen spricht sich dieselbe mehr, bei anderen wieder weniger aus, und die größte Vollkommenheit erreicht diese Eigenschaft bei den Jagd- und Dachshunden, und einigen Formen des Seidenhundes, insbesondere aber bei den verschiedenen Racen des Pudels.

Je mehr man sich mit dem Hunde abgibt, desto mehr bildet sich auch seine Gelehrigkeit aus.

Fast zu jedem Dienste, den der Hund dem Menschen leistet, muß er besonders abgerichtet werden, und unstreitig ist die schwierigste unter diesen verschiedenen Abrichtungen jene zur Jagd, und zwar nicht blos wegen ihrer Mannigfaltigkeit je nach der Artverschiedenheit der Jagd, zu welcher der Hund verwendet werden soll, sondern auch wegen der außerordentlichen Mühe, die mit einer solchen Abrichtung verbunden ist und der langen Zeitdauer, welche dieselbe in Anspruch nimmt.

Der Hund wird aber nicht blos zu den verschiedenen Diensten, die er dem Menschen leistet, abgerichtet, sondern auch zu allerlei mehr oder weniger schwierigen Kunststücken, die man ihm theils zum eigenen Vergnügen zu lehren sucht, theils aber auch um das Volk zu belustigen oder sich durch dieselben einen Erwerb zu verschaffen.

Die geringste Mühe verursacht die Abrichtung zu ganz einfachen Verrichtungen und Kunststücken, die fast jeder nicht allzugroßer Hund erlernt.

Zu ersteren gehört das Tragen der mannigfaltigsten Gegenstände im Munde, die er mit den Zähnen festzuhalten im Stande ist, und namentlich von Körben, Taschen, Stöcken, Tabakspfeifen, Laternen, Rollen, Paketen und so weiter; ferner

das Apportiren oder das Ueberbringen verschiedener Gegenstände, die man eine Strecke weit von sich geworfen hat, sei es nun vom trockenen Boden, oder aus dem Wasser; und

das Aufsuchen und Zurückstellen selbst der kleinsten und feinsten Gegenstände, die zufällig der Hand entfallen waren, wie kleine Münzen, Knöpfe, Strick-, Haar-, Steck- und Nähnadeln, oder auch von Gegenständen, die man absichtlich versteckt hat.

Unter den einfachen Kunststücken sind die gewöhnlichsten:

Das sogenannte Aufwarten und Bitten, wobei der Hund auf dem Hintertheile ruhend sich emporrichtet, die Vorderpfoten aneinanderschließt und die Vorderbeine, gleichsam bittend, einige Male rasch nach auf- und abwärts bewegt;

die Beantwortung der Frage, wie seine Stimme tönt, worauf er in derselben Stellung einen kurzen Anschlag erschallen lassen muß; und

die Darstellung eines Wachpostens, wobei er auf den Hinterbeinen aufrecht stehend, einen Stock im Arme halten muß; endlich

das Springen über einen ihm vorgehaltenen Stock, eine Schnur, oder auch durch einen Reifen.

Schwieriger dagegen ist es ihm zu lehren, den Bratspieß zu wenden, einen Schleifstein oder das Spinnrad zu drehen, auf den Hinterbeinen aufgerichtet nach dem Takte der Musik herumzutanzen, mit den Vorderbeinen zu trommeln, eine Pistole abzufeuern, oder wohl gar auf dem gespannten Seile zu gehen und dergleichen mehr.

Nicht selten ereignet es sich, daß der Hund auch zu theatralischen Vorstellungen abgerichtet wird, was übrigens schon zur Zeit der alten Römer im ersten christlichen Jahrhunderte der Fall war.

Bald läßt man ihn, zu mehreren vereint, Festungen erstürmen, wobei jeder einzelne, einen Spieß und eine Leiter unter den Vorderarmen tragend, aufrecht auf den Hinterbeinen an die Festungsmauer schreiten, die Leiter daselbst anlegen und über dieselbe hinaufsteigen muß, um sodann nach einem mittelst ihrer Spieße mit dem Gegner geführten Gefechte den Feind in die Flucht zu schlagen und die Festung zu erobern.

Bisweilen muß sich der Hund aber auch erschießen lassen, oder aus dem Giftbecher trinken und den Todten spielen. Im letzteren Falle beginnt er zu zittern und zu wanken, als wäre er von Schrecken und Betäubung ergriffen, fällt dann zu Boden, streckt sich völlig steif und unbeweglich aus und läßt sich, ohne ein Zeichen des Lebens von sich zu geben, wie ein Todter von einer Stelle zur anderen zerren, worauf er sodann wie aus tiefem Schlafe unter langsamen Bewegungen erwacht, allmählig seinen Kopf hebt und zum Erstaunen aller Zuschauer ruhig um sich her blickt, während er, wenn er erschossen wurde, sich von Affen oder seines Gleichen auf eine Tragbahre legen und unbeweglich vom Schauplatze wegtragen läßt.

Nicht minder hat der Hund aber auch schon öfter eine Rolle in den von Menschen dargestellten Dramen und selbst auf sehr geachteten Bühnen übernehmen müssen, und dadurch ungetheilten Beifall sich errungen.

Sogar zu Karten- und Rechnungskünsten, so wie zur Erkennung von Buchstaben und Musiknoten kann der Hund abgerichtet werden, die den Zuschauer wahrhaft in Erstaunen setzen müssen, indem der Hund nicht nur jede beliebige Karte oder Zahl, jeden Buchstaben und jede Note anzuzeigen, sondern dieselben auch auf Geheiß zusammenzusetzen im Stande ist. Doch beruhen diese Künste immer nur auf gewissen

Zeichen, die dem Thiere von seinem Abrichter gegeben und von den Zuschauern nicht bemerkt werden.

Zu derlei Kunststücken sind kleine Hunde die geeignetsten und zwar vorzüglich die kleinen Racen aus der Gruppe der Seidenhunde.

Durch alle diese besonderen Kunststücke wird der Hund oft zum Ernährer seines Herrn und bisweilen auch einer ganzen Familie, die ihren Unterhalt nur einem solchen abgerichteten Hunde verdankt.

Es würde zu weit führen und die Grenzen dieses Buches übersteigen, wollte ich die mannigfaltigen Methoden näher besprechen, welche bei der Abrichtung des Hundes zu so verschiedenen Zwecken angewendet werden müssen.

Jede solche Abrichtung, mag sie auch was immer für einem Zwecke gelten, erfordert sehr viel Zeit, Mühe, Geduld, Unverdrossenheit und Ausdauer; und wenn es auch nicht möglich ist, dieselbe ohne Strenge zu erzielen, so muß man die Anwendung von Strafe doch möglichst zu vermeiden suchen und das Thier durch eine milde Behandlung und Schmeicheln zu gewinnen trachten und nach jedem, wenn auch noch so geringem Fortschritte, mit irgend einem ihm dargebotenen Leckerbissen belohnen.

Bei keinem Hunde sollte man aber mit der Abrichtung beginnen, bevor er nicht das erste Lebensjahr erreicht hat.

Sein Verhältniß zum Menschen.

Der zahme Hund ist heut zu Tage fast über alle Theile des Erdballs verbreitet, denn überall, wo der Mensch seinen Wohnsitz aufgeschlagen, trifft man auch den zahmen Hund an seiner Seite, bald in dieser, bald in jener Form, die er sich entweder — wenn sie schon ursprünglich daselbst heimisch war — gezähmt und seiner Herrschaft unterworfen hat, oder die ihm auf seinen Zügen folgte, und selbst die armseligsten und uncivilisirtesten Völker haben ihn zu ihrem Genossen und Vertheidiger.

In keinem Lande der Erde ist er aber im wilden oder freien Naturzustande mehr anzutreffen, sondern überall nur gezähmt, und mit vollem Rechte kann er als die vollständigste Eroberung betrachtet werden, welche der Mensch von der Natur gemacht hat.

Sein Verhältniß zum Menschen hat sich im Laufe der Zeiten zu einem tiefinnigen gestaltet, denn fest sind beide mit einander verbunden und gleichsam gegenseitig aneinander gekettet. Er ist ganz und gar dem Menschen dienstbar geworden, gehorcht seinem Herrn, folgt seinem Befehle und freut sich, wenn er den Wünschen desselben entgegengekommen, oder ihm Vergnügen bereitet hat.

Ungescheut kann man behaupten, daß der Hund des Menschen treuester Anhänger und Gefährte, der muthigste Beschützer und Vertheidiger seiner Person, der sorgsamste und verläßlichste Bewacher seines Hauses, seiner Heerden, seiner Habe sei, der alle Verlockungen zurückweist und sich durch Nichts von seinem Herrn abwendig machen läßt; oder in wenige Worte zusammengefaßt, daß der Hund des Menschen wahrer und getreuester, daher sein bester Freund sei.

Es sind dieß durchgehends Eigenschaften, die man bei keinem anderen Thiere wieder trifft, und unwillkürlich wird man zu der Frage angeregt: „Woher kommt dieses innige Verhältniß, das gleichsam zu einem Freundesbunde sich gestaltet?"

Diese Frage befriedigend zu lösen, ist ganz und gar unmöglich und nur sehr entfernte Andeutungen können in dieser Beziehung gegeben werden, die vielleicht geeignet sind, auf eine Spur zu führen. Fast scheint es, als sei der Hund schon ursprünglich in den engsten Verband mit dem Menschen getreten, was sich aber nur dadurch erklären ließe, wenn man annehmen wollte, daß seine Entstehung entweder in dieselbe Zeit mit der des Menschen falle, oder wenigstens in einer dieser sehr nahe stehenden, kurz vorausgegangenen Periode stattgefunden habe. Es ist dieß übrigens eine Hypothese, die auch auf die meisten unserer Hausthiere angewendet werden kann und die ich nur schüchtern hier auszusprechen wage.

Wenn man bedenkt, daß der Mensch sämmtlichen Säugethieren gegenüber einen unverhältnißmäßig langen Zeitraum bedarf, um sich selbst und ohne fremde Beihilfe ernähren zu können, so drängt sich unwillkürlich die Vermuthung auf, daß diese unsere dermaligen Hausthiere und unter ihnen obenan der Hund es waren, die ihm nach seiner ursprünglichen Entstehung die erste Pflege angedeihen ließen und ihn zuerst mit Nahrung versorgten.

Verwendung.

Die Verwendung des Hundes gründet sich auf seine ihm schon angeborenen Eigenschaften, auf seine Muskelkraft und die davon abhängige Schnelligkeit, Ausdauer und Gewandtheit im Laufe und im Schwimmen, auf seinen äußerst feinen Geruch und sein scharfes Gehör, so wie auch auf die Anhänglichkeit an seinen Herrn, seine Wachsamkeit und seine Gelehrigkeit. Durch diese Eigenschaften wird er für uns ein unschätzbares Hausthier und auf sie beziehen sich auch die allermeisten Dienste, die er dem Menschen leistet.

So ist er der treue Wächter unseres Hauses, unserer ganzen Habe, der Beschützer unserer Heerden, die er anführt, zusammenhält, gegen Feinde vertheidigt und abhält, bebaute Felder zu betreten; und als solcher wird er schon seit den allerältesten Zeiten verwendet.

Eine nicht minder wichtige Verwendung des Hundes, welche gleichfalls bis in das graueste Alterthum zurückreicht, besteht aber in seiner Benützung zur Jagd; denn nicht nur bei den Völkern, die ausschließlich von der Jagd leben, sondern auch bei jenen, welche die Jagd nur zu ihrem Vergnügen treiben, wird der Hund zur Auffindung der Spuren des Wildes, zum Nachjagen und bisweilen sogar zum Einfangen desselben benützt.

Da die Dienste jedoch, welche hierzu erfordert werden, nach der Natur des Wildes verschieden sind und die erforderlichen Eigenschaften, die erst in Folge der Erziehung sich entwickeln, sich auch auf die Nachzucht vererben, so haben sich fast eben so viele Racen gebildet, als es überhaupt Jagdarten gibt. Zu jedem solchen einzelnen Jagddienste muß der Hund aber erzogen und eigens hierzu abgerichtet werden.

Nicht alle Hunde sind aber zu denselben Dienstverrichtungen tauglich und immer sind es nur gewisse Formen und Racen, welche zu einem oder dem anderen Dienste besonders taugen.

So sind zur Bewachung des Hauses vorzüglich die größeren Formen aus der Gruppe der Haushunde und der Bullenbeißer, so wie auch einige Formen aus der Gruppe der Windhunde geeignet, welche durch Muth und Stärke ausgezeichnet sind; doch ist es gerathen, nur solche hierzu zu wählen, welche nicht schon von Natur aus bösartig sind, da durch derlei bissige Hunde oft beklagenswerthe Zufälle veranlaßt werden können.

Zur Hut der Schafheerden sind theils mittelgroße, theils kleinere Formen aus der Gruppe der Haushunde die besten, obgleich auch größere hierzu verwendet werden können, die den Wolf zu verscheuchen im Stande sind, während zum Zusammenhalten und zum Schutze der Schwein- und Rinderheerden die größeren Formen aus der Bullenbeißer-Gruppe und die stärkeren und schwereren aus der Gruppe der Windhunde am meisten geeignet erscheinen.

Zur Jagd sind fast sämmtliche Formen und Racen aus der Gruppe der Jagd- und Dachshunde verwendbar, so wie auch einige größere Formen aus der Gruppe der Seidenhunde und die meisten aus der Gruppe der Windhunde; doch nehmen in Ansehung des Spürvermögens die Formen der beiden erstgenannten Gruppen unbestritten die oberste Stufe unter denselben ein, während in Beziehung auf Leichtigkeit und Ausdauer im Laufe den Formen aus der Windhund-Gruppe offenbar der Vorrang vor allen übrigen gebührt.

In manchen Gegenden und insbesondere im hohen Norden bedient man sich des Hundes auch als Zug- und Lastthier. In Kamtschatka, Neufoundland und Grönland, so wie auch in den Ländern an der Hudsons- und Baffinsbai wird er, in einer Anzahl von 5—10 Individuen und darüber, vor einen Schlitten gespannt, um nicht unbeträchtliche Lasten oft auf weite Strecken über Schnee- und Eisfelder zu schaffen, und an der Baffinsbai legt man ihm nicht selten auch Lasten auf den Rücken. Nach der Zahl der vor einem beladenen Schlitten gespannten Hunde richtet sich auch die Schnelligkeit, mit welcher sie mit demselben vorwärts kommen, und diese ist oft so groß, daß sie an einem Tage 25 Meilen auf dem Eise zurücklegen.

Aber auch bei uns wird der Hund seit neuerer Zelt häufig zum Zuge verwendet, indem man ihn einzeln oder zu zweien vor einen Karren spannt und die verschiedenartigsten Gegenstände ziehen läßt. Sogar zum Ziehen der großen Trommel wird derselbe von den Militär-Musikchören in manchen Staaten benützt.

Zum Zuge sind alle größeren, schwergebauten Hunde tauglich, doch sind es vorzüglich einige Formen aus der Gruppe der Haus- und Seidenhunde, sowie auch der Bullenbeißer, welche in dieser Beziehung sämmtlichen übrigen vorangehen, obgleich auch mehrere größere Racen aus der Gruppe der Wind- und selbst der Jagdhunde hierzu verwendbar sind und bisweilen auch verwendet werden.

In einigen Städten von Nordamerika wird der Hund auch zum Tragen leichterer Lasten benützt, die er jederseits in einem besonderen Kästchen trägt, das mit dem der entgegengesetzten Seite durch Riemen über dem Rücken verbunden ist.

Zu den selteneren Verwendungen des Hundes gehört seine Benützung zum

Rattenfange und zum Aufsuchen von Trüffeln. Doch werden zu beiden Geschäften nur wenige Racen verwendet, und zwar zu ersterem gewisse Formen aus der Gruppe der Bullenbeißer, zu letzterem einige Racen aus der Gruppe der Haus- und Seidenhunde.

Aber nicht nur zu den bereits genannten Dienstverrichtungen wird der Hund bei uns verwendet, sondern zuweilen auch und insbesondere in gewissen Gegenden, zur Rettung des Menschen vom Tode, und zwar sowohl bei einem Verunglücken desselben in den Wellen, durch einen Sturz in die Fluthen, als auch im Schnee, durch heftige Verwehungen oder plötzlich herabstürzende Lawinen.

Auch zu diesen Geschäften jedoch müssen die Hunde besonders abgerichtet werden.

Für den ersteren Dienst sind unstreitig die Neufoundländerhunde am meisten geeignet, für den letzteren der St. Bernhardshund; beide Racen aus der Gruppe der Seidenhunde, obgleich auch einige der größeren und stärkeren Racen aus der Bullenbeißer- und Windhund-Gruppe hierzu verwendet werden können.

Zu den heut zu Tage seltener vorkommenden Verwendungen des Hundes gehört seine Benützung bei den grausamen Stierkämpfen, welche selbst jetzt noch in einigen Ländern und zwar vorzüglich in Spanien und in einigen Staaten von Südamerika zur Belustigung des Volkes veranstaltet werden und zu welchen man hauptsächlich die größeren und stärkeren Racen aus der Gruppe der Bullenbeißer zu verwenden pflegt.

Nutzen.

Der größte Nutzen, welchen der Hund dem Menschen gewährt, besteht in den mannigfaltigen dienstlichen Verrichtungen, die er demselben leistet und die schon in dem Abschnitte über seine Verwendung näher besprochen worden sind.

Außerdem erweiset er sich aber und zwar insbesondere den Bewohnern der Länder des Orients auch dadurch noch nützlich, daß er die daselbst oft in großer Menge auf den Straßen in den Städten und Dörfern befindlichen thierischen Abfälle in Gemeinschaft mit einigen Geier- und Falkenarten verzehrt, wodurch die Verpestung der Luft verhindert und so manchen Krankheiten Einhalt gethan wird.

Der materielle Nutzen, welchen wir vom Hunde ziehen, beschränkt sich auf sein Fell, sein Fett, und auf sein Fleisch.

Das Fell wird meistens als Leder verarbeitet, nachdem es weiß- oder sämisch-gegerbt worden ist, und insbesondere wird hierzu das Fell größerer Hunde benützt. Das aus demselben bereitete Leder zeichnet sich durch seine besondere Weichheit aus und erweiset sich zugleich als kühlend, daher es sich zu Stiefeln, Schuhen und Handschuhen für die Sommerszeit ganz besonders eignet. Aus dem behaarten Felle werden vorzugsweise Jagdtaschen, Fußsäcke, Handschuhe und dergleichen verfertigt und wird dasselbe auch als Pelzfutter für Kleidungsstücke verwendet, während das Haar für sich allein zur Verfertigung von Strümpfen, groben Hüten und Sahlbändern benützt wird.

Das Fett des Hundes, dessen Geschmack Aehnlichkeit mit dem des Gänsefettes haben soll, galt einst für ein erprobtes Heilmittel bei Brustkrankheiten und insbesondere gegen Schwindsucht. Auch heut zu Tage wird es hie und da noch bei uns als solches benützt. In neuerer Zeit wird dasselbe aber hauptsächlich zur Stearin- und Seifenbereitung verwendet.

Das Fleisch des Hundes, das von Denjenigen, die es genossen, als wohlschmeckend, und wenn es gehörig zubereitet worden ist, als dem Hammelfleische ähnlich geschildert wird, wurde nicht nur schon von den alten Griechen, Römern und Carthagern, sondern auch von den alten Mexikanern und den früheren Bewohnern von Neuseeland und einigen kleineren Südseeinseln, namentlich aber den Sandwichs- und Gesellschafts-Inseln genossen. Auf den letzteren, wo dasselbe nur als eine Speise für die Vornehmen galt, pflegte man die Hunde aber blos mit Vegetabilien zu füttern.

Von den Illinois, einem Indianerstamme in Nordamerika, so wie auch von einigen Negerstämmen an der Goldküste in Ober-Guinea, und in Angola in Nieder-Guinea, wird das Hundefleisch auch dermalen noch gegessen.

Ebenso bestand vor nicht sehr langer Zeit auch bei den Chinesen noch die Sitte, das Fleisch gemästeter Hunde zu genießen, und wurden dieselben lebend sowohl, als auch geschlachtet, in einigen Städten daselbst öffentlich auf den Märkten zu Kauf ausgeboten.

Sogar in Aegypten war das Hundefleisch noch in der ersten Hälfte des vorigen Jahrhunderts beliebt, vorzüglich aber bei den Frauen, welche den Genuß des Fleisches junger Hunde für ein Mittel hielten, zu einer körperlichen Fülle zu gelangen.

In ganz Europa dagegen war zur Zeit des Mittelalters und auch noch später der Genuß des Hundefleisches verschmäht, doch wurde dasselbe schon vor mehr als hundert Jahren in einem Theile des nachmaligen Königreichs Neapel von dem ärmeren Volke gegessen und in den beiden zur neapolitanischen Provinz Otranto gehörigen Städten Casalnuovo und Lecce wurden noch zu Ende des vorigen Jahrhunderts täglich Hunde zu diesem Behufe zu Markte gebracht.

Aber erst seit dem Beginne des 19. Jahrhunderts wird das Hundefleisch in einigen Ländern Europa's und zwar sogar in manchen Gegenden der civilisirtesten Staaten, von einzelnen Personen der ärmeren Volksklasse genossen.

Zucht und Haltung.

Die Zucht und Haltung des Hundes erfordert eine ganz besondere Sorgfalt und Pflege.

Bemerkt man, daß die Zeit gekommen, in welcher der Wurf der Hündin zu erwarten steht, so hat man vor Allem für ein weiches Lager zu sorgen, das aus Stroh oder Heu bereitet, oder zu welchem — wenn die Race eine zartere ist — am besten eine Wolldecke benützt werden kann.

Sowohl vor dem Wurfe als auch während desselben und selbst nachher gönnt man der Hündin Ruhe und sucht sie so wenig als möglich zu stören.

Ist die Zahl der Jungen eine größere als dieß in der Regel der Fall ist, so läßt man der Mutter gewöhnlich 4 — 6 der stärkeren und kräftigeren und nimmt ihr die übrigen schwächlicheren sogleich nach der Geburt und bevor sie noch gesaugt haben weg, damit sie nicht durch das Säugen so vieler Jungen allzusehr geschwächt werde. Die zur Vertilgung bestimmten Jungen hüllt man in Stroh, befestiget an dem Bündel einen Stein und versenkt ihn in's Wasser.

Die zurückbehaltenen Jungen läßt man durch sechs, und wenn die Mutter kräftig ist, auch durch acht Wochen an ihr saugen; doch ist es nöthig, die ganze Zeit hindurch die Mutter reichlicher als sonst zu füttern.

Sind die Jungen der Muttermilch entwöhnt, so gibt man ihnen dünne Kuh- oder Ziegenmilch mit eingeweichtem Weißbrode zur Nahrung, gewöhnt sie nach und nach an Reinlichkeit, und verringert die Futtermenge der Mutter, damit die Absonderung der Milch allmählig sich verliert.

Später gibt man ihnen, abwechselnd mit Milch, Fleischbrühe mit Schwarzbrod und zerstoßenen Knochen, welche letztere unerläßlich sind, damit die Jungen nicht rhachitisch werden, und gewöhnt sie allmählig an das Futter älterer Hunde, an welchem sie bis zur Erreichung des ersten Lebensjahres niemals Mangel leiden dürfen.

Um bei den verschiedenen Racen eine reine Nachzucht zu erzielen, ist es unumgänglich nöthig, die Weibchen während der ganzen Dauer der Laufzeit von der

Zusammenkunft mit Hunden einer anderen als der gleichen Race abzuhalten, daher dieselben auch strenge zu überwachen sind.

Doch ist es hierbei auch von großer Wichtigkeit, daß die Anpaarung nicht immer mit den eigenen Abkömmlingen erfolge, da sonst früher oder später eine Degeneration eintritt und die Nachkömmlinge nach und nach bedeutend an Kraft sowohl, als auch an Schönheit verlieren.

Nicht minder große Sorgfalt als auf die Zucht, ist auch auf die Haltung und Pflege des Hundes in seinem reiferen Alter zu verwenden.

Um den Hund gesund zu erhalten, ist es gerathen, ihm nur wenig Fleisch, dagegen aber nicht zu harte Knochen, eine kräftige Brühe, Brod, Gemüse und Milch als Futter vorzusetzen, obgleich auch die Fütterung mit Brod und Milch allein hierzu genügt, wenn dieselbe stets zu einer bestimmten Zeit vorgenommen wird.

Eine zu große Menge von Fett ist für die Gesundheit des Hundes von Nachtheil und ebenso auch zu viel Salz, obgleich es ihm an letzterem niemals fehlen darf, da dasselbe sehr viel dazu beiträgt, die Verdauung zu befördern.

Am zweckmäßigsten ist es, ihn zweimal des Tages abzufüttern, doch reicht nöthigen Falles auch eine nur einmalige Fütterung hin, da der Hund überhaupt sehr lange hungern kann. Was die Menge des Futters betrifft, die man demselben reichen soll, so richtet sich diese zuvörderst nach der Größe des Thieres und ergibt sich aus der Erfahrung. Sie soll zureichend sein, um ihn genügend zu sättigen und nicht Hunger fühlen zu lassen, aber auch nie zu groß sein, denn eine Ueberfütterung ist immer schädlich.

Zu allen Zeiten muß er aber mit reinem, frischem Wasser versehen sein, da ihm dasselbe zur Erhaltung seiner Gesundheit unumgänglich nöthig ist und eine Vernachlässigung in dieser Beziehung zu manchen und zum Theile höchst gefährlichen Krankheiten Veranlassung geben kann.

Niemals dürfen jedoch weder Futter noch Getränke ihm zu warm, oder wohl gar heiß gereicht werden, da dieß höchst nachtheilig auf seine Gesundheit einwirken würde, und ebenso ist es auch von sehr großer Wichtigkeit, daß die Futter-, wie die Trinkgeschirre stets rein gehalten werden.

Nicht minder ist auch stets für Reinlichkeit in der ganzen Haltung des Hundes zu sorgen. Er muß öfter gewaschen und gekämmt werden und soll auf einem weichen warmen Lager ruhen können, das selbst den größten Hunden nöthig ist, da sie sich sonst die Ellenbogen aufliegen und nicht selten an denselben harte Geschwülste bekommen, die den Hund zum Mindesten verunstalten.

An der Erfüllung dieser hier angeführten wichtigsten Bedingungen zum Gedeihen des Hundes muß in allen Fällen festgehalten werden, wenn auch die Haltung und Pflege desselben nicht bei sämmtlichen Formen eine vollkommen gleiche sein kann und sich zum Theile nach der Verwendung richten muß, zu welcher dieselben bestimmt werden.

So können Stuben- und Schooßhunde in einer ganz anderen Weise gehalten werden, als dieß bei den zur Jagd verwendeten Hunden geboten erscheint und insbesondere bei solchen, die gemeinschaftlich in besonderen Hundeställen zusammen wohnen, und ebenso verschieden ist auch die Art und Weise, wie man Hunde, die in den Ställen unserer andern Hausthiere ihr Obdach finden, zu halten pflegt, und jene, die an der Kette liegen, auch des Nachts im Freien zubringen müssen und als Wächter des Hauses benützt werden.

Was die Wohnung betrifft, die dem Hunde zu seinem Aufenthalte angewiesen ist, so muß dieselbe zweckmäßig eingerichtet, vor Luftzug und Kälte geschützt, und mit einem weichen Lager versehen sein.

Für kleinere Stubenhunde und sogenannte Schooßhunde, die gewöhnlich schon von Jugend an verzärtelt werden, ist wohl ein weiches, mit Roßhaar oder Federn ausgefülltes Kissen die zweckmäßigste Lagerstätte, für größere Stubenhunde aber eine dickere Wolldecke von hinreichendem Umfange, damit sich der Hund seiner ganzen Länge nach auch strecken könne.

Bei Hunden, denen Pferdeställe oder die Ställe anderer unserer Hausthiere zu ihrer Wohnung angewiesen sind, genügt ein Lager von aufgeschichtetem Stroh, und für Haus- und Hofhunde, die an der Kette liegen und Tag und Nacht im Freien zubringen müssen, ist eine besondere, entweder gemauerte, oder auch aus Holz gezimmerte Hütte zu ihrem Aufenthalte nöthig, die hinreichend mit Stroh ausgelegt und stets rein gehalten werden muß.

Die meiste Sorge ist aber für den Aufenthalt der zur Jagd bestimmten und in Meuten gehaltenen Hunde zu verwenden, für welche besondere Hundeställe oder sogenannte Rüdenhäuser oder Hundezwinger herzustellen sind, welche auf einem zum Theile mit Strauchwerk besetzten Rasenplatze zu errichten sind und entweder von einer Mauer, oder auch von einem hohen Zaune umgeben sein müssen, damit sich die Hunde nicht aus dem eingeschlossenen Raume entfernen können.

Solche Hundeställe können sowohl aus Mauerwerk, als auch aus starken, durch Pfähle gestützten Bretterwänden hergestellt werden, deren Zwischenräume sorgfältig mit Moos auszufüllen sind, und ist auch das Dach mit einer dichten Strohdecke zu versehen, damit bei Regen oder dem Schmelzen des Schnee's das Wasser nicht in das Innere derselben eindringen könne.

Auch müssen diese Ställe durch einen mittelst einer Thüre zu verschließenden Ausgang mit dem umzäunten Platze in Verbindung stehen und an zwei entgegengesetzten Wänden und zwar am besten gegen Süden und gegen Norden, mit kleineren Schubfenstern versehen sein, damit man dieselben gehörig lüften könne.

Im Inneren dieser Ställe sind längs der Wände ringsum hölzerne Bänke von ungefähr 1 Fuß Höhe und hinreichender Breite anzubringen, die den Hunden als Sitz- und Lagerstelle dienen und mit einer dichten Schichte von reinem trockenem Roggenstroh bestreut werden müssen, das regelmäßig einmal in der Woche gewechselt, zur Jagdzeit aber täglich erneuert werden muß; was um so wichtiger ist, als sonst die Flöhe zu sehr überhand nehmen und auch der Geruchssinn des Hundes eine

Abschwächung erleidet. Ebenso wichtig ist es auch, daß die in einem solchen Stalle gehaltenen Hunde zur warmen Jahreszeit öfters geschwemmt, und so oft als nur immer möglich gekämmt und gebürstet werden.

Außer dem eigentlichen Stalle muß für derlei Hunde auch noch ein hölzerner Schoppen oder ein auf vier kurzen Pflöcken ruhendes Bretterdach innerhalb des umzäunten Platzes hergestellt werden, auf daß sich dieselben auch im Freien vor den Sonnenstrahlen schützen können.

Von höchster Wichtigkeit zur Erhaltung der Gesundheit des Hundes ist der Aufenthalt in frischer Luft und eine angemessene Bewegung; denn die Nichtbefolgung dieser Verhaltungsregel führt mancherlei Krankheiten im Gefolge und insbesondere ist es eine größere Beschränkung in der Bewegung, welche höchst nachtheilig auf diese Thiere einwirkt, dieselben träge und schläfrig macht und die Ablagerung von Fett allzusehr begünstigt.

Der Hund ist nicht blos mit guten Eigenschaften ausgerüstet, sondern hat auch mancherlei Untugenden an sich, die ihm schon in früher Jugend abgewöhnt werden müssen.

Es sind dieß hauptsächlich Ungehorsam, Bissigkeit und Hang zum Stehlen.

Die Mittel, welche geeignet sind, diese Untugenden beim Hunde zu unterdrücken, liegen einzig und allein nur in der Bestrafung, die aber schon frühzeitig angewendet werden muß, wenn sie einen Erfolg erzielen soll. Denn lernt der Hund die Strafe schon in der Jugend kennen, so prägt sich ihm dieselbe auch um desto tiefer in sein Gedächtniß ein und es ereignet sich nicht so leicht, daß er sich derselben widersetzt, was aber fast immer dann der Fall ist, wenn man dieselbe erst später bei vorgeschritteneren Alter in Anwendung bringt. Mit Güte allein richtet man nichts aus und ohne Züchtigung ist es geradezu unmöglich, dem Hunde unbedingten Gehorsam beizubringen und eben so wenig auch ihm den meist schon angeborenen Hang zum Stehlen und zur Bissigkeit zu benehmen.

Mit größter Strenge ist aber gegen den Hund bei einer Anlage zur Bissigkeit vorzugehen, denn zeigt er schon in der Jugend einen Hang hierzu und unterläßt man es, diese üble Eigenschaft während der Heranziehung zu unterdrücken, so nimmt diese Untugend allmählig immer zu und kann in der Folge, insbesondere aber wenn der Hund bereits im Alter weiter vorgeschritten ist, nicht nur anderen Thieren, sondern auch dem Menschen bisweilen sehr gefährlich werden.

Solche Beispiele sind Personen, welche in manchen Gegenden von Ungarn, in der Türkei und insbesondere im Oriente Fußreisen unternommen haben, mehr als genügend bekannt, da es sich daselbst nicht selten ereignet, daß man von bissigen Hunden angefallen oder auch verfolgt wird.

Das sicherste Mittel, sich bei solchen Anfällen oder Verfolgungen zu schützen, besteht darin, daß man einige Steine gegen die anstürmenden Hunde wirft, worauf dieselben unverzüglich die Flucht ergreifen, und häufig ist es schon genügend, wenn man auch nur Miene macht, einen Stein vom Boden aufzuheben.

Auch vom Futterneide ist der Hund nicht frei, doch ist es kaum möglich, diese Untugend vollständig bei ihm zu unterdrücken.

Bei der Züchtigung des Hundes ist es von höchster Wichtigkeit, daß dieselbe immer nur zur rechten Zeit in Anwendung gebracht werde, damit er auch wisse, weßhalb er gestraft worden sei.

Was die Art und Weise betrifft, wie die Züchtigung auszuführen sei, so ist es wohl selbstverständlich, daß dieselbe mit Ueberlegung und in Ruhe, nicht aber mit Leidenschaftlichkeit und in Aufregung vor sich zu gehen habe. Allerdings sind es Schläge, in welchen dieselbe zu bestehen hat, doch dürfen diese nicht etwa mit einem Stocke oder irgend einem anderen harten Gegenstande dem Hunde beigebracht werden, wodurch er arge Verletzungen erleiden kann, sondern nur mit einem weicheren, biegsamen und elastischen Gegenstande und zwar am besten mit einer aus schmalen Lederstreifen geflochtenen Peitsche.

Niemals darf man sich bei der Bestrafung aber vom Zorne übermannen oder wohl gar zu Mißhandlungen des Thieres verleiten lassen, da hierdurch der beabsichtigte Zweck immer nur sehr unvollständig erreicht wird, indem der Hund zwar erlernen wird, aus Furcht vor einer solchen Strafe zu gehorchen, dabei aber sicher auch an manchen seiner Haupttugenden, wie Liebe, Anhänglichkeit und Treue gegen seinen Herrn, verliert.

Höchst verwerflich ist es, dem Hunde Schläge mit einem Stocke beizubringen, oder wohl gar Stöße mit dem Fuße zu versetzen, da hierdurch nicht nur gefährliche und oft unheilbare Leiden herbeigeführt werden können, sondern der Hund auch zu einem Krüppel werden kann.

Ebenso ist auch das so häufig und vorzüglich bei Jagd- und Dachshunden in Anwendung kommende heftige Rütteln an den Ohren, welches gleichfalls oft die Ursache eines hartnäckigen Leidens bildet, durchaus nicht zu billigen.

Strafe soll der Hund aber überhaupt nur dann bekommen, wenn er gefehlt hat und daher dieselbe verdient, da er sonst stützig und trotzig wird, auf dieselbe nicht mehr achtet und zuletzt jeden Gehorsam versagt. Nach vollzogener Strafe muß man sich dem Hunde gegenüber ernst zeigen, wenn dieselbe fruchten soll, und ihm niemals sogleich nach derselben schmeicheln. Ueberhaupt gehorcht der Hund nur dann, wenn man ihm ernst entgegentritt.

Bei der außerordentlichen Liebe und Anhänglichkeit, mit welcher der Hund an seinem Herrn hängt, sollte man immer reiflich überlegen, bevor man sich entschließt, einen schon eingewohnten Hund an einen anderen Herrn abzutreten; unverzeihlich aber und höchst grausam muß es erscheinen, wenn man den Hund von sich weiset, ihn gänzlich verstoßt und in einer ihm fremden und völlig unbekannten Gegend auf offener Straße aussetzt.

Krankheiten.

Wie alle unsere Hausthiere, ist auch der Hund mancherlei und zwar ziemlich vielen, mitunter sehr gefährlichen Krankheiten unterworfen, von denen jede auch eine besondere Behandlung erfordert.

Als Richtschnur bei der Behandlung der Krankheiten des Hundes kann den von uns gewonnenen Erfahrungen zu Folge nur jene Heilmethode gelten, die auch bei den Krankheiten des Menschen befolgt wird, und als eine besondere Regel ist hervorzuheben, daß der kranke Hund, dessen Leiden meistens zum Nervösen hinneigen, ebenso behandelt werde, wie wir kranke Kinder zu behandeln pflegen.

Es ist dieß ein Ausspruch, den wir dem hochgeachteten und vielerfahrenen Veterinäre Herrn Dr. Ed. Vogel, Professor der medicinischen und chirurgischen Klinik an der Veterinärschule zu Stuttgart zu verdanken haben und welcher sich auch als richtig bewährt hat.

Je einfacher die Heilmittel sind, die zur Bewältigung einer Krankheit des Hundes angewendet werden, desto sicherer ist auch der Erfolg, und besteht die Krankheit in einem leichteren inneren oder äußeren Leiden, so kann die Behandlung derselben auch von jedem Laien vorgenommen werden.

Zu complicirten Heilmitteln braucht man nur bei gefährlicheren Krankheiten Zuflucht zu nehmen, oder auch bei äußeren hartnäckigen, chronischen Leiden; doch kann die Wahl derselben nur dem Thierarzte als Fachmann überlassen bleiben.

Mit der Anwendung sogenannter heroischer Mittel, die insbesondere in früherer Zeit als vielversprechend gepriesen und so sehr empfohlen wurden, ist von dem Arzte nur sehr behutsam vorzugehen, und alle jene Mittel, welche in so vielen theils älteren, theils neueren Büchern als specifische Heilmittel für gewisse Krankheiten erklärt und angerühmt wurden, sind gänzlich zu verwerfen.

Die sichersten Kennzeichen eines vollkommen gesunden Hundes sind Munterkeit und eine feuchte, kalte Nase. Trockenheit und Wärme derselben deuten immer auf ein vorhandenes Unwohlsein.

Der kranke Hund bedarf der Pflege des Menschen, und wenn die Krankheit eine gefährliche ist, oder eine solche zu werden droht, sogar einer sehr sorgsamen Pflege.

Oft reichen ganz einfache Mittel hin, wenn sie gleich beim Beginne einer solchen Krankheit, oder auch wenn diese bereits weiter vorgeschritten ist, noch rechtzeitig angewendet werden, einen heftigeren Ausbruch derselben zu verhindern; wird dieser Moment aber versäumt, so ist der Hund meist auch rettungslos verloren.

Es ist wohl selbstverständlich, daß hier nur die wichtigsten und am häufigsten vorkommenden Krankheiten besprochen werden können, da der Zweck dieses Buches nicht gestatten würde, sämmtliche Krankheiten des Hundes in demselben abzuhandeln und insbesondere die chirurgischen Fälle, welche auch hier vollständig übergangen wurden.

Ich war bemüht, die Merkmale der einzelnen hier besprochenen Krankheiten und die Ursachen ihrer Entstehung in leichtfaßlicher Weise darzustellen und habe auch nicht verabsäumt, die einfachsten Heilmittel anzugeben, welche von jedem Laien angewendet und demselben auch empfohlen werden können, da es in sehr vielen Fällen von höchster Wichtigkeit ist, schon beim Beginne der Krankheit derselben entgegenzuwirken und es durchaus nicht räthlich erscheint, die Ankunft eines Thierarztes abzuwarten, die häufig viel später erst erfolgen kann. Wo keine solchen Heilmittel angegeben sind, kann die Behandlung der Krankheit nur einem Veterinäre überlassen werden.

Von den hier angeführten Krankheiten sind die drei ersten, welche nicht selten von Laien miteinander verwechselt werden, die wichtigsten, daher sie auch mit größerer Ausführlichkeit behandelt worden sind. Es sind dieß die Epilepsie, die Staupe und die Wuth.

Die Epilepsie oder Fallsucht ist eine Krankheit, bei welcher hauptsächlich das Nervensystem afficirt ist und die unter allen unseren Hausthieren am häufigsten beim Hunde vorkommt. Insbesondere sind es aber junge Hunde und vorzüglich Männchen, welche öfter von diesem Leiden befallen werden, das in sehr vielen Fällen erwiesenermaßen durch Vererbung von den Eltern auf sie übergegangen ist.

Veranlassung zu dieser nur äußerst selten vollständig zu heilenden Krankheit geben aber auch Eingeweidewürmer, geschlechtliche Aufregungen, Gemüthsbewegungen, Fehler in der Diät und dergleichen mehr.

Bevor der Anfall eintritt, zeigt sich der Hund geängstigt; unruhig läuft er hin und her, oder auch im Kreise, stößt plötzlich ein klägliches Geschrei oder auch Gebell aus, geräth hierauf in Zuckungen, rennt rasch, doch unsicher und wankend eine kurze Strecke fort, fällt dann zu Boden und schlägt konvulsivisch mit den Beinen um sich her, wobei er zuweilen auch mit den Zähnen knirscht, weißer Schaum ihm aus dem Munde tritt und unwillkürlich der Harn von ihm abgeht.

Ist der Anfall vorüber, so erhebt sich der Hund wieder von dem Boden, sieht gleichsam verwundert um sich her und zeigt sich bald ebenso munter und heiter, wie er dieß früher war.

Beinahe immer wiederholen sich aber diese Anfälle, doch ist es völlig unbestimmt, wann dieß geschieht. Bisweilen setzen dieselben mehrere Tage, oder auch Wochen aus, doch kehren sie nicht selten auch mehrmals an einem und demselben Tage wieder.

Bei der Behandlung dieser Krankheit ist vorzüglich auf die Entstehungsursache Rücksicht zu nehmen, wornach auch die Heilmittel zu wählen sind. Dieselbe kann aber in den meisten Fällen nur vermuthet und blos sehr selten mit Bestimmtheit ermittelt werden, weßhalb auch die Behandlung dem Thierarzte überlassen bleiben muß.

Die Staupe, auch Hundeseuche, Hundesucht und Rotz genannt, besteht in einem katarrhalischen Fieber, das ist, in einer Entzündung der Schleimhäute der Respirations- oder Luftwege, die sich beinahe immer zum Nervösen neigt, und ist als eine Entwickelungskrankheit zu betrachten, welche nur junge Hunde im Laufe ihres ersten Lebensjahres, und zwar in der Regel zwischen dem vierten und neunten Monate trifft. Sie ist eine der gefährlichsten Krankheiten des Hundes, welche meistens mit dem Tode endigt; geht dieselbe aber glücklich vorüber, so ist auch für die Zukunft die Anlage hierzu vollständig getilgt.

Bisweilen tritt diese Krankheit auch epidemisch auf und wird in diesem Falle häufig contagiös.

Der Verlauf derselben und die Heftigkeit, mit welcher dieses Leiden auftritt, sind sehr verschieden und erscheinen fast in jedem einzelnen Falle anders. Immer gehört es aber zu den seltenen Fällen, wenn sich die Krankheit nur in geringerem Grade kund gibt.

Im gelindesten Falle geht sie bisweilen auch völlig unbeachtet vorüber; denn weniger Munterkeit, geringere Eßlust, öfteres Nießen und schleimige Absonderungen in den Augenwinkeln und den Nasenlöchern sind die einzigen Symptome, die man in einem solchen Falle am Hunde bemerkt.

Ganz anders gestaltet sich aber das Leiden, wenn es in einem höheren Grade auftritt.

Der Hund läßt jetzt den Kopf hängen, ist harthörig, und gleichsam wie betäubt. Es stellt sich nun auch Fieber ein, der Hund sucht warme Stellen auf, zeigt sich matt und hinfällig, und zittert an den Gliedern. Seine Nasenkuppe ist heiß und trocken, die Augen sind mehr oder weniger mit geronnenem Schleime verklebt und die Entleerungen durch Verstopfung gehemmt.

Nach einigen Tagen tritt Husten und manchmal auch Erbrechen ein, und aus der Nase quillt zäher Schleim, der später eine eiterartige Beschaffenheit annimmt und sich bisweilen so sehr anhäuft, daß die Nasenlöcher beinahe vollständig verstopft werden, wodurch die Athmung sehr erschwert wird. Dieser Zustand hält oft sehr lange an und der Hund magert in Folge desselben auffallend ab; die Augen ziehen sich tief in die Augenhöhlen zurück, in der Wirbelsäule gibt sich eine nicht zu verkennende Schwäche kund, und Verstopfung wechselt mit Durchfall.

Bald früher, bald später gesellen sich hierzu häufig auch nervöse Symptome,

Zuckungen an den Gliedern, Schwanken beim Gehen am Hintertheile, epileptische Anfälle und theilweise selbst Lähmungen.

Neigt sich die Krankheit ihrem Ende zu, so bleibt der Hund zwar die längste Zeit des Tages hindurch scheinbar ruhig auf seinem Lager liegen, doch wird diese Ruhe häufig durch ein plötzliches klägliches Aufschreien und eigenthümliches Geheule unterbrochen, das sich bis kurz vor dem Eintritte des Todes wiederholt, worauf er meistens, so wie bei der Epilepsie, auf dem Boden liegend, convulsivisch mit den Beinen um sich schlägt. Kommt er wiederum zur Ruhe, so springt er plötzlich auf, und eilt im raschen Trabe und fest mit den Beinen auf den Boden stampfend, unsicher und wankend, längs der Wände durch die Stube, bis er wieder an sein Lager kommt, auf das er sich ermattet und erschöpft dann niederwirft. Dieß wiederholt sich in immer kürzeren Zwischenräumen bisweilen durch 1—2 Tage, bis endlich das Klagegeschrei verstummt, und allmählig eine allgemeine Lähmung und mit derselben auch der Tod eintritt.

Beinahe immer endet dieses Leiden mit einer vollständigen Lähmung und dem Tode, indem sich zuletzt eine Gehirnentzündung einstellt und eine Durchschwitzung der Lymphe in die Gehirnhöhlen eintritt.

Wird dasselbe aber auch glücklich geheilt, so bleiben doch sehr oft Zuckungen an den Gliedmassen oder auch ein krampfhafter Husten zurück, und bei einem längeren Anhalten der Krankheit gewöhnlich eine theilweise Lähmung der Hinterschenkel.

Die Dauer dieser Krankheit ist sehr verschieden. Manche Hunde sterben schon vor dem fünften Tage, andere erst nach drei Monaten, während die Genesung bei einigen schon binnen vierzehn Tagen, bei anderen dagegen aber erst nach vier bis fünf Monaten erfolgt.

Ein sicher wirkendes Mittel zur Heilung dieser für den Hund höchst gefährlichen Krankheit gibt es nicht, und die Behandlung derselben muß nach den Veränderungen eingerichtet werden, welche sie in ihrem Verlaufe erleidet.

Am erfolgreichsten haben sich Brech- und Abführungsmittel in Verbindung mit krampfstillenden erwiesen, insbesondere wenn dieselben schon beim Beginne der Krankheit in Anwendung gebracht wurden.

Eine aus 1 Quentchen Kirschlorbeerwasser (Aqua Laurocerasi) und 10 Tropfen Brechnuß-Tinktur (Tinctura Nucis vomicae) bestehende Mischung, von welcher dem kranken Hunde täglich 10 Tropfen auf Zucker auf einmal beizubringen sind, scheint noch am sichersten zu wirken.

Von höchster Wichtigkeit ist es aber, die Entleerungen aus dem Darme nicht zu hemmen, da Alles darauf ankommt, die Zuströmung des Blutes zum Gehirne abzuleiten.

Nicht minder wichtig ist es auch, während der ganzen Dauer der Krankheit stets für einen geeigneten trockenen und warmen Aufenthalt des kranken Hundes und für ein mäßiges und leicht verdauliches Futter desselben zu sorgen.

Ebenso wenig darf außer Acht gelassen werden, die mit Schleim verstopften

Nasenlöcher und verklebten Augen, so lange die Schleimabsonderung anhält, mehrmals des Tages mittelst eines in lauwarmes Wasser oder noch besser in einen warmen Aufguß von Malven- oder sogenannten Käsepappel-Kraut (Herba Malvae rotundifoliae) getauchten Badeschwammes sorgfältig zu reinigen.

Die Hundswuth oder Tollheit, welche wegen eines ihrer Hauptsymptome, nämlich der krampfhaften Verschließung der Kehle beim Versuche zu trinken, irrigerweise auch Wasserscheu genannt wird, ist eine Krankheit, die sich vorzüglich durch den Trieb zu beißen, äußert, ursprünglich nur bei den verschiedenen Arten der Hunde und gewissen Katzenarten, namentlich aber bisweilen bei unserer Hauskatze angetroffen wird, in Folge des Bisses eines mit dieser Krankheit behafteten Thieres aber auch auf unsere übrigen Hausthiere und den Menschen übertragen werden kann, indem — wie man allgemein anzunehmen gewohnt ist, — der in die Wunde eindringende und mit dem Blute in Vermischung kommende Speichel ansteckend wirkt.

Immer ist sie aber eine schnell verlaufende, und wenn sie zum vollständigen Ausbruche gekommen, auch eine stets tödtliche Krankheit; denn im letzteren Falle endigt sie immer schon binnen wenigen Tagen mit dem Tode, und bis jetzt ist kein einziger hinreichend beglaubigter Fall nachgewiesen worden, welcher das Gegentheil dieser Behauptung beweisen würde.

Es kann keinem Zweifel unterliegen, daß die Wuth eine Krankheit ist, bei welcher zuvörderst das Nervensystem angegriffen wird, auf das vor Allem die Gemüthsbewegungen den größten Einfluß ausüben.

Die Hauptursache, durch welche sie hervorgerufen wird, ist — wie beinahe mit voller Sicherheit angenommen werden kann — die Nichtbefriedigung oder Unterdrückung des Geschlechtstriebes; doch tragen auch Mangel an Wasser und Nahrung, allzugroße Hitze oder Kälte, schneller Wechsel der Temperatur, schlechte Haltung und üble Behandlung, insbesondere aber übermäßige Anstrengung bei der Benützung des Hundes als Zugthier sehr viel dazu bei, dieselbe zum Ausbruche zu bringen.

Erwachsene männliche Hunde werden am meisten von dieser Krankheit befallen und zwar im Sommer öfter als im Winter, und langhaarige häufiger als kurzbehaarte. Auch kommt dieselbe in großen Städten weit häufiger als in kleineren und Dörfern, am häufigsten aber in den Ställen der Meuten vor. Ueberall gehört sie jedoch zu den selteneren Erscheinungen.

Bissige Hunde gibt es zwar allerwärts, bald in größerer, bald in geringerer Anzahl, die in den allermeisten Fällen für wüthend angesehen und auch ausgegeben werden, obgleich sie dieß durchaus nicht sind, wüthende jedoch nur äußerst selten und zwar, was höchst auffallend und bemerkenswerth erscheinen muß, fast ausschließlich nur in der gemäßigten Zone, während sie in den Ländern der kalten, und vollends der heißen Zone, nur als eine außerordentliche Seltenheit erscheinen und beinahe gar nicht anzutreffen sind.

Die Länder des mittleren Theiles von Europa und von Nordamerika scheinen die einzigen zu sein, in welchen diese Krankheit bisweilen öfter vorkommt. Weder im Süden noch im Norden von Europa tritt dieselbe jemals häufiger auf, während sie fast in ganz Asien, Afrika, in Südamerika, dem südlichen und nördlichsten Theile von Nordamerika, sowie auch in Australien, beinahe gänzlich unbekannt geblieben ist.

Das äußerst seltene Vorkommen derselben in den wärmeren Ländern und auch im kälteren Norden schreibt man wohl mit Recht der daselbst fast allenthalben bestehenden Sitte zu, die Hunde weder in den Häusern zurückzuhalten, noch gar an die Kette zu legen, sondern dieselben sich frei zu überlassen.

Die ersten Anzeichen, welche man beim Hunde, lange bevor noch die Wuth zu einer Entwickelung kommt, wahrnimmt, sind fast ganz dieselben, wie jene, die so manchen anderen Krankheiten des Hundes beinahe immer vorausgehen, daher sie auch durchaus nicht als sichere Vorboten der Wuth betrachtet werden dürfen.

Der Hund zeigt einen auffälligen Hang zum Entweichen aus dem Hause, sowie auch zum Herumstreichen außerhalb desselben und zwar zu einer Zeit, wo die Laufzeit noch gar nicht eingetreten ist. Sein ganzes Betragen erleidet eine Veränderung; er zeigt eine ungewöhnliche Schläfrigkeit und Traurigkeit in seinem Benehmen, sucht beständig warme Orte auf und seine Eßlust nimmt beträchtlich ab, oder schwindet auch fast ganz. Zwar schleicht er öfter nach dem Futter, das er nur beriecht, ohne jedoch davon zu fressen, und geht auch gierig nach dem ihm vorgesetzten Wasser, wovon er oft, doch immer nur eine geringe Menge trinkt, und zeigt sich überhaupt sehr unruhig, beängstigt und mürrisch, indem er gewöhnlich bei der Annäherung von Menschen oder Thieren knurrt.

Hierzu gesellt sich meistens auch eine auffallende Neigung zum Verschlingen ganz ungewöhnlicher und völlig unverdaulicher Gegenstände, wie Leder, Heu, Stroh, Holz, Federn, Haare, Roßmist, und selbst der eigene Koth, die er bisweilen auch nur beleckt, was übrigens beim Hunde auch bei Wurmkrankheiten häufig vorkommt. Ebenso beleckt er auch Eisen und Steine und leckt sogar seinen eigenen Harn.

Hierauf tritt gewöhnlich Verstopfung und bisweilen auch Erbrechen ein, und die Excremente erscheinen schwarz und beinahe pechartig.

Von jetzt an nimmt die Krankheit aber einen bedenklicheren Charakter an. Die Ohren werden schlaff, das Thier läßt den Schwanz hängen und wird von einem allgemeinen Zittern befallen, die Stimme verändert sich, indem sie nur mehr rauh und heiser klingt und der Anschlag beim Bellen in ein eigenthümliches hohl tönendes und kurz anhaltendes Geheul übergeht. Die Augen erscheinen jetzt matt, der Blick schielend, doch röthen sich dieselben nach und nach und zeigen sich, so wie auch die Augenlider entzündet.

Der Hund beißt, ohne vorher zu knurren oder zu bellen, selbst ohne irgend einem Anlasse. Er achtet nicht mehr auf Liebkosungen, selbst seines eigenen Herrn, folgt nicht mehr seinem Befehle und scheint sich vor Allem zu fürchten.

Bei Zunahme der Krankheit, in welcher man jetzt schon beinahe mit Gewißheit den Beginn der Wuth erblicken kann, steigert sich die Unruhe und Scheu des Hundes immer mehr und mehr, der Blick wird feuriger, aber zugleich auch starr, das Thier trägt den Kopf gesenkt, Augen- und Backengegend beginnen anzuschwellen, die Kiefer sind wie beim Kauen fast beständig in Bewegung und die stark geröthete Zunge hängt auf einer oder der anderen Seite aus dem Munde heraus, aus welchem, so- wie zuweilen auch aus der Nase, zäher schaumiger Schleim von blaulicher oder bräunlicher Farbe triefend hervortritt. Noch hört man den Hund bisweilen knurren, doch ist er nicht mehr im Stande zu bellen und wie es scheint, kennt er jetzt weder andere Personen des Hauses mehr, noch seinen eigenen Herrn.

Zwar lechzt er nach Getränke, doch vermag er nicht dasselbe mit der Zunge in den Mund zu bringen und noch weniger zu verschlucken, auch wenn man versucht ihm dasselbe löffelweise beizubringen, da die Schlundmuskeln krampfhaft zusammengezogen sind und jeder solche Versuch ihm schmerzhaftes Würgen verursacht.

Auch das Verschlingen von Nahrungsmitteln ist meistens schon sehr bald bedeutend erschwert und häufig durchaus nicht mehr möglich. Ist er aber auch noch im Stande Nahrung und Getränke zu sich zu nehmen, so erfolgt dieß immer schnappend und mit gieriger Hast.

Mit auffallender Raschheit magert das Thier jetzt ab, was besonders deutlich in der Weichengegend hervortritt. Der Hund macht keine Miene mehr sich zu legen und mit sichtbarer Unruhe schleicht er scheu und schielend umher, wobei er stets den Schwanz gesenkt trägt.

Nun tritt der Moment ein, wo sich die Krankheit zur stillen oder zur rasenden Wuth entwickelt.

Bei der stillen Wuth sind die Augen trübe, thränend und entzündet, der Blick ist starr, und aus dem Munde, an dessen Winkeln sich weißer Schaum gesammelt, hängt die blauröthliche Zunge weit heraus. Das Thier vermag nicht mehr den Mund zu schließen, da der Unterkiefer schon in den ersten Tagen, nachdem die Krankheit als Wuth sich zu erkennen gab, allmählig gelähmt wird und völlig schlaff herabhängt, wodurch auch die Gefahr, von dem Hunde gebissen zu werden, bedeutend abgeschwächt wird.

Nur bevor die Lähmung eine vollständige geworden, kann das Thier bisweilen noch einen Biß versetzen, indem bei einer besonderen Gemüthsbewegung der scheinbar völlig lahme Unterkiefer plötzlich krampfhaft geschlossen werden kann.

Blos beim Beginne der Entwickelung dieser Krankheitsform ereignet es sich zuweilen, daß der Hund das Haus verläßt und ohne ein bestimmtes Ziel zu verfolgen, oft meilenweit in gerader Richtung vorwärts rennt. Unsicheren Trittes und gleichsam taumelnd setzt er seinen Lauf mit gesenktem Kopfe und eingezogenem, zwischen die Hinterbeine eingeklemmten Schwanze so lange fort, bis er sich ermüdet fühlt, wobei er Alles, was ihm auf dem Wege begegnet, besonders aber Hunde, beißt. Wird er bei seinem Laufe von einem Hindernisse überrascht, das ihn zwingt, vom geraden Wege abzuweichen, so dreht er sich gewöhnlich taumelnd im Kreise, fällt dabei bisweilen auch zu Boden und schnappt häufig in die Luft.

Dieses Herumstreifen hält in der Regel nur drei Tage, manchmal aber auch noch länger an.

Bald zeigt sich der Hund aber erschöpft und abgestumpft, und sucht durchaus nicht mehr aus dem Hause zu entweichen.

Zuletzt wird sein Gang langsam, schleppend und schwankend, und der Hintertheil allmählig gelähmt. Der Hund schnappt, wenn man ihm sich nähert, Krämpfe und Zuckungen stellen sich ein, und nach gänzlicher Erschöpfung der Kräfte erfolgt unter gräßlichen Convulsionen und wie es scheint, begleitet von den heftigsten Schmerzen, durch Lähmung oder auch durch Schlagfluß der Tod.

Gewöhnlich tritt derselbe zwischen dem fünften bis achten, bisweilen aber auch schon am vierten, seltener dagegen erst am neunten oder zehnten Tage nach dem Beginne der deutlich ausgesprochenen Wuth ein.

Bei der rasenden Wuth erscheint das Auge funkelnd, die Pupille sehr erweitert und bisweilen auch convulsivisch bewegt. Der Mund ist meistens geschlossen, doch steht er auch zeitweise offen, wobei die blauliche Zunge, die nur wenig von Geifer benetzt ist, aus demselben heraushängt.

Schon in der allerersten Zeit, wo sich die Krankheit in dieser Form zu entwickeln beginnt, benimmt sich der Hund falsch und trotzig gegen alle Personen des Hauses, die ihn umgeben, und selbst den eigenen Herrn nicht ausgenommen. Bald tritt auch Neigung zum Beißen und endlich entschieden Bißsucht ein, wobei er nichts verschont.

Unwillkürlich und gleichsam wie nach Fliegen haschend, schnappt er in die Luft und nach Allem, auf was er eben trifft. Häufig fällt er auch über das Hausgeflügel her, wenn ihm dasselbe in den Weg kommt und zerfleischt so viele Stücke, als er nur erhaschen kann. Niemals aber zeigt er Lust, irgend einen Theil davon zu fressen.

Dagegen lockt er zuweilen andere Hunde freundlich an sich heran, nähert sich denselben, beriecht sie und wedelt mit dem Schwanze, worauf er ihnen oft plötzlich einen Biß, und zwar gewöhnlich in die Schnauze oder die Geschlechtstheile versetzt.

Wird er von Personen gelockt und selbst von solchen, die er kennt, so verzerrt er gewöhnlich das Gesicht und fletscht gegen sie die Zähne. Häufig richtet er seinen Blick auch schielend gegen die Weichen und läßt dabei ein eigenthümliches Gewinsel und oft auch schnalzende Laute vernehmen, worauf er sodann den wässerigen Geifer, der sich zuweilen, doch immer nur in sehr geringer Menge zwischen den Lippen sammelt, mit der entzündeten Zunge von denselben abzulecken sucht.

Oefters springt er auch plötzlich und völlig unerwartet auf, fährt rasch und schnappend auf einzelne Gegenstände los und bellt oder heult hohltönend, ohne irgend eine Veranlassung.

Bei glatthaarigen Hunden ereignet es sich zuweilen, daß das Körperhaar auch etwas struppig wird und beinahe wie gesträubt erscheint; doch findet dieß nur selten statt.

Oft rennt der Hund aus dem Hause, das ihn beherbergt, fort, kehrt aber bisweilen auch wieder in dasselbe zurück und sucht meistens abgelegene Orte auf, um an denselben auszuruhen.

Sehr gerne verfolgt er die Spuren der Hausthiere, sucht sie in den Ställen und Hütten auf und beißt sie, ohne zu bellen oder sich daselbst länger aufzuhalten.

Anfangs rennt er noch, so wie im gesunden Zustande, in gewöhnlichem Trabe, nach und nach aber immer rascher und es zeigen sich nun wirkliche Anfälle von tobender Wuth. Mit hoch aufgehobenen Beinen und emporgerichtetem Schwanze setzt er seinen Lauf im Freien fast immer in gerader Richtung fort und hält sich dabei auch meistens an einen gebahnten Weg. Trifft er auf ein Hinderniß, das er nicht zu bewältigen im Stande ist, so wendet er sich rasch um und schlägt eine andere Richtung ein; stößt er aber zufällig auf Wasser, so schwimmt er meistens durch dasselbe, um in gerader Richtung an das entgegengesetzte Ufer zu gelangen, seien es nun Pfützen, Bäche oder Flüsse; denn nur selten ereignet es sich, daß er dem Wasser auszuweichen sucht und sich taumelnd von demselben abwendet.

Alles was ihm bei seinem Laufe aber jetzt gerade in den Weg kommt, wird von ihm gebissen und gesunde Hunde scheinen sich instinktmäßig vor dem wüthenden zu scheuen und suchen ihn zu fliehen. Seine Bissigkeit geht so weit, daß er häufig sogar in Holz und Steine, ja selbst in die eigene Kette beißt, an welche er gefesselt ist.

Das Ende dieser Krankheitsform geht in derselben Weise vor sich, wie bei der stillen Wuth, und auch in denselben Zeiträumen.

Die hier angegebenen Merkmale sind alle, welche man seither bei wüthenden Hunden beobachtet hat; doch treten nicht immer dieselben Erscheinungen, so wie sie hier geschildert wurden, ein, und auch der Verlauf der Krankheit ist nicht immer derselbe, sondern in vielen Fällen so mancherlei Abweichungen unterworfen.

Sehr oft wird die Wuth aber auch und selbst von Thierärzten verkannt, da Hunde, bei welchen sich mehrere der hier angeführten Erscheinungen zeigen, nicht selten unbedingt für wuthkrank, oder mindestens für wuthverdächtig betrachtet werden, obgleich diese Erscheinungen auch bei anderen Krankheiten und namentlich bei der Epilepsie und Staupe angetroffen werden.

Der durch den Biß eines wüthenden Hundes in die Blutmasse eines anderen Thieres oder auch des Menschen gebrachte Geifer zeigt nur selten vor dem zehnten und noch seltener vor dem dritten Tage nach dem Bisse eine Wirkung, bisweilen aber auch erst nach drei bis acht Wochen. Von einigen sonst glaubwürdigen Personen wird sogar behauptet, daß sich Fälle ereignet haben sollen, wo acht bis neun Monate, ja acht bis neun Jahre verstrichen seien, bevor die Wuth zum Ausbruch gekommen sei.

Ob solche Fälle aber nicht etwa auf einer — wenn auch unfreiwilligen — Täuschung beruhen, mag dahingestellt bleiben, da nicht abgeleugnet werden kann, daß die Wuthkrankheit — und zwar nicht blos beim Hunde, sondern auch beim Menschen — obgleich nur äußerst selten, durch Selbstentwickelung entstehen kann.

Die Annahme liegt sonach sehr nahe, daß wenn ein solcher von der Wuth befallener Mensch vor Monaten oder Jahren einmal von irgend einem bissigen und vielleicht auch gar nicht kranken Hunde gebissen worden ist, die so spät ausgebrochene Krankheit von dem einst erhaltenen Bisse hergeleitet wird.

Es würde als eine Vermessenheit betrachtet werden, wollte man heut zu Tage die Ansteckungsfähigkeit des Geifers eines tollen Hundes geradezu gänzlich leugnen, obgleich es nicht an Beispielen fehlt, aus welchen ein Beweisgrund für die Richtigkeit auch einer solchen Annahme abgeleitet werden könnte, wie namentlich die stets fruchtlos gebliebenen Versuche, das Wuthgift durch Einimpfung des Speichels toller Hunde auf andere Hunde oder auch auf den Menschen zu übertragen.

Schon Aristoteles, der ungefähr 350 Jahre vor Christus lebte, spricht von der Wuth als einer dem Hunde eigenthümlichen Krankheit, leugnet aber, daß dieselbe durch den Biß auf den Menschen übertragen werden könne, während Aurelius Cornelius Celsus, der zur Zeit Kaisers Augustus zu Anfang des ersten christlichen Jahrhunderts schrieb, die Behauptung aussprach, daß nach dem Bisse eines tollen Hundes die Wasserscheu bei dem Gebissenen ausbreche.

Auffallend ist es auch, daß in den älteren Zeiten die Hundswuth selbst in Deutschland völlig unbekannt war und erst im 16. Jahrhundert Matthioli von derselben Erwähnung machte.

So viel ist indeß gewiß, daß die Wirkungen des Bisses eines tollen Hundes von jeher sehr übertrieben geschildert wurden, daher sich auch die Furcht vor demselben tief beim Volke eingewurzelt hat und es eine vergebliche Mühe wäre, wollte man auch die triftigsten Gründe zur Abschwächung einer solchen vorzubringen versuchen, jenes alte Vorurtheil sobald verscheuchen zu wollen.

Demungeachtet sei es gestattet, hier einige Bemerkungen beizufügen, welche vielleicht dazu beitragen könnten, eine so übertriebene Furcht wenigstens zu verringern.

Nicht auf jeden Menschen und jedes Thier, die von einem tollen Hunde gebissen wurden, wird das vermeintliche Wuthgift verpflanzt und bei sehr vielen bleibt dasselbe völlig wirkungslos.

Es ist aus langjährigen Erfahrungen bekannt und auch thatsächlich erwiesen, daß unter acht bis zehn Fällen, wo Menschen von tollen Hunden gebissen wurden, die Wuth nur bei einem einzigen ausgebrochen ist; denn trifft der Biß nicht eine entblößte Stelle, so wischt sich der Speichel an den Kleidungsstücken ab, welche der Zahn durchbohren muß, bevor er auch nur mit der Haut des Menschen in Berührung kommen kann, daher der für ansteckend betrachtete Speichel auch nicht in die Wunde gelangen und mit dem Blute sich vermischen kann. Aber auch im ersteren Falle, wenn der Biß unmittelbar eine entblößte Stelle trifft, wird die geringe Menge Geifers, welche in die Bißwunde gelangt, mit dem hervorquillenden Blute sogleich wieder größtentheils ausgespült.

Ebenso ist es durch viele Thatsachen bewiesen, daß wenn ein toller Hund auch eine größere Menge anderer Hunde gebissen hat, nur einige derselben, nicht aber alle von der Wuth befallen werden, und diese Krankheit auch bei Unterlassung polizeilicher Maßregeln nur sehr selten eine größere Verbreitung in einer Gegend gewinnt.

Es kann als gewiß betrachtet werden, daß Furcht, Besorgniß und Angst, wie bei so manchen anderen gefährlichen Krankheiten, so auch bei der Wuth, das Meiste dazu beitragen, dieselbe zum Ausbruche zu bringen; denn nur dadurch läßt sich die Möglichkeit erklären, daß dieselbe beim Menschen bisweilen erst nach mehreren Monaten und sogar nach mehreren Jahren zum Ausbruche kommen kann.

So selten auch eine Selbstentwickelung der Wuth bei den Hunden stattfindet, so kann dieselbe durch das Herumstreichen und die Rauflust auch nur eines einzelnen von dieser Krankheit befallenen Hundes, dennoch bisweilen sogar eine größere Verbreitung erlangen, obgleich sich dieß nur äußerst selten ereignet. Um einer solchen Verbreitung dieses Uebels möglichst Einhalt zu thun, ist man schon seit lange her zu verschiedenen Mitteln geschritten, wie dieß die mannigfaltigen Verordnungen polizeilicher Behörden beweisen, die in den verschiedenen Ländern des civilisirten Europa in dieser Beziehung seither erlassen worden sind und auch noch erlassen werden.

In den meisten Fällen waren es aber, und sind es auch noch jetzt, nur irrthümliche Voraussetzungen, welche zu denselben Veranlassung gaben; denn beinahe immer sind es nur einzelne zufällig in einem Bezirke erscheinende fremde und zugleich bissige Hunde, welche von dem Volke für wuthkrank angesehen werden, und hat ein solcher Hund — durch die ihm nacheilende Volksmenge erschreckt und zur Flucht getrieben, — auf seinem Wege einen anderen Hund oder irgend eines unserer Hausthiere gebissen, oder wohl gar einen Menschen, so reicht ein einziger solcher Fall hin, die Bevölkerung einer ganzen Stadt oft mit Blitzesschnelle in Schrecken, Angst und Sorge zu versetzen.

Allsogleich werden auch behördliche Verfügungen getroffen, um der Weiterverbreitung der Wuth vermeintlich sichere Schranken zu setzen, obgleich dieselbe fast immer noch gar nicht constatirt ist, und Anordnungen erlassen, die zuweilen unbegreiflich erscheinen und nahezu an die Grenze des Komischen streifen.

Jeder Hund ohne Unterschied wird in einem solchen Falle oft dazu verurtheilt, durch viele Monate hindurch einen Maulkorb zu tragen oder der Besitzer auch gehalten, seinen Hund auf offener Straße beständig an der Schnur zu führen.

Bei dem großen Interesse, welches gewiß jeder Hundefreund an diesem Gegenstande nimmt, dürfte es hier wohl am Platze sein, näher in denselben einzugehen.

Eine Anordnung, welche dem Hundebesitzer die Verpflichtung auferlegt, seinen Hund, so oft derselbe die freie Straße betritt, stets mit einem Maulkorbe zu versehen und nach welcher jeder Hund, der daselbst ohne Maulkorb getroffen wird, vom Wasenmeister eingefangen werden kann, um ihn zur Beobachtung in die Thierarzneischule zu bringen, wo er in der Regel der Vertilgung nicht entgeht, ist nicht nur allein zwecklos, sondern muß auch als ein nun und nimmermehr zu rechtfertigender Eingriff in das Eigenthumsrecht betrachtet werden.

Abgesehen davon, daß dem Eigenthümer dadurch oft das Liebste, das er besitzt, geraubt wird, da der Hund der treueste Gefährte und oft einzig wahre Freund des Menschen, der sorgsamste Hüter seines Hauses und Besitzes, und bisweilen sogar sein Führer und Ernährer, seine einzige Stütze oder Freude, oder wohl gar der Retter seines Lebens ist, so gibt es nicht selten auch einzelne Fälle, wo der Besitz so manchen Hundes mit Hunderten von Gulden bezahlt wird; und dennoch kann ein solcher Hund kraft eines derartigen Gesetzes vom Wasenmeister auf offener Straße confiscirt werden, wenn er — was selbst bei der größtmöglichsten Sorgfalt nicht vermieden werden kann, — zufällig die Schwelle des Hauses, das ihn beherbergt, überschreitet, ohne mit dem vorgeschriebenen Maulkorbe versehen zu sein.

Welcher Zweck durch den Maulkorb und die Führung des Hundes an der Schnur erreicht werden soll, ist nicht wohl abzusehen; denn daß hierdurch der Verbreitung der Hundswuth nicht Einhalt gethan, daher die einer solchen Verordnung zu Grunde liegende Absicht unmöglich erreicht werden kann, liegt auf flacher Hand.

Allerdings wird der Hund durch Anlegung eines Maulkorbes — vorausgesetzt daß dieser gehörig construirt ist, — bißunfähig gemacht, doch kann dieß nur für die offene Straße, nicht aber für seine Behausung gelten, da dem Hundebesitzer nicht zugemuthet und derselbe noch weniger verpflichtet werden kann, seinen Hund auch in der eigenen Wohnung fortwährend bei Tag und Nacht mit einem Maulkorbe zu versehen, da dieser mit einer derartigen Armirung nicht einmal Nahrung zu sich nehmen könnte und im Falle, als er wirklich von der Wuth befallen wäre, wohl eben so großes Unheil anrichten würde, wenn sein eigener Herr oder andere Hausgenossen von ihm gebissen würden.

Noch weniger Schutz gewährt aber die als vollkommen zwecklos erscheinende Führung an der Schnur, insbesondere aber in Ländern, wo die Hunde besteuert und mit einer besonderen Marke versehen sind und in denen es überhaupt keine herrenlosen Hunde gibt.

Der Maulkorb hat bei Hunden nur dann einen Sinn, wenn dieselben thatsächlich als bissig bekannt sind, und nur den Besitzern solcher Hunde sollte die Befolgung einer derartigen Vorschrift und zwar unter Androhung strenger Vernachlässigungsstrafen, nicht aber der gesammten Bevölkerung einer Stadt zur Pflicht gemacht werden.

Ueber die sonstige Nutzlosigkeit des Maulkorbes bei Hunden haben sich bereits die ausgezeichnetsten und erfahrensten Thierärzte beinahe von ganz Europa entschieden ausgesprochen und es ist wahrhaft nicht zu begreifen, wie es noch einzelne Länder gibt, in denen man nicht zur selben Ansicht gelangen konnte.

Auch andere unserer Hausthiere werden zuweilen, obgleich nur äußerst selten, von der Wuth, als einer ursprünglich sich entwickelnden und nicht erst durch den Biß eines tollen Hundes auf sie übertragenen Krankheit befallen, und insbesondere Katzen, ohne daß es einer Behörde jemals in den Sinn gekommen wäre, auch bei diesen Thieren zu den Maulkörben als Schutzmittel zu greifen.

Noch weniger zu billigen ist die hie und da noch bestehende Verordnung, nach welcher alle Hunde, die in einem bestimmten Bezirke von einem wuthverdächtigen Hunde gebissen wurden, oder mit einem solchen auch nur in Berührung kamen, vom Wasenmeister auf offener Straße eingefangen und später auch getödtet werden mußten, so wie nicht minder auch die übertriebene Vorsicht so mancher Gemeindevorstände, welche bei jedem solchen vereinzelt vorkommenden Falle sämmtliche Hunde ihres Bezirkes erschlagen oder auch erschießen lassen.

Eine so allgemeine Maßregel, welche ein unbedingtes Todesurtheil über alle und selbst die gesundesten und harmlosesten Hunde verhängt, kann in keinem Falle gerechtfertigt werden.

Die Mittel, welche wohl am meisten dazu beitragen dürften, den Ausbruch der Hundswuth, wenn auch nicht vollständig zu verhüten, doch wenigstens möglichst zu beschränken, scheinen mir folgende zu sein; und zwar:

1) Die geregelte Herstellung eines entsprechenden Verhältnisses zwischen der Zahl der männlichen und weiblichen Hunde, von denen die ersteren beinahe überall in weit überwiegender Anzahl gehalten werden;
2) die Einführung von besonderen, mit laufendem Wasser versehenen Hunde-Tränken in den einzelnen Straßen größerer Städte; und
3) die Ueberwachung der Verwendung des Hundes als Zugthier und die Beschränkung der Lasten, welche man demselben aufzubürden pflegt.

Die Heiserkeit ist ein beim Hunde zwar öfter vorkommendes, aber meistens schon sehr bald und leicht vorübergehendes Uebel, das gewöhnlich durch zu heftige Anstrengung beim Bellen, bisweilen aber auch durch Verkühlung in Folge naßkalter Witterung herbeigeführt wird, oder auch in Begleitung des Hustens auftritt.

In der Regel erfolgt die Heilung ohne Anwendung irgend eines Arzneimittels, hält das Leiden aber länger an, so sind schleimige oder ölige, mit Zucker und etwas Salmiak versetzte Stoffe die sichersten Mittel zur Heilung.

Am einfachsten ist es, dem Hunde warme, mit Zucker versüßte Milch, oder eine schleimige Brühe von Gerstengrütze zu reichen, die bei einer längeren Dauer des Uebels mit einer geringen Gabe von etwa 1/3 Quentchen gepulvertem Salmiak zu versetzen ist, und denselben vor Verkühlung zu schützen.

Mandelmilch mit Zucker, etwas Gummi und Salmiak, ist vorzüglich für kleine Stuben- und Schooßhunde zu empfehlen.

Der Husten ist zwar kein gefährliches, aber ein lästiges und oft nur schwer zu bewältigendes Leiden, zu welchem meistens rasche Abkühlung die nächste Veranlassung gibt.

Er beruht auf einer besonderen Reizbarkeit der Luftwege, die durch eine schwache Entzündung der Schleimhäute derselben hervorgerufen wird.

Bisweilen reicht eine Lösung von 1/3 Quentchen gepulvertem Salmiak in acht Loth mit Zucker versetztem Wasser — wovon dem Hunde stündlich ungefähr ein Eßlöffel voll gereicht wird — hin, das Uebel schon sehr bald vollständig zu heilen. Ist dasselbe aber hartnäckiger, so wird sich in den meisten Fällen eine tägliche Gabe von fünf Tropfen Bittersüß-Tinktur (Tinctura Dulcamarae) auf Zucker als ganz besonders wirksam zeigen. Weicht der Husten aber auch diesem Mittel nicht, so ist es gerathen, thierärztliche Hilfe in Anspruch zu nehmen.

Schutz vor Verkühlung ist aber auch bei diesem Leiden von großer Wichtigkeit.

Bei fett gewordenen Hunden geht die Genesung nicht selten ohne Anwendung irgend eines Heilmittels vor sich, wenn dieselben spärlicher gefüttert werden und dadurch an Fett verlieren.

Der Krampf- oder Keuchhusten, der nur als eine besondere Form des Hustens zu betrachten ist, besteht in sich öfter wiederholenden periodischen Anfällen eines von Schmerzen begleiteten Hustens.

Diese Anfälle halten in der Regel eine halbe bis mehrere Minuten an und gehen in ein eigenthümliches krampfhaftes Würgen, und hierauf entweder in eine Neigung zum Erbrechen, oder in ein wirkliches Erbrechen über, womit dieselben gewöhnlich endigen.

Ist ein solcher Anfall vorüber, so zeigt sich der Hund zwar etwas abgemattet, doch scheinbar völlig gesund.

Die Hauptaufgaben, welche bei diesem Leiden zu beobachten sind, bestehen in der sorgfältigen Vermeidung einer Verkühlung und der Beschränkung in der Diät.

Als innerlich anzuwendendes Heilmittel sind Pulver zu empfehlen, welche aus 4 Gran Antimon-Schwefel (Sulfur auratum Antimonii), 6 Gran Tollkirschen-Extrakt (Extractum Belladonnae) und 1/2 Loth Gummi-Pulver (Pulvis gummosus) zusammengesetzt und in 12 gleiche Theile zu theilen sind, von denen dem Hunde täglich dreimal ein solcher Theil beizubringen ist.

Nebstbei ist demselben aber auch mehrmals des Tages ein schleimiger Absud von Eibischwurzeln (Radix Althaeae) mit Zucker versetzt, als Getränke vorzustellen.

Die Bräune oder sogenannte Kehlseuche besteht in einer Entzündung des Kehlkopfes, welche sich auch über den Schlundkopf und die Rachenhöhle verbreitet und bisweilen bis in die Luftröhre erstreckt.

Sie gibt sich durch beengten Athem, Anschwellung der Kehlgegend, Unvermögen zum Schlucken, Abgeschlagenheit und Fieber zu erkennen, und ist meist eine Folge von Erkältung nach vorausgegangener Erhitzung.

Einreibung der Kehle mit Campher-Liniment (Linimentum saponato-camphoratum) ist das Mittel, welches man dagegen in Anwendung bringt, und Einhüllung des Halses mit einem warmen Tuche.

Zum innerlichen Gebrauche dürfte eine in 12 gleiche Theile getheilte Mischung von 6 Gran Bilsenkraut-Extrakt (Extractum Hyosciami), oder vielleicht noch besser von 6 Gran Tollkirschen-Extrakt (Extractum Belladonnae) mit 1/2 Loth Gummi-Pulver (Pulvis gummosus), von welchem dem Hunde dreimal des Tages ein solcher Theil gereicht wird, eine günstige Wirkung nicht verfehlen.

Einfache Kost und warme Haltung sind aber eine Hauptbedingung zur Bewältigung dieses Leidens.

Die Magenverdorbenheit beruht immer nur auf einer Störung in der Verdauung, sei es nun in Folge des Genusses von zu vielem und insbesondere von halbfaulem oder wohl gar völlig faulem Fleische, oder von zu fetter und kleisteriger Nahrung, oder auch durch das Verschlingen unverdaulicher Gegenstände.

Gänzlicher Mangel an Eßlust, Aufstoßen, Würgen, Erbrechen, Durchfall oder Verstopfung sind die gewöhnlichen Symptome dieses Uebels, und im Falle dasselbe auf übermäßigem Fleischgenusse beruht, auch ein höchst übler Geruch aus dem Halse oder der sogenannte Mundgestank.

Sehr eingeschränkte Diät ist das sicherste Mittel zur Heilung dieses meist leicht vorübergehenden Leidens, zu dessen Beseitigung nur in seltenen Fällen die Anwendung besonderer Heilmittel erforderlich ist, bei deren Wahl man sich nach den Symptomen richten muß, von welchen dasselbe begleitet ist.

Die hierbei anzuwendenden Mittel beschränken sich auf solche, welche entweder zum Erbrechen reizen, oder auch die Entleerungen hemmen, oder befördern.

Das Erbrechen erfolgt gewöhnlich bei einer Ueberfüllung des Magens und bedarf durchaus keiner Anwendung von Heilmitteln, da sich der Hund schon sehr bald nach demselben wieder völlig wohl, frisch und munter zeigt.

Meistens hilft sich der Hund selbst, wenn er sich durch einen Knochen im Magen, den er nicht verdauen kann, unwohl fühlt, und reizt sich durch den Genuß von jungem Grase und vorzüglich von Queckengrase zum Erbrechen.

Die Verstopfung beruht beim Hunde, wenn sie nicht als ein Symptom einer anderen Krankheit auftritt, immer nur auf einer vorwaltenden Fütterung mit Knochen, und geht meistens leicht und ohne Anwendung eines Arzneimittels vorüber.

Nur in Fällen, wo sie sich hartnäckig zeigt, was sich jedoch nur selten ereignet, ist es nöthig, ein Heilmittel anzuwenden.

Eine Gabe von 20—30 Gran gepulverter Jalappa-Wurzel (Radix Jalappae) mit gepulvertem Zucker gemischt, welche dem Hunde auf einmal beizubringen ist, erzielt gewöhnlich schon den gewünschten Erfolg, und braucht nur dann wiederholt zu werden, wenn das Uebel dadurch noch nicht gehoben ist.

Ein gelinderes Mittel, vorzüglich für kleinere Hunde geeignet, ist Ricinus-Oel (Oleum Ricini), wovon dem Hunde stündlich ein Löffel voll in so lange zu geben ist, bis sich von diesem Heilmittel eine Wirkung zeigt.

Der Durchfall beruht meistens auf Fehlern in der Diät, daher es vor Allem nöthig ist, dieselben abzustellen. Bisweilen tritt er aber auch in Folge einer Verkühlung ein und zwar vorzüglich im Spätsommer und im Herbste, oder er zeigt sich auch während der Periode des Zahnens im ersten Lebensjahre zwischen dem dritten und vierten Monate.

Warmes Verhalten und eine schleimige Brühe von Gerstengrütze, oder auch ein mit Zucker versetzter Aufguß von Feld-Camillen-Blüthen (Flores Chamomillae vulgaris), dem Hunde warm dargereicht, sind bisweilen zureichend, den Durchfall zu stillen. Ist dieß aber nicht der Fall, so werden sich Doverische Pulver (Pulveres Doveri), von welchen man dem Hunde ein- bis zweimal des Tages eine Gabe von 1 Gran mit Zucker versetzt, reichen kann und das Auflegen warmer trockener Bähungen auf den Unterleib, sicher wirksam zeigen.

Die Kolik besteht in einer schmerzhaften Reizung des Darms und bisweilen gleichzeitig auch des Magens, die bald auf Krämpfen in Folge von Erkältung, bald auf Verstopfung oder auch auf Blähungen beruht, und nicht selten auch durch Eingeweidewürmer hervorgerufen wird.

Diese Krankheit tritt in mehreren Formen auf, die je nach der Verschiedenheit ihrer Entstehungsursache verschieden von einander und auch mehr oder weniger schmerzhaft sind.

Die gelindeste Form ist das Bauchgrimmen oder sogenannte Leibschneiden, das in einer krampfhaften Zusammenziehung der Gedärme besteht und mit einem schneidenden Schmerze verbunden ist.

Der Hund zeigt sich unruhig, verläßt sein Lager, schreitet ängstlich und unstät hin und her, und gibt deutlich Zeichen des Schmerzes zu erkennen, die sich in kurzen Zwischenräumen wiederholen. Der Unterleib ist dabei eingezogen und das Thier sucht seinen Schmerz durch zeitweises Strecken des Leibes und seiner Gliedmassen zu mildern.

Erkältung ist die gewöhnliche Veranlassung zu diesem meist leicht vorübergehenden Uebel, das durch warme Haltung und Anwendung eines warmen, mit Zucker versetzten Aufgusses von Feld-Camillen-Blüthen (Flores Chamomillae vulgaris), dem auch eine ganz geringe Menge von Kümmelsamen beizumischen ist, meist schon in sehr kurzer Zeit vollständig gehoben wird.

Liegen dem Uebel Blähungen zu Grunde, was aus der Spannung und Aufgetriebenheit des Unterleibes, so wie zuweilen auch aus wiederholtem Aufstoßen leicht zu ersehen ist, so beobachtet man zwar dieselbe Behandlung, mengt aber dem Chamillen-Aufgusse eine etwas größere Menge Kümmelsamen bei und hüllt den Unterleib des Hundes in erwärmte Tücher ein.

Rührt das Leiden aber von Verstopfung her, was aus dem Hinzutreten einer Hemmung in der Entleerung zu den beim Bauchgrimmen gewöhnlich vorkommenden Symptomen zu erkennen ist, so wendet man nebst dem oben angeführten Heilmittel noch eine Gabe von 20—30 Gran gepulverter Jalappa-Wurzel (Radix Jalappae), gemengt mit gepulvertem Zucker, an, die dem Hunde kurz nachdem er den Chamillen-Aufguß zu sich genommen hat, beizubringen ist, oder gibt dem Hunde stündlich einen Löffel voll Ricinus-Oel (Oleum Ricini), bis sich eine Wirkung zeigt.

Auch bei dieser Krankheitserscheinung ist es von Wichtigkeit, den Hund immer warm zu halten.

Bei der durch Eingeweidewürmer verursachten Kolik oder der sogenannten Wurmkolik sind die Symptome dieselben, wie beim gewöhnlichen Bauchgrimmen, nur tritt bisweilen auch Würgen, Drang zum Erbrechen, oder auch wirkliches Erbrechen ein und der Hund beleckt oft gierig auch den Boden.

Man behandelt den Hund bei dieser Form der Kolik genau so wie beim einfachen Bauchgrimmen, gibt ihm aber unmittelbar nach dem Chamillen-Aufgusse 2 bis 3 abgehäutete Stücke einer kleinen, nach ihren Einschnitten gebrochenen Knoblauch-Zwiebel, die man ihm in den Mund steckt, und wobei man ihn sodann durch Festhalten an der Schnauze zwingen muß, die Kiefer so lange geschlossen zu halten, bis er die Knoblauchstücke verschluckt hat.

Die schmerzhafteste und zugleich auch gefährlichste Form der Kolik ist die entzündliche, welche immer die Folge einer plötzlichen heftigen Erkältung ist und nur zur Zeit eines strengeren Winters eintritt, wenn der Hund unmittelbar von seinem warmen Lager und bevor er sich noch abgekühlt hat, sogleich in's Freie gelangt und sich daselbst auch länger aufhält.

Diese Krankheitsform ist um so gefährlicher, als dieselbe — wenn nicht alsogleich kräftige Mittel dagegen angewendet werden — sehr leicht in Darmentzündung übergeht und beinahe immer mit dem Tode endigt, der unter heftigem Klagegeschreie, das fast beständig anhält und blos auf sehr kurze Zeit verstummt, meist schon am zweiten oder dritten Tage nach dem Ausbruche der Krankheit eintritt.

Auflegung eines Senfumschlags auf den Unterleib, welchem feuchte warme Umschläge von erweichenden Kräutern (Species emollientes pro fomento), mit Schirlingskraut (Herba Ciculae) zu gleichen Theilen gemengt, folgen müssen, Einhüllung in erwärmte Tücher und innerlich eine zwei- bis dreimal des Tages zu wiederholende Gabe von einem Löffel voll Olivenöl mit einem Theelöffel voll Bilsenkraut-Oel (Oleum herbae Hyoscyami) gemischt, sind die Mittel, welche manchmal eine Heilung bewirken.

Das Augentriefen ist ein bei Hunden ziemlich häufig vorkommendes Uebel, das vorzüglich bei Stubenhunden öfter angetroffen wird und mehr unangenehm, als für das Thier schädlich ist.

Dieses Leiden, welches sich sehr oft zu einem chronischen gestaltet, wenn nicht schon frühzeitig demselben entgegengewirkt wird, ist als die Folge einer schwachen und schleichenden Entzündung der Augenbindehaut zu betrachten, die zwar bisweilen durch Erkältung entsteht, beinahe immer aber durch die fortwährende Fütterung mit vorwaltender Fleischkost hervorgerufen wird.

Oftmaliges Reinigen der Augen mit frischem Flußwasser, eingeschränkte und vorzugsweise auf Vegetabilien beschränkte Kost und häufige Bewegung in frischer Luft sind die einfachsten und zugleich auch sichersten Mittel zur Heilung dieses Uebels.

Die Augenentzündung entsteht entweder in Folge mechanischer Einwirkungen, durch einen Schlag oder Stoß auf das Auge, oder durch das zufällige Eindringen fremdartiger Gegenstände in dasselbe, wie von Staub, Sand, Grannen, gewissen kleinen Insekten, welche den Augen zuzufliegen pflegen u. s. w. oder auch durch Erkältung beim raschen Wechsel trockener heißer Luft mit naßkalter Witterung.

Waschung der Augen mit Quittenschleim (Mucilago seminum cydoniorum) schon bei Beginn des Uebels mehrmals des Tages in Anwendung gebracht, genügt dasselbe zu heilen.

Das **Augenfell**, das sich immer erst nach einer vorausgegangenen hartnäckigeren Augenentzündung bildet, besteht in der Verdickung irgend einer Stelle auf der Hornhaut und gibt sich als ein milchweißer Flecken auf derselben zu erkennen.

Täglich zweimal vorgenommenes Bestreichen des Auges mittelst eines in Goulard'sches Wasser (Aqua Goulardi) getauchten Pinsels, kann mit ziemlicher Sicherheit einen günstigen Erfolg hoffen lassen. Doch ist es zugleich auch nöthig, innerlich auf eine Ableitung einzuwirken, daher angezeigt erscheint, dem Hunde je nach seiner verschiedenen Größe, 1 Quentchen bis zu 1 Loth schwefelsaures Natron oder sogenanntes Glaubersalz (Sal mirabilis Glauberi) der Brühe beizumengen, die man ihm zur Nahrung vorsetzt.

Der **Augenflecken** besteht in einer dunkler gefärbten Stelle auf der durchsichtigen Hornhaut des Auges, welche bisweilen nach einer länger andauernden Augenentzündung, oder auch nach einer theilweisen Heilung des Augenfelles zurückbleibt.

Als ein sehr einfaches Mittel, welches man gegen dieses Uebel mit Erfolg in Anwendung zu bringen pflegt, ist eine sehr geringe Menge fein geriebenen Zuckers zu empfehlen, die man zweimal des Tages dem Thiere auf jene Stelle im Auge hinbläst, wo sich der Flecken befindet.

Der **Ohrenfluß**, der beinahe immer nur in Folge eines Geschwüres entsteht, das sich tief im Gehörgange befindet, gibt sich durch den Ausfluß einer scharfen, schleimigen oder auch eiterartigen und meist mit etwas Blut gemischten, höchst übelriechenden Flüssigkeit aus dem Ohre zu erkennen.

Dieses für den Hund äußerst lästige Uebel, welches in den meisten Fällen durch die nicht zu billigende Gewohnheit hervorgerufen wird, denselben wegen Ungehorsam oder irgend einem Vergehen durch heftiges Rütteln an den Ohren zu strafen, gibt sich schon beim Beginne desselben dadurch zu erkennen, daß sich der Hund bemüht, sich im Inneren des Ohres mit seinen Zehen zu kratzen, wobei sowohl diese, als auch das Ohr mit Blut und Eiter verunreinigt werden. Häufig trägt er auch den Kopf zeitweise schief, das kranke Ohr nach abwärts gerichtet und verbreitet meist auch einen üblen Geruch um sich.

Um dieses Leiden zu heilen, ist es vor Allem wichtig, das Innere des Ohres mittelst eines in lauwarmes Wasser, in Milch, oder auch in einen Aufguß von Malven- oder sogenannten Käsepappel-Kraut (Herba Malvae rotundifoliae) eingetauchten Badeschwammes sorgfältig zu reinigen und diese Flüssigkeiten auch in den Gehörgang einzuträufeln.

Der **Ohrwurm**, welcher zwar gewöhnlich, doch völlig irrthümlich, auch **Ohrenkrebs** genannt wird, da dieses Uebel durchaus nicht krebsartiger Natur ist, besteht in dem Geschwürigwerden eines Theiles des Ohrmuschelrandes, wobei an der kahlgewordenen wunden Stelle eine übelriechende Jauche aussickert, und kommt wohl nur bei langohrigen Hunden und vorzüglich bei Jagdhunden vor.

Die Heilung dieses bisweilen sehr hartnäckigen Uebels geht meistens nur deßhalb so schwer vor sich, weil die krankhafte Stelle, welche dem Hunde heftiges Jucken verursacht, durch beständiges Kratzen und besonders durch das häufige Schütteln des Kopfes und das mit demselben verbundene fortwährende Anschlagen der Ohren, stets im Zustande der Reizung erhalten wird.

Mehrmals des Tages vorgenommene Reinigung der wund gewordenen Stelle mit einem lauwarmen Aufgusse von Malven= oder Käsepappel=Kraut (Herba Malvae rotundifoliae) und Bestreuung derselben mit fein gepulverter Tormentillwurzel (Radix Tormentillae) sind bisweilen vollkommen zureichend, dieses Uebel zu heilen, vorausgesetzt, daß diese Mittel frühzeitig genug angewendet werden. Doch ist es zur rascheren Erzielung eines Erfolges unerläßlich, durch Anlegung einer Lederkappe das Kratzen an der wunden Stelle und das Anschlagen der Ohren beim Schütteln des Kopfes zu verhindern.

Greift das Uebel aber durch Vernachlässigung um sich, so kann die Behandlung nur der Thierarzt übernehmen.

Der Rheumatismus entsteht gewöhnlich in Folge einer Erkältung und insbesondere wenn der Hund noch erhitzt ist und bevor er sich noch abgekühlt hat, sogleich in's kalte Wasser gejagt wird.

Dieses Leiden, welches sich durch den steifen Gang des Thieres zu erkennen gibt, ist stets mit mehr oder weniger heftigen Schmerzen in den Gliedmassen verbunden, daher auch der Hund häufig schon bei der leisesten Berührung der von demselben ergriffenen Stelle, ja selbst wenn man auch nur versucht, sich mit der Hand einer solchen Stelle zu nähern, einen kläglichen Schrei ausstoßt.

Warmes Verhalten, strenge Diät und Einhüllen der Gliedmassen in warme, über Zucker geräucherte Tücher, sind die erprobtesten Mittel zur Heilung.

Das Verfangen oder Verschlagen ist ein fast nur bei Jagdhunden öfter vorkommendes, meist aber leicht vorübergehendes Uebel, das in Athmungsbeschwerden und gewöhnlich auch in einer Aufgetriebenheit des Leibes besteht.

Zu großer Eifer bei Verfolgung des Wildes gibt die nächste Veranlassung hierzu, indem sich der Hund hierbei zuweilen allzusehr erhitzt und während seines raschen Laufes, insbesondere wenn derselbe gegen einen stärkeren Wind gerichtet ist, auch eine zu große Menge von Luft theils einathmet, theils aber auch verschluckt, so daß er zuweilen zu Boden fällt und dabei nach Luft hascht.

Ruhe ist vollkommen genügend, diesen Zustand schon sehr bald zu beseitigen.

Die Blattlähme oder Buglähme ist nur eine Folge mechanischer Verletzung und wird meist durch einen Stoß oder Schlag hervorgebracht.

Dieselbe besteht in einer Entzündung der Muskeln an dem Gelenke, welches das Schulterblatt mit dem Armbeine verbindet und gibt sich durch Steifheit des Oberarmes und den lahmen Gang des Hundes zu erkennen.

Auflegung von Lappen, die in mit etwas Wasser verdünnte Arnica=Tinctur

(Tinctura Arnicae) getaucht und gehörig durchnäßt worden, sind, nebst Ruhe, das sicherste Heilmittel zur Hebung dieses Uebels.

Das Blutharnen oder der Abgang eines mit Blut gemischten Harnes ist ein beim Hunde nur selten vorkommendes Leiden, das immer nur auf einer örtlichen Verletzung beruht und meist durch einen Schlag oder Stoß auf die Nierengegend herbeigeführt wird.

Kalte Umschläge in der Nierengegend bewirken gewöhnlich schon in kurzer Zeit eine vollständige Heilung dieses Uebels.

Drüsenverhärtung entsteht beim Hunde meistens in Folge eines Stoßes, Schlages oder auch eines anhaltenden Druckes auf gewisse Drüsen und namentlich auf die Brust- und Halsdrüsen, weit seltener hingegen in Folge einer Entmischung der Säfte.

Vorzüglich sind es aber die Halsdrüsen, bei welchen häufiger Verhärtungen vorkommen, zu denen die so beliebten und vorzüglich bei Jagdhunden in Anwendung gebrachten Zug-Halsbänder gewöhnlich die Veranlassung bilden.

Schon das einfache Führen des Hundes an der Schnur, sei dieselbe ihm nun unmittelbar um den Hals gelegt oder auch an einem gewöhnlichen Halsbande befestigt, kann eine solche Verhärtung der Halsdrüsen zur Folge haben, da der Hund, wenn er nicht schon von früher Jugend daran gewöhnt wurde, an der Schnur geführt zu werden, beständig und mit aller seiner Kraft nach vorwärts zieht und dadurch den Druck auf die Halsdrüsen veranlaßt.

Verhärtungen der Brustdrüsen kommen fast nur bei den Weibchen vor, wenn dieselben während der Trächtigkeit oder auch nach derselben, insolange sich noch Milch in den Brüsten befindet, einen Stoß oder Schlag auf dieselben erhalten haben.

Sehr oft werden diese Drüsenverhärtungen bösartig und bilden sich zum Skirrhus aus, indem die Drüse mit ihren Umgebungen allmählig verwächst und die in ihrer Nähe gelegenen Venen anschwellen und sogenannte Krampfadern bilden, die mit schwarzrothem Blute gefüllt sind, daher auch die ganze Oberfläche uneben und von knotigen Wülsten durchzogen erscheint.

Meistens geht der Skirrhus bei dieser immer sehr langwierigen Krankheit in Krebs, nur selten aber in Eiterung über, in welchem letzteren Falle sich der Eiter entweder nach Außen oder auch nach Innen ergießt.

Eine Heilung dieser höchst bedenklichen und meist mit dem Tode endigenden Krankheit ist nur dann möglich, wenn man gleich beim ersten Beginne dieses Uebels demselben Einhalt zu thun und einer weiteren Entwickelung der Krankheit entgegen zu wirken sucht.

Eine Lösung von 20 Gran Jodkali (Kali hydrojodicum) in zwei Loth destillirtem Wasser, welche dem Hunde täglich theelöffelweise beizubringen ist, dürfte — wenn dieselbe gleich Anfangs angewendet wird — noch das sicherste Mittel sein, dieses Uebel zu bewältigen.

Die Räude ist eine oft hartnäckige Hautkrankheit, welche theils durch den

Genuß von allzu fettem oder auch zu stark gesalzenem Futter, theils durch schlechtes Wasser und zu wenig Bewegung, vorzüglich aber durch unreine Haltung des Hundes hervorgerufen wird.

Dieselbe besteht in einem krustenartigen Hautausschlage, bei welchem sich Anfangs stellenweise auf der kahl gewordenen Haut glänzend rothe Flecken von regelmäßiger oder unregelmäßiger Gestalt in größerer oder geringerer Ausdehnung bilden, die mit silberweißen Schuppen überdeckt erscheinen, welche bei längerer Dauer sich mehr und mehr verdicken, eine gelbliche Färbung annehmen und ein fast mehliges Aussehen erhalten, und wobei die Haut sodann sich dunkel schmutzigroth, hart und aufgesprungen zeigt und aus den entstandenen Rissen eine lymphartige Feuchtigkeit ausschwitzt.

Gewöhnlich kommt dieser Ausschlag beim Hunde auf dem Rücken vor, und da ihm derselbe fortwährend ein heftiges Jucken verursacht und er sich an dieser Körperstelle mit den Krallen nicht zu kratzen vermag, so sucht er sich auch fast beständig zu reiben oder zu wälzen, wodurch die Heilung wesentlich erschwert wird.

So lange die Krankheit noch nicht überhand genommen hat, genügen täglich vorgenommene Waschungen mit grüner Seife an den kranken Stellen, dem weiteren Fortschreiten des Uebels Einhalt zu thun; hat dieselbe aber einmal eine größere Ausdehnung gewonnen, so ist es nöthig, nebst diesen Waschungen auch innerlich durch ein Abführungs- und harntreibendes Mittel einzuwirken.

Als ersteres ist Ricinus-Oel (Oleum Ricini) zu empfehlen, von welchem dem Hunde je nach seiner verschiedenen Größe einige Male des Tages ein bis zwei Löffel voll zu reichen sind, als letzteres ein Absud von Wachholderbeeren (Baccae Juniperi), reichlich mit Zucker versetzt.

Von höchster Wichtigkeit ist aber die Einhaltung einer strengen Diät.

Zu sehr vernachlässigen darf man diese Hautkrankheit nicht, da sich sonst unter den Borken die Krätz-Milbe bildet, welche nur durch thierärztliche Behandlung bewältigt werden kann und die Krankheit zu einer ansteckenden macht.

Feinde.

Die Hauptfeinde des Hundes sind die größeren Raub-Säugethiere und namentlich die verschiedenen Katzen- und Bärenarten, weit weniger dagegen die größeren hundeartigen Thiere, wie die Hyänen und die verschiedenen Wölfe, die ihn nur beim größten Hunger angreifen und welche letzteren zuweilen sogar sich mit ihm paaren.

Mit allen katzenartigen Thieren und auch selbst mit unserer Hauskatze lebt er fast in beständiger Feindschaft, und nur wenn er mit derselben schon von Jugend an aufgezogen und an sie gewöhnt worden ist, verliert sich diese angeborene Feindschaft und verwandelt sich häufig sogar in Freundschaft, so daß beide unbehelligt neben einander in derselben Stube leben und nicht selten sogar aus einer und derselben Schüssel fressen.

Unter den insekten- und spinnenartigen Thieren werden dem Hunde die Flöhe und Zecken am meisten lästig. Beide ernähren sich von seinem Blute und seinen Säften und verursachen ihm oft mancherlei Qualen, je nachdem sie sich an mehr oder weniger empfindlichen Körperstellen einfinden. Durch reine Haltung, tägliches Kämmen, häufiges Waschen, sei es im fließenden Wasser oder auch im Hause, kann der Ueberhandnahme der ersteren Einhalt gethan werden, und vorzüglich, wenn das Wasser mit etwas Kali-, oder noch besser mit Soda-Laugensalz gemischt wird; doch ist dabei die Vorsicht zu gebrauchen, daß bei einer solchen Waschung — die nur völlig verläßlichen Personen anvertraut werden kann — die Augen nicht benetzt werden, und der Hund zuletzt mit reinem Wasser abgespült wird.

Bei kurzhaarigen Hunden reicht auch das Reinigen mit Wasser und gewöhnlicher Seife hin, die Menge der vorhandenen Flöhe zu verringern, nicht aber um dieselben — wenigstens für einige Zeit — völlig auszurotten, wie dieß durch das mit Laugensalzen gemischte Wasser bewirkt wird.

Bei langhaarigen Hunden dagegen ist eine solche Waschung mit laugensalzhaltigem Wasser um so mehr nöthig, als dieselben nur sehr schwer gehörig gekämmt werden können.

Um die an den Hund angesogenen Zecken zu vernichten, welche sich oft tief in die Haut einbohren, genügt es, den aus derselben hervorstehenden Leib des Zecken mit Oel zu bestreichen, wodurch die Athmungslöcher verklebt werden und das Thier getödtet wird, das in kurzer Zeit auch abfällt.

Gewöhnlich pflegt man den Hund von diesen für ihn höchst lästigen Thieren, welche — wenn sie schon durch längere Zeit an ihm festsitzen und sich mit seinem Blute vollgesogen haben, — bei der außerordentlichen Dehnbarkeit ihrer überaus dicken und zähen Körperhaut bisweilen den Umfang einer kleinen Bohne erreichen, dadurch zu befreien, daß man ihm dieselben gewaltsam aus der Haut heraus reißt, wozu aber immer eine gewisse Kraftanwendung erforderlich ist.

Wenn auch durch diese zwar einfache, aber keineswegs völlig schmerzlose Operation der angestrebte Zweck vollständig erreicht wird, so ist sie jedoch durchaus nicht zu empfehlen, da hierbei nur der Körper des Zecken abgerissen wird und der tief in die Haut eingebohrte und in derselben festsitzende, mit Widerhaken versehene Saugrüssel desselben immer in der Haut zurückbleibt, wodurch der Hund noch durch längere Zeit ganz unnützerweise von juckenden und brennenden Schmerzen gequält wird.

Geschichte.

Wie so manche andere Thiere, hat auch der Hund seine Geschichte und zwar eine Geschichte, die bis in das graueste Alterthum und beinahe eben so weit als die des Menschengeschlechtes zurückreicht.

So weit die uns gewordenen geschichtlichen Ueberlieferungen zurückreichen, treffen wir den Hund überall und immer nur im engsten Verbande mit dem Menschen, der die mannigfaltigen Eigenschaften desselben benützte und ihn fast allenthalben in gleicher Weise verwendete.

Bei sämmtlichen Völkern erscheint er als der Wächter des Hauses und der Viehheerden und fast von allen wurde er auch zum Verfolgen und Einfangen des Wildes verwendet, während es nur wenige waren, die ihn auch zu anderen Zwecken benützten.

Eine gedrängte historische Darstellung seines Verhältnisses zu den verschiedenen Völkern des Alterthums, welche ich hier in chronologischer Folge zu geben versuche, wird genauere Aufschlüsse hierüber bieten.

Schon in der allerältesten Zeit wurde der Hund von den Israeliten als Hausthier gehalten und für den Unterhalt desselben Sorge getragen, da sie jedes Thier, das todt auf offenem Felde angetroffen wurde, zum Futter für ihre Hunde bestimmt hatten.

Es geht dieß deutlich aus folgender Stelle in der heiligen Schrift*) II. Buch Mose, 22. Kap. 31. Vers hervor, in welcher es heißt: „Ihr sollt heilige Leute vor mir sein, darum sollt ihr kein Fleisch essen, das auf dem Felde von Thieren zerrissen ist, sondern vor die Hunde werfen.“

Seine Hauptverwendung bestand aber in dem Zusammenhalten und der Bewachung der Schafheerden, weßhalb er auch bei dem israelitischen Hirtenvolke sehr geschätzt war.

Die hierauf bezügliche Bibelstelle im Buche Hiob, 30. Kap. 1. Vers lautet:

*) Luther's Uebersetzung.

„Nun aber lachen meiner, die jünger sind, denn ich, welcher Väter ich verachtet hätte zu stellen unter meine Schafhunde."

Auch als Begleiter auf Reisen wurde der Hund schon von den alten Israeliten benützt, wie wir gleichfalls aus einer Stelle in der Bibel, im Buche Tobias, 6. Kap. 1. V. ersehen, worin es bei Schilderung des Reiseantritts des jungen Tobias heißt: „Und Tobias zog hin, und ein Hündlein lief mit ihm."

Daß die Hunde in Palästina aber schon in sehr alter Zeit auch herrenlos in den Straßen der Städte und auf offenem Felde sich herumtrieben, geht aus mehreren Stellen in der heiligen Schrift hervor.

So heißt es im LIX. Psalme, 7. und 15. V.: „Des Abends laß sie wiederum auch heulen wie die Hunde, und in der Stadt umherlaufen."

Dann im LIX. Psalme, 16. V.: „Laß sie hin und her laufen um Speise, und murren, wenn sie nicht satt werden."

Ferner im I. Buche der Könige, 14. Kap. 11. V. — 16. Kap. 4. V. und 21. Kap. 24 V.: „Wer von Jerobeam (Baesa, Ahab) stirbt in der Stadt, den sollen die Hunde fressen, wer aber auf dem Felde stirbt, den sollen die Vögel des Himmels fressen.

Insbesondere trieben sich diese herrenlosen Hunde in Palästina auch um die Richtstätten herum, wie aus folgender Bibelstelle im I. Buche der Könige, 21. Kap. 19. V. zu ersehen ist, welche lautet: „An der Stätte, da Hunde das Blut Naboths geleckt haben, sollen auch Hunde dein Blut lecken;" dann 22. Kap. 38. V., wo es heißt: „Und da sie den Wagen wuschen bei dem Teiche Samaria, leckten die Hunde sein Blut."

Häufig wurde der Hund von den Israeliten aber auch zur Jagd benützt.

Bei den alten Aegyptiern stand der Hund hoch in Ehren und wurde von denselben, wie auch so manche andere Thiere, die ihnen einen Nutzen gewährten, sogar in ihre Mythe verflochten, was übrigens auch bei den alten Griechen und Römern der Fall war, auf welche diese Uebung übergegangen war.

Seine Hauptverwendung bestand aber bei diesem Volke in seiner Benützung zur Jagd, so wie auch zur Bewachung der Häuser und Heerden.

Schon auf den ältesten Denkmälern dieses Volkes, die nahe an 6000 Jahre über unsere dermalige Zeit zurückreichen, treffen wir den Hund in mehrfachen Formen bildlich dargestellt und merkwürdigerweise zuweilen auch mit verstümmelten Ohren und abgestutztem Schwanze; ein Beweis, daß diese selbst heut zu Tage noch nicht nur in Nubien, sondern auch in einem sehr großen Theile von Europa bestehende Sitte, schon in der alleraltesten Zeit ihren Ursprung findet.

Im alten Griechenland wurde der Hund schon zur Zeit Homer's, ungefähr 1000 Jahre vor Christus, hauptsächlich zur Jagd verwendet, nicht minder aber auch als Wächter des Hauses und der Heerden benützt. Seltener dagegen wurde er als Luxusthier gehalten, wo er der stete Begleiter seines Herrn war, dem er sogar in die Raths- und Volksversammlungen folgte, von dessen Tische er gefüttert und mit welchem er auch, wenn er ihn überlebt hatte, gemeinschaftlich auf einem und demselben Scheiterhaufen verbrannt wurde.

Schon Achilles hatte, wie die Geschichte uns berichtet, neun solche Luxushunde mit sich geführt, als er in den Kampf vor Troja zog, und der Verstand, so wie die Liebe und Treue des Hundes zu seinem Herrn wurde schon von Homer in seinen Gesängen gepriesen, indem er uns erzählt, daß Odysseus, als er nach der Einnahme von Troja nach siebenjähriger Abwesenheit von seiner Heimath wieder nach Ithaka zurückkam, von Niemand anderem mehr daselbst erkannt wurde, als von seinem treuen Haushunde „Argos", obgleich er in der Kleidung eines Bettlers seinen Palast betrat; denn mit freudigem Geheule kam ihm dieser wedelnd entgegen und starb sogar vor Freude in Folge dieses Wiedersehens.

Alle ihre Hunde wurden von den alten Griechen auch mit besonderen, theils mythischen, theils historischen Namen bezeichnet.

In den Thierkämpfen, mit welchen ihre Herrscher das Volk zu ergötzen suchten, spielten die großen, starken und muthigen Hunde meistens eine hervorragende Rolle und vorzüglich zur Zeit Alexanders des Großen, Königs von Macedonien, in den Jahren 335—323 v. Chr.

Hunde wurden auch als Opferthiere von den alten Griechen verwendet; so brachten sie ihrer Göttin Hekate häufig Hundeopfer dar und gewöhnlich waren es schwarze Hunde, die sie hierzu wählten, und auch bei den Korinthern bestand die Sitte, dem Kriegsgotte Mars alljährlich einen Hund zu opfern.

Auch von den alten Römern wurde der Hund vorzugsweise als Nutzthier gehalten und sowohl zur Jagd, als zum Schutze der Wohnhäuser und Heerden verwendet; doch galten schon zu jener Zeit gewisse kleinere Formen desselben und namentlich der kleine Seidenhund, der melitäische oder unser Bologneserhund und der kleine Pudel als Lieblinge der Frauen.

Als Beschützer des Hauses und der Heerden wurden nur gewisse größere Formen des Haushundes verwendet und zwar vorzugsweise der epirotische und albanische Hund, von denen der erstere unserem Hirten-Haushunde, der letztere aller Wahrscheinlichkeit nach dem ungarischen Wolfshunde entspricht.

In allen Häusern, wo man diese Hunde an der Kette angelegt zu halten pflegte, war als eine Warnung für die Fremden, die das Haus besuchten, die Inschrift »Cave canem« angebracht, was so viel heißt, als: „Hüte dich vor dem Hunde" oder: „Meide den Hund".

Da bei der Einnahme Rom's durch die Gallier 390 Jahre vor Christus das Heranstürmen des Feindes auf das Capitol von den Hunden nicht bemerkt worden war und die Besatzung desselben nur durch das Geschrei der Gänse, nicht aber durch das Gebelle der Hunde von der ihr drohenden Gefahr eines plötzlichen Ueberfalles Kenntniß erhielt, so wurde beschlossen, dieses Versäumniß auch an den Nachkommen ihrer Hunde zu rächen und alljährlich im August einige derselben auf einem zwischen den Tempeln der Juventus und des Summanus gelegenen freien Platze öffentlich zu spießen.

So wie die alten Griechen, verwendeten auch die Römer den Hund bei den Kämpfen mit wilden Thieren, die sie zur Befriedigung der Schaulust des Volkes bei verschiedenen Gelegenheiten in ihren Cirken veranstaltet hatten, und vorzüglich bedienten sie sich dabei einer zu den Bullenbeißern gehörigen starken und muthigen Form, die sie eigens aus Britannien kommen ließen.

Auch die Kunst, Hunde abzurichten, haben schon die alten Römer verstanden und in derselben es sogar zur Meisterschaft gebracht, da sie den Hund — ebenso wie dieß bei uns auch heut zu Tage noch geschieht, — nicht nur zu allerlei staunenswerthen Kunststücken dressirten, sondern ihn sogar zu theatralischen Vorstellungen verwendeten. So berichtet uns Plutarch, daß er Augenzeuge einer Vorstellung war, welche zu Rom im Theater des Marcellus zwischen den Jahren 70—79 n. Chr. in Gegenwart des Kaisers Vespasian stattgefunden, und bei welcher ein Hund die Rolle übernommen hatte eine Person vorzustellen, welche den ihr dargereichten Giftbecher zu leeren hatte, wie todt zu Boden fiel, allmählig aber wieder zu sich gekommen war.

Unter den späteren Kaisern bildete der Hund im römischen Heere auch das Schildzeichen bei mehreren Legionen.

Die Lydier, ein asiatischer Volksstamm, der die Landschaft Lydien im heutigen Kleinasien bewohnte, bedienten sich des Hundes auch im Kriege und ihr König Alyattes besiegte schon zwischen den Jahren 628 und 571 v. Chr. die Kimmerier, welche die ältesten Bewohner der Krim waren, durch Hunde, die er gegen dieselben hetzen ließ.

Ebenso verwendeten auch die Bewohner der beiden schon unter griechischer Herrschaft gestandenen Städte Magnesia und Kolophon in Lydien den Hund, in dem von Antiochus dem Großen, König von Syrien, im Jahre 190 v. Chr. mit den Römern geführten Kriege, in welchem sie den ersten Angriff auf die römischen Krieger durch ihre Hunde unternehmen ließen.

In gleicher Weise wurde der Hund auch von den Hyrkaniern benützt, einem Volke, das die zwischen dem caspischen See und den Gebirgen von Medien gelegene Landschaft Hyrkanien bewohnte, die heut zu Tage zur persischen Provinz Masenderan gehört.

Aber nicht nur bei diesen asiatischen Völkern war es Sitte, den Hund auch in ihren Kriegen zu verwenden, sondern auch bei einigen europäischen Volksstämmen.

So bedienten sich die Gallier, welche das heutige Frankreich bewohnten, der Hunde bei ihren Kriegen gegen die Römer schon unter Brennus, zwischen den Jahren 226—220 vor Christus, und selbst noch unter Julius Cäsar, zwischen den Jahren 58 und 53 vor Christus.

Nicht minder wurden die Hunde auch von den Cimbern, einem germanischen Volksstamme, in ihrem im Jahre 108 v. Chr. gegen die Römer geführten Kriege benützt, wo es diesen einen schweren Kampf mit den Hunden kostete, um das von denselben bewachte Gepäcke dem Feinde abnehmen zu können.

Im altpersischen Reiche benützte man den Hund schon im grauen Alterthume zur Jagd und deßhalb war derselbe in den zu diesem Reiche gehörigen Ländern auch ganz besonders geachtet.

König Cyrus, der jenes Reich zwischen den Jahren 560—529 v. Chr. beherrscht und die Jagd mit außerordentlicher Vorliebe betrieben hatte, soll — wie die alten Geschichtsschreiber berichten, — eine so große Anzahl von Hunden gehalten haben, daß die Abgaben der vier größten Städte des Landes kaum hinreichend waren, die Kosten des Unterhaltes seiner Meuten zu decken.

In allen übrigen Ländern des Orients galt der Hund dagegen für ein unreines Thier, da er nicht nur seine eigenen Wunden, sondern auch die anderer Hunde beleckt, Aas und andere ekelhafte Gegenstände frißt, und sogar die durch Erbrechen von ihm abgegangene Nahrung sehr oft wieder verzehrt.

Die Mahomedaner halten sich nicht einmal für fähig ihr Gebet verrichten zu können, wenn ihr Kleid zufällig mit einem Kothflecken beschmutzt ist, der von einem Hunde herrührt, welcher den Straßenkoth von sich abgeschüttelt hat, und in Kairo besteht eine Religions-Sekte, die jedes ihrer Mitglieder, auf das auch nur der Schatten eines Hundes fiel, für verunreinigt und mit einer Sünde belastet hält, und von demselben fordert, daß es sich vorerst am ganzen Körper rein waschen müsse, bevor es von seiner Sünde befreit sei.

So verachtet der Hund im Allgemeinen bei den Mahomedanern aber auch ist, so gilt es bei ihnen doch für ein verdienstliches Werk, wenn sie für sein Futter sorgen.

Sie schmeicheln ihm zwar nicht und vermeiden sogar sorgfältig ihn auch nur mit der Hand zu berühren, behandeln ihn aber durchaus nicht mit Härte und gewähren ihm sogar Schutz.

In den größeren Städten in der Türkei wie auch in Aegypten und namentlich in Konstantinopel und in Kairo, wo sich eine große Menge herrenloser Hunde, vorzüglich in gewissen Gassen, herumtreibt, ist es eine althergebrachte Sitte, für den Unterhalt derselben zu sorgen, daher ihnen auch die Abfälle aus den Küchen haufenweise auf die Straße vorgeworfen werden und zur Stillung ihres Durstes Wasser aus Mitleid dargereicht wird.

Ebenso besteht daselbst die Uebung, durch besondere Vermächtnisse und fromme Stiftungen auch für die Zukunft für den Unterhalt dieser Thiere Sorge zu tragen.

Die arabischen Stämme in Nord-Afrika, welche den Hund hauptsächlich zur Jagd verwenden, schätzen ihn schon weit mehr und gestatten ihm sogar einen Platz in einem Winkel ihrer Zelte.

Die Geschichte des Alterthums erzählt uns einige Beispiele, daß der Hund sogar beim Menschen freiwillig die ersten Mutterpflichten übernommen hatte.

So soll Cyrus, nachmaliger König der Perser, in seiner ersten Jugend von einer Hündin gesäugt worden sein, nachdem er von seinem Großvater Astyages, König der Meder, welcher befürchtet hatte, von ihm dereinst entthront zu werden, zum Tode bestimmt worden war, aber durch Vermittelung seines Ministers Harpagos einem Hirten übergeben wurde, der ihn ausgesetzt hatte. Denn als dieser, der Bitte seines Weibes folgend, das Kind wieder aufsuchte, um es in seine Hütte zurückzubringen, traf er dasselbe lebend und unversehrt an den Brüsten einer Hündin liegend an, die den Säugling eben mit ihrer Milch versorgte.

Ein ähnliches Bewandtniß scheint es auch mit den beiden Zwillingsbrüdern Romulus und Remus, den nachmaligen Gründern Rom's, gehabt zu haben, welche der Geschichte zu Folge auf Befehl ihres Großoheims Amulius in zartester Jugend ausgesetzt, von dem Hirten Faustulus aber, der sie zufällig aufgefunden und gesehen hatte, wie sie von einer Wölfin gesäugt wurden, gerettet und erzogen wurden; denn ohne Zweifel war es keine Wölfin, durch welche sie am Leben erhalten wurden, sondern aller Wahrscheinlichkeit nach ein Bastard von Hund und Wolf, der mit der Gutmüthigkeit und Zutraulichkeit des ersteren die Formähnlichkeit des letzteren verband.

Aus späterer Zeit sind mir wenigstens, keine solchen Beispiele mehr bekannt geworden.

Noch mehr als von den alten Griechen und Römern wurde der Hund von den alten Deutschen zur Zeit des Mittelalters geschätzt, von denen er zwar vorzugsweise zur Jagd verwendet, aber auch zur Bewachung des Hauses und der Heerden benützt wurde.

Am meisten geschätzt waren deßhalb auch die Jagdhunde, wie wir aus den ältesten Dokumenten jener Zeit, nämlich den Ackerbau-, Forst- und Jagdgesetzen der alten deutschen Völkerstämme ersehen, die jedoch erst ungefähr um die Mitte des 10. Jahrhunderts nach Christus gesammelt und unter dem Titel »Geoponica« zusammengestellt wurden. Es sind dieß die Alemannischen, Bojischen, Burgundischen, Friesischen und Salischen Gesetze.

Nach diesen Gesetzen waren auf die Entwendung oder Tödtung eines Hundes, je nach der Verschiedenheit seiner Race oder Verwendung, besondere und für jene Zeit sehr ansehnliche Geldstrafen festgestellt worden.

So wurde die Entwendung eines Leithundes nach dem Alemannischen Gesetze mit 12, nach dem Bojischen mit 6 Solidis bestraft;

jene eines Treib- oder Laufhundes, wenn derselbe der erste Läufer war, nach dem Alemannischen Gesetze mit 6, wenn er aber als zweiter Läufer benützt wurde, mit 3 Solidis; nach dem Bojischen Gesetze aber in beiden Fällen mit 3 Solidis;

und die Entwendung eines Spürhundes nach dem Bojischen Gesetze mit 6 Solidis.

Dagegen war auf die Tödtung eines Saufängers, Bärenfängers, Wind- oder Hasenhundes, oder eines Hirtenhundes nach dem Alemannischen Gesetze eine Strafe von 3 Solidis, auf jene eines Haus- oder Hofhundes von 1 Solidus festgesetzt worden; während nach dem Bojischen Gesetze Derjenige, welcher einen Biberhund getödtet hatte, verpflichtet war, denselben mit einem ähnlichen Hunde zu ersetzen und außerdem noch 6 Solidi Strafe zu bezahlen, und wer einen Windhund getödtet hatte, gehalten war, einen ähnlichen Hund als Ersatz für den getödteten zu leisten und noch 2 Solidi Geldstrafe zu bezahlen.

Nach dem Salischen Gesetze war auf die Entwendung oder Tödtung eines Saufängers oder eines Windhundes eine Geldstrafe von 500 Denaren oder 15 Solidis angedroht worden, und nach dem Burgundischen Gesetze war Derjenige, der es versuchte einen Wind-, Treib- oder Dachshund zu entwenden, gehalten, denselben öffentlich vor dem Volke auf das Gesäß zu küssen.

Aber nicht blos zu den obengenannten Verrichtungen wurde der Hund zu jener Zeit, wo die Civilisation des Volkes noch sehr weit zurück war, verwendet, sondern man bediente sich seiner, und insbesondere gewisser Racen, auch zur Auffindung und Verfolgung der Spuren von geraubtem Vieh, so wie auch von Räubern und Verbrechern, und zum Einfangen der Uebelthäter.

Namentlich wurden hierzu — wie wir aus der Forstverordnung Königs Kenneth II. von Schottland ersehen, — der Spürhund, Schweißhund oder Bluthund der Deutschen und Schotten, nämlich der deutsche und englische Schweißhund verwendet und eigens hierzu abgerichtet.

Eine ganz eigenthümliche Verordnung in Bezug auf die Haltung von Bullenbeißern und anderen großen Hunden in den Forsten, hatte König Heinrich II. von England in der zweiten Hälfte des 12. Jahrhunderts in seinen Forstgesetzen veröffentlicht. Hiernach waren alle Jene, welche in Forsten wohnten, bei Vermeidung einer Strafe von 3 Solidis und 4 Denaren verpflichtet, derlei Hunde an den Füßen zu beschneiden, damit sie bei Verfolgung des Wildes weniger Schaden verursachen. Diese Operation, welche von den Engländern »Lawing of Doggs« genannt wurde und jedes dritte Jahr erneuert werden mußte, bestand in dem Abschneiden von drei Krallen am rechten Vorderfuße, am äußersten Gliede der Zehe, fast dicht an der Haut.

Eine andere Methode, solche Hunde den Forstgesetzen gemäß zurecht zu machen, bestand in dem Herausschneiden des Fußballens, den die Engländer »pollotta« nannten oder »the ball of de foot«.

Zur mittelalterlichen Zeit wurden in Deutschland entehrende Handlungen, die sich ein Edelmann zu Schulden kommen ließ, dadurch bestraft, daß der Schuldige einen Hund auf dem Rücken nach der nächsten Grafschaft tragen mußte.

Diese Strafe, welche unter dem Namen „Hundetragen“ bekannt war und vorzüglich bei Personen, die zum Tode verurtheilt waren, vor deren Hinrichtung in Anwendung gebracht wurde, war ursprünglich bei den Franken und Schwaben üblich, später aber in ganz Deutschland und auch in der Lombardie.

Schon Kaiser Otto I. der Große, verhängte dieselbe im Jahre 938 über die Anhänger des Herzogs Eberhard von Baiern, welcher den Landfrieden gestört hatte, und Kaiser Friedrich I., welcher diese Strafe auf dem Reichstage zu Worms wieder eingeführt hatte, über den Pfalzgrafen Hermann III. und zehn seiner Anhänger, wegen der Bekriegung des Erzbischofs Arnold von Mainz, indem dieselben verurtheilt wurden, vor dem versammelten Volke einen Hund 4000 Schritte weit auf dem Rücken zu tragen.

Schon bald nach der Entdeckung von Amerika durch Christoph Columbus, im Jahre 1492, bedienten sich die Spanier des Hundes sogar zur Unterwerfung der eingeborenen Indianer, die sich gegen sie empört hatten, und zwar sowohl bei der endgiltigen Besitzergreifung der beiden Inseln Cuba und St. Domingo im Jahre 1511, als auch bei der Eroberung von Mexiko durch Ferdinand Cortez im Jahre 1519, indem sie die aus Spanien eigens zu diesem Zwecke dahin gebrachten muthigen Bullenbeißer ihres Landes gegen ihre Feinde hetzten und dieselben durch sie bis in das Dickicht der Wälder verfolgen ließen.

Aber auch von den Engländern wurde der Hund, und zwar vor noch nicht sehr langer Zeit, in ähnlicher Weise verwendet, indem sie mit Hilfe desselben im Jahre 1795 die Marao-Neger auf der Insel Jamaika bekriegten und sogar die Flüchtlinge, die in den Wäldern Schutz gesucht hatten, durch ihre Doggen aufsuchen ließen, um sie in das Joch der Sklaverei zurückzuführen.

Von manchen Völkern des Orients wie des Occidents wird das Wort „Hund" auch als Schimpfwort gebraucht und zwar schon seit sehr alten Zeiten.

So pflegten schon die alten Israeliten Leute von niedriger Gesinnung mit dem Worte »Keleb« d. i. „Hund" zu beschimpfen.

Auch die alten Griechen gebrauchten das Wort „Kyon" als Schimpfwort für unreine Personen, daher sie auch Diogenes und seine Schule ihrer Unreinheit wegen mit dem Beinamen „Kyniker" und „Kynische Schule" bezeichneten.

Ebenso war es bei den Römern üblich, das Wort »Canis« auf Günstlinge und Schmarotzer anzuwenden.

Nicht minder wird auch von den Deutschen das Wort „Hund" schon seit sehr langer Zeit als ein gewöhnliches Schimpfwort für verächtliche Personen gebraucht.

Die größte Verbreitung findet dieses Schimpfwort aber im Orient, wo der Hund überall für ein unreines Thier gehalten wird, daher auch die Araber sowohl, als alle übrigen Mahomedaner, Personen, die sie verachten und insbesondere Christen, mit dem Worte »Kélb« zu beschimpfen pflegen.

Sogar in der Heraldik spielt der Hund eine Rolle, da er als Sinnbild der Treue und des Gehorsams gilt.

Vorzüglich ist es die französische Bracke, welche den heraldischen Hund auf den alten Wappen bildet und bald in ganzer Figur, einzeln oder zusammengekuppelt, bald aber auch nur in halber, entweder im Schildfelde selbst, oder aus den Helmen hervorragend, und zuweilen auch als Schildhälter dargestellt ist. Gewöhnlich erscheint sie mit langem Behange abgebildet und meistens auch von schwarzer Farbe, obgleich sie auch von anderen Farben bisweilen angetroffen wird.

Außerdem sind es aber auch große und kleine Windhunde, welche man auf manchen Wappen trifft und die gewöhnlich springend dargestellt erscheinen.

Mythe.

Auch der Hund nimmt eine Stelle in der Mythe der Völker des Alterthums ein und wurde von manchen derselben als ein verschiedenen Göttern geweihtes oder ihnen geheiligtes Thier betrachtet.

So erscheint er schon in der Mythe der alten Indier als ein dem Gotte Kala Bhairava geheiligtes Thier, und auch ihrem Gotte Dschama waren Hunde als Attribute beigegeben, von denen einer als dreiköpfig dargestellt und mit dem Namen Karbura, das ist „der Gefleckte" bezeichnet wurde.

Bei den alten Aegyptiern war der Hund dem Gotte Anubis geheiligt, einem Sohne des Osiris und der Nephthys, der von seiner Mutter ausgesetzt worden war und von Isis, die ihn aufsuchte, mit Hilfe einiger Hunde aufgefunden wurde. Auch soll Isis bei ihrem Suchen nach Osiris von einem Hunde begleitet gewesen sein. Anubis selbst wurde bildlich mit einem Hundskopfe dargestellt und in dessen Tempel zu Kynopolis, der Hauptstadt des kynopolitischen Nomos, südlich von Memphis am östlichen Ufer des Nil, wurden die Hunde, weil sie für das lebende Ebenbild des Anubis gehalten wurden, göttlich verehrt und von den Priestern sorgfältig im Tempel gepflegt. Auch bei der großen Procession, welche alljährlich zu Ehren der Isis gehalten wurde, wurden Hunde mitgeführt.

Den alten Griechen und Römern galt der Hund gleichfalls als ein mehreren ihrer Gottheiten geheiligtes Thier, vorzüglich aber der Artemis der Griechen oder der Diana der Römer, welche sie als Göttin der Jagd verehrten, und der Hekate, einer Göttin der Unterwelt, daher auch der Hund stets als ein Attribut dieser beiden Gottheiten auf ihren Denkmälern erscheint. Von manchen heiligen Orten mußte der Hund aber fern gehalten werden, so von den Tempeln des Herkules und der Akropolis in Athen. Auf der Insel Delos, einer Insel der Kykladen im griechischen Archipel, war sogar die Haltung von Hunden verboten, weil Thasos, der Sohn des Anios, eines Priesters und Statthalters des kretischen Königs Rhadamanthos, von seinen eigenen Hunden daselbst zerrissen wurde. Auch auf der Insel

Sicilien scheint der Hund geheiligt gewesen zu sein und insbesondere in der Stadt Egesta, welche einen Hund auf ihren Münzen führte, weil Egestus, der Stifter dieser Stadt, von einem Hunde an die Stelle geleitet worden sein soll, wo er dieselbe errichten wollte.

Die berühmtesten Hunde der griechischen und römischen Mythe sind der Kerberos oder dreiköpfige Höllenhund, welcher die Pforten der Unterwelt bewachte, ferner die fünfzig Jagdhunde des Aktaeon, von denen er, nachdem ihn Diana in einen Hirsch verwandelt hatte, zerrissen worden war, und darunter vor allen Melampos, der ihn zuerst anfiel; ferner Prokyon, einer der Hunde des Orion, und Maera, der Hund des Ikarios, welcher dessen Tochter Erigone an die Stelle geleitet hatte, wo ihr Vater, der erschlagen worden war, eingescharrt gewesen.

Im innigen Zusammenhange mit der Götterlehre der alten Aegyptier, Griechen und Römer stand auch die Versetzung des Hundes unter die Gestirne, welche ohne Zweifel von den Aegyptiern ausgegangen ist und auch von den Griechen und Römern angenommen wurde. Nach demselben Vorgange, welchen sie schon bei den von ihnen zuerst aufgestellten Sternbildern des Thierkreises beobachteten, faßten sie zwei verschiedene Gruppen von Fixsternen in besondere Bilder zusammen, von denen sie das eine, auf der nördlichen Hälfte des Himmelsgewölbes befindliche, mit dem Namen „Kyon" oder „Hund des Ikarios" bezeichneten, das andere, der südlichen Hälfte angehörige, aber „Prokyon" oder „Hund des Orion" nannten. Den größten und glänzendsten Stern im ersteren Sternbilde, das schon seit sehr alter Zeit von den Astronomen „Großer Hund" genannt wird, bezeichneten sie mit dem Namen „Seirios" oder „Sirius" und erblickten in demselben ihren Gott Anubis, während sie in dem größten Sterne des letzteren Sternbildes oder dem „Kleinen Hunde" der späteren Astronomen, den Hund Prokyon des Orion erkennen zu dürfen glaubten. Da der Sirius mit dem Eintritte der Sonne in das Sternbild des Löwen gleichzeitig mit derselben aufgeht, was in der Zeit vom 22. oder 23. Juli bis 22. oder 23. August der Fall ist, so wurden diese Tage deßhalb „Hundstage" genannt.

Das Sternbild der Jagdhunde in der Nähe des Bootes in der nördlichen Himmelshälfte, welches erst in der zweiten Hälfte des 17. Jahrhunderts durch den deutschen Astronomen Hevel eingeführt wurde, steht mit der alten ägyptisch-griechischen Mythe durchaus in keiner Verbindung.

Abstammung.

Die Abstammung des Hundes ist — wie dieß auch bei allen übrigen unserer Hausthiere der Fall ist, — in tiefes Dunkel gehüllt und wird trotz der eifrigsten und sorgsamsten Nachforschungen der Zoologen niemals thatsächlich bewiesen werden können; denn Alles, was über dieselbe seither behauptet worden ist und theilweise auch für wahr und richtig angenommen wurde, beruht entweder nur auf Muthmaßungen oder auch auf Ansichten, die einzig und allein nur auf Wahrscheinlichkeiten gegründet sind, somit blos auf Hypothesen.

Dieser Gegenstand ist jedoch von zu hohem Interesse, um nicht tiefer in denselben hier einzugehen.

Eine Lösung der Frage über die Abstammung des zahmen Hundes ist nur durch eine sorgfältige Untersuchung nach zwei verschiedenen Richtungen hin möglich, indem man sie auf geschichtlichem Wege zu erörtern sucht, und auch auf naturwissenschaftlichem Gebiete einer genauen Prüfung unterzieht.

In ersterer Beziehung sind unseren Forschungen aber sehr enge Grenzen gezogen, da wir uns einzig und allein nur an die wenigen Ueberlieferungen halten können, welche uns die Schriftsteller des Alterthums zurückgelassen haben und an die verhältnißmäßig geringe Zahl von bildlichen Darstellungen, die uns aus jener Zeit aufbehalten worden sind.

Versuchen wir daher vorerst Dasjenige zusammenzustellen, was in den Schriften der Alten über den Hund bezüglich seiner verschiedenen Formen aufzufinden ist, um hieraus ein Resultat zu ziehen, und beginnen wir mit der ältesten Zeit der Griechen und Römer.

Unter allen Schriftstellern des Alterthums ist Xenophon der erste, welcher schon ungefähr 400 Jahre vor Christus in seinem Buche »De Venatione« von verschiedenen Arten von Hunden spricht. Doch führt er nur zwei Arten derselben, einen Biberhund (Canis castorius) und einen Fuchshund (Canis vulpinus) an, welchen letzteren er für einen Bastard des Hundes und des Fuchses hielt.

Aristoteles zählt in seiner »Historia animalium« beiläufig 350 Jahre vor Christus schon sieben verschiedene Hundeformen auf, und zwar:

1) Den epirotischen Hund (Canis epiroticus), der sich durch sehr bedeutende Größe und Stärke, wie durch außerordentlichen Muth auszeichnete und in Epirus gezogen wurde, wo er zum Zusammenhalten und Beschützen der Schafheerden gegen Raubthiere benützt worden ist.

2) Den molossischen Hund (Canis moloticus), aus Molossia in Epirus, der zwar von ansehnlicher Größe, aber kleiner, so wie auch minder stark und muthig als der epirotische war, und zur Jagd verwendet wurde.

3) Den lakonischen Hund (Canis laconicus), der den beiden vorigen an Größe wohl nachgestanden hatte, aber ebenso wie der epirotische Hund von den Hirten zum Bewachen ihrer Schafheerden gehalten wurde, und welcher seiner Angabe zufolge keine reine Race, sondern eine Bastardform war, die aus der Vermischung des Hundes mit dem Fuchse hervorgegangen sein soll.

4) Einen Bastard vom molossischen und lakonischen Hunde, den er wegen seines Muthes und seiner Thätigkeit besonders rühmt.

Ferner von außereuropäischen Formen:

5) Den cyrenäischen Hund (Canis cyrenaicus) aus Cyrene in der Berberei, den er für einen Bastard des Hundes mit dem Wolfe betrachtete.

6) Den ägyptischen Hund (Canis aegyptiacus), welcher kleiner als die griechischen Hunde war. Endlich:

7) Den indischen Hund (Canis indicus), den er für einen Bastard des Hundes mit dem Tiger erklärte, während er in einer anderen Schrift »De generatione animalium« nur angibt, daß diese Form aus der Vermischung des Hundes mit irgend einem dem Hunde ähnlichen wilden Thiere hervorgegangen sei.

In einem dritten Werke »Problemata« scheidet er diesen Hund in zwei verschiedene Abtheilungen, indem er ihn in zahme (urbanos) und wilde Zuchten (feros) theilt, wie dieß auch schon in seiner »Historia animalium« angedeutet ist, worin es heißt, daß die indischen Hunde nicht aus der ersten, sondern erst aus der dritten Vermischung gezogen werden, da die aus der ersten Vermischung fallenden zu wild seien.

In derselben Schrift »Problemata« fügt er den bereits aufgezählten Hunden noch eine andere Form bei; nämlich:

8) Den melitäischen Hund (Melitaeus catellus), von der Insel Melite, der durch seine Kleinheit und die Uebereinstimmung des Verhältnisses seiner Glieder mit derselben ausgezeichnet war.

Marcus Terentius Varro, welcher wahrscheinlich schon zu Anfang der zweiten Hälfte des letzten Jahrhunderts vor Christi sein Werk »De re rustica« schrieb, das die gesammte Landwirthschaft jener Zeit umfaßt, widmete den Hunden in demselben ein besonderes Kapitel, das ausschließlich von ihnen handelt.

Wir finden hier fünferlei Formen von Hunden angeführt, von denen jedoch vier offenbar mit den schon von Aristoteles genannten übereinkommen und nur zum Theile mit anderen Benennungen bezeichnet wurden; als da sind:

1) Der Jagdhund (Canis venaticus), welcher ohne Zweifel mit dem molossischen Hunde des Aristoteles zusammenfällt;

2) Der Hirtenhund (Canis pecuarius), unter welchem aller Wahrscheinlichkeit nach der von Aristoteles aufgeführte Bastard des molossischen mit dem lakonischen Hunde verstanden ist;

3) Der lakonische Hund, welcher mit dem lakonischen Hunde des griechischen Schriftstellers, und

4) der epirotische Hund, welcher mit dem epirotischen Hunde desselben identisch ist; endlich

5) der salentinische Hund (Canis salentinus), der hier zum ersten Male genannt wird und seine Benennung dem Volksstamme der Salentiner verdankt, welcher seinen Wohnsitz am Meerbusen von Tarent aufgeschlagen hatte.

Virgilius Maro nennt in seinem »Georgicon«, einem Gedichte, das dem Ackerbaue und der Landwirthschaft gewidmet ist, ungefähr 35 Jahre v. Chr. nur drei der schon von Aristoteles erwähnten Hunde, nämlich den molossischen, den epirotischen und spartanischen Hund (Spartae catulus), der von dem lakonischen Hunde des Aristoteles sicher nicht verschieden war, reiht denselben aber noch einen vierten an, den er den amykläischen Hund (Canis amyclaeus) nennt, welcher jedoch mit dem spartanischen zusammenzugehören scheint und wahrscheinlich blos deßhalb mit einem besonderen Namen bezeichnet wurde, weil die besten lakonischen Hunde in der Umgegend von Amyklae, der alten Königsstadt von Lakonia, gezogen worden sind.

Horaz, dessen Schriften fast in dieselbe Zeit fallen, führt nur den molossischen und spartanischen Hund auf, unter welchem letzteren ohne Zweifel der lakonische Hund verstanden ist.

Strabo spricht in seinem Werke, das den Titel »Geographica« führt und dessen Entstehung in die zweite Hälfte des letzten Jahrhunderts v. Chr. fällt, nur von zwei verschiedenen Formen von Hunden, und zwar vom indischen Hunde und vom melitäischen Hündchen (Melitaeus catellus), als dessen Heimath er die zwischen Sicilien und Afrika liegende Insel Melite oder die heutige Insel Malta bezeichnet.

Gegen die Mitte des ersten christlichen Jahrhunderts verfaßte Luc. Junius Moderatus Columella gleichfalls ein Werk über die Landwirthschaft »De re rustica«, worin er eben so wie Varro, die Hunde in einem besonderen Kapitel bespricht.

Wir begegnen in demselben aber nur drei verschiedenen Formen, die jedoch — wie zum Theile schon aus den Benennungen derselben hervorgeht, — mit einigen der schon von Varro angeführten Hundeformen unzweifelhaft zusammengehören. Dieselben sind:

1) Der Jagdhund (Canis venaticus), der auch der Jagdhund des Varro oder der molossische Hund des Aristoteles ist;

2) der Hirtenhund (Canis pecuarius), der offenbar mit dem gleichnamigen Hunde Varro's oder dem durch Aristoteles uns bekannt gewordenen Bastarde des molossischen und lakonischen Hundes zusammenfällt; und

3) der Haushund (Canis domesticus), unter welchem wohl der lakonische Hund des Varro und Aristoteles verstanden ist.

Cajus Plinius Secundus nennt uns in der zweiten Hälfte des ersten christlichen Jahrhunderts in seiner »Historia naturalis« nur dreierlei Formen von Hunden:

1) Die melitäischen Hündchen, welche der Angabe des Callimachus zufolge von der Insel Melite, die zwischen Illyricum und der Stadt der Gnidier liegt, oder der heutigen Insel Meleda an der Küste von Dalmatien stammen und nach derselben ihre Benennung erhalten haben sollen;

2) die albanischen Hunde (Canes Albani), die sich durch ungewöhnliche Größe und ihren außerordentlichen Muth selbst beim Angriffe auf überlegene Gegner ausgezeichnet haben; und

3) die indischen Hunde, deren Abstammung vom Hunde und vom Tiger er nach der Angabe von Aristoteles wiederholt.

Gegen das Ende des ersten Jahrhunderts n. Chr. stellte Cajus Julius Solinus seine »Collectanea rerum memorabilium« zusammen, welche später auch »Polyhistor« genannt wurden, und größtentheils nur Auszüge aus Plinius enthalten, daher auch über die Hunde keine weiteren Aufschlüsse geben.

Zu Anfang des zweiten Jahrhunderts n. Chr. und zwar während der Regierung Kaisers Hadrian, verfaßte Flavius Arrianus aus Nicomedia in Klein-Asien sein »Cynegeticon«, mit welchem er das Werk des alten griechischen Schriftstellers Xenophon »De Venatione« ergänzt und worin er nur einige der schon von seinen Vorgängern aufgezählten Hunde nennt, ohne uns mit anderen Formen derselben bekannt zu machen.

Gegen das Ende desselben Jahrhunderts vollendete Julius Pollux von Naucrates in Aegypten unter Kaiser Commodus sein »Onomasticon«, in welchem gleichfalls nur mehrere schon von den älteren Schriftstellern namhaft gemachte Hundeformen aufgeführt erscheinen.

Zur Zeit der Römer, kurz vor und nach Christus, war aber schon eine größere Anzahl verschiedener Hundeformen bekannt.

Noch vor Ende des letzten Jahrhunderts vor unserer dermaligen Zeitrechnung schrieb Gratius Faliscus, welcher ein Zeitgenosse Ovid's war, sein »Cynegeticon«, ein Gedicht, das über die Art und Weise mit Hunden zu jagen handelt und worin er auch ihre Eigenschaften und Untugenden berührt, und über ihre Erziehung, Wartung, Pflege und Verwendung, so wie über ihre Feinde und Krankheiten spricht.

Wir finden in demselben bereits zwölf verschiedene Formen von Hunden aufgezählt, welche jedoch größtentheils nur nach Ländern und Völkern benannt und nicht durch besondere Merkmale näher bezeichnet sind, daher es auch noch weit größeren Schwierigkeiten unterliegt, dieselben, wenn auch nur annäherungsweise zu deuten, als dieß bei den meisten der von den älteren Schriftstellern namhaft gemachten Hunde der Fall ist.

Von diesen zwölf Formen gehören sechs dem europäischen, fünf dem asiatischen und eine dem afrikanischen Ländergebiete an.

Von den europäischen Formen nennt er uns die Windhunde (Canes Veltrahae), die Anconischen (Canes Ancones), Petronischen (Canes Petronii), Celtischen (Canis Celtae), Sigambrischen (Canes Sigambri) und Gelonischen Hunde (Canes Geloni); von den asiatischen die Lykaonischen (Canes Lycaones), Hyrkanischen (Canes Hyrkani), Medischen (Canes Medi), Persischen (Canes Persae), und Serischen Hunde (Canes Serae); und von den afrikanischen die Matagontischen Hunde (Canes Metagontes), welche letztere er vor allen anderen preiset, indem er sie als die vorzüglichste Hundegattung bezeichnet. Aber auch die Petronischen und Sigambrischen Hunde rühmt er ganz besonders an.

Ovid nennt uns die Lycisci als Abkömmlinge des Hundes und des Wolfes.

Nach ihm schrieb noch in der letzten Hälfte des zweiten christlichen Jahrhunderts Oppianus aus Anazarbos in Cilicien unter Kaiser Caracalla sein Lehrgedicht über die Jagd »De Venatione«, in welchem er in ausführlicher Weise die Eigenschaften der verschiedenen Hunde und ihre Benützung zur Jagd hervorhebt.

Hier finden wir dem Namen nach sechzehn verschiedene Formen aufgezählt, die durchgehends nach Ländern, Städten und Völkerschaften benannt sind.

Beinahe sämmtliche von ihm genannten Hunde gehören Europa und nur eine einzige von ihnen mit Bestimmtheit Asien an, obgleich sich noch eine zweite unter denselben befindet, von welcher es wahrscheinlicher ist, daß eine asiatische, als eine europäische Form darunter verstanden wurde.

Zu den europäischen gehören: die Celtischen (Canes Celtae), Ausonischen (Canes Ausonii), Lokrischen (Canes Locri), Arkadischen (Canes Arcades), Tegeatischen (Canes Tegeatae), Argivischen (Canes Argivi), Lacedämonischen (Canes Lacedaemonii), Magnetischen (Canes Magnetes), Cretischen (Canes Cretes), Amorgischen (Canes Amorgi), Päonischen (Canes Päones), Molossischen (Canes Molossi), Thracischen (Canes Thracenses), und Sarmatischen Hunde (Canes Sauromatae). Asiatischen Ursprunges sind die Carischen (Canes Cares) und wahrscheinlich auch die Iberischen Hunde (Canes Iberi), da weit eher anzunehmen ist, daß der Dichter, welcher in Kleinasien geboren worden war, die Hunde des seiner Heimath näher gelegenen Iberien am Kaukasus hierunter begriffen hatte, als jene des gleichnamigen Gebietes in Spanien.

In dieser Aufzählung der dem griechischen Dichter bekannt gewesenen Hunde begegnen wir fast durchgehends neuen Namen; denn mit Ausnahme der schon von Aristoteles und den meisten übrigen älteren Schriftstellern angeführten Molossischen Hunde und der von Gratius Faliscus zuerst genannten Celtischen Hunde wurde keiner von irgend einem der früheren Schriftsteller genannt.

Im dritten christlichen Jahrhunderte trat Claudius Aelianus aus Praeneste in Italien, zur Zeit des Kaisers Alexander Severus, mit seinem Werke »De natura animalium« auf, in welchem er in einem eigenen Kapitel von den Hunden handelt. Wir werden jedoch durch dasselbe mit keinen neuen Formen bekannt.

Ihm folgte Marc. Aurelius Olympius Nemesianus aus Carthago, der während der Regierung der Kaiser Carus, Carinus und Numerianus gegen das Ende des dritten Jahrhunderts n. Chr. lebte, und in seinem »Cynegeticon«, einem Gedichte, das der Jagd gewidmet ist, die Hunde und ihre Verwendung zur Jagd näher bespricht.

Bei ihm finden wir sechs verschiedene Formen von Hunden dem Namen nach aufgeführt, und zwar fünf europäische und eine afrikanische Form. Zu den ersteren gehören die Lacedämonischen, Molossischen, Spartanischen, Pannonischen (Canes Pannonici) und Britannischen Hunde (Canes Britannici), während die Libyschen (Canes Libyci) eine afrikanische Form darstellen.

Unter diesen wurden die Pannonischen, Britannischen und Libyschen Hunde von allen ihm vorangegangenen Schriftstellern noch nicht genannt.

In demselben Jahrhunderte schrieb Titus Julius Calpurnius aus Sicilien, der ein Zeitgenosse von Nemesianus war, sein »Cynegeticon seu de re venatica Eclogae«, ein Jagdgedicht, in welchem nur solcher Hundeformen Erwähnung geschieht, welche uns schon von seinen Vorgängern namhaft gemacht wurden.

Um die Mitte des vierten christlichen Jahrhunderts erwähnt Julius Firmicus, der unter der Regierung Kaisers Constantin des Großen lebte, nebst mehreren schon in vorausgegangener Zeit genannten Hunden, auch einen Canis Vertagus, unter welchem jedoch aller Wahrscheinlichkeit zufolge nur der Windhund (Canis Veltrahus) des Gratius Faliscus verstanden war.

Der letzte Schriftsteller aus der Römerzeit, welcher uns einige Nachrichten über die Hunde zurückließ, war Claudius Claudianus, aus Alexandrien in Aegypten gebürtig, der in der zweiten Hälfte des vierten Jahrhunderts n. Chr. unter der Regierung der Kaiser Theodosius des Großen und seiner beiden Söhne Arcadius und Honorius lebte und in seinen Gedichten mehrere Hundeformen nach ihren Eigenschaften aufführt, doch nur drei derselben mit besonderen Namen bezeichnet.

Diese sind: die Cressischen (Canes Cressae), Lacedämonischen (Canes Lacaenae) und Britannischen Hunde (Canes Britannae).

Ein Versuch, die uns aus den Schriften der alten Griechen und Römer bekannt gewordenen Hunde auf unsere gegenwärtigen Formen zurückführen zu wollen, wäre wahrhaft ein vergebliches Bestreben, wenn uns nicht die Abbildungen, welche wir von diesen Thieren auf den Sculpturen, Gemmen, Münzen, Medaillen, Mosaiken und Gemälden jener Völker finden, wenigstens hie und da einigen Aufschluß geben würden. Ohne dieselben wäre es unmöglich auch nur eine einzige Form mit Sicherheit zu deuten, indem die Nachrichten, welche uns die Schriftsteller jener Periode über diesen Gegenstand zurückgelassen haben, so dürftig sind, daß man sich kaum eine entfernte Vorstellung von den Hunderacen jener Zeit zu machen im Stande ist und in den allermeisten Fällen nur auf Namen hingewiesen ist, die sie für dieselben von Ländern, Städten und Völkern entlehnt haben.

Bei Thieren, welche — wie dieß schon aus den ihnen von den Schriftstellern des Alterthums beigelegten Namen hervorgeht, — eng an gewisse Völkerstämme gebunden waren und mit denselben, als diese im Laufe der Zeiten ihre früheren Wohnsitze verlassen haben, in die verschiedensten Gegenden ausgewandert sind, daher aus ihrer ursprünglichen Heimath völlig verschwunden sein konnten, ist es heut zu Tage, nachdem in der Zwischenzeit Jahrhunderte vorübergegangen sind, durchaus nicht mehr möglich, ein giltiges Urtheil über die Identität der Nachkommen mit ihren Vorfahren zu fällen. Denn während dieses langen Zeitraumes hat sich selbst der typische Charakter der ursprünglichen Völkerstämme durch Vermischung mit anderen so sehr verändert, daß er in ihren Abkömmlingen in den allermeisten Fällen dermalen kaum mehr zu erkennen ist, und eine gleiche Veränderung hat wahrscheinlich mehr oder weniger auch bei den verschiedenen Hundeformen stattgefunden, welche jene Völkerstämme ursprünglich umgaben; daher sich nicht mehr feststellen läßt, ob die, jene Abkömmlinge der alten Völker dermalen umgebenden Hunde dieselben seien, wie jene ihrer Vorfahren, oder ob sich die ursprüngliche typische Form wenigstens theilweise unter ihnen noch erhalten hat.

Gehen wir nun auf die Deutung über, welche spätere Schriftsteller den von den alten Griechen und Römern namhaft gemachten Hundeformen beilegten, und versuchen wir die Richtigkeit derselben durch eine Vergleichung mit den uns überlieferten Abbildungen aus jener Zeit zu erproben, so wird sich bald ergeben, daß nur in den wenigsten Fällen dieselbe annähernd eine richtige, in den allermeisten aber eine völlig irrthümliche war.

Bisher war man gewohnt, den molossischen Hund Canis moloticus des Aristoteles oder den Canis Molossus Virgil's und der übrigen griechischen und römischen Schriftsteller für unseren großen Bullenbeißer (Canis Molossus, major) oder eine andere demselben verwandte Form zu betrachten, den melitäischen Hund, Melitaeus catellus des Aristoteles und Plinius aber für unseren Bologneserhund (Canis extrarius, hispanicus melitaeus) oder irgend eine ihm nahestehende Form, während man in dem lakonischen Hunde Canis laconicus des Aristoteles und Varro, oder dem spartanischen Hunde Canis Spartanus von Horaz und anderen Schriftstellern aus der Römerzeit, eine eigenthümliche Form unseres Windhundes (Canis leporarius), und in dem indischen Hunde, Canis indicus des Aristoteles, Strabo, Plinius u. s. w. die erst in neuerer Zeit näher bekannt gewordene Thibet-Dogge (Canis Molossus, thibetanus) erkennen zu sollen glaubte.

Eine Deutung von einzelnen wenigen der übrigen aus der Zeit der Griechen und Römer uns bekannt gewordenen Formen haben seither nur Hamilton Smith und Reichenbach versucht. Die allermeisten derselben sind aber, da man von ihnen weiter nichts als ihre Namen kennen lernte, bis jetzt noch von keinem Schriftsteller weiter beachtet worden, da bei einem so beschränkten Anhaltspunkte wie dem gebotenen, es in der That unmöglich ist, irgend eine Meinung hierüber, wenn auch nur mit einiger Sicherheit aussprechen zu können.

Betrachten wir indeß die Abbildungen der Hunde auf den Denkmälern der alten Griechen und Römer näher und unterziehen wir dieselben einer sorgfältigen Vergleichung mit den uns gegenwärtig bekannten Formen, so begegnen wir unverkennbar vierzehn verschiedenen Typen; und zwar:

1) Dem Hirten-Haushunde (Canis domesticus, ovilis);
2) dem Pyrenäen-Hunde (Canis domesticus, pyrenaicus);
3) dem ungarischen Wolfshunde (Canis domesticus, luparius);
4) dem großen Seidenhunde (Canis extrarius, major);
5) dem kleinen Seidenhunde (Canis extrarius, hispanicus);
6) dem Bologneserhunde (Canis extrarius, hispanicus melitaeus);
7) dem mittleren Pudel (Canis extrarius, aquaticus medius);
8) dem kleinen Pudel (Canis extrarius, aquaticus minor);
9) dem deutschen Jagdhunde (Canis sagax, germanicus);
10) dem Bull-Dogg (Canis Molossus, orbicularis);
11) dem großen Windhunde (Canis leporarius, major);
12) dem spartanischen Hunde (Canis leporarius, laconicus);
13) dem griechischen Windhunde (Canis leporarius, grajus), und
14) dem italienischen Windhunde (Canis leporarius, italicus).

In diesen vierzehn verschiedenen Formen sind fünf Haupttypen oder selbstständige Arten repräsentirt, nämlich: der Haushund, — der Seidenhund, — der Jagdhund, — der Bullenbeißer — und der Windhund; und zwar vier von ihnen in ihrer typischen Form, wie der Hirten-Haushund, — der große Seidenhund, — der deutsche Jagdhund — und der große Windhund, und fünf in klimatischen Abänderungen, nämlich: der Pyrenäen-Hund, — der ungarische Wolfshund, — der kleine Seidenhund, — der Bull-Dogg — und der italienische Windhund.

Die übrigen fünf müssen theils als Zuchtvarietäten, entstanden durch veränderte Lebensweise betrachtet werden, wie der mittlere Pudel, — theils als Blendlinge, wie der kleine Pudel, welcher auf der Kreuzung des mittleren Pudels mit dem kleinen Seidenhunde beruht, — ferner der Bologneserhund, welcher aus der Vermischung des kleinen Seidenhundes mit dem kleinen Pudel hervorgegangen ist, — der spartanische Hund, welcher ein Bastard des großen Windhundes mit dem griechischen Schakale (Canis aureus, grajus) ist, — und der griechische Windhund, welcher ein Bastard des großen Windhundes und des persischen Windhundes (Canis leporarius, persicus) ist, während dieser letztere wieder auf der Kreuzung des großen Windhundes mit dem großen Seidenhunde beruht.

Abbildungen von Pudel- und Jagdhundköpfen trifft man aber erst auf den Antiken aus der späteren Zeit des Kaisers Augustus gegen das Ende des letzten Jahrh. v. Chr. und Demetrius Constantinopolitanus, welcher später noch als

Oppian schrieb, erwähnt ausdrücklich, daß zu jener Zeit nur eine geringe Zahl von Hunden mit Hängohren versehen war.

Zählt man zu den oben angeführten fünf Haupttypen, welche in der alten Griechen- und Römerzeit bekannt waren, auch noch den Biberhund des Xenophon, unter welchem unzweifelhaft der krummbeinige Dachshund (Canis vertagus, valgus) verstanden war, so ersieht man, daß jene beiden Völker — mit Ausnahme des erst nach der Entdeckung von Amerika bekannt gewordenen nackten Caraiben-Hundes (Canis caraibaeus), — schon sämmtliche Haupttypen des zahmen Hundes, welche selbstständige Arten darstellen, kannten.

Es geht sonach hieraus hervor, daß in den ältesten Zeiten der Griechen und Römer fast ausschließlich selbstständige Arten und nur sehr wenige Bastardformen von Hunden bekannt waren und daß diese letzteren lediglich aus der gegenseitigen Vermischung der zu jener Zeit bekannt gewesenen Urformen des zahmen Hundes und einiger anderen verwandten Arten, wie namentlich des Schakals und wohl auch des Wolfes hervorgegangen sind.

Ein ähnliches Resultat ergibt sich aus der Vergleichung der Abbildungen von Hunden auf den noch weit älteren ägyptischen Denkmälern mit den Hundeformen der Jetztzeit, in welche wir hier etwas näher eingehen wollen.

Die Grundlage zu dieser Betrachtung sollen vorzüglich die streng wissenschaftlichen Untersuchungen von Morton bilden, welche er in seiner gediegenen Abhandlung über das Alter einiger Hunderacen im fünften Bande der »Proceedings of the Academy of Philadelphia« im Jahre 1850 veröffentlichte und worin er sich auf die Chronologie von Lepsius stützte, welcher wenigstens annäherungsweise das Alter der ägyptischen Denkmäler ermitteln zu können in der Lage war.

Hier finden wir vor Allem den ägyptischen Schakal (Canis Lupaster), ein hundeähnliches Thier von mittlerer Größe, mit aufrecht stehenden Ohren und einem etwas buschigen Schwanze.

Offenbar ist dieß die älteste, den Aegyptiern bekannt gewesene Hundeform, von welcher sie uns eine Abbildung auf ihren Denkmälern zurückgelassen haben, denn sie ist es, welche zugleich ein Symbol in ihrem Alphabete darstellt und daher mit demselben gleichzeitig sein mußte, sonach erwiesenermaßen auf nicht viel weniger als 6000 Jahre zurückreicht. *)

Dieselbe Hundeart treffen wir auch auf den Gemälden in dem Grabmale von

---

*) Der ägyptische Schakal gehört zu den ältesten hieroglyphischen Symbolen, und da dieselben keinem späteren Zeitalter als jenem von Menes, des ersten Königs von Aegypten, angehören können, so ist man auch berechtigt, sie eben so weit zurückzudatiren, als die Epoche dieses Königs reicht. Folgt man hierbei der heut zu Tage fast allgemein für richtig anerkannten Zeitrechnung von Lepsius, so fällt ihre Entstehung in das Jahr 3893 v. Chr. und ihr Alter beträgt daher 5768 Jahre vor unseren jetzigen Tagen. Nachdem jedoch die hebräische Chronologie die Sündfluth in das Jahr 2340 v. Chr. setzt, so ergibt sich nach der Zeitrechnung von Lepsius, daß das Hieroglyphen-Alphabet der alten Aegyptier um 1553 Jahre älter war.

Roti zu Beni Hassan, welche von der zwölften ägyptischen Dynastie herrühren und dem 23. Jahrhunderte v. Chr. angehören. Von dieser Zeit an kann man ihn durch alle späteren Perioden auf den Monumenten jenes Volkes verfolgen, bis dieselben endlich aufhören Darstellungen zu enthalten, welche über die Angelegenheiten Aegyptens Aufschluß geben.

Aber auch einbalsamirt wird diese nur wild vorkommende Hundeart in großer Anzahl in verschiedenen Theilen Aegyptens gefunden, denn der geheiligte Hund der alten Aegyptier oder der »Canis sacer«, wie ihn Ehrenberg nannte, der ihn von dem ägyptischen Schakale oder dem »Canis Lupaster« für verschieden hielt, ist nach den Untersuchungen späterer Naturforscher wohl nur dieselbe Art, und zwar wie Wagner meint, im Sommerpelze.

Von dieser noch heut zu Tage nur im wilden Zustande vorkommenden Hundeform scheint der ägyptische Straßenhund zu stammen, der in Cairo und in anderen Städten Unter-Aegyptens so überaus häufig angetroffen wird. Auch in seiner Lebensweise nähert sich derselbe seiner Stammform, indem er dermalen meist ein nomadisches Leben führt, sich gewöhnlich herrenlos herumtreibt und wie der Schakal und der Nilfuchs die Grenzen der Wüsten besucht. In der Regel gesellt er sich auch nicht mit anderen Hunden zusammen, obgleich er fähig ist, sich mit denselben fruchtbar zu vermischen. Doch ist auch diese gekreuzte Zucht für den Menschen völlig werthlos.

Von den eigentlichen zahmen Hunden, die auf den altägyptischen Denkmälern abgebildet sind, begegnen wir zunächst zwei verschiedenen Abänderungen des Windhundes (Canis leporarius).

Die erste derselben ist der ägyptische Windhund (Canis leporarius, aegyptius), eine Form, welche durch den schlanken Körperbau und das kurze, glatt anliegende Haar sehr leicht zu erkennen ist, und noch dermalen in Aegypten, Nubien, in Sennaar u. s. w. angetroffen wird.

Wir finden sie auf jenen Denkmälern aber in doppelter Weise dargestellt. Eine dieser beiden Darstellungen, welche zu den ältesten gehört, führt uns diese Form mit langen, aufrechtstehenden Ohren, welche man nicht selten auch bei einzelnen Individuen anderer Windhund-Racen trifft, und kurzem, offenbar verstümmelten Schwanze vor. Sie erscheint zuerst auf den Gemälden eines Grabmales der dritten Dynastie und kommt auch auf mehreren anderen Denkmalen jener Periode an verschiedenen Orten vor, von welcher Zeit an man sie durch die sechste und siebente Dynastie und vielleicht auch noch weiter verfolgen kann. Demnach ist sie älter als 5000 Jahre, indem die Monumente der dritten Dynastie in die Zeit von ungefähr 3500 Jahren v. Chr. fallen.

Die zweite Darstellung dieser Hundeform zeigt uns das Thier beinahe in seiner ursprünglichen, nur wenig veränderten Form, da wir in derselben sogleich den ägyptischen Windhund, jedoch mit abgestutzten Ohren dargestellt erkennen. Das älteste Monument, welches diese bildliche Darstellung enthält, ist das Grabmal von

Roti zu Beni Hassan, aus der Zeit der zwölften Dynastie oder dem 23. Jahrhunderte vor Christus*). Aus diesen beiden Darstellungen können wir ersehen, daß die selbst heut zu Tage noch in Aegypten, Nubien und anderen Ländern von Ost- und Central-Afrika bestehende Sitte, die Thiere zu verstümmeln, bis in das graueste Alterthum zurückreicht.

Die zweite Abänderung des Windhundes, welche auf den altägyptischen Denkmalen abgebildet erscheint, ist der arabische Windhund (Canis leporarius, arabicus), welcher auch unter dem Namen Beduinen- oder Akaba-Windhund bekannt ist; eine Race, welche aller Wahrscheinlichkeit nach auf der Kreuzung des ägyptischen Windhundes mit dem ägyptischen Schakale beruht und auch dermalen noch in Syrien und Arabien angetroffen wird.

Diese etwas rauhhaarige Race ist durch ihre langen, aufrechtstehenden Ohren und den mit längeren Haaren besetzten Schwanz leicht von den übrigen Windhund-Racen zu unterscheiden und kommt, auf mehreren ägyptischen Denkmalen abgebildet, in verschiedenen älteren und jüngeren Perioden vor.

An diese Windhundformen reiht sich eine Hunderace an, welche nach allen ihren Merkmalen offenbar zu den Jagdhunden gerechnet werden muß; nämlich der afrikanische Jagdhund (Canis sagax, africanus), der noch heut zu Tage in Sennaar und Sudan angetroffen und so wie in der ältesten Zeit zur Jagd verwendet wird.

Auch diese Hundeform treffen wir zuerst auf einem Denkmale an, das der zwölften Dynastie oder dem 23. Jahrhunderte v. Chr. angehört. Es ist wieder das Grabmal von Roti zu Beni Hassan, wo dieselbe auf einem Gemälde, welches eine Jagd auf Hirsche**) darstellt, unverkennbar und naturgetreu abgebildet ist.

Aber auch auf den Denkmalen aus späteren Perioden kommen Abbildungen dieses Hundes ziemlich häufig vor. So auf dem Monumente, das den großen Zug von Thotmes II. darstellt und in die Zeit des 17. Jahrhunderts v. Chr. fällt, wo mehrere dieser Thiere den Leuten nachfolgen, die mit Produkten des Landes beladen, nach vorwärts schreitend dargestellt sind. Ebenso trifft man ihn auch auf einem Grabmale zu Gourneh bei Theben an, das in eine spätere Periode fällt, und selbst auf mehreren anderen noch jüngeren Monumenten, und zwar aus verschiedenen Epochen.

Außer den bereits genannten Hundeformen werden aber auch noch andere auf den altägyptischen Denkmalen angetroffen, und zwar alle zuerst auf den Gemälden des Grabes von Roti zu Beni Hassan, welches Monument aus der Zeit der zwölften Dynastie oder dem 23. Jahrhunderte v. Chr. herrührt.

---

*) Da die Gräber von Roti und Nevopth zum Reiche Osirtasen II. gehören, so setzt sie Lepsius in das 23. Jahrhundert vor unserer christlichen Zeitrechnung.

**) Ein Beweis, daß der berberische Hirsch (Cervus barbarus) damals noch in Aegypten heimisch war.

Es sind deren vier; doch ist eine richtige Deutung derselben mit weit größeren Schwierigkeiten als bei den vorhergehenden Formen verbunden, theils weil man ihren Originalen heut zu Tage in Aegypten nur äußerst selten mehr begegnet, theils aber auch weil man durch die Aehnlichkeit, welche sie mit gewissen asiatischen, und selbst europäischen Typen darbieten, leicht zu Trugschlüssen und irrigen Folgerungen verleitet werden kann; wie dieß denn auch wirklich fast allen Naturforschern widerfahren ist, welche sich seither mit der Deutung derselben beschäftigt haben.

Ich will versuchen, Beweise dafür zu liefern, und durch Begründung meiner eigenen Anschauung mich der Wahrheit möglichst zu nähern.

Eine dieser Formen stellt eine Hunderace dar, welche große Aehnlichkeit mit dem ungarischen Wolfshunde (Canis domesticus, luparius) hat, der auch den alten Griechen und Römern bekannt war und von welchem sie uns Abbildungen auf ihren Denkmalen zurückgelassen haben.

Morton, welcher eine auf einem antiken Mosaikpflaster zu Pompeji enthaltene Abbildung auf diese in den ägyptischen Denkmalen uns aufbehaltene Form beziehen zu können glaubte, bezeichnete dieselbe einfach mit dem Namen »Watch Dog« (Wachthund), ohne sich in eine nähere Bestimmung einzulassen, und fügt nur bei, daß vielleicht dieselbe oder wenigstens verwandte Formen häufig auch im Osten angetroffen werden.

Hierdurch deutet er offenbar — doch ohne sich hierüber weiter auszusprechen, — auf die Verwandtschaft derselben mit dem turkomanischen Wachthunde (Canis domesticus, armeniacus) hin, welcher sich vom Hochlande von Central-Asien bis zum Bosporus erstreckt und an Hamilton Smith's wilden Hund von Natolien oder den natolischen Wolf (Canis ictinus) erinnert.

Ich glaube keinen Fehlgriff zu begehen, wenn ich mich der Ansicht Morton's in so ferne anschließe, als wir es hier ohne Zweifel mit einer Race des Haushundes (Canis domesticus) zu thun haben, ohne jedoch die Meinung mit ihm zu theilen, daß die auf dem Mosaikpflaster zu Pompeji vorkommende Abbildung zur selben Form gehöre. Ja ich glaube sogar genügende Gründe zu haben noch weiter gehen zu dürfen und die fragliche, auf den altägyptischen Monumenten enthaltene Form geradezu mit dem turkomanischen Wachthunde, welcher nur eine klimatische Abänderung des Haushundes ist, für identisch zu erklären, indem der Verkehr, welcher schon in ältester Zeit zwischen den Aegyptiern und den Bewohnern der Nachbarländer bestand, zu einer solchen Annahme berechtigen.

Dieser Hund ist es auch, welcher ein zweites Symbol im Hieroglyphen-Alphabete der alten Aegyptier bildet, wie aus der zwar kleinen, aber ziemlich deutlichen Abbildung desselben auf dem oben bezeichneten Monumente hervorgeht; daher man mit voller Bestimmtheit behaupten darf, daß diese Form — ebenso wie der ägyptische Schakal, — jenem Volke schon vor nahe an 6000 Jahre bekannt war.

Eine zweite Form, deren richtige Erkennung nicht minder große Schwierigkeiten verursacht, bietet manche Aehnlichkeit mit dem Hirten-Haushunde sowohl, als auch mit dem Pyrenäen-Hunde (Canis domesticus, pyrenaicus), und selbst mit dem Algierischen Hunde (Canis domesticus, algirensis) dar, von welchen die beiden ersteren Formen auf griechischen und römischen Antiken abgebildet sind.

Ehrenberg legt dieser Form, welche noch heut zu Tage in Aegypten angetroffen wird, den Namen »Canis familiaris aegyptius« bei und vergleicht sie mit dem Pommer (Canis domesticus, pomeranus) und dem Schafhunde (Canis domesticus, pastoreus), welchen sie sehr nahe stehen soll.

Morton hält sie nach allen Kennzeichen, die man aus jener Abbildung, welche kaum mehr als ein Umriß ist, entnehmen kann, für identisch mit dem »Wolf-Dog« oder Pommer, und glaubt sie auch auf einer antiken und wahrscheinlich etruskischen Medaille abgebildet getroffen zu haben, welche aus dem zweiten oder dritten Jahrhunderte v. Chr. stammt.

Meiner Ansicht zufolge ist diese Form ein Abkömmling des großen Pariah-Hundes (Canis domesticus, indicus major) aus Ostindien, einer klimatischen Abänderung des Haushundes, die im Nordosten jenes Landes noch heut zu Tage im halbwilden Zustande angetroffen wird, schon in den ältesten Zeiten von den Indiern gezähmt gehalten wurde und welchen die alten Aegyptier durch ihre Verbindungen mit jenem Volke auch in ihrem eigenen Lande heimisch gemacht haben mochten.

Die dritte dieser Formen stellt einen kleinen Hund mit spitzen aufrechtstehenden Ohren und scheinbar kurzem, glatt anliegendem Haare dar und wurde seither nur von Blainville gedeutet. Er hielt ihn, einer sehr entfernten Aehnlichkeit wegen, für den »Roquet« der Franzosen oder den sogenannten Bastardmops (Canis Molossus, fricator hybridus), obgleich seine körperlichen Formen eine wesentliche Verschiedenheit von demselben darbieten.

Morton, der dieses Thier nur aus der Blainville'schen Abbildung kennt, nimmt dessen Deutung blos provisorisch an und enthält sich, irgend eine Ansicht über diese altägyptische Hunderace auszusprechen.

Daß Blainville's Deutung durchaus irrig sei, kann um so weniger einem Zweifel unterliegen, als der »Roquet« erwiesenermaßen eine erst in neuerer Zeit entstandene Blendlingsrace europäischer Formen, und zwar ein Bastard des kleinen dänischen Hundes (Canis Molossus, fricator variegatus) und des Mopses (Canis Molossus, fricator) ist.

Ich bin sehr geneigt, diesen von den alten Aegyptiern abgebildeten Hund nur für eine kleinere, auf Zucht beruhende Abänderung der vorhergehenden Form, nämlich für den kleinen indischen Pariah-Hund (Canis domesticus, indicus minor) zu halten, der auch noch gegenwärtig in seinem Heimathlande in einer größeren und einer kleineren Form vorkommt und auch sonst noch mancherlei Abweichungen bietet. Das in jener Abbildung scheinbar kurz und glatt anliegend dargestellte Haar kann nicht als ein giltiger Grund zur Widerlegung dieser Ansicht angenommen werden, da die altägyptischen Thierabbildungen überhaupt meistens nur die körperlichen Umrisse im Allgemeinen zeigen und einer detaillirteren Ausführung vollständig entbehren.

Man trifft das Bild dieses Hundes in mehrfachen Modificationen auf verschiedenen Monumenten, welche jedoch alle der zwölften Dynastie angehören, die mit dem Jahre 2124 v. Chr. endete.

Die vierte und letzte dieser zweifelhafteren Formen endlich zeigt uns das Bild einer gleichfalls kleinen Hunderace, welche — so wie die vorhergehende, — aufrechtstehende zugespitzte Ohren und kurzes, glatt anliegendes Haar zu haben scheint, sich von derselben aber hauptsächlich dadurch unterscheidet, daß die Beine verhältnißmäßig kurz sind und der Leib etwas gestreckt erscheint.

Auf diese Kennzeichen gestützt, hat Blainville seine Meinung über jene Hunderace dahin ausgesprochen, daß dieselbe irgend eine Abänderung des Dachshundes gewesen sei.

Dieser Ansicht schlossen sich auch Wilkinson und Morton an, welche in keine nähere Prüfung der von Blainville ausgesprochenen Vermuthung eingingen.

Daß wir es hier aber mit keinem Dachshunde zu thun haben, läßt sich beinahe mit voller Gewißheit behaupten, da dieser unzweifelbar eine ursprünglich europäische und wahrscheinlich aus Spanien stammende Form ist, mit welcher die Aegyptier — wenigstens zu jener Zeit, — unmöglich bekannt gewesen sein konnten.

Weit richtiger dürfte es erscheinen, anzunehmen, daß sich die Abbildung des altägyptischen Hundes auf eine mehr gestreckte und etwas kurzbeinige Form bezieht, die selbst heut zu Tage noch unter den indischen Pariah-Hunden angetroffen wird und mit derselben identisch ist; nämlich auf den kurzbeinigen Pariah-Hund (Canis domesticus, indicus brevipes), der vielleicht auf der Kreuzung des Pariah-Hundes mit dem Buansu (Canis primaevus) beruht.

Bezüglich der scheinbar kurzen, glatt anliegenden Behaarung, beziehe ich mich auf dasselbe Argument, welches ich schon bei der vorhergehenden Form angeführt habe.

Stellen wir die wenigen Formen, die wir auf den Monumenten der alten Aegyptier finden, zusammen und vergleichen wir dieselben mit den uns bekannten Formen der Jetztzeit, so erkennen wir hierin deutlich acht verschiedene Typen; nämlich:

1) Den ägyptischen Schakal (Canis Lupaster),
2) den ägyptischen Windhund (Canis leporarius, aegyptius),
3) den arabischen Windhund (Canis leporarius, arabicus),
4) den afrikanischen Jagdhund (Canis sagax, africanus),
5) den turkomanischen Wachthund (Canis domesticus, armeniacus),
6) den großen Pariah-Hund (Canis domesticus, indicus major),
7) den kleinen Pariah-Hund (Canis domesticus, indicus minor), und
8) den kurzbeinigen Pariah-Hund (Canis domesticus, indicus brevipes).

Dieselben bilden, nach Ausscheidung des ägyptischen Schakals, — der, als eine noch heut zu Tage nur wild vorkommende Art, hier gar nicht in Betrachtung zu ziehen ist, — die Repräsentanten von drei selbstständigen Arten unseres zahmen Hundes, und zwar: des Haushundes, — des Jagdhundes — und des Windhundes.

Vier von ihnen stellen sich als klimatische Abänderungen der Haupttypen dar; nämlich: der turkomanische Wachthund, — der große Pariah-Hund, — der afrikanische Jagdhund — und der ägyptische Windhund; — eine, und zwar der kleine Pariah-Hund, beruht wahrscheinlich auf einer Veränderung eines solchen Haupttypus in Folge Einwirkung der Zucht, — und zwei erscheinen als ziemlich deutlich ausgesprochene Bastardformen dieser oben genannten Urtypen des eigentlichen oder zahmen Hundes mit anderen wild vorkommenden Arten; so der kurzbeinige Pariah-Hund, der aller Wahrscheinlichkeit nach aus der Kreuzung des großen Pariah-Hundes mit dem in Nepal heimischen Buansu hervorgegangen ist, und der arabische Windhund, der das Produkt der Vermischung des ägyptischen Windhundes mit dem ägyptischen Schakale ist.

Wir sehen sonach, wie auf den griechischen und römischen Antiken, so auch auf den altägyptischen Denkmalen nur solche Formen von Hunden abgebildet, welche theils als selbstständige Arten betrachtet werden müssen, theils aber auch als Bastardformen derselben mit anderen, nur im wilden Zustande vorkommenden Hundearten.

Eine weit reichhaltigere Ausbeute bezüglich dieses Gegenstandes bieten uns die mittelalterlichen Dokumente dar; denn wir finden in denselben nicht nur eine nicht minder beträchtliche Anzahl von verschiedenen Formen als in den Ueberlieferungen der alten Griechen und Römer aufgeführt, sondern dieselben auch mit Namen bezeichnet, welche uns weit näher liegen, und von Angaben begleitet, welche über deren Verwendung, so wie bisweilen auch über ihre Eigenschaften Aufschluß geben.

Hierdurch wird die Deutung jener Formen wesentlich erleichtert und kann in den meisten Fällen auch beinahe mit völliger Sicherheit erreicht werden, indem wir mittelst dieser Behelfe in den Stand gesetzt werden, ihre Spur durch Jahrhunderte hindurch verfolgen und sie mit unseren dermaligen Hundeformen in Verbindung bringen zu können.

Die ältesten mittelalterlichen Dokumente, welche uns hierüber Aufschluß geben, sind die Ackerbau-, Forst- und Jagdgesetze der alten deutschen Völkerstämme, welche jedoch erst ungefähr um die Mitte des 10. Jahrhunderts n. Chr. gesammelt und unter dem Titel »Geoponica« zusammengestellt wurden.

Hier finden wir im Alemannischen Gesetze sieben verschiedene Formen von Hunden aufgezählt, und zwar:

1) Den Treib- oder Laufhund (Canis seusius vel cursor), von welchem manche Individuen — wahrscheinlich die besser abgerichteten, — als erste, andere als zweite Läufer benützt wurden;

2) den Leithund (Canis Ductor), der einen nachfolgenden Menschen führt und den man „Laitihunt“ nannte;

3) den Saufänger (Canis porcaritius), der die Schweine fängt;

4) den Bärenfänger (Canis ursaritius), der Bären fängt oder eine Kuh und einen Stier ergreift;

5) den Wind- oder Hasenhund (Veltris leporalis);

6) den Hirtenhund (Canis pastoralis), der den Wolf angreift und das Vieh seinem Munde entreißt; endlich

7) den Haus- oder Hofhund (Canis qui curtem defendit), der das Haus vertheidigt.

Im Bojischen Gesetze treffen wir gleichfalls sieben verschiedene Formen an, von denen einige dieselben sind, welche schon im Alemannischen Gesetze — wenn auch zum Theile unter anderen Benennungen, — aufgeführt erscheinen, während drei von ihnen zum ersten Male genannt werden. Diese sind:

1) Der Leithund oder „Leitihunt“ des damaligen Zeitalters (Canis seuces seu Leitihunt);

2) der Treibhund, zu jener Zeit „Triphunt“ genannt (Seuces doctus seu Triphunt);

3) der Spürhund oder der „Spurihunt“ der damaligen Periode (Seuces qui in ligamine vestigium tenet seu Spurihunt), der an der Leine die Spur festhielt;

4) der Biberhund, zu jener Zeit „Bibarhunt“ genannt (Canis quem Bibarhunt vocant), der unter der Erde jagt;

5) der Windhund (Canis veltrix), der den Hasen nicht verfolgt, sondern ihn durch seine Schnelligkeit ergreift;

6) der Habichthund oder der „Hapichhunt“ des damaligen Zeitalters (Canis acceptoricius seu Hapichhunt), der die Beute für den Falken jagt und demselben dient; und

7) der Haus- oder Hofhund, oder der „Hovawarth“ jener Zeit (Canis qui curtem sui domini defendit, seu Hovawarth).

In den Jagdgesetzen der übrigen alten deutschen Völkerstämme finden wir dieselben Hunde, wenn auch theilweise unter veränderten Benennungen aufgeführt, nebst einigen wenigen, welche weder im Alemannischen, noch im Bojischen Gesetze erscheinen.

So begegnen wir im Burgundischen Gesetze einem »Canis veltraeus«, welcher offenbar der Wind- oder Hasenhund (Veltris leporalis) des Alemannischen, und der Windhund (Canis veltrix) des Bojischen Gesetzes ist; ferner

einem »Canis segutius«, unter welchem ohne Zweifel der Treib- oder Laufhund (Canis seusius vel cursor) des Alemannischen, und der Treibhund (Seuces doctus seu Triphunt) des Bojischen Gesetzes verstanden wurde; endlich

einem »Canis petrunculus«, der in keinem von diesen beiden Gesetzen genannt wird.

Im Friesischen Gesetze erscheint ein »Canis acceptorius«, der — wie schon aus der Benennung desselben hervorgeht, — mit dem Habichthunde (Canis acceptoricius seu Hapichhunt) des Bojischen Gesetzes zusammenfällt, und

ein »Canis Bracco«, welcher hier zum ersten Male genannt wird.

Im Salischen Gesetze endlich kommt ein »Veltris porcarius«, welcher wahrscheinlich der Saufänger (Canis porcaritius) des Alemannischen Gesetzes ist, und ein »Veltris leporarius, qui et argutarius dicitur« vor, der ohne Zweifel mit dem Wind- oder Hasenhunde des Alemannischen, dem Windhunde des Bojischen und dem »Canis veltraeus« des Burgundischen Gesetzes zu einer und derselben Form gehörte.

Im Schwabenspiegel kommt der „Vogelhunt", ein Huhd, den man zur Vogeljagd benützte, und im Sachsenspiegel die „Brach", ein Hund, mit dem man Hasen jagte, vor.

Aus der Zeit Carl's des Großen, in der zweiten Hälfte des achten christlichen Jahrhunderts, werden uns folgende Hunde namhaft gemacht:

1) Die Rüde oder Saurüde (Canis Rudo), welche wahrscheinlich mit dem Saufänger (Canis porcaritius) des Alemannischen und dem Veltris porcarius des Salischen Gesetzes gleichbedeutend ist;

2) der Bullenbeißer (Canis Molossus), unter welchem wohl der Bärenfänger (Canis ursaritius) des Alemannischen Gesetzes verstanden worden zu sein scheint;

3) der Treibhund, Treibhunt oder Triphunt (Canis Susis), welcher offenbar mit dem Treib- oder Laufhunde (Canis seusius vel cursor) des Alemannischen und dem Treibhunde (Seuces doctus seu Triphunt) des Bojischen Gesetzes, so wie auch mit dem Canis segutius des Burgundischen Gesetzes zu einer und derselben Form gehörte; endlich

4) der Windhund, Windthunt, Wint oder Windt (Veltra seu Spartus), der ohne Zweifel mit dem Wind- oder Hasenhunde (Veltris leporalis) des Alemannischen, dem Windhunde (Canis veltrix) des Bojischen, dem Canis veltraeus des Burgundischen, und dem Veltris leporarius seu argutarius des Salischen Gesetzes übereinkommt.

Vom 9. bis gegen das Ende des 15. Jahrhunderts n. Chr. waren folgende Hundeformen in Deutschland bekannt, in welchen wir mit Zuhilfenahme der Glossarien, die in der früheren Periode genannten ohne Schwierigkeit erkennen und dieselben mit unseren gegenwärtigen Formen in Verbindung bringen können.

Auch das von Petrus de Crescentiis im 13. Jahrhunderte n. Chr. geschriebene Werk über die Landwirthschaft liefert uns hierzu mannigfache Behelfe.

Diese Formen waren:

1) Der Hirtenhund oder Hirtenhunt (Canis pastoralis), auch Schafhund oder Schafhunt (Canis ovilis) genannt, welcher offenbar mit dem Hirtenhunde des Alemannischen Gesetzes gleichbedeutend ist;

2) der Viehhund oder Viehhunt (Canis custos pecoris), der aller Wahrscheinlichkeit nach von dem vorigen nicht verschieden war;

3) der Hofhund oder Hofhunt, auch Haushund oder Haushunt und Hofewart, Hofwart oder Hofward (Canis custos curtis) genannt, zugleich der Haus- oder Hofhund (Canis qui curtem defendit) des Alemannischen und Bojischen Gesetzes, in letzterem mit dem Namen „Hovawarth" bezeichnet;

4) der Biberhund, Biberhunt oder Bibarhunt (Canis Bersarius, Beverarius und Bibracco), auch der „Bibarhunt" des Bojischen Gesetzes;

5) der Treibhund, Treibhunt oder Triphunt (Canis cursalis), welcher auch der Treib- oder Laufhund (Canis seusius vel cursor) des Alemannischen, der Treibhund oder Triphunt (Seuces doctus seu Triphunt) des Bojischen, der Canis segutius des Burgundischen, und der Treibhund (Canis Susis) aus der Zeit Carl's des Großen war. In den Glossarien wird dieser Hund auch »Seusis, Seucis, Sucis und Sussis« genannt;

6) der Leithund, Leithunt oder Leitihunt (Canis Ductor), der offenbar mit dem Leithunde oder Laitihund (Canis Ductor seu Laitihunt) des Alemannischen, und dem Leithunde oder Leitihunt (Canis seuces seu Leitihunt) des Bojischen Gesetzes identisch war;

7) der Spürhund, Spürhunt oder Spurihunt (Canis sagax), welcher ohne Zweifel dem Spürhund oder Spurihunt (Seuces qui in ligamine vestigium tenet seu Spurihunt) des Bojischen Gesetzes entspricht:

8) der Schweißhund oder Schweißhunt, auch Bluthund oder Bluthunt (Canis vestigabilis) genannt, der mit dem vorhergehenden höchst wahrscheinlich identisch war;

9) der Habichthund, Habichthunt oder Hapichhunt (Canis acceptoricius), der mit dem Habichthunde oder Hapichhunt (Canis acceptoricius) des Bojischen und dem »Canis acceptorius« des Friesischen Gesetzes wohl eine und dieselbe Form war;

10) der Vogelhund oder Vogelhunt (Canis avicularius), zugleich der „Vogelhunt" des Schwabenspiegels, der mit dem vorigen zusammenfällt;

11) der Windhund oder Winthunt, auch Windspiel (Canis Veltris) genannt, der offenbar mit dem Wind- oder Hasenhunde des Alemannischen, dem Windhunde des Bojischen, dem »Canis veltraeus« des Burgundischen und dem »Veltris leporarius seu argutarius« des Salischen Gesetzes gleichbedeutend ist, so wie auch mit dem Windhunde, Windthunt, Wint oder Windt (Veltra seu Spartus) aus der vorausgegangenen Periode unter Carl dem Großen. In den Glossarien kommt dieser Hund auch unter den Namen »Canis Veltrahus, Veltrus, Velthrus« und unter der deutschen Benennung „Welter" vor. Aus denselben erfahren wir auch, daß ihn die Franzosen »Vaultre, Vaultroy oder Vaultroit«, die Italiener »Veltro« und die Angelsachsen »Greyhound« nannten und daß man zweierlei Formen unter demselben unterschied; eine leichtere und eine schwerere. Im Spelmann'schen Glossarium wird die erstere »Leporarius levipes«, die letztere »Leporarius segnipes« genannt und diese ist es, welche in einigen Glossarien auch unter dem Namen »Canis odorisequus« aufgeführt erscheint. Spelmann bezieht auf dieselbe die »Canes Veltrahae« des Gratius Faliscus, während er die »Canes celeres« des Homer für die leichtere Form des Windhundes hält;

12) die Rüde oder Saurüde (Canis Rudo), wahrscheinlich der Saufänger (Canis porcaritius) des Alemannischen, der »Veltris porcarius« des Salischen Gesetzes, und die Rüde oder Saurüde aus der Zeit Carl's des Großen;

13) der Bärenfänger, Büffelfänger oder Bullenbeißer (Canis ursaritius), der

offenbar mit dem Bärenfänger des Alemannischen Gesetzes und dem Bullenbeißer aus der Periode von Carl dem Großen gleichbedeutend war;

14) die Bracke oder Brak, Brakin oder Brechin (Canis Bracco oder Braccho), welcher ohne Zweifel der »Canis Bracco« des Friesischen Gesetzes, und die „Brach" des Sachsenspiegels war, und in den Glossarien auch unter den Benennungen »Lycisca« und »Lycisca bracco« erscheint;

15) die Steinbracke (Canis Petrunculus oder Petronius), die offenbar mit dem »Canis petrunculus« des Burgundischen Gesetzes zu einer und derselben Form gehörte, und unter welcher vielleicht der krummbeinige Dachshund (Canis vertagus, valgus), weit wahrscheinlicher aber ein Bastard desselben verstanden worden ist;

16) die Barnbracke, wohl nur eine Blendlingsform der Steinbracke;

17) der Mistbeller oder Mistbella, welcher mit der vorhergehenden gleichbedeutend war; und

18) der Hetzhund, Hetzhunt oder Hessehunt, welcher mit dem Treib- oder Laufhunde derselben und der früheren Periode zusammenzufallen scheint.

Ueber die Hunde Britanniens enthalten die alten schottischen und englischen Gesetze mancherlei wichtige Aufklärungen, und durch dieselben sind wir in den Stand gesetzt, die darin namhaft gemachten Formen mit ziemlicher Sicherheit zu erkennen.

So finden wir schon in der Forstverordnung Königs Kenneth II. von Schottland im 9. Jahrhunderte n. Chr. einen »Canis fugax, sequax oder sagax« aufgeführt, welcher offenbar dem Spürhunde der Deutschen entspricht; ferner

einen »Canis trassans oder vestigabilis«, der mit dem Schweiß- oder Bluthunde der Deutschen eine nahe verwandte Form darstellte.

In den Forstgesetzen Königs Heinrich II. von England in der zweiten Hälfte des 12. Jahrhunderts unserer Zeitrechnung wird zum ersten Male ein »Canis Mastivus« genannt, unter welchem ohne Zweifel der Bärenfänger oder Bullenbeißer (Canis Molossus) der Deutschen der früheren Periode verstanden war.

Führen wir die aus der Zeit des Mittelalters uns bekannt gewordenen Hundeformen mit Zuhilfenahme der Glossarien auf unsere dermaligen Racen zurück, so finden wir unter den Hunden der alten Deutschen vierzehn verschiedene Formen erwähnt; nämlich:

1) den Hirten-Haushund (Canis domesticus, ovilis),
2) den deutschen Hirtenhund (Canis extrarius, villaticus),
3) den krummbeinigen Dachshund (Canis vertagus, valgus),
4) den deutschen Jagdhund (Canis sagax, germanicus),
5) den Leithund (Canis sagax, venaticus),
6) den deutschen Stöberhund (Canis sagax, venaticus irritans),
7) die Steinbracke (Canis sagax, venaticus Bracca),
8) den deutschen Schweißhund (Canis sagax, venaticus scoticus),
9) den Vorstehhund (Canis sagax, venaticus major),
10) die französische Bracke (Canis sagax. gallicus Bracca),

11) den großen Bullenbeißer (Canis Molossus, major),

12) den großen Windhund (Canis leporarius, major),

13) den französischen Fleischerhund (Canis leporarius laniarius), und

14) die Saurüde (Canis leporarius, suillus).

Ich will es versuchen, diese Behauptung durch eine Zusammenstellung meiner Untersuchungen über die Formen jener Zeit näher zu begründen, indem ich die in den Schriften der alten Deutschen namhaft gemachten Racen auf unsere gegenwärtigen übertrage und dieselben in der obigen Reihenfolge durchgehe.

Der Hirten-Haushund (Canis domesticus, ovilis). — Wir finden ihn schon im Alemannischen Gesetze als »Canis pastoralis« aufgeführt, und ist derselbe zugleich der „Hirtenhunt, der Schaafhunt und der Viehhunt" des 9. bis 15. Jahrhunderts. In den Glossarien kommt derselbe unter den Namen »Canis pastoralis oder ovilis« und »Canis custos pecoris« vor.

Der deutsche Hirtenhund (Canis extrarius, villaticus). — Er ist der »Canis qui curtem defendit« des Alemannischen, der »Canis qui curtem sui domini defendit seu Hovawarth« des Bojischen Gesetzes, und der „Hofhunt, Haushunt, Hofewart, Hofwart oder Hofward (Canis custos curtis)" des 9. bis 15. Jahrhunderts. In den Glossarien erscheint er unter der Benennung »Canis custos curtis.«

Der krummbeinige Dachshund (Canis vertagus, valgus). — Derselbe ist ohne Zweifel der »Canis quem Bibarhunt vocant« des Bojischen Gesetzes, und der „Bibarhunt (Canis Bersarius, Beverarius und Bibracco)" des 9. bis 15. Jahrhunderts. Auch in den Glossarien ist er unter den Namen »Canis Bersarius oder Beverarius und Bibracco (Bibarhunt)« aufgeführt. Nach dem Spelmannschen Glossarium wird er von den Engländern »Beagle terriar« genannt.

Der deutsche Jagdhund (Canis sagax, germanicus). — Wir finden ihn als »Canis seusius vel cursor« im Alemannischen, als »Seuces doctus seu Triphunt« im Bojischen, und als »Canis segutius« im Burgundischen Gesetze. Zugleich ist er der „Treibhunt oder Triphunt (Canis Susis)" aus der Zeit Carl's des Großen, und der „Treibhunt oder Triphunt (Canis cursalis)", und der „Hessehunt" des 9. bis 15. Jahrhunderts. Die Glossarien nennen ihn bald »Canis Segutius oder Seusius, Seuces, Seucis, Seusis, Sucis, Susis oder Sussis und sequax«, bald »Canis cursor oder cursalis« und „Hessehunt oder Hetzhund"

Der Leithund (Canis sagax, venaticus). — Er ist der »Canis Ductor seu Laitihunt« des Alemannischen, der »Canis seuces seu Leitihunt« des Bojischen Gesetzes, und der „Leithund oder Leitihunt (Canis Ductor)" des 9. bis 15. Jahrhunderts. Auch die Glossarien weisen ihn unter dem Namen »Canis Ductor« nach.

Der deutsche Stöberhund (Canis sagax, venaticus irritans). — Ich glaube keinen Irrthum zu begehen, wenn ich den »Canis petrunculus« des Burgundischen Gesetzes und die „Steinbracke (Canis Petrunculus oder Petronius)" des 9. bis 15. Jahrhunderts auf diese Form beziehe, die auch in den Glossarien unter den

Benennungen »Canis petrunculus und Petronius« erscheint, und von welchem dieselben den spanischen Namen »Perro« und »Perillo« abzuleiten suchen.

Die Steinbracke (Canis sagax, venaticus Bracca). — Ich halte diese Form für identisch mit der „Barnbracke" und dem „Mistbella" des 9. bis 15. Jahrhunderts, welche unter denselben Benennungen auch in den Glossarien aufgeführt erscheinen.

Der deutsche Schweißhund (Canis sagax, venaticus scoticus). — Er ist der »Seuces qui in ligamine vestigium tenet seu Spurihunt« des Bojischen Gesetzes, und der „Spürhunt oder Spurihunt (Canis sagax)", so wie auch der „Schweißhunt oder Bluthunt (Canis vestigabilis)" des 9. bis 15. Jahrhunderts.

Der Vorstehhund (Canis sagax, venaticus major). — Wir finden ihn als »Canis acceptoricius seu Hapichhunt« im Bojischen, als »Canis acceptorius« im Friesischen Gesetze, und als „Vogelhunt" im Schwabenspiegel aufgeführt, und ist derselbe auch der „Habichthunt oder Hapichhunt (Canis acceptoricius)" und der „Vogelhunt (Canis avicularius)" des 9. bis 15. Jahrhunderts. Ebenso ist er auch in den Glossarien unter den Benennungen »Canis acceptoricius oder acceptorius« und »Canis avicularius« enthalten. Diese Race war es, deren man sich zu jener Zeit bei der Falkenjagd bediente.

Die französische Bracke (Canis sagax, gallicus Bracca). — Offenbar der »Canis Bracco« des Friesischen Gesetzes, die „Brach" des Sachsenspiegels, und die „Bracke oder Brak, Brakin oder Brechin (Canis Bracco oder Braccho)" des 9. bis 15. Jahrhunderts. In den Glossarien kommt sie unter den Namen »Canis Bracco oder Braccho«, und unter der Benennung »Lycisca und Lycisca bracco« vor. Sie ist zugleich der heraldische Hund der alten Wappenschilder, wo sie bald im Felde selbst, bald auf den Helmen, und häufig auch als Schildhälter erscheint.

Der große Bullenbeißer (Canis Molossus, major). — Ohne Zweifel der »Canis ursaritius« des Alemannischen Gesetzes, der „Bullenbeißer" aus der Zeit Carl's des Großen, und der „Bärenfänger, Büffelfänger oder Bullenbeißer (Canis ursaritius)" des 9. bis 15. Jahrhunderts. In den Glossarien ist er unter dem Namen »Canis ursaritius« aufgeführt.

Der große Windhund (Canis leporarius, major). — Es ist der »Veltris leporalis« des Alemannischen, der »Canis veltrix« des Bojischen, der »Canis veltraeus« des Burgundischen, und der »Veltris leporarius, qui et argutarius dicitur« des Salischen Gesetzes; zugleich aber auch der „Windthunt, Wint oder Windt (Veltra seu Spartus)" aus der Zeit Carl's des Großen und der „Winthunt oder das Windspiel (Canis veltris)" des 9. bis 15. Jahrhunderts. Die Glossarien weisen ihn unter den Namen »Canis Veltris, Veltrix, Velthrus, Veltraeus oder Veltrahus (Welter), Canis Veltris leporalis oder leporarius« und »Canis argutarius« nach. Im Spelmann'schen Glossarium ist er auch mit der Benennung »Canis leporarius levipes« bezeichnet. Er ist, wie wir hieraus erfahren, zugleich der »Greyhound« der Engländer, der »Vaultre, Vaultroy oder Vaultroit« der Franzosen, und der »Veltro« der Italiener.

Der französische Fleischerhund (Canis leporarius, laniarius). — Höchst wahrscheinlich ist es diese Race, welche in den Glossarien unter der Benennung »Canis odorisequus« erscheint, und im Spelmann'schen Glossarium unter dem Namen »Canis leporarius segnipes« verstanden ist.

Die Saurüde (Canis leporarius, laniarius suillus). — Offenbar der »Canis porcaritius« des Alemannischen, und der »Veltris porcarius« des Salischen Gesetzes, die „Rüde oder Saurüde (Canis Rudo)" aus der Zeit Carl's des Großen, und auch die Rüde oder Saurüde (Canis Rudo) des 9. bis 15. Jahrhunderts. In den Glossarien wird sie unter den Benennungen »Canis porcaritius« und »Canis Rudo« nachgewiesen.

Weit geringer ist die Zahl der Hunderacen, welche wir aus der mittelalterlichen Zeit aus den schottischen und englischen Jagdgesetzen kennen lernen; denn sie beschränkt sich nur auf drei, die — wenn wir dieselben auf unsere gegenwärtigen Formen zurückführen, — folgende Racen darstellen; und zwar:

1) Den deutschen Schweißhund (Canis sagax, venaticus scoticus),
2) den englischen Schweißhund (Canis sagax, anglicus sanguisequus), und
3) den großen Bullenbeißer (Canis Molossus, major).

Durchgehen wir dieselben der Reihe nach in gleicher Weise, so wie die deutschen Hunde.

Der deutsche Schweißhund. — Er ist als »Canis fugax, sequax oder sagax« in der Forstverordnung des schottischen Königs Kenneth II. aufgeführt und gehört unzweifelhaft derselben Race an, wie der „Spürhunt, Schweißhunt oder Bluthunt" der alten Deutschen.

Der englische Schweißhund. — Wir finden ihn als »Canis trassans oder vestigabilis« gleichfalls in der Forstverordnung des Königs Kenneth II. von Schottland verzeichnet, und unter denselben Benennungen erscheint er auch in den Glossarien, aus welchen wir erfahren, daß ihn die Schotten »Sleuthound« nannten.

Der große Bullenbeißer. — Zuerst in den Forstgesetzen Königs Heinrich II. von England namhaft gemacht, wo er unter der Benennung »Canis Mastivus« erscheint, die auch in den Glossarien wieder vorkommt und ohne Zweifel dieselbe Form wie der „Bullenbeißer" der Deutschen.

Untersuchen wir nun die vierzehn hier namhaft gemachten Racen, welche in den Schriften der alten Deutschen aufgeführt erscheinen, näher, so ergibt sich, daß wir es auch hier wieder hauptsächlich mit typischen Formen zu thun haben, indem sieben von ihnen nur solche typische Formen darstellen, unter denen fünf als Haupttypen, und zwei als klimatische Abänderungen derselben betrachtet werden müssen.

Zu den ersteren gehören: der Hirten-Haushund (Canis domesticus, ovilis), — der krummbeinige Dachshund (Canis vertagus, valgus), — der deutsche Jagdhund (Canis sagax, germanicus), — der große Bullenbeißer (Canis Molossus, major), — und der große Windhund (Canis leporarius, major); — zu den letzteren: der deutsche Hirtenhund (Canis extrarius, villaticus), — und der Leithund (Canis sagax, venaticus).

Die übrigen sieben sind nur Bastardformen, welche aus der gegenseitigen Kreuzung der genannten typischen Formen hervorgegangen sind.

Wir gelangen daher bei den Hunden der alten Deutschen aus der Zeit des Mittelalters zu demselben Resultate, wie bei den Hunden der alten Griechen und Römer und der alten Aegyptier, indem die Mehrzahl der denselben bekannt gewesenen Racen solche Formen darstellt, welche sich nicht von anderen ableiten lassen und daher als schon ursprünglich vorhanden gewesene, eigenthümliche selbstständige Arten angesehen werden müssen, während die übrigen die Merkmale von Bastarden oder Blendlingen dieser selbstständigen Arten in unverkennbarer Weise an sich tragen.

Daß bei der Mehrzahl dieser Bastarde der Verkehr mit anderen Völkern und insbesondere zur Zeit der Kreuzzüge wesentlich beigetragen hat, ist außer Zweifel; denn wir finden einige Formen unter ihnen, welche ihren äußeren Merkmalen zufolge nur durch die Kreuzung mit schottischen, englischen, dänischen, französischen und italienischen Racen entstanden sein können und diese ihre Abkunft auch deutlich erkennen lassen.

Von den britischen Hunden der mittelalterlichen Zeit sind es zu wenige Formen, welche wir aus den alt-schottischen und englischen Jagdgesetzen kennen lernen, um dieselben als einen Beweisgrund der hier ausgesprochenen Behauptung benützen zu können, da es nur drei Racen sind, welche in denselben namhaft gemacht werden.

Doch selbst diese wenigen tragen zur Bekräftigung jener Ansicht bei; denn eine derselben, und zwar der große Bullenbeißer (Canis Molossus, major), ist eine typische Form, während die beiden anderen zwar Bastardformen, aber solche Blendlinge sind, welche auf einer gemischten Kreuzung dieser typischen Form mit dem Leithunde (Canis sagax, venaticus), dem englischen Jagdhunde (Canis sagax, anglicus) und dem großen Windhunde (Canis leporarius, major) beruhen, die durchgehends gleichfalls nur typische Formen oder klimatische Abänderungen derselben sind.

Unter den Schriftstellern der späteren Periode sind noch Colerus und Conrad Gesner aus dem 16. Jahrhunderte für die Hunde Deutschlands, und Johannes Cajus aus demselben Jahrhunderte n. Chr. für die Hunde Britanniens von Bedeutung.

Colerus zählt in seiner »Oeconomia ruralis« nachstehende Hunde auf, welche zu seiner Zeit in Deutschland gezogen wurden, und theilt dieselben in drei Rubriken ein, indem er sagt: „Es pflegt ein Hauswirth in seiner Nahrung dreierlei Hunde zu halten:

1) Gar kleine, subtile Hündlein, die man nur zur Lust halt, daß die Kinder und Weiber damit spielen und ihre Lust und Freud damit haben, zu teutsch Pulsterhündlein (Kanapee-Hündlein).
2) Darnach kleine oder mittelmäßige Hündlein, die man des Nachts auf der Stube und auf dem Hof hat, daß sie unser und unsere Nahrung wechter seyen (Spitze).

3) Darnach zum dritten, so hat man auch große Ruden, da große Forberge (Vorwerke) und weite Höf seyn, die theilt man im Hof umher auf allen Ecken u. s. w. Es haben auch etliche große Herrn, reiche Leuth, Edelleut, Grafen, Fürsten, Ihre großen Molossen und Englische starke Hund. Die Schützen haben auch ihre Schießhunde, Wachtelhunde und dergleichen Hunde mehr."

Außerdem nennt er noch „Viehhunde, canes pastorales, Haushunde, canes domestici, große starke Schaafrüden, welche bei den Schäfern auf dem Felde liegen."

Von den Jagdhunden sagt er: „Der Jagdhunde sind wiederum mancherlei: Spürhunde, Canes sagaces (vestigatores, odorisequi), Leithunde, Englische Hunde, Winde."

Conrad Geßner macht uns in seiner »Historia animalium Lib. I. De quadrupedibus viviparis.« zwar nur mit einer sehr geringen Anzahl von Hundeformen bekannt, doch sind dieselben in so ferne für uns von Wichtigkeit, weil es gerade solche sind, welche die Haupttypen der verschiedenen Hunde-Racen bezeichnen. Auch geben uns selbst diese wenigen Mittheilungen genügende Anhaltspunkte zur richtigen Wiedererkennung älterer Formen, und ist es insbesondere der Pudel, welcher hier zum ersten Male genannt wird.

Die von ihm namhaft gemachten Racen sind:

1) Der Haushund (Canis),
2) der Windhund (Canis scoticus venatilis),
3) der Schweißhund (Canis scoticus sagax),
4) der Bullenbeißer (Canis sagax sanguinarius), und
5) der Pudel (Canis aviarius aquaticus).

Johannes Cajus führt in seiner Abhandlung »De Canibus Brittannicis« folgende 16 Formen an:

1) Den Terrare,
2) den Harier,
3) den Bloodhound,
4) den Gasehound,
5) den Grayhound,
6) den Leviner oder Lyèmer,
7) den Tumbler,
8) den Spaniel,
9) den Setter,
10) den Water-Spaniel oder Fynder,
11) den Spaniel-gentle oder Comforter,
13) den Sheperds-Dog,
12) den Mastive oder Bande-Dog,
14) den Wappe,
15) den Turnspit, und
16) den Dancer.

Betrachten wir nun auch diese Formen der jüngeren Periode, um ihren Zusammenhang mit jenen aus der älteren Zeit in Einklang zu bringen, und durchgehen wir zuerst die deutschen Hunde, so ergibt sich, daß die von Colerus und Geßner aufgezählten Racen, mit einziger Ausnahme des Pudels (Canis extrarius, aquaticus), der — wie schon früher bemerkt wurde, — zuerst von Geßner genannt wird, durchgehends schon in den vorhergegangenen älteren Perioden bekannt waren und zum Theile bis in die älteste Zeit zurückreichen.

In ähnlicher Weise verhält es sich auch mit den britischen Hunden, obgleich unter denselben schon eine nicht unbeträchtliche Anzahl neuer, oder seither nicht genannter Racen erscheint.

Um dieß aber ersichtlich zu machen, müssen wir die von Cajus aufgezählten Racen einzeln durchgehen und dieselben auf unsere gegenwärtigen Racen übertragen. Nehmen wir hierbei die noch heut zu Tage in England üblichen Benennungen zum Anhaltspunkte, so werden wir in denselben mit Leichtigkeit folgende Racen erkennen, und zwar:

Im Terrare, den glatten Pintsch (Canis Molossus, fricator britannicus),

im Harier oder dem dermaligen Harrier, die englische Bracke (Canis sagax, anglicus Bracca),

im Bloodhound, den englischen Schweißhund (Canis sagax, anglicus sanguisequus),

im Gasehound, den Gashund (Canis leporarius, hibernicus agasseus),

im Grayhound oder dem ehemaligen Greyhound, den großen Windhund (Canis leporarius, major),

im Leviner oder Lyèmer, den englischen Jagdhund (Canis sagax, anglicus),

im Tumbler, den geradebeinigen Dachshund (Canis vertagus, rectipes),

im Spaniel, den großen Seidenhund (Canis extrarius, major),

im Setter, den schottischen Seidenhund (Canis extrarius, scoticus),

im Water-Spaniel oder Fynder, den großen Pudel (Canis extrarius, aquaticus),

im Spaniel-gentle oder Comforter, die Bouffe (Canis extrarius, ustus),

im Sheperds-Dog, den Hirten-Haushund (Canis domesticus, ovilis),

im Mastive oder Bande-Dog, jetzt Mastiff genannt, den großen Bullenbeißer (Canis Molossus, major),

im Wappe, wahrscheinlich den ehemaligen Lurcher oder den Saubeller (Canis domesticus, pomeranus aprinus),

im Turnspit, den krummbeinigen Dachshund (Canis vertagus, valgus), und

im Dancer oder dem heutigen Springer, den kleinen Seidenhund (Canis extrarius, hispanicus).

Acht von diesen Racen gehören Haupttypen oder klimatischen Abänderungen derselben an; nämlich der Hirten-Haushund, — der große Seidenhund, — der kleine Seidenhund, — der große Pudel, — der krummbeinige Dachshund, — der englische Jagdhund, — der große Bullenbeißer, — und der große Windhund, während die übrigen acht durchgehends Bastarde jener typischen Formen, oder ihrer klimatischen Abänderungen sind.

Von den Haupttypen ist es der englische Jagdhund (Canis sagax, anglicus), welcher hier zum ersten Male genannt wird; dagegen befindet sich unter den acht Bastardformen nur eine einzige, und zwar der englische Schweißhund (Canis sagax, anglicus sanguisequus), welcher schon aus der früheren Periode her bekannt ist. Alle übrigen sind neue, oder wenigstens seither noch nicht genannte Racen.

Ohne Zweifel kannte man aber außer diesen Racen noch manche andere, sowohl in dieser, als in den vorangegangenen Perioden, welche jedoch von den verschiedenen Schriftstellern nicht näher bezeichnet wurden; wie dieß aus manchen alten Gemälden, die aus jener Zeit herrühren, klar und deutlich hervorgeht.

Nach dieser Darstellung dürfte die historische Prüfung dieses Gegenstandes als hinreichend erschöpft betrachtet werden können.

Versuchen wir daher eine Schlußfolgerung hieraus zu ziehen und betrachten wir das Resultat, welches sich hierbei ergibt, so werden wir zur Ueberzeugung gelangen, daß aus den auf geschichtlichem Wege gepflogenen Nachforschungen unleugbar hervorgeht:

1) Daß — wie die ägyptischen Denkmale beweisen, — schon in der allerältesten Zeit der menschlichen Geschichte, welche nahe an 6000 Jahre zurückreicht, größtentheils nur solche Hundeformen bekannt waren, welche man nicht von anderen Formen abzuleiten im Stande ist und die man daher folgerichtig für schon ursprünglich vorhanden gewesene, selbstständige Arten annehmen zu müssen nicht nur berechtigt, sondern sogar genöthigt ist; und daß nur sehr wenige als Bastardformen erscheinen, die jedoch unverkennbar auf der Vermischung einiger dieser Arten mit anderen noch heut zu Tage wild vorkommenden Hundearten beruhen.
2) Daß bei der weiteren Verfolgung dieses Gegenstandes durch die Zeit der alten Griechen und Römer sich dasselbe Resultat ergibt und selbst die Zeit des Mittelalters zu keinem anderen Ergebnisse führt.
3) Endlich, daß erst in der späteren Zeit die Zahl der Bastardformen sich vermehrt habe und die schon aus der frühesten Periode her bekannten Haupttypen, welche wir als besondere Arten anzuerkennen gezwungen sind, sich bei rein erhaltener Zucht bis auf den heutigen Tag in ihrer ursprünglichen Form erhalten haben.

Es sind dieß somit unwiderlegbare Beweise von der Richtigkeit der Behauptung, daß es mehrere selbstständige Arten von Hunden seien, von denen wir die vielen Racen unseres zahmen Hundes ableiten müssen.

Verlassen wir nun den historischen Weg und suchen wir in der zweiten Richtung, welche zu einer Lösung dieser Frage führen kann, zu einem Resultate zu gelangen.

Versucht man, die Abstammung des zahmen Hundes auf naturwissenschaftlichem Wege zu erforschen, so sind es nur drei Fragen, die hierbei zu beantworten sind und welche schon von R e i c h e n b a c h genau formulirt wurden.

Diese Fragen sind folgende:

1) Ist es möglich, den Urtypus des zahmen Hundes unter irgend einer der noch lebenden wilden Hundearten aufzufinden?
2) Können die so bedeutend von einander abweichenden Hauptformen des zahmen Hundes, welche nach Ausscheidung aller sich nur als Bastarde erweisenden

Racen erübrigen, blos als Abkömmlinge einer einzigen Hundeart, oder müssen sie als verschiedene selbstständige Arten betrachtet werden? — und:

3) Kann die Annahme, jene Hauptformen als selbstständige Arten zu betrachten, gerechtfertigt werden, da sie doch alle, ohne Ausnahme mit einander regelmäßig fruchtbare Bastarde zeugen?

Die geringste Schwierigkeit ist mit der Beantwortung der ersten dieser drei Fragen verbunden; doch ist es weit schwieriger, die zweite und dritte Frage zu beantworten.

Beginnen wir sonach mit der Untersuchung der ersten dieser Fragen.

Daß der zahme Hund sich unter gewissen Umständen nicht nur mit dem Wolfe und Schakale, sondern sogar auch mit dem Fuchse zu paaren vermöge und Junge zu erzeugen im Stande sei, die auch unter sich wieder fortpflanzungsfähig sind, ist zum Theile schon seit den ältesten Zeiten bekannt und muß heut zu Tage als eine unleugbare Thatsache betrachtet werden.

Seine fruchtbare Vermischung mit dem Wolfe ist schon von Aristoteles behauptet worden und namentlich ist es der cyrenäische Hund (Canis cyrenaicus) dieses Schriftstellers, — der aller Wahrscheinlichkeit nach dem algierischen Hunde (Canis domesticus, algirensis) entspricht, — welcher aus einer solchen Paarung hervorgegangen sein soll. Ovid bezeichnete diese Bastarde mit dem Namen »Canis Lyciscus«.

In neuerer Zeit ist die Richtigkeit dieser Behauptung durch directe Versuche bewiesen worden und namentlich war es Buffon, der dieselben schon um die Mitte des verflossenen Jahrhunderts in der Menagerie des königlichen Pflanzengartens zu Paris mit so großem Erfolge anstellte und die aus der Vermischung eines französischen Hühnerhundes (Canis sagax, gallicus avicularius) mit einem Wolfe gezogenen Bastarde durch mehrere Generationen unter sich wieder fortpflanzen ließ.

Seit jener Zeit wurde dieser Versuch auch mit anderen Hunderacen in mehreren Menagerien und später vorzüglich in unseren neueren zoologischen Gärten vielfach wiederholt, so daß heut zu Tage Niemand mehr diese Thatsache bezweifelt.

Noch älter ist die Behauptung, daß sich der Hund auch mit dem Fuchse fruchtbar vermische; denn schon Xenophon leitet eine von den beiden ihm bekannt gewesenen Hundeformen, die er mit dem Namen »Canis vulpinus« bezeichnete, — und welche ohne Zweifel dem spartanischen Hunde (Canis leporarius, laconicus) entspricht, — aus der Vermischung des Hundes mit dem Fuchse ab.

Ebenso bestätigt auch Aristoteles die Existenz solcher Bastarde, indem er den lakonischen Hund (Canis laconicus) — der ebenfalls mit dem spartanischen Hunde (Canis leporarius, laconicus) identisch ist, — für einen aus dieser Vermischung hervorgegangenen Blendling betrachtet. Aller Wahrscheinlichkeit nach beruht aber diese Behauptung der beiden griechischen Schriftsteller auf einer Verwechselung des Schakals mit dem Fuchse.

Obgleich eine Anpaarung des Hundes mit dem Fuchse unseren dermaligen

Erfahrungen zufolge nur zu den selteneren Fällen gehört, so kennt man doch mehrere Beispiele in dieser Beziehung selbst aus der neueren Zeit.

So erzählt Zimmermann, daß im Mecklenburg'schen ein Fuchs, welcher sehr jung eingefangen worden war, mit einer jungen Hündin und zwar mit einem Spitze oder Pommer (Canis domesticus, pomeranus) erzogen wurde und sich später mit derselben paarte. Von den drei Jungen, welche die Hündin geworfen hatte, zeigte das eine, welches auch aufgezogen wurde, große Aehnlichkeit mit dem Fuchse.

Blumenbach sah gleichfalls einen solchen Bastard, der aber ein Abkömmling von einem Hunde und einer Füchsin war und welcher, wie er behauptet, beinahe ganz der Mutter glich.

Ueber die fruchtbare Vermischung des Schakals mit dem zahmen Hunde liegen gleichfalls Behauptungen sowohl, als auch Beweise vor. Namentlich war es Pallas, der zuerst diese Behauptung aufstellte und welcher Gelegenheit hatte, über die Zuneigung des Schakals zum Hunde Beobachtungen anzustellen. Er erzählt hierüber, daß er Schakale sah, die aus Indien gebracht wurden, die nicht blos mit dem Haus- oder Schäferhunde sympathisirten, sondern selbst für Gelehrigkeit empfänglich waren und daß die Haushunde der Kalmucken dem Schakale so ähnlich seien, daß man sie mit demselben für völlig einerlei halten müsse.

Gmelin wiederholt diese Angabe und behauptet sogar, daß sich der Schakal auch mit dem Wolfe paare.

Zimmermann berichtet, daß die Paarung des Schakals mit dem Hunde sich in Indien öfter ereigne.

Einen direkten Beweis eines solchen Falles verdanken wir der Mittheilung von Seringe, welcher im Jahre 1835 die Paarung eines Schakalweibchens mit einem kleinen weißen Spitze (Canis domesticus, pomeranus audax) zu Lyon zu beobachten Gelegenheit hatte. Die drei aus dieser Vermischung hervorgegangenen Jungen glichen zwar jungen Hunden, hatten aber ebenso wie die Mutter, deutlich zweierlei Haare. Eines derselben, ein Männchen, war einfärbig schwarz; das zweite, ein Weibchen, roth; das dritte, — von welchem er jedoch das Geschlecht nicht angegeben hat, — bräunlich schwarz. Sie spielten mit einander wie junge Hunde, starben aber später bis auf eines, das so wie die Mutter sehr bösartig war, Hühner und Enten tödtete und auf hohe Mauern hinaufsprang.

Die Paarung des zahmen Hundes mit dem Kolsun oder der Dhole und dem Buansu wurde seither nur von Reichenbach und mir, doch blos als eine Vermuthung hingestellt.

Aus sämmtlichen hier mitgetheilten Beobachtungen und Behauptungen geht zwar hervor, daß der Wolf, der Schakal, der Fuchs und wahrscheinlich auch der Kolsun und der Buansu — welche mit dem zahmen Hunde fruchtbare, das heißt auch unter sich wieder fortpflanzungsfähige Bastarde zeugen können, — allerdings theilweise zur Entstehung gewisser Hunderacen beigetragen haben mögen, daß dieselben deßhalb aber keineswegs als dessen Stammältern betrachtet werden können, indem die uns aus einer solchen Vermischung bekannt gewordenen Bastarde zu deutlich die Merkmale ihrer Abstammung erkennen lassen und diese weit davon entfernt sind, eine Uebereinstimmung mit jenen der Hauptextreme unter den verschiedenen Formen des zahmen Hundes darzuthun.

Es muß sonach folgerichtig angenommen werden, daß die Haupttypen des zahmen Hundes völlig verschieden vom Wolfe, dem Schakale und dem Fuchse, so wie auch vom Kolsun und Buansu waren.

Gehen wir nun zur Prüfung der zweiten und dritten Frage über und hören wir, wie sich die Naturforscher, welche sich mit diesem Gegenstande beschäftigten, hierüber ausgesprochen haben.

Buffon, der zu den ersten unter den Naturforschern gehört, welche der Frage über die Abstammung des zahmen Hundes ihre besondere Aufmerksamkeit widmeten, hat sich auf eine entschiedene Weise gegen die Abstammung des Hundes vom Wolfe, vom Schakale und vom Fuchse ausgesprochen, fühlte sich aber durch den Umstand, daß sich alle Racen des zahmen Hundes fruchtbar mit einander zu vermischen und zeugungsfähige Junge zur Welt bringen, welche ihre Race zu erhalten vermögen, bewogen, nur eine bestimmte Race als Stammhund anzunehmen, von welcher theils durch klimatische Einwirkungen, theils durch veränderte Lebensweise und Nahrung, durch Pflege und Zucht, sich eine Anzahl anderer Racen hervorgebildet hat, durch deren wechselseitige Vermischung wieder jene Masse von Bastarden entstanden ist, die wir gegenwärtig kennen.

Als diese Stammart betrachtet er den Hirten-Haushund oder Schäferhund (Canis domesticus, ovilis), theils wegen des Umstandes, weil — wie er behauptet, — die Hunde aller von wilden oder halbgesitteten Menschen bewohnten Länder dem Hirten-Haushunde oder Schäferhunde sehr ähnlich sind und mit dem Wolfe, Schakale und Fuchse die nächste Verwandtschaft rücksichtlich ihrer Körperbildung zeigen, theils weil der Hirten-Haushund oder Schäferhund sowohl im südlichen, als im nördlichen Theile des Festlandes von Europa in überwiegender Anzahl vorhanden ist und sich unter allen Hunden vorzugsweise zum Hüten der Heerden, — der ältesten Bestimmung des Hundes, — eignet.

Aus diesem Stammhunde sollen bei seiner allmäligen Verbreitung in andere Zonen, alle übrigen Hauptracen des zahmen Hundes und zwar theils durch den Einfluß des Klima's, theils durch das Zusammenleben mit mehr oder minder gesitteten Völkern entstanden sein.

So leitet er von der Verbreitung desselben in die kälteren nördlichen Klimate, den Lappländischen, Isländischen und Sibirischen Hund, den Pommer oder Wolfshund ab, von dessen Verbreitung in die gemäßigten Himmelsstriche, den Französischen Fleischer- oder Bauernhund, den Jagdhund und den Bullenbeißer oder die Dogge.

Aus dem Französischen Fleischer- oder Bauernhunde soll in den nördlicheren Gegenden der große Dänische Hund, aus welchem — als er in andere Länder kam,

— der Irländische Windhund oder Albanische Hund und der Russische Windhund oder Tatarische Hund hervorgegangen ist, im Süden hingegen der große Windhund entstanden sein, der sich in Italien in den Italienischen oder mittleren Windhund, und in England in den Englischen oder kleinen Windhund umgestaltet hat.

In gleicher Weise leitet er von der Uebertragung des Jagdhundes in die südlicheren Gegenden den Französischen Hühnerhund oder die Bracke, und von diesem wieder den Dalmatinischen Hühnerhund oder die Bengalische Bracke ab; ferner den Pudel, den großen Seidenhund oder Wachtelhund, — aus welchem einerseits der König Carls-Hund oder schwarze Englische Hund, und die Pyrame oder der feuerfarbene Englische Wachtelhund, andererseits der kleine Seidenhund oder Wachtelhund hervorgegangen ist, — und ebenso auch den Dachshund.

Vom Bullenbeißer oder der Dogge endlich soll der kleine Dänische Hund und von diesem der Aegyptische oder Türkische Hund entstanden sein.

Haller spricht sich über die Abstammung des zahmen Hundes nicht deutlich aus, sucht aber seine Stammältern keineswegs unter anderen verwandten Arten, sondern betrachtet ihn als eine selbstständige, schon ursprünglich bestandene Art, welche ihrer ganzen Natur nach mehr als irgend ein anderes Hausthier zu Ausartungen geeignet, so vielfältige Formen anzunehmen vermochte und die Eigenthümlichkeit besitzt, sich auch in diesen Formen fortzupflanzen.

Auf die Ansicht gestützt, daß diese in Folge der Zähmung und Kultur entstandenen Formen durch Verwilderung allmälig wieder zu ihrer ursprünglichen Form zurückkehren, glaubt er nach der Aehnlichkeit, welche der Hirten-Haushund oder Schäferhund (Canis domesticus. ovilis) mit dem sogenannten wilden Hunde von Domingo hat, den er für einen nahe zu seiner Urform zurückgekehrten, früher zahm gewesenen Hund betrachtet, den Hirten-Haushund oder Schäferhund auch mit Wahrscheinlichkeit für den Stammvater aller übrigen zahmen Hunde annehmen zu dürfen und alle Racen und Bastarde, welche wir von diesem kennen, als eine Folge der Zähmung und Cultur, des Klima's und der Nahrung betrachten zu können.

Er schließt sich sonach in dieser Beziehung ganz der Ansicht Buffon's an.

Linné faßt alle Formen des zahmen Hundes in einer einzigen Art zusammen, die er »Canis familiaris« nennt und gibt als gemeinsames Kennzeichen für dieselben das Tragen des Schwanzes nach aufwärts an. Durch diese Annahme einer besonderen Art, welcher er alle übrigen Formen unterordnet, gibt er seine Ansicht deutlich kund, die Selbstständigkeit der Urform unserer zahmen Hunde zu wahren und dieselben nicht von anderen Hundearten abzuleiten.

Da er unter den von ihm angeführten Formen des zahmen Hundes aber den Hirten-Haushund oder Schäferhund (Canis domesticus. ovilis) an die Spitze stellt, so scheint es, daß er diesen als diejenige Form bezeichnen wollte, welche mit dem Urtypus die nächste Verwandtschaft haben mochte.

Boddaert, Gmelin, Bechstein, Walther, Desmarest, Lesson und Fischer vereinigen so wie Linné, sämmtliche Formen unserer zahmen Hunde unter einer einzigen Art, die sie so wie dieser, mit dem Namen »Canis familiaris« bezeichnen und wodurch sie sich zur Annahme der Selbstständigkeit der Art bekennen.

Frisch war gleichfalls einer der wenigen unter den älteren Naturforschern, welcher den Stammvater unserer zahmen Hunde nicht unter den noch jetzt wild vorkommenden hundeartigen Thieren suchte, sondern denselben für eine schon ursprünglich bestandene selbstständige Art betrachtete.

Dagegen sprach er die höchst eigenthümliche Ansicht aus, daß die so bedeutende Verschiedenheit der Formen, welche wir unter unseren zahlreichen Hunderacen treffen, lediglich der Einbildungskraft der trächtigen Hündinen zuzuschreiben sei.

Schreber, Erxleben und zum Theile auch Pennant folgen Buffon in der Annahme des Hirten-Haushundes oder Schäferhundes (Canis domesticus, ovilis) als Stammrace unserer zahmen Hunde.

Pallas glaubt mit Bestimmtheit annehmen zu müssen, daß die Stammrace des Haushundes sich vom Schakale ableiten lasse. Er ist aber deßhalb keineswegs der Ansicht, daß die Race unserer Hunde rein geblieben sei, sondern vermuthet, daß sie sich mit dem Wolfe, Fuchse und selbst mit der Hyäne gekreuzt habe, wodurch die vielen Varietäten in Gestalt und Größe entstanden sein mögen. Die größte Race, welche zur Zeit Alexanders des Großen von Macedonien aus Indien kam, war seiner Meinung zufolge wahrscheinlich durch Paarung mit der Hyäne entstanden. Man ersieht hieraus, daß er sich in dieser Beziehung der Ansicht von Aristoteles anschloß, welcher den indischen Hund oder seinen »Canis indicus« für einen Bastard des Hundes mit dem Tiger oder einem anderen dem Hunde ähnlichen wilden Thiere betrachtete.

Zimmermann war früher der Ansicht, daß der Hund vom Wolfe stamme, änderte dieselbe aber später und schloß sich der Meinung von Pallas an, indem er den Schakal für die Urform desselben betrachtete. Dagegen wies er die von Frisch aufgestellte Hypothese, die Verschiedenheit unserer Hundeformen von der Einbildungskraft der trächtigen Mütter abzuleiten, als völlig unbegründet zurück und substituirte dafür den Hausstand, so wie auch die Veränderungen des Klima's und der Nahrung.

Cuvier spricht sich über die Abstammung des zahmen Hundes nicht aus, neigt sich aber zu der Ansicht hin, daß der Hirten-Haushund oder Schäferhund (Canis domesticus, ovilis), oder der Wolfshund (Canis domesticus, pomeranus) die ursprüngliche Race desselben bezeichnen, woraus hervorgeht, daß er den Hund für eine selbstständige Art annehmen zu müssen erachtete.

Wagler deutet darauf hin, daß auch der gefleckte Hyänenhund (Lycaon pictus) an der Entstehung einiger unserer Hunderacen und zwar unserer Jagdhunde Antheil habe, indem er durch die bunte Farbenzeichnung dieses Thieres verleitet, unseren Vorstehhund (Canis sagax, venaticus major) und namentlich die gefleckte Abänderung desselben oder den sogenannten gefleckten Hühnerhund von demselben abzuleiten sucht.

Tafel 5.

Irländischer Wolfshund. Schafhund. Spitz. Eskimo-Hund. Hebriden-Hund.

Tafel 3.

Roll-Dachshund. Geradbeiniger Dachshund. Krummbeiniger Dachshund. Langhaariger Dachshund.

Diese Annahme entbehrt jedoch jeder Begründung und hat auch nicht die entfernteste Wahrscheinlichkeit für sich; denn schon der Umstand, daß dem Hyänenhunde das wichtigste Kennzeichen des Hundes, nämlich die fünfte Zehe an den Vorderfüßen mangelt, spricht klar und deutlich gegen die Richtigkeit derselben und beweiset die völlige Unhaltbarkeit dieser ausgesprochenen Ansicht, welche lediglich auf einer entfernten Aehnlichkeit in der Farbenzeichnung des Felles fußt, die diese beiden Thiere mit einander haben.

Auch Wagner betrachtet den Wolf, den Schakal und den Fuchs für eigenthümliche, selbstständige Arten und insbesondere den Fuchs, dessen Selbstständigkeit mit voller Evidenz nachgewiesen werden könne. Minder große Sicherheit in Bezug auf Arteigenthümlichkeit hingegen bieten ihm der Wolf und der Schakal mit seinen verschiedenen Abänderungen dar, obgleich er auch bei diesen die Selbstständigkeit der Art für sehr wahrscheinlich zu halten geneigt sei.

Wenn er aber behauptet, daß der Wolf und Schakal nur dann wirkliche, vom eigentlichen Hunde und seinen zahlreichen Racen verschiedene Arten seien, wenn sie mit demselben keine permanent fruchtbaren Bastarde erzeugen, im entgegengesetzten Falle aber mit demselben zu einer und derselben Art gehören müßten, so huldigt er offenbar über die Gebühr der zwar von den meisten Zoologen seither angenommenen, in der Wirklichkeit aber keineswegs als giltig erwiesenen, sondern schon durch mehrfache Thatsachen unleugbar widerlegten, ganz unrichtigen Definition der Art oder Species.

Uebrigens spricht er sich nicht darüber aus,. welche Race des eigentlichen oder zahmen Hundes er für die Stammrace seiner verschiedenen Formen betrachtet; doch bemerkt er hierbei, daß es sich schon jetzt mit ziemlicher Sicherheit nachweisen lasse, daß nicht alle im Hausstande vorkommenden Hunde einer einzigen Art angehören, sondern daß außer dem ächten Hunde noch Wölfe und Schakale in den Dienst des Menschen genommen worden sind und — so gut es eben angehen will, — statt der Hunde bei mehreren Völkern dienen müssen.

Hiebei verwahrt er sich jedoch ausdrücklich gegen die Zumuthung, als ob er damit sagen wolle, daß alle Hunde als Abkömmlinge oder Bastarde von Wölfen, Schakalen oder wohl gar von Füchsen zu betrachten seien.

Reichenbach erkennt den Hund als eine selbstständige Art und glaubt die zahlreichen Racen desselben von einer bestimmten Urform ableiten zu können; doch suchte er hierbei die alte Hypothese von Frisch wieder zur Geltung zu bringen und die Wandelbarkeit der Formen unseres zahmen Hundes als von der Einbildungskraft desselben abhängig zu erklären.

Hören wir seine Argumente, die ich hier beinahe wörtlich wiedergebe.

Es scheint ihm weit naturgemäßer erklärbar zu sein, daß alle Racen des zahmen Hundes im Laufe der Zeiten aus einer und derselben Urform hervorgegangen seien, so schwer begreiflich dieß Anfangs auch erscheinen möge. Auch hält er es für gewiß, daß es nicht blos die körperliche Seite des Thieres sei, welche eine Einwirkung körperlicher Ursachen zuläßt und diese dann auf die Veränderung des Körpers überträgt; denn wir finden oft Veränderungen, welche höchst auffallend und ohne Wechsel von Klima und Nahrung, einzig und allein von Umständen erzeugt sind, welche auf das innere, geistige Leben der Seele ihre Einwirkung äußern.

Er glaubt daher, daß beim Hunde, — welcher mit dem Menschen in die Welt trat, mit ihm sich fortbildete, und durch inniges Anschmiegen an die verschiedensten Formen seiner Lebensweise mit ihm in die engste Verbindung getreten ist, welcher ohne Fesseln für ihn Geschäfte verrichtet, sorgsam auf alle Umgebung achtet, alles was ihm Fremdartiges vorkömmt, genau, nicht scheu stutzend bemerkt und in all' seinem Handeln selbstständiger als jedes andere Thier auftritt, — unter solchem Verhältnisse auch dessen Seele auf die Bildung seines Körpers freier, als die eines nur halb zahmen oder in der Zähmung gefesselten Thieres zu wirken vermag.

Wir mögen uns daher nicht wundern, wenn der Hund auch das geistige Bild von dem, was ihn täglich und stündlich beschäftigt, tief auffaßt und — so weit dieß nur seine Organisation erlaubt, — seinen eigenen Körper diesem Bilde verähnlicht.

Der Hund sei vor allen anderen Thieren fähig, äußere Eindrücke festzuhalten und diese seiner kommenden Generation aufdrängend wiederzugeben. Von der Farbe sei dieß allbekannt und sogar für die Schafe ein Beispiel in der heiligen Schrift in Jedermanns Erinnerung. Der aufmerksame Beobachter werde ähnliche Beispiele in seinem eigenen Kreise nicht vermissen und es scheine ihm wahrscheinlich, daß die Geburt zu vieler schwarzer oder brauner Schafe, worüber die Schafmeister zu klagen haben, von der Farbe ihres Schafhundes abhängt. Ein schönes Beispiel gänzlicher Uebereinstimmung in der Färbung und Zeichnung zwischen Schafen und Hunden, wobei die Nachbildung wahrscheinlich auf Seiten der letzteren liegt, zeige uns die Umgebung von Algier. Die dortigen zottigen Schafe sind weiß und haben einen schwarzen Streifen über dem Auge. Einen ebenso gezeichneten Hund hat Le Conte auf seinen prächtigen Aquatinteblättern dargestellt.

Daß unsere Racen der Hunde bei den gebildetsten europäischen Völkern der Vorzeit nicht vorhanden gewesen und erst unter dem römischen Kaiserreiche erzeugt worden sind, ist ihm aus der Vergleichung einer Unzahl antiker Hunde wahrscheinlich geworden. Fast alle Hunde auf den Gemälden, Statuen und Bronzen, welche man aus Herculanum, Pompeji und Stabiä ausgegraben hat, gehören den roheren Racen der Spitzhunde an; einer derselben ist ganz unser Spitz (vergl. cave canem, schöne Mosaik im Real Mus. Borbon. V. II. t. LVI.), ein zweiter ist der »Lyciscus« oder Wolfshund, ein dritter der »Spartanus«, leicht gebaut wie der französische Matin, aber gleichfalls mit ganz aufrechten Ohren. Höchst selten kommt eine schlanke Form mit gebrochenen Ohren nach Art des Windhundes in den Antiken vor und Pudel und Jagdhundköpfe mit Behang finden sich erst in der späteren Zeit des Kaisers Augustus.

Da erst um diese Zeit die eigentliche Dressur der Hunde geübt worden, so läßt sich vermuthen, daß auch erst durch diese Dressur manche Formen gebildet und für diesen Zweck fremde Racen von Hunden herbeigeschafft wurden. Früher waren aber die Freuden der Jagd im alten Afrika und in Indien bekannt. Er glaubt deßhalb, daß wir auch dort die erste Spur der Wind- und Jagdhunde, wie die der Bullenbeißer zu suchen haben. Die Windhunde bildeten sich wohl durch die Jagd auf schnellfüßiges Wild, wodurch ihre Körper gestreckt, ihre Physiognomie der des Hirsches und der Antilope verähnlicht wurde. Der breite Behang der Jagdhunde schreibt sich vielleicht aus einer früheren Laufbahn dieser Thiere, die sie in Indien als Hüter der Schafe durchlebten, welche bekanntlich dort mit diesem langen und breiten Behange geziert sind und keine Wolle, sondern glattes Haar wie die Jagdhunde haben. Denn alle existirenden Hunderacen wurden ursprünglich zur Bewachung von Heerden gebraucht, dann auch zur Jagd.

Die Abstammung der Bullenbeißer von Hütern der Büffelheerden ist fast noch einleuchtender und die thibetanische Urform derselben kannte schon Strabo, während dieselbe in Europa unbekannt blieb, bis neuerlich das merkwürdige Thier nach England kam. Es ist interessant, wie diese Race in ihren Varietäten immer die eigenthümliche Beziehung auf die Rinder behalten hat; denn die Bärenbeißer sind nur durch die Dressur umgebildete Bullenbeißer. Auf die Verähnlichung der Rüden mit dem wilden Schweine dürfe er wohl kaum erinnern, denn sie springe in die Augen. Der englische Fuchshund ist das Bild des Fuchses unter den Hunden; der chinesische Otterhund geht im Kleide der Fischotter einher und seine Aehnlichkeit geht so weit, daß er auf dem Lande sich wakelnd fortwindet wie jene, seine Schwimmhäute ausbreitend Wasser sucht und wenn er dieß gefunden, in seinem Elemente schwimmt und mit dem flachgedrückten Otterschwanze rudert, gleich einer wirklichen Fischotter! — ja der ächte Biberhund hat sogar wie der Biber eine Doppelkralle am Daumen der hinteren Schwimmpfoten.

Uebrigens gibt auch Reichenbach die Entstehung gewisser Hunderacen durch Bastardirung des eigentlichen Hundes mit dem Wolfe, Schakale, Fuchse, Kolsun, dem Buansu und selbst noch anderen wild vorkommenden Hundearten zu.

Obgleich ich schon vor vielen Jahren das Bedürfniß fühlte, die Masse der uns seither bekannt gewordenen Hundeformen nach den ihnen gemeinsam zukommenden Merkmalen in mehrere abgesonderte Gruppen zu theilen, so durfte ich es zu jener Zeit doch noch nicht wagen, die Typen dieser Gruppen für selbstständige Arten zu erklären, da ihre Zusammengehörigkeit für ein allgemein als unumstößlich anerkanntes naturwissenschaftliches Dogma galt, dessen Unantastbarkeit für völlig gesichert gehalten wurde.

Aus diesem Grunde vereinigte ich damals in meinem „Prodromus zu einer Fauna des Erzherzogthumes Oesterreich" *) noch alle zahmen Hunderacen unter einer einzigen Art, als »Canis familiaris«, und sprach mich dahin aus, daß die Stammart des zahmen Hundes, welcher nur im domesticirten Zustande bekannt ist und

*) Beiträge zur Landeskunde Oesterreichs unter der Enns. Bd. I. S. 280.

nirgends mehr im wilden Zustande vorkommt, wahrscheinlich die größte Aehnlichkeit mit dem Schäfer- oder Haushunde (Canis familiaris, domesticus) und dem arktischen Hunde (Canis familiaris, boroalis) hatte, der den höchsten Norden von Amerika bewohnt, und daß dieselbe durch klimatische Einflüsse, wie durch Zähmung und wechselseitige Vermischung der hierdurch entstandenen Varietäten in die mannigfaltigsten Verschiedenheiten ausartete, die sich jedoch alle auf vier Hauptvarietäten zurückführen lassen; und zwar auf den Schäferhund (Canis familiaris, domesticus. Linné), den Bullenbeißer (Canis familiaris, Molossus. Linné), den Fleischerhund (Canis familiaris, laniarius. Gmelin), und den Jagdhund (Canis familiaris, sagax. Linné).

Seit jener Zeit dehnte ich meine Studien in dieser Richtung aber weiter aus und gewann hierbei die volle Ueberzeugung, daß es nicht eine einzige Hundeform sei, von welcher alle unsere zahmen Hunde abstammen, sondern daß es mehrere solcher Formen gebe, von denen die vielen Racen derselben abzuleiten sind und daß diese verschiedenen Formen, welche die Stammältern derselben bilden, auch eben so viele selbstständige Arten darstellen.

Diese Ansicht habe ich zuerst in meinem größeren Werke über Säugethiere*) ausgesprochen und versucht, dieselbe zu begründen.

In demselben habe ich die Abstammung des zahmen Hundes vom Wolfe, Schakale, Fuchse, vom Kolsun oder der Dhole und dem Buansu als völlig unbegründet zurückgewiesen, da die gänzliche Verschiedenheit der Natur und des Charakters dieser Thiere, abgesehen von den nicht zu verkennenden körperlichen Unterschieden, einer solchen Annahme bei genauerer Erwägung durchaus widerspricht und dieselbe völlig unzulässig macht, obgleich man zugestehen muß, daß zwischen diesen Arten und den verschiedenen Formen des zahmen Hundes allerdings Kreuzungen stattfinden können und zum Theile auch wirklich stattgefunden haben.

Umständlicher habe ich die Frage zu erörtern versucht, ob von der ungeheueren Anzahl von verschiedenen Formen des zahmen Hundes sich alle nur auf eine einzige Stammart zurückführen und blos durch die Einwirkungen des Klima's und der Cultur entstanden, erklären lassen. Ich habe hierbei zugeben müssen, daß sowohl das Klima, als auch die Cultur großen Einfluß auf die Entstehung mancher Racen unserer Hausthiere ausgeübt haben und bei wenigen derselben dieser Einfluß in so auffallender Weise hervortritt, als beim zahmen Hunde. Dagegen mußte ich aber ausdrücklich die Bemerkung beifügen, daß bei allen Hausthieren, deren Stammältern wir noch kennen und mit Bestimmtheit nachzuweisen im Stande sind, wir deutlich sehen können, daß die Veränderungen, welche Klima, Lebensweise, Zähmung und Zucht in der Urform hervorzubringen vermochten, nie eine gewisse Grenze überschritten haben und selbst wenn sie einen Zeitraum von Jahrtausenden umfassen.

---

*) Wissenschaftlich-populäre Naturgeschichte der Säugethiere in ihren sämmtlichen Hauptformen. Wien 1855—1861.

Den deutlichsten Beweis von der Richtigkeit dieser Behauptung liefern uns die Kameele, das Rind, das Pferd und der Esel, und findet eine solche Ueberschreitung der Grenze möglicher Veränderung der Urform unter den Hausthieren statt, wie dieß namentlich beim Schafe, der Ziege, dem Schweine, der Katze, dem Haushuhne und der Taube der Fall ist, so könne man mit fast völliger Gewißheit annehmen, daß weder Klima noch Cultur es waren, welche jene großen Veränderungen bewirkt haben, sondern daß diesen Thieren nicht blos eine einzige, sondern mehrere Stammarten zu Grunde liegen.

Dasselbe lasse sich auch beinahe mit vollster Gewißheit vom zahmen Hunde behaupten; denn es gibt kein Thier, welches sowohl in Größe, Form, Beschaffenheit der Haare und deren Farbe, als auch in seinem Charakter und seinen geistigen Fähigkeiten so große und erhebliche Verschiedenheiten darbietet, als der zahme Hund.

Das einzige Kennzeichen, welches die große Masse verschiedener Formen des zahmen Hundes mit einander gemein hat, und wodurch sich diese willkürlich angenommene Art von anderen verwandten Arten unterscheidet, besteht in dem Tragen des Schwanzes nach aufwärts gekrümmt. Die Geringfügigkeit dieses Merkmales im Gegensatze zu den großen Verschiedenheiten, welche der zahme Hund sowohl in Bezug auf Gestalt und weitere Körperbildung, wie auf Instinkt und Fähigkeiten darbietet, zwingt zur Annahme, obgleich sich sämmtliche Formen fruchtbar unter einander fortpflanzen, daß sie nicht von einer einzigen Stammart herzuleiten sind, sondern von mehreren entsprungen sein müssen.

So unmöglich es sei, die körperlichen Verschiedenheiten, welche der zahme Hund in seinen extremen Formen darbietet, von klimatischen und Cultur-Einflüssen abzuleiten, ebensowenig sei es möglich, diese Annahme auf seine geistigen Fähigkeiten anzuwenden.

Man könne zwar allerdings durch Zucht Hunde scharfsinniger machen und durch Vernachlässigung diesen Scharfsinn verringern; niemals sei dieß aber bei gewissen Formen möglich und diesen müsse daher derselbe Scharfsinn von jeher eigen gewesen sein.

Was von den geistigen Fähigkeiten gelte, finde auch seine volle Anwendung auf die körperlichen Verschiedenheiten; denn weder Klima, noch irgend eine Zuchtmethode haben je vermocht, eine der extremen Formen in eine andere zu verwandeln. Alle bleiben sich bei rein erhaltener Zucht unter allen Zonen gleich; so der Haushund und der Seidenhund, wie der Dachshund und der Jagdhund, der Bullenbeißer und der Windhund, wie der nackte Caraibenhund.

Diese seien die sieben extremen Formen des zahmen Hundes, die sämmtlich als Stammarten desselben zu betrachten und in ihrer Körperbildung so verschieden von einander sind, daß an eine Identität derselben nicht gedacht werden könne.

Die meisten derselben bieten je nach ihrer geographischen Verbreitung wieder Unterschiede dar, welche jedoch minder erheblich sind und nur als klimatische Verschiedenheiten angesehen werden müssen.

Alle übrigen Formen beruhen theils auf geringeren Veränderungen, welche Zucht und Cultur hervorzubringen vermochten, oder auf augenfälligen, welche jene sieben extremen Formen scheinbar durch Uebergänge mit einander verbinden. Diese letzteren sind aber weiter nichts als Bastarde jener sieben Hauptformen, und Bastarde wieder von ihren Bastarden, die theils unter unseren Augen entstehen, theils wieder verschwinden, sich immer aber wieder neu erzeugen können; da nicht blos die Stammarten des zahmen Hundes, sondern selbst alle ihre Bastarde die Eigenschaft haben, sich fruchtbar untereinander fortzupflanzen und ihre Zucht, bei rein erhaltener Kreuzung, auch im Laufe der Zeiten zu erhalten.

Scheidet man aus dem ungeheuren Heere der verschiedenen Formen des zahmen Hundes nebst den genannten sieben Stammarten auch jene Varietäten aus, welche sich unzweifelbar als klimatische Verschiedenheiten herausstellen, oder auch als Zuchtvarietäten, entstanden durch Acclimatisirung, veränderte Lebensweise und Cultur, ergeben, so erübrigt noch immer eine höchst bedeutende Anzahl verschiedenartiger Formen, welche aber durchgehends auf Bastarde zurückgeführt werden können und ihre beiderseitige älterliche Abstammung in den allermeisten Fällen ohne große Schwierigkeiten erkennen lassen; und selbst wenn eine wiederholte und mehrfache Vermischung stattgefunden hat.

Um hierin jedoch einige Klarheit zu gewinnen, theilte ich diese Bastarde in Halbbastarde, einfache, doppelte und dreifache Bastarde.

Unter Halbbastarden verstehe ich die Vermischung von Varietäten einer und derselben Stammart; unter einfachen Bastarden die Vermischung zweier, unter doppelten Bastarden die Vermischung dreier, und unter dreifachen Bastarden endlich die Vermischung von vier Stammarten. Eine mehrfache Verbindung ist, ungeachtet jetzt schon nahe an zweihundert solcher Bastardformen von den Naturforschern unterschieden, beschrieben oder benannt worden sind, seither noch nicht bekannt geworden. Diese ungeheuer große Zahl läßt sich nur dadurch erklären, daß jede Art von Bastardirung, nämlich sowohl Halbbastarde, als einfache, doppelte und dreifache, bald durch reine, bald durch gemischte Kreuzung entstehen können.

An dieser Ansicht halte ich auch jetzt noch fest, indem ich die sieben Haupttypen des zahmen Hundes, nämlich den Haushund (Canis domesticus), den Seidenhund (Canis extrarius), den Dachshund (Canis vertagus), den Jagdhund (Canis sagax), den Bullenbeißer (Canis Molossus), den Windhund (Canis leporarius) und den nackten Hund (Canis caraibaeus) für eigenthümliche selbstständige Arten betrachte.

Versuchen wir, diese hier wiederholt ausgesprochene Ansicht einer näheren Prüfung zu unterziehen und dadurch die Richtigkeit derselben zu erproben.

Bei Betrachtung jener sieben Extreme unter den Formen, welche die große Masse der seither bekannt gewordenen sogenannten Racen des zahmen Hundes darbietet, fällt es in der That schwer, — wenn nicht Vorurtheile oder willkürliche Voraussetzung eine entgegengesetzte Ansicht begünstigen, — sich die Ueberzeugung aufzudrängen, daß auch diese extremen Formen nur Varietäten einer und derselben Art seien.

Eigentliche und vollständige Uebergänge zwischen denselben sind durchaus nicht aufzufinden; denn alle sogenannten Uebergänge und Verbindungsglieder, welche wir von jenen Hauptformen kennen, sind nur scheinbare Uebergänge, die sich blos als Bastarde erweisen, welche durch die wechselseitige Vermischung jener Hauptformen selbst entstanden sind.

Andererseits kann auch diese Neigung zur gegenseitigen Vermischung, nach den vielen schon früher angeführten Beispielen von fruchtbarer Vermischung selbst zwischen Thieren, die noch weit verschiedener von einander sind, als kein Beweisgrund mehr gegen die Annahme gelten, jene Hauptformen des zahmen Hundes als selbstständige Arten zu betrachten.

Die Buffon'sche Hypothese, nach welcher sich die verschiedenen Hauptformen des zahmen Hundes alle nach und nach nur aus einer einzigen, selbstständigen Art und zwar blos durch Einwirkung des Klima's und der Cultur herausgebildet haben sollen, erscheint bei genauerer Prüfung lediglich als eine Phrase, welche nicht nur allein jedes Beweises, sondern auch selbst jeder Wahrscheinlichkeit entbehrt.

Von solchen Einwirkungen des Klima's und der Cultur, welche die Umgestaltung eines Haushundes oder Spitzes in einen Seidenhund oder Pudel, in einen Jagdhund oder Dachshund, in einen Bullenbeißer, einen Windhund oder wohl gar in einen nackten Caraibenhund zu bewirken vermöchten — und wollte man dazu auch wirklich einen Zeitraum von einigen Jahrtausenden in Anspruch nehmen, — bin ich wenigstens nicht im Stande, mir nur auch die entfernteste Vorstellung zu machen.

Im Gegentheile sprechen alle seither, — wenigstens in einem Zeitraume von mehreren Jahrhunderten — gemachten Erfahrungen auf das Bestimmteste gegen die Richtigkeit dieser Hypothese; denn es hat sich seit jener Zeit nicht nur keine einzige dieser Hauptformen weder durch klimatische Einwirkungen, noch durch Anwendung irgend einer bestimmten Zuchtmethode in eine andere auch nur annäherungsweise verwandelt, sondern vielmehr hat die Erfahrung gezeigt, daß bei rein erhaltener Zucht, die Abkömmlinge jeder dieser Hauptformen unter allen Himmelsstrichen und in allen Ländern, ihre morphologischen und functionellen Eigenthümlichkeiten bewahren.

Wenn auch eine direkte Beweisführung über die Richtigkeit dieser Ansicht unmöglich ist, so sprechen doch so viele Gründe für die Wahrscheinlichkeit derselben, daß bei einer reiflichen und vorurtheilsfreien Erwägung dieser Gründe jede andere Annahme zurückstehen muß.

Viele andere, nicht blos domesticirte, sondern auch im freien Zustande lebende Thiere, über deren Artverschiedenheit kein Naturforscher einen Zweifel hegt, zeigen — wie dieß thatsächlich erwiesen ist, — denselben Hang zur wechselseitigen Vermischung, und ebensowenig kann geleugnet werden, daß die daraus hervorgehenden

Bastarde — wenn dieß auch im Allgemeinen seltener der Fall ist, — sich dennoch bisweilen unter gewissen, bis jetzt noch nicht erörterten Verhältnissen, wieder fortzupflanzen fähig sind.

Ein fernerer Grund zur Unterstützung dieser Ansicht besteht darin, daß sich keine der verschiedenen Hauptformen des zahmen Hundes weder aus einer anderen, durch Einwirkung des Klima's oder einer Zuchtmethode hervorgebildet nachweisen, noch durch was immer für Mittel auf irgend eine andere zurückführen läßt; wodurch auch die Möglichkeit verschwindet, eine einzelne derselben als Urtypus zu bezeichnen.

Alle Anlagen und Triebe, so sehr sie auch bei den verschiedenen Hauptformen des zahmen Hundes von einander abweichen, sind den Individuen jeder dieser Hauptformen so constant eigenthümlich, daß sie auch die wirklichen Varietäten zweier solcher Hauptformen scharf von einander trennen und sich nur allein in ihren Bastarden combiniren.

Bei so vielfältiger und fruchtbarer Vermischung der von einander so scharf gesonderten Hauptformen kann es keineswegs befremden, wenn heut zu Tage, wo schon so manche Stammart der zahmen Thiere gänzlich ausgestorben, eine vollständige Nachweisung derselben vielleicht unmöglich ist.

Zur Bekräftigung der Ansicht, daß der von der Mehrzahl der Naturforscher nur als eine einzige Art betrachtete und in den Systemen derselben als »Canis familiaris« aufgeführte zahme Hund mehrere, von einander durchaus verschiedene Arten umfasse, lassen sich, bei der Unmöglichkeit einer direkten Beweisführung, doch eine hinreichende Menge von Gründen anführen, welche zu dieser Annahme berechtigen.

Der einzige, den zahmen Hund als Art unterscheidende Charakter, so wie er von Linné aufgestellt, und seither von allen Zoologen angenommen wurde, besteht nur in der Art und Weise des Tragens seines Schwanzes nach aufwärts und zwar nach der linken Seite gekrümmt.

Abgesehen von der noch immer nicht ganz begründeten Voraussetzung der Haltbarkeit dieses Kennzeichens, erscheint dieser vereinzelte morphologische Charakter für ein Art-Merkmal höchst unzureichend.

Offenbar trägt er vielmehr das Gepräge eines künstlichen Gruppen-Kennzeichens, welches die Abtheilung der domesticirten Hunde von den verwandten wilden Arten wie Wolf, Dingo u. s. w. trennen soll.

Doch läßt sich auch bei einer solchen Sonderung das Gezwungene nicht verkennen; ja es tritt vielmehr deutlich in die Augen, daß es zuletzt nur ein physiologischer Charakter, ausgedrückt durch das einzige Wort „domesticirt“ sei, welchem hier gegen alle Regeln der Systematik, nach tief eingewurzelten Vorurtheilen gehuldigt wird.

Schon in der bisherigen allgemeinen Annahme jener Hypothesen, welche die Abstammung der domesticirten Hunde in willkürlichster Weise bald von dieser, bald von jener im freien oder wilden Zustande noch lebenden Art herzuleiten suchen, liegt zum Theile ein verblümtes Geständniß, wie sehr man diesen Verstoß fühlte; denn durch diese Ableitung wird willkürlich die Scheidewand jener beiden Gruppen wieder beseitigt.

Statt aber nach den Regeln der Consequenz den als eine einzige Art betrachteten zahmen Hund in Haupt-Racen zu zerfällen und diese im Systeme bei einer oder mehreren solcher wilden Arten als constante, künstliche oder klimatische Varietäten aufzuführen, je nachdem man eine oder mehrere dergleichen Stammarten anzunehmen geneigt war, blieb man hartnäckig bei jener Trennung; wahrscheinlich weniger aus einer übertriebenen Scheu vor jener, durch das Herkommen gleichsam geheiligten Art des zahmen Hundes, als in Folge eines dunklen Vorgefühles, daß keine derartige Einschaltung sich durch vollständige Uebergänge rechtfertigen lasse, oder mit anderen Worten, daß doch wesentliche Charaktere zu Grunde liegen dürften, welche zur gesonderten Aufstellung der sogenannten Racen berechtigen.

Diese wesentlichen Charaktere sind aber wohl keine anderen als die, welche in der Charakteristik aller jener Racen gegeben sind, die durch keine ursprünglichen Uebergänge, — im Gegensatze zu den durch Kreuzung entstandenen Mittelgliedern, — unter sich verbunden werden; kurz jene Charaktere des domesticirten Hundes, wie solche bereits von Linné und späteren Naturforschern bei einigen ihrer Haupt-Racen gegeben sind.

In der That ist die Differenz dieser sogenannten Haupt-Racen des zahmen Hundes von den nächststehenden wilden Arten weit schärfer ausgesprochen, als jene, welche zwischen manchen dieser letzteren selbst besteht. Sie mußte aber stets unbeachtet bleiben, insolange sie nicht zwischen einzelnen Gliedern des zahmen Hundes und den wilden Arten aufgesucht, sondern nur die Gesammtheit der ersteren mit einzelnen der letzteren verglichen wurde; denn in diesem Falle blieb dort bei den Gegensätzen der morphologischen Art-Charaktere, einzig und allein nur der schon früher erwähnte schwankende für die Charakteristik der Gesammtheit übrig und die hieraus entspringende Unbestimmtheit der Gruppe fiel der in ihr gleichsam vernichteten Art zur Last. Das Verharren bei der Hypothese, daß der zahme Hund von noch lebenden wilden Hundearten abstamme, während man die oben erwähnten Folgerungen dieses Satzes von sich weiset, ist für sich allein schon eine sehr bedeutende Inconsequenz, welche sich aber noch weit klarer und deutlicher herausstellt, wenn man die Erfahrung befragt.

Diese weiset dagegen eine eigentliche vollkommene Domesticirung von jungen Individuen jener wilden sogenannten Stammarten, ja selbst von ihren mit zahmen Hunden erzeugten Blendlingen, — wenigstens was die erste Generation betrifft, — bisher in keinem einzigen Falle nach. Bezüglich der Zähmbarkeit weiterer Descendenz der wilden mangelt bisher jede Erfahrung; obgleich dieselbe bei den Blendlingen wohl ohne Zweifel im Laufe der Zeiten stattgefunden haben muß.

Die Annahme mehrerer ursprünglich verschiedenen Arten des jetzigen zahmen Hundes, deren Individuen in alter Vorzeit nach und nach alle domesticirt wurden, befriedigt den vorurtheilsfreien, denkenden Zoologen eben so sehr in Bezug auf die Frage, worauf die unleugbar specifische Verschiedenheit der in den verschiedenen Ländern ursprünglich heimischen zahmen Hunde sich gründe, als durch ihre Uebereinstimmung mit der Erfahrung; in so ferne wenigstens, als diese nur gegen die übrigen Hypothesen Einwürfe zu liefern vermag.

Die Behauptung, daß unmöglich alle Individuen einer Art gezähmt werden können, entbehrt jedes historischen Beweises und wird durch die erlaubte Annahme einer langen Dauer der Zähmungsperiode, so wie durch die namentlich beim domesticirten Hunde noch jetzt leicht mögliche Nachweisung eines den betreffenden Arten nur in sehr geringem Grade eingepflanzten Hanges zur Selbstständigkeit, bedeutend entkräftet.

Um diesen Einwurf vollkommen ungiltig zu machen, bedarf es nur der so einleuchtenden Annahme, daß jene Individuen, die sich der Domestication entzogen haben, durch allmälige Ausrottung vom Schauplatze entfernt wurden; eine Annahme, die so natürlich erscheint, daß man sie in Bezug auf andere Hausthiere, für welche man vergebens noch lebende Stammarten gesucht, längst schon gebilligt hat und welche an den Stammältern unserer Hauskatze, — von denen wohl verhältnißmäßig nur wenige noch existiren, — des Truthuhn's, ja an den umgekehrt in die Wildniß zurückgetretenen Hunden von Guiana, selbst früher oder später ihre Bestätigung erhalten wird. Indeß selbst diese unbedeutende Modifikation erscheint aus den zwei angeführten Gründen für überflüssig und an den noch lebenden Stammthieren des Pferdes und Esels wird sich die Möglichkeit einer allgemeinen Zähmung im Laufe der Zeiten bewähren, weil auch bei diesen dieselben zwei Möglichkeitsgründe Platz greifen.

Man kann mit großer Wahrscheinlichkeit annehmen, daß es in jedem der heut zu Tage von civilisirten Völkern bewohnten Landstriche eine oder mehrere von einander verschiedene Arten wilder Hunde gegeben habe, deren mannigfacher Instinkt auch dem rohen Ureinwohner nicht lange verborgen bleiben konnte, da ihn der Selbsterhaltungstrieb zum Naturbeobachter machte. Zufolge desselben Triebes gewohnt, den Werth aller Außendinge nach dem Verhältnisse zu bestimmen, in welchem sie zu seinen Bedürfnissen sich darstellten, konnte es ebensowenig seinem Verstande entgehen, daß hier für seine Zwecke sehr brauchbare Kräfte gegeben wären, und die nächste Folge dieses einfachen Urtheiles war der Wunsch, sie in dieser Richtung benützen zu können; demnach der zweite Schritt, der Entschluß, die Träger dieser Kräfte sich dienstbar zu machen, sie zu domesticiren.

Mögen die zur Verwirklichung dieses Gedankens gewählten Mittel auch noch so einfach gewesen sein, ein günstiger Umstand, die dieser Thiergattung in so geringem Grade eingepflanzte Liebe zur Selbstständigkeit und Freiheit ersetzte die Mängel der Methode und da der zähmende Mensch gegen das Thier gleichzeitig in das Verhältniß des Ernährers trat, so mußte auch die durch jene Passivität bereits vorbereitete Hinneigung zum Besieger frühzeitig zur Entwickelung kommen. Aus diesem —

wenn man so sagen darf, — physischen Momente erklärt sich hauptsächlich, wie die Unterjochung dieser Thiergruppe allenthalben und vollständig gelingen konnte und daß sie die erste gewesen sein mußte, welcher dieses Loos bereitet wurde. Es war dieß ein glückliches Zusammentreffen; denn sie war auch die einzige, mit deren Hilfe der Urmensch die stärkeren und minder befreundeten Urwesen der Thierwelt zu unterwerfen oder zu verdrängen hoffen durfte.

Alle diese Verhältnisse machen es mehr als wahrscheinlich, daß — wiewohl nicht mit einem Schlage, sondern allmählig, — sämmtliche Individuen der betreffenden Arten in den Kreis der Domestication gezogen wurden und die Zahl ihrer wilden Brüder in demselben Maße abnahm, als jene der Menschen sich vergrößerte und die Urbarmachung des Bodens vorwärts schritt.

Die im Gefolge der Völkerwanderungen und Handelszüge auftretende Vermischung zwischen Arten verschiedener Länder mochte schon frühzeitig Bastardformen, die gleichzeitige Veränderung der klimatischen und dadurch bedingten diätetischen Einflüsse dagegen, von diesen sowohl, als den Urarten, mannigfache Varietäten in's Leben gerufen haben.

Dazu kam noch das wechselnde Bedürfniß und später selbst die launenhafte Mode, durch welche theils die Verbreitung brauchbarer oder beliebter Racen begünstigt, theils unter den entgegengesetzten Verhältnissen, das Aussterben mancher derselben herbeigeführt wurde.

Faßt man das Ergebniß dieser kritischen Untersuchungen zusammen, so gelangt man zu nachstehenden Schlußfolgerungen:

1) Der Wolf, der Schakal, der Fuchs, der Kolsun oder die Dhole und der Buansu sind selbstständige, von den mannigfaltigen Formen des zahmen Hundes völlig verschiedene Arten, die sich zwar mit demselben fruchtbar vermischen können und theilweise auch wirklich vermischt haben, wodurch allerdings gewisse Racen des zahmen Hundes entstanden sind, ohne jedoch deßhalb als die Stammältern derselben betrachtet werden zu können.

2) Die zahlreichen Formen unseres zahmen Hundes lassen sich auf sieben Haupttypen zurückführen, welche sich sowohl nach ihren körperlichen Merkmalen, als auch nach ihren geistigen Fähigkeiten, weder von einander, noch von anderen der heut zu Tage noch wild vorkommenden Arten der Gattung Hund (Canis) ableiten lassen und deßhalb für selbstständige Arten angenommen werden müssen, die ursprünglich zwar im wilden oder halbwilden Zustande vorkamen, im Laufe der Zeiten aber vollständig domesticirt worden sind.

3) Diese eigenthümlichen, selbstständigen Arten unseres zahmen Hundes sind: Der Haushund (Canis domesticus), — der Seidenhund (Canis extrarius), — der Dachshund (Canis vertagus), der Jagdhund (Canis sagax), — der Bullenbeißer (Canis Molossus), — der Windhund (Canis leporarius), — und der nackte Hund (Canis caraibaeus).

4) Alle übrigen Formen sind theils Abänderungen, welche durch klimatische

Einflüsse, bedungen durch geographische Verbreitung, hervorgerufen wurden, oder in Folge von Acclimatisirung, Veränderung in der Lebensweise und Einwirkung der Cultur entstanden sind, theils aber auch Bastarde, beruhend auf der Kreuzung der verschiedenen einzelnen Formen unter sich.

Wenn ich auch die Hoffnung aussprechen zu dürfen glaube, daß diese Darstellung dazu beitragen werde, die seither über diesen Gegenstand bestandenen Zweifel für immer zu verbannen und einer vorurtheilsfreien Anschauung Raum zu geben, so bin ich doch weit davon entfernt, die von mir versuchte Erklärung der Abstammung des zahmen Hundes und seiner mannigfaltigen Formen und Racen durchaus und unbedingt für vollkommen richtig zu betrachten; denn ich selbst möchte sie für nichts Anderes angesehen wissen wollen, als für eine größtentheils und bis in die äußersten Consequenzen nur auf Wahrscheinlichkeit gegründete Vermuthung.

Jedenfalls dürfte dieselbe aber dem wahren Sachverhalte näher gerückt sein, als alle zur Erklärung dieser Frage seither aufgestellten Hypothesen.

Zweite Abtheilung.

Die verschiedenen Formen und Racen des zahmen Hundes.

Erste Gruppe.

Haushunde

(Canes domestici).

Der Kopf ist von mäßiger Größe, länglicher Form und nicht sehr hoch, die Stirne nur schwach gewölbt oder auch völlig flach, die Schnauze ziemlich kurz, nur von mäßiger Höhe und nach vorne zu sehr stark verschmälert und scharf zugespitzt. Die Lippen sind straff, die Ohren mehr oder weniger kurz, nicht sehr breit, zugespitzt und aufrechtstehend, oder auch halb aufrechtstehend und gegen die Spitze gebrochen und überhängend. Der Hals ist ziemlich kurz und dick, der Leib etwas gedrungen, oder auch schwach gestreckt und voll, die Brust nur wenig breit. Die Beine sind mittelhoch und stark, die vorderen vollkommen gerade, die Schenkel von mäßiger Länge. Der Schwanz ist ziemlich lang und nicht sehr dünn, die Körperbehaarung lang und glatt-zottig. Die mit der Grundform dieser Gruppe nicht völlig übereinstimmenden Racen neigen sich theils zur Wolf- und Schakalform, theils zur Seiden- und Dachshund-, zur Bullenbeißer- und zur Windhundform hin. Alle lassen sich aber auf eine einzige Art zurückführen. Es ist dieß:

Der Haushund

(Canis domesticus).

Derselbe stellt nicht nur eine reine, unvermischte Form des Hundes dar, sondern muß auch als eine selbstständige Art betrachtet werden, deren Verbreitungsbezirk über den größten Theil des Festlandes von Asien, vom hohen Norden bis nach Ost-Indien hinabreicht, fast über ganz Europa sich erstreckt, den nordwestlichen Theil von Afrika umfaßt und einen sehr großen Theil von Nord-Amerika einnimmt, indem er sich bis in die Polargegenden hinauf erstreckt.

Er bildet die Stammart einer sehr beträchtlichen Anzahl verschiedener Formen und Racen, von denen bis jetzt schon 48 von den Cynologen aufgestellt und beschrieben worden sind, und übertrifft daher in dieser Hinsicht alle übrigen Stammarten des zahmen Hundes.

Eilf verschiedene Formen desselben sind es, welche auf klimatischen Verhältnissen in Folge geographischer Verbreitung beruhen, und zwar:
der Hirten-Haushund (Canis domesticus, ovilis),
der Pommer (Canis domesticus, pomeranus),
der ungarische Wolfshund (Canis domesticus, luparius),
der Pyrenäen-Hund (Canis domesticus, pyrenaicus),
der algierische Hund (Canis domesticus, algirensis),
der turkomanische Wachthund (Canis domesticus, armeniacus),
der große Pariah-Hund (Canis domesticus, indicus),
der lappländische Hund (Canis domesticus, laponicus),
der kurzhaarige Kamtschatka-Hund (Canis domesticus, camtschatkensis),
der Hasen-Indianer-Hund (Canis domesticus, lagopus), und
der Eskimo-Hund (Canis domesticus, borealis).

Zwei bilden wohl nur Abänderungen, die durch Acclimatisation einer gewissen Form in verschiedenen Ländern hervorgerufen wurden; nämlich
der Neuseeländer-Hund (Canis domesticus, indicus Novae-Zeelandiae) und
der Taiti-Hund (Canis domesticus, indicus taitiensis);

zwei andere dagegen solche Abänderungen, welche aller Wahrscheinlichkeit nach nur durch Zucht und veränderte Lebensweise entstanden sind; wie
der Spitz (Canis domesticus, pomeranus audax), und
der kleine Pariah-Hund (Canis domesticus, indicus minor).

Die übrigen 33 sind offenbar Bastarde, und zwar:
der große Wolfshund (Canis domesticus, pomeranus major), ein Halbbastard reiner Kreuzung;
der große isländische Hund (Canis domesticus, islandicus),
der kleine isländische Hund (Canis domesticus, islandicus minor), welcher zugleich auf Zucht und veränderter Lebensweise beruht,
der sibirische Hund (Canis domesticus, pomeranus sibiricus),
der Fuchs-Spitz (Canis domesticus, pomeranus alopecurus),
der Seiden-Spitz (Canis domesticus, pomeranus sericeus),
der ächte Wolfshund (Canis domesticus, luparius verus),
der Seiden-Wolfshund (Canis domesticus, luparius hirsutus),
der Pampas-Hund (Canis domesticus, pyrenaicus Alco),
der kurzbeinige Pariah-Hund (Canis domesticus, indicus brevipes),
der chinesische Hund (Canis domesticus, indicus sinensis),
der Zigeuner-Hund (Canis domesticus, Zingarorum),
der langhaarige Kamtschatka-Hund (Canis domesticus, camtschatkensis longipilis),

der grönländische Hund (Canis domesticus, borealis groenlandicus), und
der nordamerikanische Wolfshund (Canis domesticus, borealis luparius); einfache Bastarde reiner Kreuzung;
der langhaarige sibirische Hund (Canis domesticus, pomeranus longipilis),
der glattfüßige sibirische Hund (Canis domesticus, pomeranus laevipes),
der polnische Wolfshund (Canis domesticus, pomeranus polonicus),
der Heiden-Hund (Canis domesticus, Zingarorum campestris),
der Heiden-Spitz (Canis domesticus, Zingarorum audax),
der Viehhund (Canis domesticus, Zingarorum pecuarius), und
der Zigeuner-Spitz (Canis domesticus, Zingarorum pomeranus), einfache Bastarde gemischter Kreuzung;
der hochbeinige isländische Hund (Canis domesticus, islandicus leporarius),
der Schafhund (Canis domesticus, pastoreus), und
der Windhund-Spitz (Canis domesticus, Zingarorum leporarius), doppelte Bastarde reiner Kreuzung;
der schottische Schäferhund (Canis domesticus, islandicus crispus),
der Trüffelhund (Canis domesticus, barbatus) und
der Dachs-Spitz (Canis domesticus, Zingarorum vertagus), doppelte Bastarde gemischter Kreuzung; und
der Hebriden-Hund (Canis domesticus, hebridicus),
der baierische Wolfshund (Canis domesticus, montanus),
der Saubeller (Canis domesticus, pomeranus aprinus),
der Doggen-Spitz (Canis domesticus, Zingarorum laniarius) und
der japanesische Hund (Canis domesticus, Zingarorum japanicus), dreifache Bastarde gemischter Kreuzung.

1. **Der Hirten-Haushund** (Canis domesticus, ovilis).

Der Hirten-Haushund, welcher als die typische Form der ganzen Gruppe anzusehen ist, stellt eine der reinen, unvermischten Abänderungen des Haushundes (Canis domesticus) dar, welche auf den Einflüssen des Klima's und auf geographischer Verbreitung der Art beruhen. Er ist über den mittleren Theil von Süd-, und den westlichen von Mittel-Europa verbreitet und gehört hauptsächlich Frankreich, Deutschland und England an.

Bezüglich seiner Größe gehört er zu den mittelgroßen Formen, da er selten über zwei Fuß hoch angetroffen wird. Er ist daher beträchtlich kleiner als der Wolf (Canis Lupus) und bisweilen sogar nur von der Größe des Fuchses (Vulpes vulgaris).

Seine Gestalt ist kräftig, der Kopf von mäßiger Größe, länglich und nur wenig erhaben, das Hinterhaupt ziemlich breit, mit nur sehr wenig entwickeltem Knochenkamme. Die Stirne ist schwach gewölbt, die Schnauze nicht sehr lang und nur von mäßiger Höhe, nach vorne zu stark verschmälert und ziemlich scharf zugespitzt.

Die Lippen sind kurz und straff, und die Wangenhaut ist gespannt. Die Ohren sind kurz, nicht sehr schmal, zugespitzt, steif, aufrechtstehend und etwas nach seitwärts gerichtet, oder bisweilen auch halb aufrechtstehend, und an der Spitze gebrochen und überhängend. Die Augen sind verhältnißmäßig nicht sehr klein und vollkommen wagrecht gestellt. Der Hals ist ziemlich kurz und dick, der Leib etwas gedrungen, ziemlich voll und nur gegen die Weichen etwas eingezogen. Der Widerrist ist sehr schwach erhaben, der Rücken nur wenig gekrümmt und beinahe völlig gerade, die Brust nur von geringer Breite und kaum etwas vorstehend. Die Beine sind von mittlerer Höhe, dick und stark, die vorderen vollkommen gerade, die Schenkel mäßig lang, und an den Hinterfüßen ist keine fünfte Afterzehe vorhanden. Der Schwanz ist ziemlich lang, nicht sehr dünn, und bis etwas unter das Fersengelenk reichend. Derselbe wird entweder gerade nach rückwärts gestreckt, oder auch etwas nach aufwärts gebogen, seltener dagegen, doch nur auf kurze Zeit, auch hängend getragen.

Die Behaarung ist lang, ziemlich glatt-zottig und grob; an der Schnauze, der Vorderseite der Vorder- und Hinterfüße, so wie auch an der Hinterseite der Schienbeine kurz, an den Ohren länger, und noch länger am Schwanze, insbesondere aber an der Unterseite desselben, wo sie lang und zottig erscheint. Nicht selten ist auch das Schnauzende von dichter stehenden längeren Haaren umgeben, welche oberhalb der Nase und zu beiden Seiten der Lippen eine Art von Bart bilden.

Die gewöhnlich vorkommende Färbung ist auf der Oberseite des Körpers schwarz, an der Kehle, der Brust und dem Bauche weißlichgrau, an den Füßen und der Unterseite des Schwanzes bräunlichgelb oder rothgelb. Ueber den Augen befindet sich jederseits ein rundlicher, bräunlichgelber Flecken und auch die Schnauze ist stellenweise bräunlichgelb oder rothgelb gezeichnet. Nicht selten wird die schwarze Farbe der Oberseite aber, bei übrigens gleicher Zeichnung, durch Braun ersetzt. Häufig kommen auch braune oder graue Individuen mit dunkleren Schattirungen vor, doch ist die Schnauze bei denselben in der Regel immer heller. Einfärbige werden minder häufig angetroffen und meistens sind dieselben schwarz, braun, oder grau, seltener dagegen weiß.

Die Körperlänge beträgt bei mäßig großen Individuen 2 Fuß 3 Zoll, die Länge des Schwanzes 1 Fuß 2 Zoll, die Höhe am Widerrist 1 Fuß 8¾ Zoll.

Von den Franzosen wird dieser Hund Chien de berger und Chien de Brie, von den Engländern Sheperd's-Dog und Sheep-Dog, und von den Italienern Can di pastori genannt.

Schon die alten Griechen und Römer haben ihn gekannt und mit dem Namen Epirotischer Hund (Canis epiroticus) bezeichnet; so Aristoteles, Varro und Virgilius Maro. Bei den alten Deutschen zur Zeit des Mittelalters erscheint er unter verschiedenen Benennungen und zwar zuerst im Alemannischen Gesetze unter dem Namen Hirtenhunt (Canis pastoralis), während er in den Schriften des 9. bis 15. Jahrhunderts unter den Benennungen Schaafhunt (Canis ovilis) und Viehhunt (Canis custos pecoris) aufgeführt erscheint.

Der Hirten-Haushund ist zwar stark, doch keineswegs besonders schwer, daher er auch in seinem Laufe ziemlich rasch und ausdauernd ist. Dabei ist er auch muthig und tapfer, besitzt in hohem Grade Intelligenz und zeichnet sich ebenso sehr durch Klugheit und Scharfsinn, als Wachsamkeit, Anhänglichkeit und Treue aus. Dieser Eigenschaften wegen wird er mit ebenso großem Vortheile als Wächter des Hauses, wie auch als Hüter und Lenker der Heerden benützt, die er anführt, zusammenhält, mit Verstand bewacht und mit Muth gegen Feinde vertheidigt.

Unaufhörlich umkreist er in Abwesenheit des Schäfers die ihm anvertraute Heerde, hält sie ab bebaute Felder zu betreten und treibt einzelne verlaufene Stücke zusammen.

Bald lernt er jedes Schaf der ganzen Heerde, jeden Wink und Blick des Schäfers kennen und erträgt mit seltener Ausdauer jegliche Beschwerde des Hungers und der Witterung.

Diese Fertigkeiten erlangt er jedoch keineswegs durch einen langsamen vorausgegangenen Unterricht, sondern erlernt sie leicht und schnell, ohne seinem Herrn besondere Mühe zu machen, gleichsam von sich selbst, wobei er durch Geduld, Ausdauer und Muth wahre Lust an seinen eigenen Fortschritten zu erkennen gibt. Ueberhaupt besitzt er ein ungewöhnliches Vermögen, leicht und schnell zu begreifen, und übertrifft hierin alle anderen Hunde.

Gewöhnlich wird er schon in einem Alter von einem halben Jahre als Wächter der Schafheerden verwendet, muß aber in der Jugend der ihm angeborenen Heftigkeit und Bissigkeit wegen sehr oft gezüchtigt werden.

So beschwerlich das ihm übertragene Geschäft aber auch ist, so hält er doch bei guter Behandlung acht bis zehn Jahre bei demselben aus.

Auch der Geruchssinn ist bei ihm sehr ausgebildet, daher er auch deßhalb sowohl zur Aufsuchung von Trüffeln, als zur Jagd verwendet wird. Hauptsächlich bedient man sich seiner bei der Schweinsjagd und zur Aufsuchung des Dachses, wenn dieser zur Nachtzeit im freien Felde seiner Nahrung nachzieht.

Das Gebell des Hirten-Haushundes ist laut, klaffend und anhaltend, und eine seiner Eigenthümlichkeiten ist sein, im Verhältnisse zu anderen Formen, geringer Hang zur Geselligkeit.

2. **Der Hebriden-Hund** (Canis domesticus, hebridicus).

Die auffallende Aehnlichkeit, welche die körperlichen Merkmale dieses Hundes theils mit jenen des Hirten-Haushundes (Canis domesticus, ovilis), theils mit denen des englischen Otterhundes (Canis extrarius, hispanicus terrarius) darbieten, lassen auf die Abstammung desselben von den beiden genannten Formen schließen, daher er als ein dreifacher Bastard gemischter Kreuzung angesehen werden kann.

In ihren Körperformen erinnert diese Race einigermaßen an den Trüffelhund (Canis domesticus, barbatus), mit welchem sie noch am meisten verglichen werden kann, und unterscheidet sich von demselben durch den größeren und höheren Kopf, die etwas kürzere und stumpfere Schnauze, die kürzeren und schmäleren, aber so wie bei diesem aufrechtstehenden, und an der Spitze gebrochenen und überhängenden Ohren, so wie auch durch die beträchtlich längere, schwach zottig-gewellte Behaarung und den in Folge derselben dicker erscheinenden Schwanz.

Die Färbung ist beinahe immer einfärbig licht bräunlichgelb oder ockerfarben, seltener auf der Oberseite des Körpers und der Außenseite der Oberarme und der Schenkel schwarz, an den übrigen Körpertheilen rostgelb, nebst zwei kleinen, rundlichen rostgelben Flecken jederseits oberhalb der Augen.

Man trifft diese Race in Schottland, vorzüglich aber auf den Hebriden und insbesondere auf der Insel Skye an.

Die Engländer pflegen diese Race mit dem Namen Terrier zu bezeichnen, obgleich sie denselben auch für andere Racen gebrauchen, und zwar sowohl für den Trüffelhund (Canis domesticus, barbatus), als auch für den englischen Otterhund (Canis extrarius, hispanicus terrarius), und sogar für den glatten Pintsch (Canis Molossus, fricator britannicus).

Die Hauptverwendung des Hebriden-Hundes besteht in dem Heraustreiben des Dachses aus seinem unterirdischen Baue.

3. Der große isländische Hund (Canis domesticus, islandicus).

Es scheint diese Form, ihren äußeren Merkmalen nach zu urtheilen, ein Blendling zu sein, der auf der Kreuzung des Hirten-Haushundes (Canis domesticus, ovilis) mit dem großen Bullenbeißer (Canis Molossus, major) beruht. Sie dürfte sonach für einen e i n f a c h e n B a s t a r d r e i n e r K r e u z u n g gelten.

Beinahe von der Größe eines mittelgroßen Wolfes (Canis Lupus) und von kräftiger Gestalt, gehört diese Race zu den größeren in der Gruppe der Haushunde.

Ihr Kopf ist ziemlich groß, nur wenig lang und hoch, die Stirne stark gewölbt, die Schnauze verhältnißmäßig etwas kurz, hoch, nach vornezu nicht sehr stark verschmälert und stumpf zugespitzt. Die Lippen sind schlaff und etwas hängend, die Ohren kurz, nicht sehr breit, halb aufrechtstehend, und an der Spitze gebrochen und überhängend, die Augen merklich größer als beim Hirten-Haushunde. Der Hals ist kurz und dick, mit dem Rücken fast in einer Ebene verlaufend, der Leib gedrungen und voll, der Widerrist etwas erhaben, die Brust breit, stark und kräftig. Die Beine sind von mittlerer Höhe und ziemlich dick, die Vorderbeine kräftiger als die Hinterbeine. Der Schwanz ist ziemlich lang, in Folge der Behaarung dick, und wird von der Wurzel an gerade ausgestreckt, gegen die Spitze zu aber nach aufwärts gebogen getragen.

Die Behaarung ist nicht sehr lang, rauh und ziemlich glatt anliegend, an der Schnauze kurz, am Schwanze dagegen lang und dicht, vorzüglich aber in der Mitte desselben, wodurch er fast keulenförmig erscheint.

Die Färbung ist meist schwarz oder schwärzlichgrau, mit Ausnahme der Stirne, des Halses, der Brust, des Bauches, der Innenseite der Beine und der Schwanzspitze, welche immer von weißer Farbe sind. Bisweilen ist die schwarze oder schwärzlichgraue Farbe durch Dunkelbraun vertreten.

Heut zu Tage soll diese Race — wie Reisende berichten, — nicht mehr in Island angetroffen werden und daselbst durch andere Hunde-Racen ersetzt sein.

Von den Isländern wurde dieselbe Fiaar-hund genannt, während sie die Engländer mit dem Namen Iceland Dog, die Franzosen mit dem Namen Chien d'Islande bezeichneten.

4. **Der kleine isländische Hund** (Canis domesticus, islandicus minor).

Offenbar stellt diese Race nur eine durch Zucht und veränderte Lebensweise hervorgerufene Abänderung des großen isländischen Hundes (Canis domesticus, islandicus) dar. Sie kann somit als ein einfacher Bastard reiner Kreuzung angesehen werden.

In allen ihren Merkmalen kommt sie mit der eben genannten Race vollkommen überein und unterscheidet sich von derselben nur durch die weit geringere Größe, indem sie beinahe um die Hälfte kleiner ist. Gewöhnlich traf man sie mit einem ganz kurzen, zwei bis drei Zoll langen Schwanze an, der durchaus von gleicher Dicke und offenbar gestutzt war.

Dermalen wird diese Race nicht mehr in Island gezogen.

Der Name, unter welchem sie daselbst bekannt war, war Dverghundar.

5. **Der schottische Schäferhund** (Canis domesticus, islandicus crispus).

Wie aus den körperlichen Merkmalen dieser Race ziemlich deutlich zu ersehen ist, scheint dieselbe aus der Anpaarung des großen isländischen Hundes (Canis domesticus, islandicus) mit der Bouffe (Canis extrarius, ustus) hervorgegangen und daher ein doppelter Bastard gemischter Kreuzung zu sein.

Ihre Körperform im Allgemeinen ist jene des großen isländischen Hundes und die einzigen Unterschiede, welche sie von demselben darbietet, bestehen in der etwas längeren Schnauze, der minder stark gewölbten Stirne und dem längeren, gekräuselten Haare.

In der Färbung stimmt sie ganz mit dem großen isländischen Hunde überein.

Sie bildet heut zu Tage die gewöhnliche Hunde-Race in Island und wird auch häufig in Schottland und auf den schottischen Inseln gezogen.

Lubbar ist der Name, den dieser Hund auf Island führt.

6. **Der hochbeinige isländische Hund** (Canis domesticus, islandicus leporarius).

Es kann wohl kaum einem Zweifel unterliegen, daß diese Race eine Blendlingsform sei, die auf der gegenseitigen Vermischung des großen isländischen Hundes

(Canis domesticus, islandicus) mit dem irländischen Windhunde (Canis leporarius, hibernicus) beruht und daß dieselbe sonach ein doppelter Bastard reiner Kreuzung sei.

Sie ist beträchtlich größer als der große isländische Hund und in ihren Formen einigermaßen an den deutschen Fleischerhund (Canis leporarius, laniarius germanicus) erinnernd, doch schmächtiger und hochbeiniger als dieser gebaut und vom großen isländischen Hunde durch den gedrückteren Kopf, eine fast völlig flache Stirne, eine viel längere Schnauze, ziemlich hohe dünne Beine, längere Schenkel, und eine kurze, vollkommen glatt anliegende Behaarung verschieden.

Ihre Färbung ist beinahe dieselbe.

Nebst der vorhergehenden, bildet sie dermalen die Hauptrace unter den Hunden auf Island, wo sie den Namen Dyr-hundar führt, und hauptsächlich zum Aufspüren und Verfolgen der Füchse verwendet wird.

7. **Der Trüffelhund** (Canis domesticus, barbatus).

Die Abstammung dieses Hundes vom Hirten-Haushunde (Canis domesticus, ovilis) und dem geradebeinigen Dachshunde (Canis vertagus, rectipes) ist so deutlich in seinen Merkmalen ausgesprochen, daß sie unmöglich zu verkennen ist. Er stellt sich daher unzweifelhaft als ein doppelter Bastard gemischter Kreuzung dar.

Seine Gestalt im Allgemeinen bietet einige Aehnlichkeit mit dem Hirten-Haushunde dar, doch ist er beträchtlich kleiner als derselbe, und auch etwas gestreckter und viel niederer gebaut.

Der Kopf ist höher, die Schnauze kürzer, und weniger spitz; die Ohren sind verhältnißmäßig etwas breiter, immer aufrechtstehend, und an der Spitze gebrochen und überhängend. Der Rücken ist in der Mitte etwas gesenkt, die Beine sind stärker, vorzüglich aber die Vorderbeine, die Schenkel kürzer, und der Schwanz wird über den Rücken nach aufwärts gekrümmt getragen.

Auch die Körperbehaarung ist kürzer, mit Ausnahme jener an der Schnauze, wo sie eine Art von Bart bildet.

Bezüglich der Färbung kommen dieselben Verschiedenheiten wie beim Hirten-Haushunde vor.

In England wird dieser Hund, so wie der Hebriden-Hund, der englische Otterhund, und der glatte Pintsch Terrier, in Frankreich Terrier-griffon genannt.

Er wird hauptsächlich zum Aufsuchen der Trüffeln, aber auch zum Hüten der Schafheerden und sogar zum Heraustreiben der Dachse und Füchse aus ihren unterirdischen Bauen verwendet.

Am häufigsten wird er in Piemont gezogen, wo er zum Aufsuchen der Trüffeln besonders abgerichtet wird.

8. **Der baierische Wolfshund** (Canis domesticus, montanus).

Diese Race gibt sich, ihren äußeren Merkmalen nach zu urtheilen, als eine Blendlingsform zu erkennen, welche ihre Entstehung wohl nur der Vermischung des Hirten-Haushundes (Canis domesticus, ovilis) mit dem deutschen Fleischerhunde (Canis leporarius, laniarius germanicus) zu verdanken hat. Sie ist sonach als ein dreifacher Bastard gemischter Kreuzung zu betrachten.

In ihren Formen erinnert sie lebhaft an die der letztgenannten Race, mit der sie auch gleiche Größe hat, daher sie bezüglich derselben beinahe der gemeinen Dogge (Canis Molossus, mastivus) gleichkommt.

Dagegen unterscheidet sie sich vom deutschen Fleischerhunde durch die kürzere Schnauze und das ziemlich lange, rauhe und zottige Haar.

Vom Hirten-Haushunde unterscheiden sie die weit bedeutendere Größe, der ziemlich hohe Kopf, die schlaffen hängenden Lippen, die höheren und auch viel kräftigeren Beine, die starke Brust und der beträchtlich verschmächtigte Hinterleib.

Die gewöhnliche Färbung ist schwarz oder schwarzbraun, mit weißen Abzeichen am Halse, an der Brust, dem Bauche und den Füßen. Bisweilen kommt diese Race aber auch von weißer Farbe und mit schwarzen Flecken gezeichnet vor, oder auch aschgrau und dunkelbraun.

Am häufigsten wird diese Race in Süd-Baiern, Salzburg und Tirol angetroffen, wo sie vorzugsweise in den Alpenthälern gezogen wird; aber nur äußerst selten sieht man sie unverstümmelt, denn gewöhnlich sind Ohren und Schwanz gestutzt.

Ihre Hauptbenützung besteht in dem Zusammenhalten von Schwein- und Rinderheerden, wozu sie sich sowohl durch ihre Größe und Stärke, als auch durch ihren Muth ganz besonders eignet. Diese Eigenschaften im Vereine mit der treuen Anhänglichkeit an ihren Herrn, verbürgen demselben auch sicheren Schutz gegen jeden persönlichen Angriff.

9. **Der Schafhund** (Canis domesticus, pastoreus).

Schon auf den ersten Blick erkennt man, daß diese Blendlingsrace ein Abkömmling des Hirten-Haushundes (Canis domesticus, ovilis) und des französischen Fleischerhundes (Canis leporarius, laniarius), somit ein doppelter Bastard reiner Kreuzung sei.

Ihrer Gestalt nach ist diese Race von der erstgenannten Form, mit welcher sie auch von gleicher Größe ist, nicht sehr verschieden, doch ist sie leichter als dieselbe gebaut und vereinigt mit deren wesentlichsten Merkmalen, auch eine gewisse Aehnlichkeit mit dem französischen Fleischerhunde.

Die Kennzeichen, welche sie vom Hirten-Haushunde scheiden, sind die längere, etwas höhere und stumpfere Schnauze, die verhältnißmäßig längeren und breiteren, immer halb aufrechtstehenden, und gegen die Spitze gebrochenen und überhängenden

Ohren, der längere und dünnere Hals, der gestrecktere, minder volle Leib, und die höheren Beine und längeren Schenkel.

An den Hinterfüßen kommt bisweilen eine fünfte Afterzehe vor.

Die Behaarung ist wie beim Hirten-Haushunde lang, ziemlich glatt-zottig und grob, und gewöhnlich erreicht dieselbe am Kopfe eine solche Länge, daß das Gesicht hierdurch völlig überdeckt wird und der Kopf beinahe einem Eulenkopfe gleicht. Um die Schnauze befindet sich meistens ein aus längeren Haaren gebildeter Bart.

Die Färbung ist meistens einfärbig grau, braun oder schwarz, bisweilen aber auch grau oder braun, mit dunkleren verloschenen Flecken. Sehr oft ist dieselbe aber auch auf der Oberseite des Körpers und der Außenseite der Beine schwarz, auf der Unterseite des Körpers, der Innenseite der Beine und an der Schnauze rostgelb, und ein kleiner, rundlicher rostgelber Flecken steht jederseits oberhalb des Auges.

Die Franzosen nennen diese Race Chien de montagne.

In früherer Zeit war diese Race in einem großen Theile von Deutschland fast in jedem Dorfe anzutreffen, während sie heut zu Tage daselbst nur selten mehr im reinen Zustande vorkommt.

Sie wurde — wie schon aus ihrer Benennung hervorgeht, — hauptsächlich als Wächter der Schafheerden benützt, zugleich aber auch in manchen Gegenden zum Aufsuchen der Trüffeln verwendet.

10. **Der Pommer** (Canis domesticus, pomeranus).

Der Pommer ist unzweifelhaft eine reine, unvermischte klimatische Abänderung des Haushundes (Canis domesticus), welche auf geographischer Verbreitung beruht, dem östlichen Theile von Mittel-Europa angehört und hauptsächlich über Polen und Rußland verbreitet ist.

Er ist von mittlerer Größe, doch immer etwas kleiner als der Hirten-Haushund und meistens nur von der Größe des Fuchses, aber dabei von kräftiger Gestalt.

Die Unterscheidungszeichen, welche ihn vom Hirten-Haushunde trennen, sind der kürzere und höhere Kopf, die völlig flache Stirne, die kürzere und spitzere Schnauze, die kürzeren und auch etwas schmäleren und spitzeren, steifen, vollkommen aufrechtstehenden Ohren, der kürzere und dickere Hals, der gedrungenere und vollere, in den Weichen nur sehr schwach eingezogene Leib, der vollkommen gerade Rücken, der durch seine reichliche Behaarung länger und dicker erscheinende Schwanz, welcher beinahe beständig links über den Rücken nach aufwärts gekrümmt getragen wird, und die viel längere, glatt-zottige, weiche Behaarung des Körpers, welche nur im Gesichte, an den Ohren und den Füßen kurz und glatt anliegend, an der Kehle, dem Halse, der Brust, dem Bauche, der Hinterseite der Oberarme und der Schenkel, insbesondere aber am Schwanze am längsten ist, und demselben ein buschiges Aussehen verleiht.

Die Färbung ist in der Regel einfärbig weiß, gelblichweiß, fahlgelblich oder Isabellfarben, nicht selten aber auch grau, schwarzbraun oder schwarz, minder häufig dagegen röthlichbraun, und sehr oft kommen bei den dunkelfärbigen Abänderungen weiße Abzeichen an verschiedenen Körperstellen, vorzüglich aber an der Kehle, dem Vorderhalse, der Brust, dem Bauche, an den Füßen und der Schwanzspitze vor.

Dieser Hund ist der Chien-loup der Franzosen, der Can Lupo der Italiener und der Pomerian Dog der Engländer.

Der Pommer eignet sich ebenso sehr zum Bewachen und Zusammenhalten der Schafheerden, als zum Hüter und Beschützer des Hauses, wo man ihn gewöhnlich an der Kette zu halten pflegt.

11. Der große Wolfshund (Canis domesticus, pomeranus major).

Offenbar stellt sich diese Race als eine Mischlingsform dar, die auf der Anpaarung des Pommers (Canis domesticus, pomeranus) mit dem Hirten-Haushunde (Canis domesticus, ovilis) beruht. Sie kann daher ohne Zweifel als ein Halbbastard reiner Kreuzung angesehen werden.

Vom Pommer (Canis domesticus, pomeranus) unterscheidet sich dieselbe hauptsächlich durch die bedeutendere Größe, indem sie hierin einem mäßig großen Wolfe (Canis Lupus) gleichkommt, daher dem großen Bullenbeißer (Canis Molossus, major) nur wenig an Größe nachsteht.

Aber auch die etwas kürzere und gröbere Behaarung, die nur am Bauche und an den Hinterschenkeln, vorzüglich aber an der Unterseite des Schwanzes stärker hervortritt, trennen sie von der genannten Form.

Die Färbung ist meistens weiß, mit ausgedehnten verwischten braunen oder rothgelben Schattirungen, oder auch schwarz und auf der Unterseite heller, ja selbst bisweilen weiß.

Heut zu Tage ist diese Race in Mittel-Europa keineswegs gemein und scheint vorzüglich in Frankreich gegen die Grenze von Spanien häufiger vorzukommen.

Bei den Franzosen ist sie unter dem Namen Grand Chien-loup, bei den Engländern unter dem Namen Great Wolf-Dog bekannt, obgleich sie mit demselben Namen auch den Pyrenäen-Hund (Canis domesticus, pyrenaicus) zu bezeichnen pflegen.

Ihre Verwendung ist dieselbe wie beim Pommer.

12. Der sibirische Hund (Canis domesticus, pomeranus sibiricus).

Aus den Merkmalen dieses Hundes läßt sich deutlich erkennen, daß er eine Blendlingsform sei, die aus der Vermischung des Pommers (Canis domesticus, pomeranus) mit dem großen Pudel (Canis extrarius, aquaticus) hervorgegangen ist. Er stellt sich sonach als ein einfacher Bastard reiner Kreuzung dar.

Der Größe nach gehört er zu den mittelgroßen Formen, doch ist er größer als der Pommer (Canis domesticus, pomeranus), mit welchem er in der Gestalt im Allgemeinen beinahe völlig übereinkommt.

Die wesentlichsten Merkmale, durch welche er sich von demselben unterscheidet, sind die etwas längere und stumpfere Schnauze, der durch die reichlichere Behaarung etwas kürzer erscheinende Hals, die etwas längeren und breiteren, doch wie bei diesem kurz behaarten spitzen und aufrechtstehenden Ohren, die viel längere und mehr gewellte Behaarung, welche sich auch über das Gesicht, den ganzen Kopf und über die Füße erstreckt, und der minder schneckenförmig gekrümmte, doch über den Rücken geschlagene Schwanz.

Die Färbung ist meistens weiß und am Schwanze gewöhnlich aschgrau, bisweilen aber auch einfärbig grau oder schwarz.

Das Stammland, in welchem diese Race gezogen wird, scheint das südwestliche Sibirien zu sein, von wo sie sich weiter gegen Westen bis nach Rußland verbreitete.

Die Franzosen nennen sie Chien de Sibérie, die Engländer Sibirian Dog, eine Benennung, welche sie auch dem kurzhaarigen Kamtschatka-Hunde (Canis domesticus, camtschakensis) beilegen.

Die Bewachung des Hauses und die Hut der Schafheerden sind die Dienste, welche diese Race in ihrer Heimath zu leisten hat. Bei uns, wo sie nur selten angetroffen wird, hält man sie blos als Stubenhund zum Vergnügen.

13. **Der langhaarige sibirische Hund** (Canis domesticus, pomeranus longipilis).

Es kann beinahe als gewiß angenommen werden, daß diese Race das Ergebniß der Kreuzung des sibirischen Hundes (Canis domesticus, pomeranus sibiricus) mit dem kleinen Seidenhunde (Canis extrarius, hispanicus), daher ein einfacher Bastard gemischter Kreuzung sei.

Ihre Formen sind dieselben wie die der erstgenannten Race, doch steht sie dieser an Größe bedeutend nach, indem sie fast um die Hälfte kleiner ist.

Die wesentlichsten körperlichen Merkmale, wodurch sie sich von derselben unterscheidet, sind die etwas längeren und breiteren, und auch etwas stärker behaarten Ohren, vorzüglich aber die überaus lange und reichliche, glatt-zottige Behaarung, die insbesondere am Vorderhalse, an der Brust, dem Bauche, den Schenkeln und am Schwanze in auffallender Weise hervortritt.

In der Färbung kommt sie mit jener Race überein.

In Frankreich, wie auch in England wird sie nicht vom sibirischen Hunde unterschieden und auch mit denselben Namen bezeichnet.

Man pflegt dieselbe überall nur als Stubenhund zu halten.

14. **Der glattfüßige sibirische Hund** (Canis domesticus, pomeranus laevipes).

Wie die äußeren Formen dieser Race deutlich zu erkennen geben, ist dieselbe aus der Vermischung des langhaarigen sibirischen Hundes (Canis domesticus, pomeranus longipilis) mit dem Pommer (Canis domesticus, pomeranus) hervorgegangen, wornach sie sich als ein einfacher Bastard gemischter Kreuzung darstellt.

Fast in allen ihren Merkmalen kommt sie mit dem langhaarigen sibirischen Hunde (Canis domesticus, pomeranus longipilis) überein, den sie nur an Größe etwas übertrifft und von welchem sie sich blos durch die etwas kürzere und spitzere Schnauze und die kurze Behaarung an derselben, so wie auch an den Füßen, unterscheidet.

Ihre Färbung ist genau dieselbe.

Auch diese Race wird mehr als Stubenhund gehalten, als zur Bewachung des Hauses benützt.

15. Der polnische Wolfshund (Canis domesticus, pomeranus polonicus).

Ueber die Abstammung dieser Race kann nicht leicht ein Zweifel bestehen, da sich dieselbe deutlich als ein Blendling zu erkennen gibt, der auf der Kreuzung des Pommers (Canis domesticus, pomeranus) mit dem glattfüßigen sibrischen Hunde (Canis domesticus, pomeranus laevipes) beruht. Sie ist daher als ein einfacher Bastard gemischter Kreuzung zu betrachten.

Die große Aehnlichkeit, welche sie in ihren körperlichen Merkmalen mit der letztgenannten Race hat, gestatten nur einem aufmerksamen Beobachter die Unterscheidungszeichen aufzufinden, welche diese beiden Racen von einander trennen. Dieselben beschränken sich auch beinahe blos auf die Behaarung, welche kürzer als beim glattfüßigen sibirischen Hunde (Canis domesticus, pomeranus laevipes), doch immer noch länger als beim Pommer (Canis domesticus, pomeranus) ist, und insbesondere am Kopfe minder stark hervortritt.

In der Färbung ist durchaus kein Unterschied vorhanden.

Vorzüglich häufig wird diese Race in Polen angetroffen, welchem Lande sie auch ihre Benennung verdankt. Sie wird hauptsächlich als Wächter des Hauses verwendet und bildet gewöhnlich den Begleiter der Fuhrleute.

16. Der Saubeller (Canis domesticus, pomeranus aprinus).

Diese Race stellt sich ihren körperlichen Merkmalen zufolge als ein Blendling dar, der durch die Anpaarung des Pommers (Canis domesticus, pomeranus) mit dem deutschen Fleischerhunde (Canis leporarius, laniarius germanicus) erzielt worden ist. Sie ist daher offenbar als ein dreifacher Bastard gemischter Kreuzung anzusehen und kommt bezüglich ihrer Abstammung nahezu vollständig mit dem baierischen Wolfshunde (Canis domesticus, montanus) überein.

Sie gehört zu den größeren Hunde-Racen und zeigt in der Gestalt im Allgemeinen, so wie zum Theile auch in der Behaarung und dem Tragen ihres Schwanzes, annähernd einige Aehnlichkeit mit dem Pommer (Canis domesticus, pomeranus), während sie bezüglich der Größe und Stärke lebhaft an den deutschen Fleischerhund (Canis leporarius, laniarius germanicus) erinnert.

Die Merkmale, durch welche sie sich vom Pommer unterscheidet, sind folgende.

Sie ist beträchtlich größer und stärker als derselbe, ihr Kopf ist größer und höher, das Hinterhaupt breiter, die Stirne minder flach, die Schnauze breiter und stumpfer. Die Ohren sind breiter und stumpf zugespitzt, nicht vollkommen aufrechtstehend, sondern mehr nach vorwärts geneigt. Der Leib ist voller und mehr gerundet, die Beine sind verhältnißmäßig kürzer und viel stärker, und der Schwanz ist etwas dünner; doch wird derselbe ebenso wie beim Pommer, links über den Rücken nach aufwärts gekrümmt getragen.

Die Behaarung ist beträchtlich kürzer und auch gröber, und nur die Hinterseite der Schenkel und der Schwanz sind zottiger behaart.

Die Färbung ist fast immer einfärbig hell röthlichbraun oder schwarz, und auf der Unterseite lichter, und in's Weißliche ziehend; doch kommen bisweilen auch weiße Abzeichen am Kopfe, am Halse und der Brust, an den Füßen und der Schwanzspitze vor.

So häufig und beliebt diese Race bei den Jägern auch in den zuletzt vergangenen Jahrhunderten war, ebenso selten wird sie in unseren Tagen angetroffen, da mit der Lichtung der Forste auch das Wildschwein, zu dessen Aufspürung dieselbe vorzugsweise verwendet wurde, aus dem größten Theile von Europa verschwand.

In manchen Gegenden führt sie auch den Namen Saufinder. In alter Zeit wurde sie von den Engländern Wape genannt, während sie dermalen mit der Benennung Primitive Lurcher von denselben bezeichnet wird.

17. **Der Spitz** (Canis domesticus, pomeranus audax).

Dieser Hund stellt unverkennbar eine reine unvermischte Form und zwar eine Abänderung des Pommers (Canis domesticus, pomeranus) dar, die lediglich durch Zucht und veränderte Lebensweise hervorgerufen wurde.

In allen seinen Merkmalen ist er demselben vollkommen gleich und bietet keinen anderen Unterschied dar, als daß er beträchtlich kleiner, und gewöhnlich nur von der Größe des König Carl's-Hundes (Canis extrarius, hispanicus brevipilis) ist.

Ebenso stimmt er auch bezüglich der Färbung mit dem Pommer völlig überein und wird so wie dieser, meistens einfärbig weiß, Isabellgelb oder fahl, bisweilen aber auch schwarz, schwarzbraun oder grau, minder häufig jedoch von brauner Farbe angetroffen. Nicht selten kommen auch weiße Abzeichen bei ihm und zwar an verschiedenen Körpertheilen vor.

Noch vor nicht ganz vierzig Jahren gehörte der Spitz zu einer der häufigsten Racen in Mittel-Europa, während er dermalen daselbst schon ziemlich selten geworden ist und es scheint fast, daß er zu denjenigen Hundeformen gehöre, die allmählig ihrem Verschwinden entgegen gehen.

18. **Der Fuchs-Spitz** (Canis domesticus, pomeranus alopecurus).

Den äußeren Merkmalen dieser Race nach zu urtheilen, scheint dieselbe eine Mischlingsform zu sein, welche auf der Kreuzung des Spitzes (Canis domesticus, pomeranus audax) mit dem Zigeuner-Hunde (Canis domesticus, Zingarorum) beruht. Sie dürfte sonach für einen einfachen Bastard reiner Kreuzung gelten.

Auch sie gehört zu den kleineren Formen in der Gruppe der Haushunde, indem sie selten größer als der Spitz (Canis domesticus, pomeranus audax) ist.

In ihrer Gestalt erinnert sie einigermaßen an den Heiden-Hund (Canis domesticus, Zingarorum campestris), mit welchem sie manche Merkmale gemein hat; doch steht sie demselben weit weniger nahe als dem Spitze (Canis domesticus, pomeranus audax), von dem sie sich durch nachstehende Kennzeichen unterscheidet.

Ihr Kopf ist kleiner, die Stirne etwas gewölbt, die Schnauze niederer und minder spitz. Die Ohren sind etwas länger und breiter, der Hals ist nicht so kurz und weniger dick, der Leib etwas gestreckter, und die Beine sind höher und schlanker.

Der Hauptunterschied besteht aber in der zwar langen, aber beträchtlich kürzeren Behaarung des Körpers, welche nur am Schwanze, der fast immer nach aufwärts gekrümmt getragen wird, dieselbe Länge wie beim Spitze erreicht und ihm dadurch ein buschiges Aussehen gibt.

Die Färbung ist einfärbig fahl-, röthlich-, oder graulich-braun, bald heller und bald dunkler, und gewöhnlich ist die Unterseite etwas lichter. Die Schnauze, die Füße, und meistens auch die Ohren, sind schwärzlich.

Das Vorkommen dieser Race, welche niemals häufig war, gehört in unseren Tagen zu den Seltenheiten. Sie wird nur als Stubenhund gehalten, zeigt aber immer einen gewissen Grad von Falschheit.

19. Der Seiden-Spitz (Canis domesticus, pomeranus sericeus).

Schon ein oberflächlicher Blick genügt, um in dieser Race eine Blendlingsform zu erkennen, welche als das Ergebniß der Kreuzung des Spitzes (Canis domesticus, pomeranus audax) mit dem kleinen Seidenhunde (Canis extrarius, hispanicus), daher als ein einfacher Bastard reiner Kreuzung zu betrachten ist.

So wie die erstgenannte Form, gehört auch sie zu den kleinsten Racen in der Gruppe der Haushunde, da sie bezüglich ihrer Größe vollständig mit dieser übereinkommt.

Auch in ihren körperlichen Formen zeigt sie nur einen sehr geringen Unterschied; denn nur bei einer sehr sorgfältigen Vergleichung gewahrt man, daß der Bau im Ganzen zarter, die Schnauze kaum merklich länger und stumpfer, die Stirne minder flach, die Ohren verhältnißmäßig länger und auch breiter, und die Hüftknochen stärker sind, daher dieselben auch stärker hervortreten.

Das wesentlichste Merkmal, wodurch sich diese Race von dem Spitze (Canis domesticus, pomeranus audax) unterscheidet, besteht in dem längeren, feineren und weicheren, beinahe seidenartigen Haare.

Die Färbung ist in der Regel einfärbig weiß oder schwarz, seltener dagegen Isabellgelb oder braun. Weiße Abänderungen mit gelbbraunen oder schwarzen Flecken kommen nur äußerst selten vor.

Auch dieser Hund ist eine schon ziemlich selten gewordene Race, welche ihre frühere Rolle als Schooßhund an andere Hunde-Racen abtreten mußte.

20. Der ungarische Wolfshund (Canis domesticus, luparius).

Dieser Hund kann nur als eine reine, unvermischte Form und zwar als eine Abänderung des Haushundes (Canis domesticus) angesehen werden, die auf klimatischen, durch geographische Verbreitung bedingten Verhältnissen beruht und als deren Heimath der östliche Theil von Süd-Europa und insbesondere Ungarn und die Türkei anzusehen sind.

Er stellt sich als eine überaus große, starke und kräftige Form dar, welche der englischen Dogge (Canis Molossus, mastivus anglicus) an Größe gleichkommt, bisweilen eine Körperlänge von mehr als 4 Fuß und in aufrecht sitzender Stellung eine Höhe von nahe an 4½ Fuß erreicht, und deren Umfang an der Brust oft 3 Fuß beträgt.

Vom Hirten-Haushunde (Canis domesticus, ovilis), dessen Formen er im Großen darstellt, unterscheidet er sich durch folgende Merkmale.

Der Kopf ist verhältnißmäßig höher, das Hinterhaupt breiter, die Schnauze minder spitz. Die Ohren sind kürzer, breiter, und vollkommen aufrechtstehend. Der Hals ist kürzer und dicker, der Leib etwas länger, voller, mehr gerundet, und in den Weichen nur sehr schwach eingezogen, und die Brust ist breiter. Die Beine sind höher, und auch verhältnißmäßig kräftiger, und der Schwanz erscheint durch die reichlichere Behaarung dicker, und auch länger, und reicht daher ziemlich tief unter das Fersengelenk herab.

Die Körperbehaarung ist mit Ausnahme des kurz und glatt anliegend behaarten Gesichtes und der etwas kürzer behaarten Füße, lang, glatt-zottig, weich, und glänzend, vorzüglich aber am Vorderhalse, an der Brust, den Leibesseiten, und am Schwanze, welcher letztere beinahe buschig erscheint, und meistens links über den Rücken nach aufwärts gekrümmt, aber auch gerade ausgestreckt oder etwas in die Höhe gebogen, und bisweilen sogar hängend getragen wird.

Die Färbung ist meistens einfärbig weiß, oder gelblichweiß, und insbesondere sind es die Ohren, welche stets mehr gelblich gefärbt sind; doch ändert die Färbung bisweilen auch in verschiedenen Tönen von dunkel- zu hellbraun ab. Seltener erscheint sie dagegen mit röthlichbraunen Flecken auf weißem Grunde gezeichnet. Die Nasenkuppe ist bald schwarz, bald röthlichbraun, und die Augen sind in ersterem Falle in der Regel schwarz, im letzteren braun.

Die Engländer nennen diesen Hund Molossian Dog. und Spartan Dog.

Seiner Stärke und Bissigkeit wegen kann er fremden Personen sehr gefährlich werden, da er dieselben häufig anfällt und auch verfolgt; doch genügen einige Steinwürfe, ihn in die Flucht zu jagen.

Der ungarische Wolfshund war schon den alten Römern bekannt und wurde von Plinius unter dem Namen Albanischer Hund (Canis Albanus), von Nemesianus unter der Benennung Pannonischer Hund (Canis Pannonicus) beschrieben.

Zum Bewachen des Hauses ist er ganz vorzüglich geeignet, doch ist gerathen, ihn an die Kette zu legen.

21. **Der ächte Wolfshund** (Canis domesticus, luparius verus).

Es ist als vollkommen gewiß zu betrachten, daß diese Form aus der Vermischung des ungarischen Wolfshundes (Canis domesticus, luparius) mit dem gemeinen Wolfe (Canis Lupus) hervorgegangen, demnach ein einfacher Bastard reiner Kreuzung ist. Ihre Abstammung bietet daher große Aehnlichkeit nicht nur mit jener des grönländischen Hundes (Canis domesticus, borealis groenlandicus) und des nordamerikanischen Wolfshundes (Canis domesticus, borealis luparius), sondern auch des kurzbeinigen Pariah-Hundes (Canis domesticus, indicus brevipes) und des Zigeunerhundes (Canis domesticus, Zingarorum) dar, da auch diese vier verschiedenen Formen aus der Kreuzung einer zahmen, mit einer wilden Hundeart hervorgegangen sind.

In der Größe sowohl, als auch in der Gestalt kommt sie beinahe ganz mit dem Wolfe (Canis Lupus) überein und unterscheidet sich von demselben nur durch den etwas schlankeren Bau, das minder breite Hinterhaupt, die etwas längeren und breiteren, doch so wie bei diesem steifen und völlig aufrechtstehenden Ohren, die zwar kleinen, aber vollkommen wagrecht gestellten Augen, die deutlich hervortretenden Gesichtswarzen, die verhältnißmäßig etwas höheren, schlankeren und minder kräftigen Beine, und den noch buschiger behaarten Schwanz, welcher häufiger nach aufwärts gerichtet und nach vorwärts gebogen, als gerade ausgestreckt und hängend getragen wird.

Die Behaarung des Körpers ist fast ebenso kurz und glatt anliegend, wie beim Wolfe.

Die Färbung erscheint auf der Oberseite des Körpers einfärbig hell röthlichbraungrau, mit schwarzer Beimischung, auf der Unterseite desselben, so wie auch auf der Innenseite der Beine und um die Schnauze, mehr in's Weißliche ziehend.

Als Heimath dieser Race sind das südöstliche Ungarn, Siebenbürgen, die Wallachei und Moldau, die nördliche Türkei und der südliche Theil von Rußland zu betrachten.

Von den Engländern wird sie Feral Dog of Russia genannt.

22. **Der Seiden-Wolfshund** (Canis domesticus, luparius hirsutus).

Unverkennbar treten bei dieser Mischlingsrace die Merkmale des ungarischen Wolfshundes (Canis domesticus, luparius) und des großen Seidenhundes (Canis extrarius, major) hervor, so daß man nicht zweifeln kann, daß sie auf der gegenseitigen Vermischung derselben beruht. Sie kann daher unbedingt für einen einfachen Bastard reiner Kreuzung angesehen werden.

In Ansehung der Größe steht sie dem ungarischen Wolfshunde (Canis domesticus, luparius) etwas nach, doch kommt sie mit demselben sowohl in Bezug auf die Körpergestalt im Allgemeinen, als auch in Ansehung der Bildung der einzelnen Theile beinahe vollständig überein.

Die wenigen Merkmale, durch welche sie sich vom ungarischen Wolfshunde unterscheidet, sind die nach vorne zu noch weniger verschmälerte und daher auch minder spitze Schnauze, die etwas längeren, breiteren und an der Spitze gewöhnlich etwas überhängenden Ohren, und die noch längere, feinere und weichere, beinahe seidenartige Behaarung des Körpers.

Die Färbung bietet dieselben Verschiedenheiten dar, wie beim ungarischen Wolfshunde.

Der Seiden-Wolfshund ist eine nur selten vorkommende Hunde-Race, welche blos im südöstlichen Theile von Europa häufiger angetroffen wird.

23. Der Pyrenäen-Hund (Canis domesticus, pyrenaicus).

Der Pyrenäen-Hund bildet gleichfalls eine reine, unvermischte Abänderung des Haushundes (Canis domesticus), die durch klimatische Verhältnisse in Folge geographischer Verbreitung bedingt ist. Sie gehört dem westlichen Theile von Süd-Europa an und wird hauptsächlich in Spanien und im südwestlichen Frankreich angetroffen.

So nahe verwandt diese Form auch dem Hirten-Haushunde (Canis domesticus, ovilis) ist, so bietet sie doch manche Merkmale dar, die sie deutlich von demselben unterscheiden.

Nicht nur die weit bedeutendere Größe, welche der eines mäßig großen Wolfes (Canis Lupus) gleichkommt, und ihr kräftigerer Bau sind es, die ihr ein anderes Aussehen verleihen, sondern auch mancherlei Abweichungen, welche ihre einzelnen Körpertheile zeigen.

Die Stirne ist deutlicher gewölbt, die Ohren sind etwas schmäler und vollkommen aufrechtstehend, der Hals ist kürzer und dicker, der Leib mehr gedrungen und voller, die Beine sind kräftiger und stärker, und die Behaarung des Körpers ist länger und mehr zottig, vorzüglich aber auf der Unterseite des Schwanzes.

Die Färbung ist einfärbig gelblichbraun, weiß, oder schwarz.

In England wird dieser Hund, ebenso wie der große Wolfshund (Canis domesticus, pomeranus major), Great Wolf-Dog genannt.

Er war schon den alten Römern bekannt und wurde von Ovid unter dem Namen Canis Lysciscus beschrieben, da er denselben für einen Abkömmling des Hundes und des Wolfes hielt.

24. Der Pampas-Hund (Canis domesticus, pyrenaicus Alco).

Mit großer Wahrscheinlichkeit ist diese Race in ihrer ursprünglichen und selbst heut zu Tage noch ziemlich häufig vorkommenden Form aus der Vermischung des Pyrenäen-Hundes (Canis domesticus, pyrenaicus) mit dem großen Bullenbeißer (Canis Molossus, major) hervorgegangen, sonach ein einfacher Bastard reiner Kreuzung.

In dieser starken und kräftig gebauten Race, welche bezüglich ihrer Größe einem mittelgroßen Wolfe (Canis Lupus) gleichkommt, sprechen sich die körperlichen Merkmale ihrer beiden Stammältern in ziemlich deutlicher Weise aus.

Vom Pyrenäen-Hunde, mit welchem sie zunächst verwandt ist, unterscheiden sie der größere, etwas kürzere, höhere Kopf, die stärker gewölbte Stirne, die kürzere und breitere, höhere und stumpfere Schnauze, die etwas hängenden Lippen, die breiteren, meist halb aufrechtstehenden, und gegen die Spitze gebrochenen und überhängenden Ohren, der kürzere, dickere Hals, der gedrungenere und vollere Leib, die breitere Brust, die stärkeren Beine, der längere Schwanz, und die etwas kürzere, doch ebenso zottige Behaarung.

Die Färbung ist in der Regel einfärbig gelblichbraun, häufig aber auch dunkel graubraun, und auf der Unterseite heller. Brust und Bauch sind bisweilen weiß, und nicht selten kommt auch eine Abänderung vor, welche mit einigen größeren braunen oder schwarzen Flecken auf weißem Grunde besetzt ist. Der Gaumen ist schwarz.

Diese Race, welche nur selten im reinen Zustande und meistens in den mannigfaltigsten Vermischungen mit anderen eingeführten Hunde-Racen angetroffen wird, wodurch ihr Charakter oft völlig verändert erscheint, hat in Süd-Amerika eine sehr weite Verbreitung gefunden, denn sie wird nicht nur in den Pampas von Paraguay, Uruguay und Buenos-Ayres angetroffen, sondern reicht südwärts bis nach Patagonien, und selbst bis Feuerland hinab, während sie sich nordwärts bis nach Guiana hinauf erstreckt.

Offenbar ist sie eine durch die Spanier nach Süd-Amerika eingeführte Race.

Von den Spaniern wird dieselbe Alco und Runalco genannt, während sie von den Engländern mit den Benennungen Feral Dog of the Pampas, Patagonian Dog und Terra del Fuego Dog bezeichnet wird.

Sie bellt sehr viel, ist aber durchaus nicht bissig.

25. Der algierische Hund (Canis domesticus, algirensis).

Auch diese Form ist offenbar eine reine, unvermischte, nur auf klimatischen Verhältnissen in Folge geographischer Verbreitung beruhende Abänderung des Haushundes (Canis domesticus), die dem westlichen Theile von Nord-Afrika und namentlich Algier und Marokko angehört.

Ihre nahe Verwandtschaft mit dem Pyrenäen-Hunde (Canis domesticus, pyrenaicus) ist in ihrer ganzen Körperform deutlich ausgesprochen und nur wenige Merkmale sind es, welche sie von diesem unterscheiden.

Abgesehen von ihrer geringeren Größe, beschränken sich dieselben auf eine etwas schwächer gewölbte Stirne, einen kürzeren Hals, gedrungeneren Leib, und eine längere und auch zottigere Behaarung am Halse, an der Brust, der Hinterseite der Vorder- und Hinterbeine, und an der Unterseite des Schwanzes.

Die Färbung ist entweder einfärbig weiß, braun oder schwarz, oder erscheint auch gefleckt, indem die weiße Grundfarbe bisweilen mit braunen oder schwarzen Flecken von verschiedener Größe und Form besetzt ist. Nicht selten werden auch braune oder schwarze Abzeichen am Kopfe angetroffen.

Der algierische Hund wird in seiner Heimath hauptsächlich zum Bewachen der Schafheerden benützt.

Er war schon den alten Griechen bekannt und wurde von Aristoteles, der ihn für einen Bastard des Hundes und des Wolfes hielt, unter dem Namen Cyrenäischer Hund (Canis cyrenaicus) beschrieben.

26. **Der turkomanische Wachthund** (Canis domesticus, armeniacus).

Es kann wohl keinem Zweifel unterliegen, daß dieser Hund eine reine, unvermischte Form und nur eine klimatische, durch geographische Verbreitung bedingte Abänderung des Haushundes (Canis domesticus) bilde, deren Heimath sich vom Hochlande von Central-Asien über den ganzen Westen von Mittel-Asien ausdehnt und bis an den Bosporus erstreckt.

Sie ist zunächst mit dem ungarischen Wolfshunde (Canis domesticus, luparius) verwandt, dem sie in Bezug auf Größe und Stärke nur wenig nachsteht, und erinnert in Ansehung ihrer körperlichen Formen sowohl, als in der Färbung, auch an den natolischen Wolf (Canis ictinus).

Die Merkmale, durch welche sie sich vom ungarischen Wolfshunde unterscheidet, bestehen in der flacheren Stirne, einer spitzeren Schnauze, den kürzeren, breiteren, beinahe dreieckigen, doch so wie bei diesem steifen und vollkommen aufrechtstehenden Ohren, den etwas niedereren Beinen, einer merklich kürzeren, groben Behaarung des Körpers, die nur um den Hals herum und an der Brust länger und mehr zottig ist, und in dem gleichfalls kürzer behaarten Schwanze, der meistens gerade ausgestreckt oder nur wenig nach aufwärts gebogen, häufig aber auch hängend getragen wird.

Die Färbung ist einfärbig tief gelblichroth, oder auch graulich rothfahl.

Schon in sehr alter Zeit ist dieser Hund von Asien aus nach Aegypten verpflanzt worden, wo man ihn häufig auf den alt-ägyptischen Denkmälern abgebildet findet und selbst auf solchen, die bis in die älteste Zeit zurückreichen. Zugleich bildet derselbe auch ein Symbol, im Hieroglyphen-Alphabet dieses Volkes.

Heut zu Tage hingegen ist er in Aegypten ziemlich selten.

Die Engländer nennen ihn Watch-Dog oder Turkman Watch-Dog.

In seiner Heimath wird dieser Hund hauptsächlich als Wächter des Hauses benützt, aber auch zum Zusammenhalten der Viehheerden verwendet.

27. **Der große Pariah-Hund** (Canis domesticus, indicus).

Im großen Pariah-Hunde kann man nur eine reine, unvermischte Form des Hundes erkennen, die als eine durch klimatische Verhältnisse in Folge geographischer Verbreitung bedingte Abänderung des Haushundes (Canis domesticus) angesehen werden muß, und dem südlichen Theile von Asien und insbesondere Ost-Indien eigenthümlich ist.

In seinen Formen die Merkmale des Hirten-Haushundes (Canis domesticus, ovilis) sowohl, als auch des Pommers (Canis domesticus, pomeranus) vereinigend, neigt sich der große Pariah-Hund bezüglich der Gestalt im Allgemeinen mehr dem letzteren, in Ansehung der Größe hingegen dem ersteren zu, indem er nicht selten einem mittelgroßen Wolfe (Canis Lupus) an Größe gleichkommt.

Die Merkmale, welche ihn vom Pommer unterscheiden, sind der größere und etwas höhere Kopf, die minder flache Stirne, die kürzere und etwas weniger spitze Schnauze, die längeren, breiteren, doch vollkommen aufrechtstehenden Ohren, die verhältnißmäßig kleineren Augen, der kürzere Hals, der mehr gestreckte und auch vollere Leib, die kürzeren, stärkeren Beine, und vorzüglich die längere, schwach gewellte zottige und beinahe seidenartige Behaarung des Körpers, welche insbesondere am Vorderhalse und der Brust, an den Leibesseiten, so wie auch an der Hinterseite der Vorder- und Hinterbeine, und an der Unterseite des Schwanzes, der entweder gerade ausgestreckt, oder etwas nach aufwärts gebogen getragen wird, in langen Zotten herabhängt.

Die Färbung ist in der Regel einfärbig rostroth oder weiß, seltener dagegen schwarz; doch kommen auch gefleckte Abänderungen vor, die mit rostrothen oder schwarzen Flecken von verschiedenem Umfange, auf weißem Grunde gezeichnet sind.

Es kann für vollkommen gewiß gelten, daß auch diese Form schon in sehr alter Zeit im Wege des Verkehrs von Ost-Indien nach Aegypten gelangte und daselbst heimisch gemacht wurde, da man Abbildungen derselben auf den alt-ägyptischen Denkmälern trifft, die bis in die Zeit der zwölften Dynastie zurückreichen.

Gegenwärtig wird sie nur hie und da noch in Aegypten angetroffen. Im nordöstlichen Theile von Ost-Indien kommt sie aber auch heut zu Tage noch verwildert, oder beinahe in halbwildem Zustande vor.

Pariah-Dog ist der Name, unter welchem sie bei den Engländern bekannt ist.

Ihre Verwendung besteht in der Hut der Viehheerden und in der Bewachung der Häuser.

28. **Der kleine Pariah-Hund** (Canis domesticus, indicus minor).

Offenbar ist dieser Hund eine reine, unvermischte Form und zwar nur eine durch Zucht und veränderte Lebensweise entstandene Abänderung des großen Pariah-Hundes (Canis domesticus, indicus).

Der einzige Unterschied, welcher sich bei einer Vergleichung dieser Form mit dem Großen Pariah-Hunde ergibt, besteht in der beträchtlich geringeren Größe derselben, indem sie beinahe um die Hälfte kleiner als dieser ist, während sie in allen übrigen Merkmalen und daher auch in der Färbung, vollständig mit demselben übereinkommt.

So wie der große Pariah-Hund, ist auch diese Form schon in der ältesten Zeit von Ost-Indien nach Aegypten verpflanzt worden, wie dieß aus den Abbildungen hervorgeht, die man von derselben auf den alt-ägyptischen Denkmälern aus eben dieser Periode trifft.

Dermalen ist sie in Aegypten nicht minder selten, als der große Pariah-Hund und in derselben Weise wird sie auch daselbst verwendet.

29. Der Neuseeländer-Hund (Canis domesticus, indicus Novae-Zeelandiae).

Die geringen Abweichungen, welche diese Form in ihren körperlichen Merkmalen vom großen Pariah-Hunde (Canis domesticus, indicus) darbietet, berechtigen zu dem Schlusse, daß dieselbe nur eine in Folge der Verpflanzung dieses Hundes vom Festlande von Ost-Indien nach Neu-Seeland, durch Acclimatisation hervorgerufene Abänderung desselben, daher eine reine, unvermischte Form sei.

Fast in allen einzelnen Körpertheilen kommt dieselbe mit dem obengenannten Hunde überein und unterscheidet sich von demselben nur durch die geringere Größe, eine etwas stumpfere Schnauze und einen noch mehr gestreckten Leib.

Die Färbung ist meistens einfärbig rostroth, schwarz, oder weiß, sehr oft aber auch gefleckt, indem die weiße Grundfarbe mit unregelmäßigen schwarzen oder rostrothen Flecken von verschiedener Größe besetzt ist. Gewöhnlich schließt ein solcher Flecken auch die Wangen, die Augen- und die Ohrengegend ein.

Von den Eingeborenen von Neu-Seeland wird dieser Hund Kararahe genannt; die Engländer bezeichnen ihn mit dem Namen New Zeeland Dog.

Er bellt nur selten, läßt aber von Zeit zu Zeit sein stöhnendes Geheul ertönen. Die Neu-Seeländer füttern ihn größtentheils mit Fischen und halten ihn vorzüglich seines Felles wegen, das sie zu ihren Festkleidern benützen. Sein Fleisch wird nicht von denselben gegessen. Bezüglich seiner Intelligenz steht er weit hinter anderen Formen des Haushundes zurück.

30. Der Taiti-Hund (Canis domesticus, indicus taitiensis).

Bei der großen Uebereinstimmung, welche diese Form in ihren körperlichen Merkmalen mit dem großen Pariah-Hunde (Canis domesticus, indicus) zeigt, läßt sich wohl beinahe mit Gewißheit annehmen, daß dieselbe ihre Entstehung lediglich der Verpflanzung dieses Hundes vom indischen Festlande auf die Gesellschafts- und Sandwich-Inseln verdankt und blos durch Acclimatisation bewirkt worden ist. Sie ist daher so wie dieser, eine reine, unvermischte Form.

Die größte Aehnlichkeit hat dieselbe mit dem Neuseeländer-Hunde (Canis domesticus, indicus Novae-Zeelandiae), von welchem sie sich nur durch sehr wenige Merkmale unterscheidet.

Diese ihr eigenthümlichen Unterscheidungskennzeichen bestehen theils in ihrer geringeren Größe, indem sie hierin ungefähr dem krummbeinigen Dachshunde (Canis vertagus, valgus) gleichkommt, theils in dem etwas mehr gestreckten Leibe, und in den kürzeren Beinen, von denen die vorderen nicht vollkommen gerade sind, sondern etwas gekrümmt erscheinen.

Die Färbung ist einfärbig lohbraun oder rostgelb.

Bei den Engländern ist dieser Hund unter dem Namen Poe-Dog of the Pacific Islands bekannt.

Die Eingeborenen auf den Gesellschafts- und Sandwich-Inseln pflegen denselben nur mit Vegetabilien zu füttern und genießen auch sein Fleisch. Gegen Fremde zeigt er sich sehr scheu und seine Intelligenz ist nur gering.

31. **Der kurzbeinige Pariah-Hund** (Canis domesticus, indicus brevipes).

Die körperlichen Formen dieses Hundes gestatten wohl die Annahme, daß er das Ergebniß der Vermischung des großen Pariah-Hundes (Canis domesticus, indicus) mit dem in Nepal wild vorkommenden Buansu (Canis primaevus) sei. Er dürfte sonach als ein einfacher Bastard reiner Kreuzung angesehen werden, der bezüglich seiner Abkunft Aehnlichkeit mit dem Zigeuner-Hunde (Canis domesticus, Zingarorum), dem ächten Wolfshunde (Canis domesticus, luparius verus), dem grönländischen Hunde (Canis domesticus, borealis groenlandicus) und dem nordamerikanischen Wolfshunde (Canis domesticus, borealis luparius) hat; indem auch diese der Kreuzung einer zahmen mit einer wilden Hundeart ihre Entstehung zu verdanken haben.

Aus den wenigen Aufzeichnungen, die wir über diese nur sehr unvollständig bekannt gewordene Race besitzen, scheint hervorzugehen, daß sie sich vom kleinen Pariah-Hunde (Canis domesticus, indicus minor), mit welchem sie auch bezüglich ihrer Größe übereinkommt, hauptsächlich durch eine längere Schnauze, einen gestreckteren Leib, kürzere Beine, einen längeren Schwanz und eine kürzere und auch mehr glatt anliegende Körperbehaarung unterscheidet.

Die Färbung soll meistens einfärbig rostroth und auf der Unterseite heller, oder in's Weißliche ziehend sein.

Auch diese Hunde-Race war schon den alten Aegyptiern bekannt und ist ohne Zweifel schon in der ältesten Zeit im Wege des Verkehrs von Ost-Indien nach Aegypten gelangt, da man sie auf den alt-ägyptischen Denkmälern aus der Zeit der zwölften Dynastie abgebildet findet.

32. Der chinesische Hund (Canis domesticus, indicus sinensis).

Nach den äußeren Merkmalen, welche diese Form darbietet, läßt sich mit ziemlicher Wahrscheinlichkeit behaupten, daß sie aus der Vermischung des großen Pariah-Hundes (Canis domesticus, indicus) mit dem orientalischen Hirtenhunde (Canis extrarius, Calmuccorum) hervorgegangen, daher ein einfacher Bastard reiner Kreuzung sei. Ist diese Annahme richtig, so würde ihre Abstammung große Aehnlichkeit mit jener des Seiden-Wolfshundes (Canis domesticus, luparius hirsutus) und des langhaarigen Kamtschatkahundes (Canis domesticus, camtschatkensis longipilis) haben.

Diese erst in neuerer Zeit bekannt gewordene schöne Hunderace bietet in ihrer allgemeinen Körperform einige Aehnlichkeit mit dem Pommer (Canis domesticus, pomeranus), noch mehr aber mit dem Seiden-Wolfshunde (Canis domesticus, luparius hirsutus) dar und verhält sich zum großen Pariah-Hunde (Canis domesticus, indicus) ebenso, wie der Seiden-Wolfshund zum ungarischen Wolfshunde (Canis domesticus, luparius).

Sie ist in der Gestalt dem großen Pariah-Hunde ähnlich, doch etwas kleiner als derselbe.

Ihre Stirne ist mehr gewölbt, die Schnauze länger und stumpfer, die Ohren sind breiter, weniger steif, aufrechtstehend, und an der Spitze etwas überhängend und nach vorwärts geneigt. Der Leib ist mehr gedrungen, die Beine sind etwas höher, und der Schwanz wird meistens bogenförmig über den Rücken gekrümmt, oder auch etwas gestreckt getragen.

Die Färbung ist beständig einfärbig tief schwarz, und von derselben Farbe sind auch die ganze Rachenhöhle und die Zunge.

Hinter-Indien, China und Japan sind die Länder, in denen diese Race gezogen wird.

Von den Franzosen wird sie Chien de la Chine genannt, während die Engländer dieselbe nur für eine Abänderung des Pommers (Canis domesticus, pomeranus) betrachten und daher ebenso wie diesen, mit dem Namen Pomerian-Dog bezeichnen.

33. Der Zigeuner-Hund (Canis domesticus, Zingarorum).

Unwillkürlich drängt sich dem Beobachter bei einer genaueren Untersuchung der Merkmale dieser ganz eigenthümlichen Hundeform der Gedanke auf, daß dieselbe eine Mischlingsform sei, welche ihre Entstehung der Kreuzung des großen Pariah-Hundes (Canis domesticus, indicus) mit dem auf dem Festlande von Ostindien wild vorkommenden Kolsun oder der Dhole (Canis dukhunensis) zu verdanken hat. Findet sich diese Annahme bestätiget, so ist diese Form als ein einfacher Bastard reiner Kreuzung zu betrachten, dessen Abstammung große Aehnlichkeit mit der des kurzbeinigen Pariah-Hundes (Canis domesticus, indicus brevipes), des ächten Wolfshundes (Canis domesticus, luparius verus), des grönländischen

Hundes (Canis domesticus, borealis groenlandicus) und des nordamerikanischen Wolfshundes (Canis domesticus, borealis luparius) hat; denn auch diese sind aus der Anpaarung einer zahmen, mit einer wilden Hundeform hervorgegangen.

Diese auffallende Race, welche sich ihrer Gestalt nach zunächst an den Kolsun oder die Dhole (Canis dukhunensis) anschließt und mehr an den halbwilden neuholländischen Dingo (Canis Novae-Hollandiae) als an unseren europäischen Hirten-Haushund (Canis domesticus, ovilis) erinnert, ist meist nur von der Größe des Fuchses (Vulpes vulgaris), bisweilen aber auch noch kleiner, und zeichnet sich durch folgende Merkmale aus.

Ihr Kopf ist verhältnißmäßig etwas klein, kurz, und nicht sehr hoch, das Hinterhaupt breit, die Stirne ziemlich stark gewölbt, die Schnauze kurz und nieder, nach vorne zu verschmälert und nicht besonders spitz. Die Lippen sind kurz und straff, die Ohren nicht sehr kurz, breit, zugespitzt, steif, vollkommen aufrechtstehend und nach vorwärts gerichtet, die Augen nicht sehr klein, und etwas schief gestellt. Der Hals ist nicht sehr kurz und ziemlich dünn, der Leib nur sehr wenig gestreckt, voll, und gegen die Weichen etwas eingezogen, der Widerrist sehr schwach erhaben, der Rücken schwach gekrümmt und in der Mitte etwas gesenkt, die Brust verhältnißmäßig ziemlich breit, aber durchaus nicht vorstehend. Die Beine sind ziemlich hoch, schlank und kräftig, die vorderen vollkommen gerade, die Schenkel ziemlich lang, und an den Hinterfüßen ist keine fünfte Afterzehe vorhanden. Der Schwanz ist ziemlich lang, in Folge der Behaarung dick, bis etwas unter das Fersengelenk reichend, und wird meist nach aufwärts gekrümmt, aber auch gerade ausgestreckt, und bisweilen sogar hängend getragen.

Die Behaarung ist etwas lang, sehr schwach zottig, beinahe glatt anliegend, und ziemlich fein, im Gesichte, an den Ohren und der Vorderseite der Beine kurz, und vollkommen glatt anliegend, am Schwanze aber am längsten, so daß derselbe etwas buschig erscheint.

Die Färbung ändert von hell fahl-, röthlich-, oder graulichgelb, bis in dunkel gelblich-, röthlich-, oder graulichbraun, wobei jedoch die Unterseite des Körpers meistens etwas heller ist. Die Ohren sind immer dunkler gefärbt, und die Schnauze und die Füße sind beständig schwärzlich. Die Augen sind dunkelbraun.

Der Zigeuner-Hund ist ursprünglich eine ost-indische Race, welche erst durch die Zigeuner nach Europa gebracht wurde, aber nur in jenen Ländern angetroffen wird, in denen sich Ansiedelungen dieses Volksstammes befinden, oder welche von einzelnen Truppen derselben bisweilen durchzogen werden. In früherer Zeit war dieser Hund sogar bis nach Deutschland gelangt und in manchen Dörfern daselbst zu sehen, und insbesondere waren es Gaukler, Seiltänzer, oder mit abgerichteten Affen und anderen Thieren herumziehende Personen, welche Hunde dieser Race mit sich führten und dieselben, in die verschiedenartigsten Costüme gekleidet, Proben ihrer erlernten Kunststücke, in Begleitung der Drehorgel vor dem Volke ablegen ließen. Seit nahezu sechzig Jahren ist diese Race jedoch aus Deutschland völlig verschwunden.

34. Der Heiden-Hund (Canis domesticus, Zingarorum campestris).

Die körperlichen Formen dieses Hundes lassen deutlich erkennen, daß derselbe aus der Anpaarung des Zigeuner-Hundes (Canis domesticus, Zingarorum) mit dem Hirten-Haushunde (Canis domesticus, ovilis) hervorgegangen, daher ein einfacher Bastard gemischter Kreuzung ist.

Er steht zwischen diesen beiden Formen bezüglich seiner äußeren Merkmale genau in der Mitte und bildet ein deutlich ausgesprochenes Uebergangsglied zwischen denselben, das sie gleichsam mit einander zu verbinden scheint.

Seine Größe ist ungefähr jene des Zigeuner-Hundes, und meistens ist er etwas kleiner als der Hirten-Haushund.

Von der erstgenannten Race unterscheidet er sich durch den verhältnißmäßig größeren und längeren Kopf, die schwächer gewölbte Stirne, die etwas längere und spitzere Schnauze, die längeren und minder breiten, aber vollkommen aufrechtstehenden Ohren, die wagrecht gestellten Augen, den etwas kürzeren und dickeren Hals, den gedrungeneren und volleren Leib, die schmälere Brust, die niedereren und stärkeren Beine, den weniger dick erscheinenden Schwanz, und die gröbere Behaarung, welche nur am Halse etwas mehr zottig, und am Schwanze länger als an den übrigen Körpertheilen ist.

Die Färbung ist meistens einfärbig fahl-, röthlich-, bräunlich- oder graulichgelb, bisweilen aber auch gelblichweiß, und nicht selten ist bei den dunkler gefärbten Abänderungen die Kehle weiß. Die Schnauze ist gewöhnlich schwärzlich.

Bis jetzt hat sich diese Race im südöstlichen Theile von Europa und selbst in Deutschland noch erhalten, wo sie fast überall ziemlich häufig angetroffen wird.

35. Der Heiden-Spitz (Canis domesticus, Zingarorum audax).

Es stellt sich diese Race als eine Bastardform dar, welche offenbar auf der Kreuzung des Zigeuner-Hundes (Canis domesticus, Zingarorum) mit dem Heiden-Hunde (Canis domesticus, Zingarorum campestris) beruht. Sie ist sonach ein einfacher Bastard gemischter Kreuzung.

Die große Uebereinstimmung, welche diese Race in allen ihren einzelnen Körpertheilen mit den beiden genannten Formen deutlich erkennen läßt, kann die oben ausgesprochene Ansicht über ihre Abstammung von denselben nur bekräftigen.

In der Gestalt, der Größe und Behaarung, so wie auch in der Färbung, stimmt sie mit dem Heiden-Hunde beinahe vollkommen überein, und der einzige Unterschied, welcher sich zwischen diesen beiden Racen ergibt, besteht darin, daß sämmtliche Kennzeichen, welche den Heiden-Hund vom Zigeuner-Hunde trennen, beim Heiden-Spitze minder deutlich ausgesprochen sind und in schwächerer Weise hervortreten, so daß es oft schwer wird, ihn mit Sicherheit zu erkennen und eine genaue Vergleichung erforderlich ist, um ihn vom Heiden-Hunde zu unterscheiden.

In allen Gegenden, wo der Heiden-Hund gehalten wird, ist diese Race auch jetzt noch in großer Anzahl zu treffen.

36. Der Viehhund (Canis domesticus, Zingarorum pecuarius).

Ueber die Abstammung dieser Mischlingsrace vom Heiden-Hunde (Canis domesticus, Zingarorum campestris) und dem Spitze (Canis domesticus, pomeranus audax) kann durchaus kein Zweifel bestehen, da in den körperlichen Merkmalen derselben der Charakter ihrer Stammältern deutlich ausgesprochen ist. Sie gibt sich sonach als ein einfacher Bastard gemischter Kreuzung zu erkennen.

Ihre körperlichen Formen sind beinahe dieselben wie jene des Heiden-Hundes (Canis domesticus, Zingarorum campestris), von welchem sie sich außer der geringeren Größe, nur durch folgende Merkmale unterscheidet.

Die Stirne ist beinahe völlig flach, die Schnauze spitzer, der Hals kürzer und dicker, der Leib gedrungener, voller, und in der Weichengegend nur sehr schwach eingezogen. Der Schwanz erscheint in Folge der stärkeren Behaarung dicker, und wird beinahe beständig links über den Rücken nach aufwärts gekrümmt getragen, und die ziemlich glatt anliegende Behaarung des Körpers ist durchgehends länger und weicher, vorzüglich aber am Halse, an der Brust, der Hinterseite der Schenkel, und am Schwanze, der dadurch beinahe ein buschiges Aussehen erhält.

Die Färbung ist gewöhnlich auf der Oberseite des Körpers und der Außenseite der Beine schwarz, auf der Schnauze, der Unterseite des Körpers und der Innenseite der Beine rostgelb, und oberhalb der Augen befindet sich jederseits ein kleiner, rundlicher rostgelber Flecken. Nicht selten kommen auch einfärbige Abänderungen von fahl-, röthlich-, bräunlich-, oder graulichgelber, und selbst von gelblichweißer Farbe vor, und sehr oft trifft man bei den dunkler gefärbten Abänderungen auch weiße Abzeichen an der Kehle, der Brust, dem Bauche, den Füßen und der Schwanzspitze an.

Diese Race, welche fast allgemein bekannt ist, wird auch in dem größten Theile von Süd-Deutschland häufig angetroffen und daselbst hauptsächlich zum Bewachen der Schafheerden benützt.

37. Der Zigeuner-Spitz (Canis domesticus, Zingarorum pomeranus).

Offenbar stellt diese Race einen Blendling dar, der nur aus der Kreuzung des Viehhundes (Canis domesticus, Zingarorum pecuarius) mit dem Spitze (Canis domesticus, pomeranus audax) abgeleitet werden kann. Sie ist demnach als ein einfacher Bastard gemischter Kreuzung zu betrachten.

Von der erstgenannten Race, mit welcher sie sehr nahe verwandt und auch von gleicher Größe ist, unterscheidet sie sich fast nur durch die Verschiedenheit in der Behaarung, welche beträchtlich länger und beinahe glatt-zottig ist. Sie reiht sich hiernach mehr dem Spitze (Canis domesticus, pomeranus audax) an, ohne demselben jedoch bezüglich der Länge der Behaarung gleich zu kommen.

Die Färbung ist dieselbe wie beim Viehhunde (Canis domesticus, Zingarorum pecuarius).

In denselben Gegenden, in denen der Viehhund gezogen und gehalten wird, wird auch diese Race und zwar ebenso häufig angetroffen. Ebenso ist auch ihre Verwendung ganz und gar dieselbe.

38. Der Doggen-Spitz (Canis domesticus, Zingarorum laniarius).

Die Merkmale, welche diese Race erkennen läßt, stimmen so sehr mit jenen des Viehhundes (Canis domesticus, Zingarorum pecuarius) und des deutschen Fleischerhundes (Canis leporarius, laniarius germanicus) überein, daß man ihre Abstammung von diesen beiden Racen nicht leicht wird bestreiten können. Sie muß daher unbedingt für einen dreifachen Bastard gemischter Kreuzung angesehen werden.

Bedeutend größer als die erstere und nicht viel kleiner als die letztere Race, unterscheidet sich der Doggen-Spitz vom Viehhunde durch den größeren, längeren und höheren Kopf, das breitere Hinterhaupt, die deutlich gewölbte Stirne, die längere, breitere und stumpfere Schnauze, die etwas hängenden Lippen, die längeren und breiteren, stumpfspitzigen, halb aufrechtstehenden, und gegen die Spitze gebrochenen und überhängenden Ohren, den etwas längeren, dickeren Hals, den gestreckteren, volleren Leib, die höheren stärkeren Beine, die längeren Schenkel, und die etwas kürzere Behaarung des Körpers.

An den Hinterfüßen kommt bisweilen eine fünfte Afterzehe vor.

In der Färbung kommt er vollständig mit dem Viehhunde überein.

In Deutschland ist diese Race ziemlich weit verbreitet und wird vorzüglich in Bauernhöfen gehalten.

39. Der Dachs-Spitz. (Canis domesticus, Zingarorum vertagus).

In dieser Race sprechen sich die Merkmale des Heiden-Hundes (Canis domesticus, Zingarorum campestris) und des krummbeinigen Dachshundes (Canis vertagus, valgus) in so deutlicher Weise aus, daß sich ihre Abstammung von denselben schon auf den ersten Blick ergibt. Sie ist sonach als ein doppelter Bastard gemischter Kreuzung zu betrachten.

Die Merkmale, welche sie von der erstgenannten Race unterscheiden, sind der größere, mehr gestreckte und auch höhere Kopf, die längere, höhere und nach vorne zu stärker verschmälerte, spitzere Schnauze, die längeren, breiteren, stumpfspitzig-gerundeten, halb aufrechtstehenden, und über der Wurzel übergebogenen und hängenden Ohren, der kürzere und dickere Hals, der gestreckte Leib, die breitere Brust, die kürzeren, stärkeren und am vorderen Handgelenke verdickten Beine, die kürzeren Schenkel, der kürzere und dünnere Schwanz, und die kurze, vollkommen glatt anliegende Behaarung an allen Theilen des Körpers.

Die Färbung ist meistens auf der Oberseite des Körpers und der Außenseite der Beine schwarz, auf der Unterseite des Körpers, der Innenseite der Beine und der Schnauze rostgelb, und oberhalb der Augen befindet sich jederseits ein kleiner, rundlicher rostgelber Flecken. Sehr oft erscheint die Färbung aber auch einfärbig gelblichweiß, fahl-, röthlich-, bräunlich- oder graulichgelb, oder auch schwarz, und nicht selten kommen bei den dunkelfärbigen Abänderungen auch weiße Abzeichen an verschiedenen Körpertheilen vor. Bei den hellgefärbten ist die Schnauze in der Regel schwärzlich.

In früherer Zeit war diese Race in Deutschland keineswegs selten, während sie heut zu Tage nur zufällig noch hie und da angetroffen wird.

40. Der Windhund-Spitz (Canis domesticus, Zingarorum leporarius).

Die Abstammung dieser Hunderace vom Zigeuner-Hunde (Canis domesticus, Zingarorum) und dem italienischen Windhunde (Canis leporarius, italicus) ist so deutlich in den Merkmalen derselben ausgesprochen, daß hierüber nicht wohl ein Zweifel erhoben werden kann. Sie gibt sich sonach als ein doppelter Bastard reiner Kreuzung zu erkennen.

Vom Zigeuner-Hunde (Canis domesticus, Zingarorum) ist sie hauptsächlich durch ihren schlanken Körperbau verschieden, der nebst mehreren anderen Merkmalen, welche diese Race an sich trägt, lebhaft an die Windhundform erinnert.

An Größe steht sie der erstgenannten Race meistens etwas nach. Ihr Kopf ist beträchtlich länger und auch niederer, das Hinterhaupt schmäler, die Stirne nur sehr schwach gewölbt, die Schnauze gestreckter, schmäler und mehr zugespitzt. Die Ohren sind etwas länger, meist halb aufrechtstehend, und an der Spitze überhängend, die Augen verhältnißmäßig kleiner, und vollkommen wagrecht gestellt. Der Hals ist länger und dünner, der Leib mehr gestreckt, schlanker und gegen die Weichen stärker eingezogen, die Brust schmäler. Die Beine sind höher und schmächtiger, die Schenkel merklich länger und der Schwanz ist länger und dünner.

Die Behaarung ist kurz und glatt anliegend.

Die Färbung erscheint immer einfärbig röthlich-fahlgelb oder Isabellfarben.

Aus Deutschland, wo diese Race von jeher selten war, ist sie dermalen fast gänzlich verschwunden und nur in einigen Gegenden von Oesterreich und Ungarn wird dieselbe noch angetroffen.

41. Der japanesische Hund (Canis domesticus, Zingarorum japonicus).

Diese Race scheint auf der Kreuzung des Zigeuner-Hundes (Canis domesticus, Zingarorum) mit dem indischen Windhunde (Canis leporarius, indicus) zu beruhen, daher ein dreifacher Bastard gemischter Kreuzung zu sein.

In der Körpergestalt im Allgemeinen kommt dieselbe zunächst mit dem Windhund-Spitze (Canis domesticus, Zingarorum leporarius) überein, doch ist sie beträchtlich größer und auch stärker gebaut.

Ihr Kopf ist höher, die Stirne deutlicher gewölbt, die Ohren sind verhältnißmäßig breiter, vollkommen aufrechtstehend und nach vorwärts gerichtet. Der Rücken ist nur sehr schwach gekrümmt, gegen die Mitte etwas gesenkt und in der Weichengegend auch weniger eingezogen. Die Beine sind stärker, der Schwanz erscheint in Folge des längeren Haares dicker, und die ziemlich glatt anliegende Behaarung des Körpers ist minder kurz.

Die Färbung ist bald einfärbig röthlich-braungelb oder rothgelb, bald aber auch weiß, oder bietet auf hellem Grunde größere lichtbraune oder schwarze Flecken dar.

Diese Race scheint nur in Japan gezogen zu werden.

42. **Der lappländische Hund** (Canis domesticus, lapponicus).

Sicher eine reine, unvermischte Form und zwar eine Abänderung des Haushundes (Canis domesticus), die sich nur durch die Einflüsse des Klima's und geographische Verbreitung erklären läßt. Dieselbe ist über den nördlichsten Theil von Europa verbreitet und gehört vorzugsweise Lappland an.

Sie ist meistens klein, nicht über 1 Fuß hoch, oft auch nur von der Größe eines Feld-Hasen, und nähert sich weit seltener der Mittelgröße.

In der Gestalt ist sie sehr dem Hirten-Haushunde (Canis domesticus, ovilis) ähnlich, von welchem sie sich nur durch folgende Merkmale unterscheidet:

Die Schnauze ist etwas spitzer, die Ohren sind minder steif, in der Mitte schwach gefaltet, und werden beständig halb aufrechtstehend getragen. Der Leib ist mehr gerundet und in der Weichengegend auch weniger eingezogen. Die Beine sind verhältnißmäßig etwas kürzer, und die Körperbehaarung ist merklich länger, zottiger und rauher, vorzüglich aber am Schwanze, der in Folge derselben an der Spitze stumpf erscheint.

Die Färbung ist in der Regel einfärbig schwarz, schwärzlichgrau, oder leberbraun, die Schwanzspitze meistens weiß. Doch erscheint dieselbe auch bisweilen mit großen wolkenartigen schwarzen Flecken auf graulichweißem Grunde gezeichnet.

Die Engländer nennen diesen Hund Lapland Cur, die Franzosen Chien de Lapponie.

Seine Hauptverwendung in Lappland besteht in dem Hüten der Reunthier-Heerden.

43. **Der kurzhaarige Kamtschatka-Hund** (Canis domesticus, camtschatkensis).

Offenbar eine reine, unvermischte Form, die nur als eine durch klimatische Verhältnisse in Folge geographischer Verbreitung hervorgerufene Abänderung des Haushundes (Canis domesticus) angesehen werden kann, dem nördlichsten Theile von Asien angehört und hauptsächlich im Osten, und namentlich in Kamtschatka vorkommt.

Der kurzhaarige Kamtschatka-Hund, welcher bezüglich seiner Formen zunächst an den ungarischen Wolfshund (Canis domesticus, luparius) erinnert und dem Wolfe (Canis Lupus) noch ähnlicher ist als dieser, gehört zu den größten Formen in der Gruppe der Haushunde, da er nicht selten eine Schulterhöhe von $2^1/_2$ Fuß erreicht, obgleich er bisweilen auch nur von mittlerer Größe angetroffen wird.

Die Merkmale, durch welche er sich vom ungarischen Wolfshunde unterscheidet, sind die kleineren und etwas schief gestellten, daher mehr wolfsähnlichen Augen, die bisweilen an der Spitze etwas übergebogenen und nach vorwärts geneigten Ohren, der gestrecktere Leib, und die kürzere und gröbere, matte Behaarung des Körpers, welche nur am Halse etwas länger, am Schwanze aber, der fast beständig hängend getragen wird, lang und zottig ist, und demselben ein buschiges Aussehen gibt.

Die gewöhnliche Färbung ist weiß, oder graulich, bisweilen aber auch schwarzgrau, welche letztere Färbung aus einem Gemische von schwarzen und weißen Haaren gebildet wird.

Dieser Hund wird das ganze Jahr hindurch im Freien gehalten. Er bellt nur selten und heult mehr als er bellt.

In Kamtschatka pflegt man den Männchen dieses Hundes den Schwanz zu stutzen, dieselben zu castriren und als Zugthier zu verwenden, indem man sie zu fünf bis zehn vor einen leichten Schlitten spannt, und zieht sie sowohl den Pferden, als auch den Rennthieren vor, da sie länger als diese aushalten. Sie laufen mit großer Schnelligkeit und legen an einem Tage zuweilen fünfundzwanzig Meilen auf dem Eise zurück.

Die Engländer verwechseln den kurzhaarigen Kamtschatkahund mit dem sibirischen Hunde und nennen ihn so wie diesen, Sibirian Dog.

44. Der langhaarige Kamtschatka-Hund (Canis domesticus, camtschatkensis longipilis).

Wie die körperlichen Merkmale dieses Hundes ziemlich deutlich erkennen lassen, ist derselbe ein Abkömmling des kurzhaarigen Kamtschatka-Hundes (Canis domesticus, camtschatkensis) und des orientalischen Hirtenhundes (Canis extrarius, Calmuccorum).

Er dürfte daher als einfacher Bastard reiner Kreuzung angesehen werden, dessen Abstammung zunächst an jene des chinesischen Hundes (Canis domesticus, indicus sinensis) und des Seiden-Wolfshundes (Canis domesticus, luparius hirsutus) erinnert.

Seine Größe ist dieselbe wie die des kurzhaarigen Kamtschatka-Hundes (Canis domesticus, camtschatkensis) und auch bezüglich seiner Stärke kommt er diesem beinahe gleich.

Die Stirne ist aber mehr gewölbt, die Ohren sind etwas breiter, doch eben so wie bei der eben genannten Form bald aufrechtstehend, bald an der Spitze etwas übergebogen und nach vorwärts gerichtet, die Beine sind verhältnißmäßig höher, und der Schwanz erscheint durch seine starke Behaarung länger und auch dicker.

Der Hauptunterschied zwischen diesen beiden Formen besteht aber in der reichlichen, aus langem, zottig-gewelltem, feinem, und beinahe wollartigem Haare bestehenden Behaarung, welche den ganzen Körper dieser Race überdeckt, sich auch über die Ohren verbreitet, und am Schwanze lange Zotten bildet.

Die Färbung erscheint einfärbig weiß, braun, oder schwarz.

Diese Race wird sowohl in Kamtschatka gezogen, als auch im Nootka-Sunde an der Westküste von Nord-Amerika getroffen, wohin sie aller Wahrscheinlichkeit nach von Kamtschatka aus gelangte.

Magnate und Kosna sind die Namen, welche sie bei den Kamtschadalen führt. Von den Engländern wird sie Nootka-Dog genannt.

In Kamtschatka pflegt man sie nicht als Zugthier zu verwenden, da sie schwerfälliger als der kurzhaarige Kamtschatka-Hund ist.

45. **Der Hasen-Indianer-Hund** (Canis domesticus, lagopus).

Auch dieser Hund stellt eine reine, unvermischte Form dar und ist als eine Abänderung des Haushundes (Canis domesticus) zu betrachten, die blos auf den Einflüssen des Klima's, bedingt durch geographische Verbreitung beruht, dem nördlichsten Theile von West-Amerika eigenthümlich ist und vorzüglich bei den Hasen-Indianern am Makenzie-Flusse anzutreffen ist.

Diese Form gehört zu den kleineren unter den Hunden, da sie nicht größer als der Spitz (Canis domesticus, pomeranus audax) ist und neigt sich auch etwas zur Fuchsform hin, daher sie einigermaßen an den Polar- oder Blau-Fuchs (Vulpes lagopus) erinnert.

Vom Spitze, mit welchem sie bezüglich ihrer Gesammtform zunächst verwandt erscheint, unterscheidet sie sich außer dem schlankeren und zierlicheren Baue, durch nachstehende Merkmale.

Der Kopf ist kleiner, das Hinterhaupt minder breit, die Stirne etwas gewölbt, die Schnauze schmäler und spitzer. Die Augen sind verhältnißmäßig kleiner und etwas schief gestellt, die Ohren kürzer, breiter und spitzer, doch ebenso steif und vollkommen aufrechtstehend, der Hals ist etwas dünner, und der Leib mehr gestreckt und schmächtiger. Die Beine sind merklich höher und schlanker, die Pfoten breiter, die Fußballen mit Haaren überdeckt und die Zehen stehen beim Gehen weit von einander ab. Der Schwanz, welcher meistens leicht über den Rücken nach aufwärts gekrümmt, aber auch gerade ausgestreckt und nicht selten sogar hängend getragen wird, erscheint durch die reichliche dichte Behaarung länger und mehr buschig.

Die Körperbehaarung ist kürzer, straffer, sehr fein, weich und seidenartig, und im Winter dichter. Das Gesicht und die Läufe sind kurz und glatt anliegend behaart.

Die Färbung ist keineswegs beständig, sondern ändert nach den Jahreszeiten. Im Sommer erscheint dieselbe gefleckt, indem die weiße Grundfarbe auf der Oberseite des Körpers mit großen, schwarzen wolkenartigen Flecken gezeichnet ist, welche im Herbste in Schwärzlichaschgrau oder Schieferfarben, und selbst in Braun übergehen, und sich im Winter ganz verlieren, so daß die Färbung zu jener Zeit einfärbig weiß erscheint, bis sodann im Frühjahre die Flecken allmählig wieder zum Vorscheine kommen. Immer sind aber zur Sommerszeit die Außenseite der Ohren und deren nächste Umgebung schwarz.

Hare Indian Dog ist der Name, mit welchem die Engländer diesen Hund bezeichnen.

Er ist sanft und folgsam, wird von den Eingeborenen zur Jagd benützt und bellt nur äußerst selten, läßt aber desto öfter sein Geheul ertönen.

46. Der Eskimo-Hund (Canis domesticus, borealis).

Gleichfalls eine reine, unvermischte Form und zwar eine durch klimatische Verhältnisse in Folge geographischer Verbreitung bedingte Abänderung des Haushundes (Canis domesticus), die über den nördlichsten Theil von ganz Ost-Amerika verbreitet ist, in die angrenzenden Länder von West-Amerika hinüberreicht und in allen Gegenden, die von Eskimo's bewohnt werden, hauptsächlich aber in der Baffins-Bai angetroffen wird.

Dieser für die dortigen Bewohner höchst wichtige Hund ist beinahe von derselben Gestalt, Größe und Stärke wie der ungarische Wolfshund (Canis domesticus, luparius), doch durch mancherlei Merkmale, und insbesondere durch die völlig abweichende, eigenthümliche Behaarung seines Körpers deutlich von demselben unterschieden.

Die Schnauze ist mehr zugespitzt, die Ohren sind etwas länger, schmäler und spitzer, doch vollkommen aufrechtstehend wie bei diesem, der Leib ist voller, die Brust etwas schmäler, und der Schwanz, welcher meistens links, seltener dagegen rechts über den Rücken nach aufwärts gekrümmt, bisweilen aber auch gerade ausgestreckt und auf kurze Zeit sogar hängend getragen wird, erscheint in Folge der reichlichen und dichten Behaarung dicker und vollkommen buschig.

Der wesentlichste Unterschied besteht aber in der Behaarung des Körpers, welche nicht nur kürzer, schwach gekräuselt und ziemlich grob, sondern auch weit dichter ist, vorzüglich aber zur Winterszeit, wo sich unter dem drei bis vier Zoll langen Grannenhaare, auch weiches Wollhaar befindet. Das Gesicht und die Vorderseite der Beine sind wie beim ungarischen Wolfshunde, und zwar ersteres kurz und glatt anliegend, letztere etwas kürzer als die übrigen Körpertheile behaart.

Die gewöhnlich vorkommende Färbung ist einfärbig weiß, graulichweiß, schwarzgrau, röthlichfahl, braun oder schwarz. Bisweilen ist die Oberseite des Körpers schwarz, die Unterseite desselben, so wie auch die Innenseite der Beine weißlich oder rostfarben, und manchmal sind auch die Schnauze, die Wangen, die Innenseite der Ohren, die Außenseite der Füße, der Schwanz und eine Binde um den Hals weiß. Seltener kommen gefleckte Abänderungen vor, welche auf weißem Grunde mit größeren braunen oder schwarzen Flecken gezeichnet sind.

Die Engländer nennen diesen Hund Esquimaux Dog, die Franzosen Chien des Esquimaux.

Er ist das einzige Hausthier dieses den höchsten Norden von Amerika bewohnenden Volksstammes und wird von demselben sowohl als Lastthier und zum Zuge, als auch zur Jagd auf Eisbären, Rennthiere und Robben verwendet.

Im Sommer trägt ein einziger Hund oft eine Last von 30 Pfund, wenn er mit seinem Herrn von der Jagd zurückkehrt, und im Winter, wo fünf bis zehn und öfters auch noch mehr dieser Hunde vor einen ziemlich schweren Schlitten gespannt werden, ziehen dieselben fünf bis sechs Personen mit einer Geschwindigkeit von sieben bis acht englischen Meilen in der Stunde und legen eine Strecke von 60 englischen Meilen in einem Tage zurück.

Der Eskimo-Hund ist zwar bissig, doch gehorcht er seinem Herrn, da er häufig von demselben gezüchtiget wird. Weit folgsamer ist er aber gegen die Weiber, von denen er gefüttert und auch besser behandelt wird.

Die Abfälle von Eisbären, Rennthieren und Robben sind Alles, womit sich dieser Hund begnügen muß.

Er bellt zwar nicht, knurrt aber und heult, und ist auch nicht sehr verträglich mit seines Gleichen; daher auch wenn mehrere vor einen Schlitten gespannt sind, immer Züchtigung angewendet werden muß, um sie abzuhalten gegeneinander herzufallen.

47. **Der grönländische Hund** (Canis domesticus, borealis groenlandicus).

Unterzieht man die äußeren Merkmale dieses Hundes mit jenen des Eskimo-Hundes (Canis domesticus, borealis) und des amerikanischen Wolfes (Canis occidentalis) einer genaueren Vergleichung, so kann man beinahe mit voller Gewißheit behaupten, daß derselbe das Ergebniß der wechselseitigen Vermischung dieser beiden Hundearten, daher ein einfacher Bastard reiner Kreuzung sei. Seine Abstammung hat sonach einige Aehnlichkeit nicht nur mit der des ächten Wolfshundes (Canis domesticus, luparius verus) und des nordamerikanischen Wolfshundes (Canis domesticus. borealis luparius), sondern auch mit jener des Zigeuner-Hundes (Canis domesticus, Zingarorum) und des kurzbeinigen Pariah-Hundes (Canis domesticus, indicus brevipes), welche gleichfalls aus der Kreuzung einer zahmen Hundeart mit einer wilden hervorgegangen sind.

Zum Eskimo-Hunde (Canis domesticus, borealis) verhält er sich in derselben Weise, wie der ächte Wolfshund (Canis domesticus, luparius verus) zum ungarischen Wolfshunde (Canis domesticus, luparius), denn beide Formen haben nahe verwandte Arten zu ihren Stammältern.

So wie der ächte Wolfshund sich in der Gesammtform sowohl, als auch in der Bildung seiner einzelnen Körpertheile mehr unserem Wolfe (Canis Lupus) nähert, ebenso trägt auch der grönländische Hund mehr das Gepräge des nordamerikanischen Wolfes (Canis occidentalis) an sich.

Er ist nicht nur fast von derselben Größe wie dieser, daher ebenso groß als unser Wolf, sondern auch von demselben kräftigen Baue, somit noch größer und stärker als der Eskimo-Hund, von welchem er sich durch folgende Merkmale unterscheidet:

Das Hinterhaupt ist breiter, die Stirne flacher, die Schnauze etwas spitzer. Die Ohren sind beträchtlich kürzer und breiter, zwar steif und völlig aufrechtstehend, doch mehr nach seitwärts gewendet, der Leib ist gestreckter, und in den Weichen etwas eingezogen, die Beine sind verhältnißmäßig höher und auch stärker, und der Schwanz, welcher meistens hängend, bisweilen aber auch gerade ausgestreckt oder nur wenig nach aufwärts gebogen getragen wird, erscheint der minder reichlichen Behaarung wegen beträchtlich dünner.

Die ziemlich lange, etwas zottige, aber durchaus nicht gekräuselte Behaarung des Körpers nimmt am Halse bedeutend an Länge zu und bildet daselbst eine Art von Mähne, während sie am Schwanze viel kürzer als beim Eskimo-Hunde ist, und demselben daher ein bei Weitem nicht so buschiges Aussehen verleiht.

Die Färbung ist einfärbig schwarz, oder weiß.

Die Heimath dieser Race bildet der Nord-Osten von Amerika und insbesondere sind es Grönland und die Hudsonsbai, wo dieselbe vorzugsweise angetroffen wird.

Auch bei diesem Hunde scheint die Stimme fast nur in einem Geheule zu bestehen, das er sehr oft ertönen läßt, denn nur äußerst selten hört man denselben Laute ausstoßen, die mehr einem Gebelle gleichen. Die Eingeborenen verwenden ihn als Zugthier, indem sie ihn vor den Schlitten spannen, um die erlegte Beute über Schnee und Eis nach Hause zu schaffen. Ebenso ist er ihnen auch bei Verfolgung der Eisbären von Nutzen, weßhalb er auch bei ihnen in hohem Werthe steht.

48. **Der nordamerikanische Wolfshund** (Canis domesticus, borealis luparius).

In dieser Hundeform sind die Merkmale des Eskimo-Hundes (Canis domesticus, borealis) und des Prairien-Wolfes (Canis latrans) so deutlich ausgesprochen, daß es kaum einem Zweifel unterliegen kann, wenn man diese beiden genannten Arten als die Stammältern derselben betrachtet. Sie stellt sich sonach als ein *einfacher Bastard reiner Kreuzung* dar und erinnert bezüglich ihrer Abstammung ebenso sehr an den ächten Wolfshund (Cans domesticus, luparius verus) und den grönländischen Hund (Cans domesticus, borealis groenlandicus), als auch an den kurzbeinigen Pariah-Hund (Canis domesticus, indicus brevipes) und den Zigeuner-Hund (Canis domesticus, Zingarorum), welche ihre Entstehung ebenfalls der Anpaarung einer zahmen, mit einer wilden Hundeart verdanken.

Der Gestalt nach dem ächten Wolfshunde (Canis domesticus, luparius verus) ähnlich, noch mehr aber dem grönländischen Hunde (Canis domesticus, borealis groenlandicus) verwandt, unterscheidet sich der nordamerikanische Wolfshund von dieser letzteren Race nicht nur durch die bei Weitem geringere Größe, indem er fast immer um die Hälfte kleiner als dieselbe ist, sondern auch noch durch nachstehende Merkmale.

Sein Kopf ist kleiner, das Hinterhaupt aber noch breiter als bei dieser, und die Schnauze ist etwas länger und mehr zugespitzt. Die Ohren sind länger und spitzer, der Hals ist kürzer, die Beine sind minder hoch, der Schwanz ist merklich länger, und die ziemlich lange, glatt-zottige Behaarung ist fast an allen Theilen des Körpers gleichförmig, und nur im Gesichte und an der Vorderseite der Beine kürzer und glatt anliegend.

Die Färbung ist hell graulichbraun, und auf der Unterseite des Körpers und der Innenseite der Beine in's Weißliche ziehend.

Wie es scheint, ist die Heimath dieser Race blos auf die freien Indianer-Länder im Inneren von Nord-Amerika beschränkt.

Bei den Engländern ist sie unter dem Namen Dog of the North-American Indians bekannt.

Zweite Gruppe.

Seidenhunde

(Canes extrarii).

Der Kopf ist von mittlerer Größe, länglich und ziemlich hoch; die Stirne schwach gewölbt, die Schnauze mäßig lang, nicht sehr hoch, und nach vorne zu etwas verschmälert und schwach zugespitzt. Die Lippen sind straff, die Ohren lang, breit, abgerundet und hängend. Der Hals ist ziemlich kurz und dick, der Leib etwas gedrungen und ziemlich voll, die Brust nicht sehr breit. Die Beine sind mittelhoch und ziemlich stark, die vorderen vollkommen gerade, die Schenkel nur mäßig lang. Der Schwanz ist ziemlich lang und nicht sehr dünn, die Körperbehaarung sehr lang und zottig gewellt.

Die von der typischen Form dieser Gruppe sich entfernenden Racen, tragen zum Theil die Merkmale der Haus-, Dachs- und Jagdhundform, der Bullenbeißer- und Windhundform an sich.

Sie gehören durchgehends nur einer einzigen Art an und diese ist:

Der Seidenhund

(Canis extrarius).

Gleichfalls eine **reine unvermischte Form** des Hundes, welche eine **selbstständige Art** desselben bildet und über den mittleren und südwestlichen Theil von Europa, über Mittel-Asien und den Nordwesten von Afrika verbreitet ist. Sie ist als die **Stammart** einer sehr großen Anzahl verschiedener Hundeformen und Racen zu betrachten, von denen bis jetzt schon 30 von den Fachmännern aufgestellt oder beschrieben worden sind.

Von diesen beruhen fünf auf **klimatischen Verhältnissen** in Folge **geographischer Verbreitung**, als:

der große Seidenhund (Canis extrarius, major),
der kleine Seidenhund (Canis extrarius, hispanicus),
der große Pudel (Canis extrarius, aquaticus),
der orientalische Hirtenhund (Canis extrarius Calmuccorum), und
der deutsche Hirtenhund (Canis extrarius, villaticus).

Zwei scheinen durch Acclimatisation gewisser klimatischen Abänderungen entstanden zu sein, wie:
der englische Seidenhund (Canis extarius, britannicus) und
der König Carl's-Hund (Canis extrarius, hispanicus brevipilis);

Zwei andere durch Zucht und veränderte Lebensweise, als:
die Pyrame (Canis extrarius, hispanicus flammeus) und
der mittlere Pudel (Canis extrarius, aquaticùs medius), und

Eine blos auf Zucht und Cultur einer solchen klimatischen Abänderung zu beruhen, nämlich:
der Schnürpudel (Canis extrarius, aquaticus funicularius).

Die übrigen 20 Racen sind offenbar Bastarde und zwar:
die Bouffe (Canis extrarius, ustus),
der zottige Wachtelhund (Canis extrarius, hispanicus subhirsutus), und
der kleine Pudel (C. extrarius, aquaticus minor), Halbbastarde reiner Kreuzung;
der Bologneserhund (Canis extrarius, hispanicus melitaeus), und
der Seiden-Pintsch (Canis extrarius, hispanicus Gryphus), Halbbastarde gemischter Kreuzung;
der Burgos (Canis extrarius, hispanicus villosus), und
der große Pintsch (Canis extrarius, aquaticus hirsutus) einfache Bastarde reiner Kreuzung;
der rauhe Pintsch (Canis extrarius, hispanicus hirsutus),
der Löwenhund (Canis extrarius, hispanicus leoninus), und
der kleine Pintsch (Canis extrarius, aquaticus Gryphus), einfache Bastarde gemischter Kreuzung;
der Calabresenhund (Canis extrarius, calabricus),
der mexikanische Seidenhund (Canis extrarius, hispanicus mexicanus), und
der kraushaarige Neufoundländerhund (Canis extrarius, aquaticus Terrae-novae), doppelte Bastarde reiner Kreuzung;
der langhaarige Curshund (Canis extrarius, cursorius), und
der Schaf-Pudel (Canis extrarius, aquaticus lanatus), doppelte Bastarde gemischter Kreuzung;
der St. Bernhardshund (Canis extrarius, alpium), ein dreifacher Bastard reiner Kreuzung; und
der schottische Seidenhund (Canis extrarius, scoticus),
der schottische Pintsch (Canis extrarius, hispanicus barbatus),
der englische Otterhund (Canis extrarius, hispanicus terrarius), und

der langhaarige Neufoundländerhund (Canis extrarius, aquaticus longipilis), dreifache Bastarde gemischter Kreuzung.

1. Der große Seidenhund (Canis extrarius, major).

In diesem Hunde, welcher als der Grundtypus der ganzen Gruppe anzusehen ist, kann man nur eine reine, unvermischte Form und zwar eine Abänderung des Seidenhundes (Canis extrarius) erblicken, welche auf klimatischen Einflüssen, bedingt durch geographische Verbreitung, beruht, und deren Heimath das südwestliche Europa und insbesondere Spanien bildet.

Er ist nur von mittlerer Größe, selten höher als 1½ Fuß, und auch nur von mäßiger Stärke.

Sein Kopf ist mittelgroß, von länglicher Form, und ziemlich erhaben. Das Hinterhaupt ist nicht besonders breit, der Knochenkamm desselben aber ziemlich stark entwickelt, die Stirne schwach gewölbt, und die Schnauze nicht sehr lang, nur von mäßiger Höhe, und nach vorne zu etwas verschmälert und schwach zugespitzt. Die Lippen sind kurz und straff, und die Wangenhaut ist gespannt. Die Ohren sind lang, breit und abgerundet, weich und vollkommen hängend, die Augen verhältnißmäßig nicht sehr klein, und vollkommen wagrecht gestellt. Der Hals ist ziemlich kurz und dick, der Leib etwas gedrungen, ziemlich dick, und gegen die Weichen etwas eingezogen, der Widerrist nur schwach erhaben, der Rücken nicht gekrümmt und beinahe völlig gerade, die Brust nur wenig breit und kaum etwas vorstehend. Die Beine sind mittelhoch, nicht sehr dick, doch ziemlich stark, die vorderen vollkommen gerade, die Schenkel mäßig lang, und an den Hinterfüßen ist keine fünfte Afterzehe vorhanden. Der Schwanz ist ziemlich lang, nicht sehr dünn, und bis etwas unter das Fersengelenk reichend. Gewöhnlich wird derselbe bogenförmig über den Rücken gekrümmt, oder auch nach aufwärts gebogen und stark nach rückwärts gebeugt, seltener dagegen etwas gestreckt getragen.

Die Körperbehaarung ist sehr lang, zottig-gewellt, weich und seidenartig; an der Schnauze und der Vorderseite der Beine kürzer, an der Hinterseite derselben aber, am Bauche, an den Ohren, und am Schwanze, und insbesondere an dessen Unterseite sehr lang und zottig.

In der Regel ist die Färbung auf der Oberseite des Körpers schwarz, auf der Brust, dem Bauche und an den Füßen, so wie auch an den Lippen und den Wangen bräunlichgelb, und ein kleiner, rundlicher, bräunlichgelber Flecken befindet sich jederseits über den Augen. Häufig wird die schwarze Farbe der Oberseite aber durch Rothbraun ersetzt, und kommen auch einfärbige röthlichgelbe, gelbbraune, schwarze und weiße Farbenabänderungen vor. Ebenso trifft man sehr oft auch gefleckte Abänderungen an, die meist mit großen gelbbraunen, rothbraunen oder schwarzen Flecken auf weißem Grunde gezeichnet sind, und fast immer sind es die Ohren, welche dunkelfärbig erscheinen. Häufig werden bei den dunkelfärbigen Abänderungen auch weiße Abzeichen angetroffen.

Bei Individuen mittlerer Größe beträgt die Körperlänge 2 Fuß 4 Zoll, die Länge des Schwanzes 1 Fuß 2 Zoll, die Höhe am Widerrist 1 Fuß 6 Zoll.

Von den Franzosen wird dieser Hund Chien Épagneul, Grande Épagneul und Épagneul français, von den Engländern Spaniel genannt.

Weder die Schriftsteller der alten Griechen, noch der Römer machen von diesem Hunde eine Erwähnung, obwohl man Abbildungen desselben auf mehreren römischen Antiken trifft. Ebenso wenig wird derselbe in den Schriften der alten Deutschen aus der Zeit des Mittelalters genannt und erst gegen Ende der ersten Hälfte des 16. Jahrhunderts unserer Zeitrechnung sind wir mit dieser Form durch den italienischen Naturforscher Aldrovandi bekannt geworden. Einige Decennien später wurde er auch in England bekannt.

Der große Seidenhund ist zwar leicht und schnell, aber keineswegs ausdauernd im Laufe, da er überhaupt nicht stark gebaut ist.

Er besitzt zwar einen sehr feinen Geruch und einen ziemlich hohen Grad von Intelligenz, ist dabei jedoch durchaus nicht besonders gelehrig.

Demungeachtet zeigt er sich aber tauglich für die Jagd, wo man ihn hauptsächlich auf Federwild zu verwenden pflegt. Um ihn jedoch mit Vortheil hierzu benützen zu können, muß er sorgfältig eigens für diesen Zweck erzogen und abgerichtet werden.

Dem Wilde spürt er, blos durch seinen feinen Geruch geleitet, nach, durchstöbert die ganze Gegend nach allen Richtungen, zeigt sich dabei überaus ungeduldig, winselt und schlägt auch öfters an, wenn er auf die Spur des Wildes trifft, bewirkt aber dadurch meistens nur, daß dasselbe früher auffliegt, als der Jäger es zum Schusse bekommen kann.

Selbst bei der besten Dressur zittert er bei Auffindung der Spur vor Begierde an den Beinen und vermag auch nicht seine Freude dabei zu unterdrücken, die sich immer durch ein, wenn auch noch so leises Anschlagen kund gibt.

Aus diesem Grunde eignet er sich daher weniger als die allermeisten Jagdhund-Racen, zur Dressur als Vorstehhund. Desto beliebter ist er aber als Stubenhund und sehr häufig wird er auch als solcher gehalten. Seine Zuneigung zu seinem Herrn ist aber immer größer, als seine Anhänglichkeit an denselben.

Sein Gebell ist laut, durchdringend und anhaltend.

2. **Der englische Seidenhund** (Canis extrarius, britannicus).

Es kann wohl keinem Zweifel unterliegen, daß dieser Hund eine reine, unvermischte Form und zwar nur eine durch Acclimatisation des großen Seidenhundes (Canis extrarius, major) hervorgerufene Abänderung desselben sei, welche durch dessen Verpflanzung von Spanien nach England entstanden sein mag.

Vom großen Seidenhunde ist derselbe weder in der Größe, noch Gestalt in auffallenderer Weise verschieden, nur ist er etwas schlanker und niederer als dieser gebaut und mit etwas kürzerem Haare bekleidet.

Die Färbung ist bei dieser Form beständig, und zwar erscheint dieselbe auf der Oberseite des Körpers, auf der Außenseite der Vorderarme und der Schenkel, so wie auch am Schwanze immer schwarz, auf der Schnauze, der Brust, dem Bauche, der Innenseite der Beine, und an den Füßen rostgelb. Auch befindet sich oberhalb der Augen jederseits stets ein kleiner, rundlicher, rostgelber Flecken.

Épagneul anglais ist der Name, welchen dieser Hund in Frankreich führt. Er theilt alle Eigenschaften mit dem großen Seidenhunde und wird auch in derselben Weise benützt.

3. Die Bouffe (Canis extrarius, ustus).

Diese Form stellt sich als eine Blendlingsrace dar, welche aus der Kreuzung des großen Seidenhundes (Canis extrarius, major) mit dem großen Pudel (Canis extrarius, aquaticus) hervorgegangen ist. Sie ist daher als ein Halbbastard reiner Kreuzung anzusehen.

Sie stellt ein deutlich ausgesprochenes Mittelglied zwischen diesen beiden Formen dar, die sie gleichsam mit einander zu verbinden scheint, indem sie sowohl in Bezug auf Größe und Gestalt, als auch auf die Art der Behaarung, die Merkmale derselben in sich vereinigt.

Von der erst genannten Form, welcher sie in Ansehung der allgemeinen Bildung des Körpers näher steht, unterscheidet sie sich durch den etwas höheren und weniger gestreckten Kopf, die deutlicher gewölbte Stirne, die verhältnißmäßig kürzere, höhere und auch mehr stumpfe Schnauze, den gedrungeneren Leib, und die minder hohen Beine, vorzüglich aber durch das kürzere, durchaus nicht zottige, sondern ziemlich stark gekräuselte Haar, das den ganzen Körper, mit Ausnahme des kurz und glatt anliegend behaarten Gesichtes, überdeckt, an der Vorderseite der Beine kürzer als an den übrigen Körpertheilen ist, und nur am Schwanze allein zottig-gewellte Fransen bildet.

Die gewöhnliche Färbung dieser Race ist einfärbig weiß, schwarz, oder gelbbraun; doch kommt sie auch in allen übrigen Farbenabänderungen vor, welche beim großen Seidenhunde angetroffen werden, daher sowohl gefleckt, als auch mit weißen Abzeichen.

Die Franzosen nennen diese Form Bouffe und Épagneul frisé, die Engländer Comforter.

Da dieselbe gelehriger, munterer und anhänglicher als der große Seidenhund ist, so ist sie auch als Stubenhund noch mehr beliebt und gesucht.

4. Der schottische Seidenhund (Canis extrarius, scoticus).

Wie aus den körperlichen Merkmalen dieser Race hervorgeht, scheint dieselbe auf der Vermischung des großen Seidenhundes (Canis extrarius, major) mit dem englischen Hühnerhunde (Canis sagax, anglicus avicularius) zu beruhen und daher ein dreifacher Bastard gemischter Kreuzung zu sein.

Wie keine andere Form in der Gruppe der Seidenhunde, bietet diese Race eine so große Verwandtschaft bezüglich ihrer körperlichen Merkmale und ihrer Gestalt im Allgemeinen mit den Jagdhunden dar, zu welchen sie auch einen vollständigen Uebergang bildet, und zunächst ist es der langhaarige englische Hühnerhund (Canis sagax, anglicus hirsutus), an welchen sich dieselbe anschließt und mit welchem sie auch sehr oft verwechselt wird.

Die Merkmale, durch welche sie sich von diesem unterscheidet, sind die schmälere, niederere und spitzere Schnauze, eine schwächer gewölbte Stirne, beinahe völlig straffe Lippen, verhältnißmäßig etwas niederere Beine, kürzere Schenkel und die längere Behaarung des Körpers.

Das Hauptunterscheidungszeichen, welches sie vom großen Seidenhunde (Canis extrarius, major) trennt, besteht in der breiteren und stumpferen Schnauze.

Bezüglich der Färbung kommt diese Race vollständig mit dem langhaarigen englischen Hühnerhunde überein.

Die Engländer bezeichnen beide Racen mit dem Namen Setter.

Der schottische Seidenhund ist sehr gut zur Jagd auf Federwild zu verwenden und kann in derselben Weise hierzu abgerichtet werden, wie der Vorstehhund (Canis sagax, venaticus major) und alle übrigen demselben verwandten Jagdhund-Racen. Deßhalb ist er auch, vorzüglich aber in England und Schottland, sehr geschätzt.

5. **Der St. Bernhardshund** (Canis extrarius, alpinus).

Schon die äußeren Merkmale dieser Race lassen deutlich erkennen, daß dieselbe der Anpaarung des großen Seidenhundes (Canis extrarius, major) mit der gemeinen Dogge (Canis Molossus, mastivus) ihre Entstehung verdankt. Sie muß daher als ein dreifacher Bastard reiner Kreuzung angesehen werden.

Diese schöne, große und kräftige Hunde-Race, welche zu den größten und stärksten Formen in der Gruppe der Seidenhunde gehört und der gemeinen Dogge an Größe völlig gleich kommt, läßt in der Bildung ihrer einzelnen Körpertheile deutlich ihre nahe Verwandtschaft mit deren beiden Stammältern erkennen.

Vom großen Seidenhunde, zu welchem sie sich bezüglich ihrer körperlichen Merkmale mehr hinneigt, als zur gemeinen Dogge, unterscheiden sie der beträchtlich größere und höhere Kopf, das breitere Hinterhaupt, die ziemlich stark gewölbte Stirne, die kürzere, höhere und auch viel breitere und stumpfere Schnauze, die etwas hängenden Lippen, die kürzeren und schmäleren, aber vollständig hängenden Ohren, der kürzere und dickere Hals, der etwas gestrecktere, vollere Leib, die höheren und stärkeren Beine, die längeren Schenkel, der etwas längere und minder dicke Schwanz, und die kürzere, etwas zottige und nur sehr schwach gewellte Behaarung, welche nur an den Ohren und am Schwanze länger, als an den übrigen Körpertheilen ist.

Die Färbung ist entweder einfärbig weiß, gelblichweiß, oder bräunlichgelb, oder mit größeren gelbbraunen, rothbraunen, graulichen, oder schwarzen Flecken auf weißem, oder überhaupt auf hellerem Grunde gezeichnet. Die Ohren und ihre nächste Umgebung sind fast immer dunkel gefärbt.

In früherer Zeit wurde die Zucht dieser so geschätzten, dermalen aber sehr selten gewordenen Race in den Alpenländern des südöstlichen Frankreich, des nördlichen Italien und der südlichen Schweiz eifrig betrieben, und insbesondere waren es die Hochalpen der Schweiz, wo man dieselbe mit besonderer Sorgfalt pflegte.

Man benützte diese Hunderace und richtete dieselbe dazu ab, um die auf den hohen Bergstraßen oder in Engpässen durch Lawinenstürze verunglückten Wanderer aufzuspüren und dieselben, wenn es noch möglich war, vor dem Tode zu retten.

Diese Art der Verwendung scheint zuerst von den frommen Mönchen ausgegangen zu sein, welche die auf den höchsten Bergstraßen der Schweiz errichteten Hospize bewohnten, nämlich auf dem St. Bernhards- und St. Gotthardsberge, weßhalb auch diese Hunde-Race mit dem Namen „St. Bernhards- oder St. Gotthard's-Hund" bezeichnet wurde.

Durch eine sehr lange Reihe von Jahren, denn schon seit mehreren Jahrhunderten unterhielten sowohl die Augustiner-Mönche in ihrem 7800 Fuß über der Meeresfläche liegenden Hospiz auf dem St. Bernhardsberge, als auch die Kapuziner in ihrem einstmals bestandenen 6390 Fuß hoch gelegenen Hospiz auf dem St. Gotthardsberge, eine größere Anzahl solcher Hunde, welche dazu abgerichtet waren, täglich und selbst bei dichtem Nebel und Schneegestöber abwechselnd die ganze Umgegend zu durchstreifen und nicht blos der Landstraße zu folgen, sondern auch in die Gebirgsschluchten einzudringen und nach verunglückten Reisenden zu suchen, die entweder verschneit oder erstarrt, oder durch Lawinenstürze verschüttet worden waren, und welche im Laufe der Zeiten Tausenden von Menschen das Leben gerettet haben. Täglich gingen einige Mönche dieser Hospize, mit langen Stangen, Schaufeln, Tragbahren und Erfrischungen ausgerüstet, in Begleitung mehrerer Knechte und dieser Hunde in entgegengesetzter Richtung längs des Straßenzuges hin, den die Hunde auch beim dichtesten Nebel nie verfehlten.

Trafen die Hunde, welche stets vorangegangen waren, auf einen Verunglückten, so zeigten sie dieß allsogleich durch Bellen ihrer Begleitung an, und witterten sie die Spur eines solchen unterhalb des Schnee's, was immer der Fall war, wenn die ihn überdeckende Schichte nicht eine allzumächtige gewesen, so gaben sie dieß durch eifriges Schnuppern und Scharren mit den Füßen zu erkennen, worauf die Ausgrabung auch unverweilt unter Aufgebot aller menschlichen Kräfte vorgenommen und der Verunglückte in das Hospiz gebracht wurde, wo man kein Mittel unversucht gelassen hatte, ihn zu retten.

Häufig gingen diese Hunde unter Tags auch allein jenem Geschäfte nach und eilten, wenn sie einen Verunglückten getroffen, nach dem Hospiz zurück, um durch ihr Gebell dieß den Mönchen anzuzeigen. Jeder hatte ein Körbchen mit stärkenden Labungsmitteln, oder ein Fläschchen mit Wein am Halsbande befestigt und einige trugen auch eine Wolldecke auf dem Rücken mit sich.

Der thätigste und berühmteste unter diesen Hunden hieß Barry. Er diente zwölf Jahre hindurch unermüdlich und treu dem Hospize und rettete mehr als vierzig Menschen das Leben. Niemals ließ er sich an seinen Dienst erinnern und so oft sich Schneegestöber oder Nebel einstellte, vermochte Nichts ihn im Hospiz auf dem St. Bernhardsberge zurückzuhalten. Bellend strich er rastlos allenthalben in der ganzen Umgegend umher und kehrte auch öfters an die gefährlichsten Stellen wieder zurück. Fühlte er seine Kräfte für unzureichend, um einen Verschneiten auszugraben, so rannte er eiligst nach dem Kloster, um die frommen Mönche herbeizuholen. Als er einst zwischen dem schauerlichen Valsore-Gletscher und der Pointe de Dronaz herumstreifte, traf er in einer Eisschlucht ein halberstarrtes Kind schlummernd an, das durch das Glitzern von Glimmerschiefer und grünlichem Asbest, aus welchem die aus den Schneeschichten hervorragenden Felswände bestehen, dahin gelockt worden sein mochte, vom Wege abgekommen war und vom Schlafe überwältigt, durch Kälte zu erstarren drohte. Der Hund suchte dasselbe durch Belecken zu erwärmen und es gelang ihm auch es zu erwecken und durch Liebkosungen zu bewegen, sich auf seinen Rücken anzuklammern. Eiligst brachte er das gerettete Kind bellend und wedelnd an die Pforten des Klosters, wo es aufgenommen wurde und sich auch bald erholt hatte. Als der Hund alt und kraftlos wurde, sandte der Prior dieses Klosters das treue Thier nach Bern in die Pflege, wo es bis zu seinem Tode blieb. Zur Erinnerung wurde dasselbe im dortigen Museum für vaterländische Naturgeschichte aufgestellt, mit dem Fläschchen am Halse, das oft rettend den Verunglückten zur Labung dargeboten hatte.

Leider ist die Zucht dieser Race, welche in den übrigen Gegenden der Schweiz allmählig in Verfall gekommen war und nur noch auf dem St. Bernhardsberge gepflegt wurde, seit dem Jahre 1816 auch dort gänzlich eingegangen; denn die wenigen Hunde, welche sich damals noch daselbst befanden, wurden während ihrer vollen Thätigkeit von einem Lawinensturze überrascht, durch denselben verschüttet und tief unter dem Schnee begraben.

Seit jener Zeit hat man versucht, diese Race daselbst durch den langhaarigen Neufoundländerhund und den schweren Fleischerhund zu ersetzen, und es ist noch nicht lange her, daß es gelungen, diese schöne große Hundeform in einigen Gegenden von Deutschland von Neuem wieder zu ziehen. Dermalen gehört sie bei uns zu den beliebtesten Racen und ist ebenso geschätzt, wie der langhaarige Neufoundländerhund.

In Frankreich ist dieselbe unter dem Namen Chien des Alpes und Chien du mont Saint-Bernard bekannt, in England unter den Benennungen Alpine-Dog und Great St. Bernhard-Dog.

Ungeachtet diese Race schon seit einigen Jahrhunderten in der Schweiz gezogen wurde, so lernten sie die Naturforscher doch erst in der zweiten Hälfte des 18. Jahrhunderts kennen, wo uns Zimmermann zuerst mit ihr naher bekannt machte.

6. Der Calabresenhund (Canis extrarius, calabricus).

Es kann wohl kaum einem Zweifel unterliegen, daß diese Mischlingsrace auf der Anpaarung des großen Seidenhundes (Canis extrarius, major) mit dem großen dänischen Hunde (Canis leporarius, danicus) beruht, sonach als ein doppelter Bastard reiner Kreuzung anzusehen ist.

Dieselbe stellt sich als eine schöne große Race dar, welche beträchtlich größer als die erstgenannte Form, und nicht viel kleiner als die gemeine Dogge (Canis Molossus, mastivus), daher eine der größten Hundeformen ist, und läßt in den einzelnen Theilen ihres Körpers ziemlich deutlich gewisse Merkmale erkennen, welche auf ihre Abstammung vom großen dänischen Hunde (Canis leporarius, danicus) hinzudeuten scheinen.

Vom großen Seidenhunde, welchem sie in der allgemeinen Körperform ähnlich ist, unterscheidet sie sich durch folgende Merkmale.

Ihr Kopf ist größer und auch höher, das Hinterhaupt breiter, die Stirne mehr gewölbt, die Schnauze stumpfer. Die Ohren sind kürzer und schmäler, der Leib ist mehr gestreckt, die Beine sind verhältnißmäßig höher und auch stärker, die Schenkel höher, und der Schwanz, welcher meistens bogenförmig nach aufwärts gekrümmt, häufig aber auch gerade ausgestreckt getragen wird, erscheint in Folge der reichlichen Behaarung länger.

Das Körperhaar ist sehr lang, zottig-gewellt und weich, am längsten aber am Halse, am Bauche, an der Hinterseite der Beine, und am Schwanze, wo es auf der Unterseite desselben in langen Fransen herabhängt. An den Ohren, der Vorderseite der Beine, und an den Pfoten, ist das Haar beträchtlich kürzer, und nur das Gesicht allein ist sehr kurz und glatt anliegend behaart.

Die Färbung ist in der Regel einfärbig weiß, bisweilen aber auch gelblich-, röthlich-, oder graulichweiß.

Diese Race wird fast nur in den Abruzzen in Calabrien gezogen.

Von den Franzosen wird sie Chien de Calabre, von den Engländern Calabrian Dog genannt, obgleich letztere dieselbe Benennung auch für den Schaf-Pudel (Canis extrarius, aquaticus lanatus) in Anwendung bringen.

Bei uns ist diese Race ziemlich selten und wird ebenso geschätzt wie der St. Bernhardshund und der langhaarige Neufoundländerhund.

7. Der langhaarige Curshund (Canis extrarius, cursorius).

Aus den körperlichen Merkmalen dieser Race geht unverkennbar hervor, daß dieselbe der gegenseitigen Vermischung des großen Seidenhundes (Canis extrarius, major) mit dem leichten Curshunde (Canis leporarius, cursorius) ihre Entstehung verdankt. Sie stellt sich daher als ein doppelter Bastard gemischter Kreuzung dar.

Es ist dieß die schlankeste unter allen zur Gruppe der Seidenhunde gehörigen

Formen, welche mit der Behaarung und den sonstigen Hauptmerkmalen dieser Gruppe, den leichten Körperbau der Windhunde verbindet.

Der langhaarige Curshund ist etwas kleiner als der Calabresenhund (Canis extrarius, calabricus) und auch weit leichter als dieser gebaut, und unterscheidet sich von demselben durch nachstehende Merkmale.

Der Kopf ist länger und auch flacher, die Stirne nur sehr schwach gewölbt, die Schnauze länger, niederer und schmäler, die Ohren sind etwas kürzer und weniger breit, doch vollkommen hängend, der Hals ist länger und dünner, der Leib mehr gestreckt, schlanker, und in den Weichen ziemlich stark eingezogen. Die Beine sind höher und schmächtiger und die Schenkel etwas länger.

In der Körperbehaarung findet zwischen diesen beiden Racen durchaus keine Verschiedenheit statt.

Die Färbung ist meistens einfärbig bräunlich- oder fahlgelb, röthlichgelb, gelbbraun, oder weiß, doch erscheint dieselbe sehr oft auch mit größeren fahlgelben, gelbbraunen, rothbraunen, oder schwarzen Flecken auf weißem oder überhaupt hellerem Grunde gezeichnet.

8. Der kleine Seidenhund (Canis extrarius, hispanicus).

Auch dieser stellt sich als eine reine, unvermischte Form dar, die blos als eine durch klimatische Einflüsse in Folge geographischer Verbreitung hervorgerufene Abänderung des Seidenhundes (Canis extrarius) betrachtet werden kann und deren ursprüngliche Heimath sich auf den mittleren Theil von Süd-Europa und insbesondere auf Italien beschränkt zu haben scheint.

Er ist beträchtlich kleiner und schwächer als der große Seidenhund (Canis extrarius, major), doch fast von derselben Gestalt, obgleich er in seinen einzelnen Körpertheilen mancherlei Verschiedenheiten von demselben darbietet.

Der Kopf ist kleiner und mehr länglichrund, die Stirne deutlicher gewölbt, die Schnauze kürzer, und die Augen sind verhältnißmäßig größer. Der Leib ist gedrungener und schmächtiger, die Beine sind kürzer und dünner, und der Schwanz, welcher meist über den Rücken nach aufwärts gebogen, seltener dagegen mehr gerade ausgestreckt getragen wird, erscheint durch seine reichliche Behaarung etwas länger und auch dicker.

Die Behaarung des Körpers ist wie beim großen Seidenhunde sehr lang, zottiggewellt, weich und seidenartig: am längsten aber am Vorderhalse, an der Brust, dem Bauche, der Hinterseite der Oberarme und der Schenkel, an den Ohren, und am Schwanze, vorzüglich aber an der Unterseite desselben, wo sie in langen Fransen herabhängt. Die Schnauze und die Läufe sind kürzer behaart.

Die Färbung ist entweder einfärbig weiß, oder hell röthlich-gelbbraun, und bisweilen auch mit weißen Abzeichen an der Schnauze, der Kehle, dem Vorderhalse und der Brust; sehr oft erscheint sie aber auch mit größeren röthlich-gelbbraunen oder schwarzen Flecken auf weißem Grunde gezeichnet, und fast immer sind es die

Ohren, welche eine dieser beiden Farben zeigen. Die Nasenkuppe und der Gaumen sind gewöhnlich schwarz.

In Italien ist dieser Hund unter dem Namen Spagnoletto, in Frankreich unter der Benennung Petit Épagneul bekannt. Die Engländer nennen ihn Springer und in alter Zeit gebrauchten sie den Namen Dancer für denselben.

Abbildungen von diesem Hunde finden wir zwar auf verschiedenen römischen Antiken, doch wird er von keinem Schriftsteller des Alterthums genannt. Die Deutschen lernten ihn — ebenso wie den großen Seidenhund, — erst durch Aldrovandi gegen das Ende der ersten Hälfte des 16. Jahrhunderts kennen, und bald darauf auch die Engländer.

Seine niedliche Gestalt, sein langes feines Haar und sein munteres, freundliches Wesen machen ihn als Stubenhund sehr beliebt und vorzüglich bei Frauen.

9. Der König Carl's-Hund (Canis extrarius, hispanicus brevipilis).

Aus den Merkmalen dieses Hundes geht klar und deutlich hervor, daß er eine reine, unvermischte Form und zwar eine Abänderung des kleinen Seidenhundes (Canis extrarius, hispanicus) sei, die lediglich auf Acclimatisirung zu beruhen und durch Verpflanzung desselben von Italien nach England entstanden zu sein scheint.

Diese überaus zierliche Form, welche zu den kleinsten unter den Hundeformen gehört, ist meistens noch kleiner als der kleine Seidenhund und kommt auch in ihren körperlichen Merkmalen beinahe vollständig mit demselben überein.

Die Merkmale, durch welche sie sich vom kleinen Seidenhunde unterscheidet, sind die etwas kürzere und stumpfere Schnauze, die verhältnißmäßig größeren und mehr hervorstehenden Augen, die kürzeren und dickeren Beine, und die etwas kürzere und minder deutlich gewellte feine, glänzende, seidenartige Behaarung des Körpers, welche aber am Vorderhalse, an der Brust, der Hinterseite der Beine, an den Ohren, und am Schwanze, insbesondere aber an der Unterseite desselben, sehr lang und zottig ist.

Die Färbung ist in der Regel einfärbig tief schwarz; bisweilen ist aber auch die Grundfarbe weiß, und mit großen schwarzen Flecken gezeichnet, wobei die Ohren fast immer schwarz sind. Die Nasenkuppe und der Gaumen sind schwarz.

Ihre Benennung verdankt diese niedliche Race dem Könige Carl II. von England, der ein besonderes Wohlgefallen an derselben hatte und sie zu seinem beständigen Begleiter in seinen Gemächern sowohl, als auch im Freien sich erkor. Auch dermalen bildet dieselbe einen der beliebtesten Schooßhunde der Frauen.

In Frankreich wird diese Race mit dem Namen Gredin und Épagneul Gredin, in Italien mit der Benennung Cane d'Inghilterra bezeichnet, während sie in England King Charles's Dog oder King Charles's Spaniel, und hie und da auch so wie der zottige Wachtelhund (Canis extrarius, hispanicus subhirsutus), Cocker genannt wird.

10. Die Pyrame (Canis extrarius, hispanicus flammeus).

Mit voller Sicherheit läßt sich behaupten, daß dieser Hund eine reine, unvermischte Form sei, in welcher man eine nur durch Zucht und veränderte Lebensweise hervorgerufene Abänderung des kleinen Seidenhundes (Canis extrarius, hispanicus) erkennen kann.

Die Pyrame ist von derselben Größe und Gestalt wie der König Carl's-Hund (Canis extrarius, hispanicus brevipilis), und unterscheidet sich von diesem nur durch eine noch kürzere und stumpfere Schnauze, merklich größere und noch deutlicher hervorstehende Augen und einen kürzeren Leib.

Die Behaarung des Körpers ist genau von derselben Beschaffenheit wie bei der eben genannten Form.

Die Färbung ist auf der Oberseite des Körpers, der Außenseite der Oberarme und der Schenkel, und am Schwanze schwarz, auf der Schnauze, der Brust, dem Bauche, der Innenseite der Beine und an den Füßen rostgelb. Immer befindet sich aber oberhalb der Augen jederseits ein kleiner, rundlicher rostgelber Flecken.

Die Franzosen nennen sie Pyrame oder Épagneul Pyrame, die Engländer Blenheim, Marlborough und Pyrame, und die Italiener, welche sie nicht vom König Carl's-Hunde unterscheiden, ebenso wie diesen, Cane d'Inghilterra.

Auch diese Form ist eine der beliebtesten unter den Schooßhunden der Frauen.

11. Der zottige Wachtelhund (Canis extrarius, hispanicus hirsutus).

Es kann nicht wohl einem Zweifel unterliegen, daß diese Race der Anpaarung des kleinen Seidenhundes (Canis extrarius, hispanicus) mit dem König Carl's-Hunde (Canis extrarius, hispanicus brevipilis) ihre Entstehung verdankt, da ihre körperlichen Merkmale die älterliche Abstammung sehr deutlich erkennen lassen. Sie stellt daher offenbar einen Halbbastard reiner Kreuzung dar.

In Ansehung ihrer Gesammtform sich mehr der letztgenannten Form anschließend, bezüglich der Behaarung aber sich mehr der ersteren hinneigend, bildet diese Race ein deutlich ausgesprochenes Mittelglied zwischen beiden.

Die wenigen Merkmale, welche sie vom König Carl's-Hunde unterscheiden, sind die etwas längere und minder stumpfe Schnauze, der nicht so stark gedrungene Leib, die verhältnißmäßig etwas höheren und dünneren Beine, und die merklich längere Behaarung des Körpers.

Die Färbung erscheint immer gefleckt, und meistens sind es größere röthlich-gelbbraune, bisweilen aber auch schwarze Flecken, welche über die weiße Grundfarbe verbreitet sind. Die Ohren und häufig auch die Kopfseiten, sind fast beständig röthlich-gelbbraun, oder schwarz.

Cocker ist der Name, mit welchem man diese Race, die nur als Schooßhund gehalten wird, in England zu bezeichnen pflegt.

12. Der Bologneserhund (Canis extrarius, hispanicus melitaeus).

In den körperlichen Formen dieser Race sind die Merkmale des kleinen Seidenhundes (Canis extrarius, hispanicus) und des kleinen Pudels (Canis extrarius, aquaticus minor) so deutlich ausgesprochen, daß sich ihre Abstammung von denselben nicht bezweifeln läßt. Sie ist daher als ein Halbbastard gemischter Kreuzung zu betrachten.

Bezüglich ihrer äußeren Merkmale steht diese Race zwischen den beiden genannten Formen genau in der Mitte, während sie in Ansehung der Größe so ziemlich mit der letztgenannten übereinkommt, und nur selten größer, meistens aber kleiner als dieselbe angetroffen wird; daher in dieser Beziehung sich mehr dem König Carl's-Hunde (Canis extrarius, hispanicus brevipilis) nähert und so wie dieser, zu den kleinsten unter allen Formen des Hundes gehört.

Das wesentlichste Merkmal, durch welches sie sich von ihren beiden Stammältern unterscheidet, besteht in der eigenthümlichen, sehr langen, zottig-gewellten, weichen, feinen und seidenartigen Behaarung, welche den ganzen Körper überdeckt, und am Kopfe, am Halse, an der Brust und am Schwanze die größte Länge erreicht, so daß das Haar, welches sich auf der Stirne und am Scheitel nach beiden Seiten hin theilt, einen großen Theil des Gesichtes, und selbst die langen hängenden Ohren überdeckt, und dem Kopfe überhaupt eine mehr rundliche Form verleiht.

In Ansehung der Färbung kommt diese niedliche Race vollständig mit dem kleinen Pudel (Canis extrarius, aquaticus minor) überein, indem sie in allen jenen Farbenabänderungen angetroffen wird, die auch bei diesem vorkommen. Die gewöhnlichste Färbung ist aber einfärbig weiß, röthlich- oder graulichweiß.

Von den Italienern wird sie Can Malthese, von den Franzosen Bichon oder Épagneul Bichon, und von den Engländern Malthese Dog und hie und da auch Shock genannt.

Der Bologneserhund, welcher schon den alten Griechen und Römern bekannt war und von Aristoteles und Strabo unter dem Namen Melitäischer Hund (Melitaeus catellus) und von Plinius unter dem Namen Catulus melitaeus beschrieben wurde, war schon zu jener Zeit der Lieblings-Schooßhund der Frauen und hat seinen Ruf bis in die allerneueste Zeit sich erhalten.

13. Der Seiden-Pintsch (Canis extrarius, hispanicus Gryphus).

Schon auf den ersten Blick gibt sich diese Race als eine Blendlingsform kund, welche offenbar aus der Kreuzung des Bologneserhundes (Canis extrarius, hispanicus melitaeus) mit dem kleinen Pudel (Canis extrarius, aquaticus minor) hervorgegangen, somit ein Halbbastard gemischter Kreuzung ist.

Sie ist sehr nahe mit der erstgenannten Race verwandt, und auch von denselben Formen und von gleicher Größe.

Der einzige auffallendere Unterschied, welcher sie von derselben trennt, besteht darin, daß bei ihr das Körperhaar etwas kürzer, zottig-gekräuselt und mehr wollig ist, und die langbehaarten Ohren, so wie auch das Gesicht, nicht vom Kopfhaare überdeckt werden.

Bezüglich der Färbung ergibt sich zwischen diesen beiden Racen durchaus kein Unterschied, denn sie kommt in allen jenen Farbenabänderungen vor, welche auch beim Bologneserhunde angetroffen werden, und so wie bei diesem, sind auch bei ihr die einfärbig weiße, die röthlich- oder graulichweiße Färbung die gewöhnlichsten.

In Frankreich wird diese Race, so wie der Bologneserhund, Bichon, und auch Petit Grifson genannt.

Von den Frauen wird dieselbe als Schooßhund häufig gehalten und ist bei ihnen ebenso beliebt, als geschätzt.

14. **Der rauhe Pintsch** (Canis extrarius, hispanicus hirsutus).

Ueber die Abstammung dieser Mischlingsform vom Bologneserhunde (Canis extrarius, hispanicus melitaeus) und dem Spitze (Canis domesticus, pomeranus audax) kann um so weniger ein Zweifel bestehen, als sie die körperlichen Merkmale der beiden genannten Racen unverkennbar an sich trägt. Sie kann daher nur als ein **einfacher Bastard gemischter Kreuzung** angesehen werden.

Von derselben Gestalt und Größe wie die erstgenannte Race, unterscheidet sie sich von derselben nur durch nachstehende Merkmale.

Ihr Kopf ist etwas länger, niederer, und auch weniger gerundet, die Stirne schwächer gewölbt, die Schnauze länger und auch weniger stumpf, die Ohren sind kürzer, schmäler, stumpfspitzig-gerundet, und nur wenig hängend, und der Leib erscheint in Folge der kürzeren Behaarung schmächtiger, der Schwanz beträchtlich dünner.

Der Hauptunterschied besteht aber in der Beschaffenheit und Art der Behaarung, welche nicht nur am ganzen Körper bedeutend kürzer, glatt-zottig, abstehend und straff, sondern auch weniger fein ist. Das Gesicht ist gleichfalls mit abstehenden Haaren besetzt, die um die Schnauze herum länger sind und beinahe bartähnlich erscheinen.

Die Färbung ist meistens einfärbig röthlich- oder graulichweiß, dunkelgrau, graulichschwarz oder schwarz.

Nicht selten pflegt man diese Race durch Abstutzen der Ohren und des Schwanzes zu verstümmeln.

Dieselbe vertritt heut zu Tage unter den Schooßhunden der Frauen die Stelle des beinahe gänzlich verschwundenen Spitzes und zeichnet sich durch Lebhaftigkeit, Munterkeit, Freundlichkeit und Anhänglichkeit aus. Gewöhnlich wird sie „Affen-Pintsch" genannt, eine Benennung, mit welcher man aber auch den kleinen Pintsch (Canis extrarius, aquaticus Gryphus) zu bezeichnen pflegt.

15. Der Löwenhund (Canis extrarius, hispanicus leoninus).

Wie aus den äußeren Merkmalen dieser Race hervorzugehen scheint, dürfte dieselbe auf der Vermischung des Bologneserhundes (Canis extrarius, hispanicus melitaeus) mit dem Mopse (Canis Molossus, fricator) beruhen und für einen einfachen Bastard gemischter Kreuzung gelten können.

Diese überaus niedliche Race, welche zu den kleinsten unter allen Hundeformen gehört, ist zunächst mit dem Bologneserhunde verwandt, von welchem sie ohne Zweifel abstammt, und zeichnet sich durch folgende Merkmale aus.

Der Kopf, die Ohren, der Hals, die Schultern und die Vorderbeine sind wie bei diesem, von langen zottig-gewellten, weichen, feinen und fast seidenartigen Haaren bedeckt, der übrige Theil des Leibes aber und die Hinterbeine, mit kurzen, glatt-anliegenden und etwas gröberen Haaren. Der Schwanz, welcher bald nach aufwärts gebogen, bald aber auch gerade ausgestreckt getragen wird, ist in der ersten Hälfte mit kurzen, glatt-anliegenden, im weiteren Verlaufe bis zur Spitze aber mit langen, zottig-gewellten Haaren besetzt, welche in langen Fransen herabhängen und eine Art von Quaste bilden.

Die Färbung ist entweder einfärbig weiß oder schwarz, doch kommen bei der letzteren bisweilen auch weiße Abzeichen an der Schnauze, der Kehle, dem Bauche, und an den Pfoten vor.

Diese Race, welche ihre Benennung der Aehnlichkeit ihrer Behaarung mit jener des männlichen Löwen verdankt, gehörte schon von ihrer ersten Entstehung an zu den seltensten unter allen Formen des Hundes, und wird heut zu Tage wohl kaum mehr irgendwo getroffen.

Von den Franzosen wurde sie Chien-lion oder Épagneul lion, von den Italienern Can Lione, und von den Engländern Lion Dog genannt.

16. Der Burgos (Canis extrarius, hispanicus villosus).

Es kann als eine erwiesene Thatsache betrachtet werden, daß diese Blendlingsform durch Anpaarung des kleinen Seidenhundes (Canis extrarius, hispanicus) mit dem krummbeinigen Dachshunde (Canis vertagus, valgus) erzielt worden, sonach ein einfacher Bastard reiner Kreuzung sei.

Sie gehört zu den kleinen Formen unter den Hunden, welche mit der Behaarung und zum Theile auch mit den körperlichen Formen des kleinen Seidenhundes, die niedere und gestreckte Gestalt des krummbeinigen Dachshundes verbindet.

Meistens noch kleiner als der erstgenannte, unterscheidet sie sich von demselben hauptsächlich durch folgende Merkmale.

Der Kopf ist etwas größer, das Hinterhaupt breiter, die Schnauze schmäler, und auch schärfer zugespitzt. Die Augen sind verhältnißmäßig kleiner, der Leib ist ziemlich stark gestreckt und merklich voller, und die Brust ist breiter. Die Beine sind kurz, und ziemlich stark, die vorderen am Handgelenke etwas verdickt, und der Schwanz, welcher gewöhnlich über den Rücken nach aufwärts gebogen, aber auch gerade ausgestreckt getragen wird, erscheint minder reichlich behaart, und daher auch etwas dünner.

Die Behaarung ist lang, zottig-gewellt, weich, fein und glänzend, vorzüglich aber am Vorderhalse, an der Brust, dem Bauche, der Hinterseite der Oberarme und der Schenkel, an den Ohren und am Schwanze, insbesondere an der Unterseite desselben, wo sie lange Fransen bildet. Die Schnauze und die Läufe sind kürzer behaart.

Die Färbung ist gewöhnlich auf der Oberseite des Körpers, der Außenseite der Oberarme und der Schenkel, so wie auch am Schwanze schwarz, auf der Unterseite des Körpers, der Innenseite der Beine, an den Füßen und der Schnauze rostgelb, gelblichweiß oder weiß. Doch kommen auch Abänderungen von einfärbig hell röthlich-gelbbrauner oder von weißer Farbe vor, und bisweilen auch gefleckte, welche mit größeren schwarzen oder hell röthlich-gelbbraunen Flecken auf weißem Grunde gezeichnet sind.

In Frankreich ist diese Race unter dem Namen Burgos und Basset de Burgos bekannt und auch in England wird sie Burgos genannt.

Sie gehört gleichfalls zu den beliebteren und gesuchteren unter den Schooßhunden der Frauen.

17. **Der schottische Pintsch** (Canis extrarius, hispanicus barbatus).

Es scheint diese Race, ihren körperlichen Merkmalen nach zu urtheilen, eine Blendlingsform zu sein, die ihre Entstehung der Kreuzung des kleinen Seidenhundes (Canis extrarius, hispanicus) mit dem Trüffelhunde (Canis domesticus, barbatus) verdankt. Findet sich diese Annahme bewährt, so stellt diese Race einen dreifachen Bastard gemischter Kreuzung dar.

Zwischen den beiden genannten Formen gleichsam in der Mitte stehend, schließt sie sich ihrer Gestalt nach mehr der letzteren, in Ansehung der Behaarung aber mehr der ersteren Form an.

Vom kleinen Seidenhunde, mit welchem sie auch in der Größe übereinkommt, unterscheidet sie sich durch die etwas längere und spitzere Schnauze, die kürzeren, schmäleren und weniger hängenden Ohren, den gestreckteren und volleren Leib, die minder hohen, dickeren Beine, die kürzeren Schenkel, und das etwas kürzere, schwach zottig-gewellte rauhe Haar, das um die Schnauze einen Bart bildet.

Die Färbung ist meistens licht bräunlichgelb oder ocherfarben, bisweilen aber auch weiß.

Bei uns gehört dieser Hund zu den seltener vorkommenden Racen, ist aber als Stubenhund geschätzt und beliebt.

18. Der englische Otterhund (Canis extrarius, hispanicus terrarius).

Die äußeren Formen dieser Race gestatten wohl die Annahme, daß dieselbe aus der Kreuzung des schottischen Pintsches (Canis extrarius, hispanicus barbatus) mit dem geradebeinigen Dachshunde (Canis vertagus, rectipes) hervorgegangen, daher ein dreifacher Bastard gemischter Kreuzung sei.

Sie steht der erstgenannten Race sehr nahe, ist auch von gleicher Größe wie dieselbe, und unterscheidet sich von ihr nur durch nachstehende Merkmale.

Der Kopf ist etwas länger und auch höher, die Schnauze mehr gestreckt und spitzer, die Ohren sind länger, breiter und beinahe vollständig hängend, der Leib ist gestreckter und minder voll, die Beine sind niederer, stärker und am vorderen Handgelenke verdickt, die Schenkel kürzer. Der Schwanz erscheint nicht nur kürzer, sondern in Folge der kürzeren Behaarung auch etwas dünner.

Die Körperbehaarung ist etwas weniger lang, die Schnauze aber so wie beim schottischen Pintsche, von einem Barte umgeben.

Die Färbung stimmt vollkommen mit der, der so eben genannten Race überein; doch kommen bisweilen auch Abänderungen vor, welche so wie der geradebeinige Dachshund (Canis vertagus, rectipes), auf der Oberseite des Körpers und der Außenseite der Oberarme und der Schenkel schwarz, an den übrigen Körpertheilen aber rostgelb gefärbt, und jederseits oberhalb der Augen mit einem kleinen, rundlichen rostgelben Flecken gezeichnet sind.

Die Zucht dieser Race, welche fast ausschließlich zur Jagd auf die Fischotter benützt wird, scheint nur auf England und Schottland beschränkt zu sein.

Die Engländer bezeichnen sie, ebenso wie den glatten Pintsch (Canis Molossus, fricator britannicus), den Hebriden- (Canis domesticus, hebridicus) und den Trüffelhund (Canis domesticus, barbatus) mit dem Namen Terrier.

19. Der mexikanische Seidenhund (Canis extrarius, hispanicus mexicanus).

Offenbar ist diese Mischlingsrace das Ergebniß der gegenseitigen Vermischung des kleinen Seidenhundes (Canis extrarius, hispanicus) mit dem kleinen dänischen Hunde (Canis Molossus, fricator variegatus), wie dieß aus ihren körperlichen Merkmalen deutlich zu erkennen ist. Sie muß demnach als ein doppelter Bastard reiner Kreuzung angesehen werden.

Unsere ganze Kenntniß von derselben beruht nur auf einer sehr kurzen Beschreibung und einer Abbildung, welche wir der Mittheilung von Hamilton Smith verdanken.

Aus beiden geht hervor, daß sie eine dem kleinen Seidenhunde (Canis extrarius, hispanicus) nahe verwandte Form darstellt, welche ihm an Gestalt und Größe beinahe vollkommen gleich kommt und sich nur durch wenige Merkmale von diesem unterscheidet.

Der Kopf ist größer, auch mehr gestreckt und höher, die Stirne stärker gewölbt, die Schnauze länger, breiter, höher und auch etwas stumpfer, die Ohren sind kürzer und schmäler, der Hals ist länger, der Leib schmächtiger, die Beine sind verhältnißmäßig höher, die Schenkel länger, und die Behaarung des Körpers ist minder lang und glatt-zottig.

Die Färbung des Körpers ist weiß, mit einigen größeren, unregelmäßigen schwarzen Flecken auf dem Rücken, an den Wangen, den Stirnseiten und den Ohren, und ober jedem Auge befindet sich ein kleiner, rundlicher rostgelber Flecken.

Daß diese in Mexiko gezogene Race, welche von den Frauen als Schooßhund gehalten wird, keine diesem Lande ursprünglich angehörige sei, dürfte kaum irgend einem Zweifel unterliegen, und es kann wohl mit gutem Grunde angenommen werden, daß dieselbe von europäischen Hundeformen stammt, die vielleicht schon in alter Zeit durch die Spanier dahin gelangten.

20. **Der große Pudel** (Canis extrarius, aquaticus).

Mit voller Gewißheit kann dieser Hund als eine reine, unvermischte Form und zwar als eine Abänderung des Seidenhundes (Canis extrarius) angesehen werden, welche sich nur durch klimatische Einflüsse und geographische Verbreitung der Art erklären läßt. Aller Wahrscheinlichkeit zu Folge ist die ursprüngliche Heimath dieser Form im nordwestlichen Theile von Afrika und insbesondere in Marokko und Algier zu suchen.

Diese höchst ausgezeichnete Form des Hundes ist meistens größer als der große Seidenhund (Canis extrarius, major), doch in der allgemeinen Körperform demselben ähnlich, wenn gleich von robusterem Baue, und ihrer eigenthümlichen dichten und vollen Behaarung wegen bei Weitem nicht so schlank, sondern viel mehr plump.

Aber nicht nur in der Gesammtform, sondern auch in der Bildung ihrer einzelnen Körpertheile bietet sie mancherlei und zum Theile sehr erhebliche Abweichungen von jener der genannten Form dar.

Der Kopf ist merklich höher, weniger gestreckt und mehr von rundlicher Gestalt, die Stirne stärker gewölbt, die Schnauze etwas kürzer, höher und auch stumpfer, der Hals erscheint kürzer und dicker, der Leib gedrungener und voller, und die Beine sind verhältnißmäßig minder hoch und stärker, die Spannhäute zwischen den Zehen auch sehr stark entwickelt.

Die Behaarung ist am ganzen Körper lang, dicht, weich, wollig und vollkommen gekräuselt, und selbst das Gesicht ist ziemlich lang behaart, vorzüglich aber die Schnauze, wo das Haar eine Art von Bart bildet. An den Ohren und dem Schwanze, der in der Regel gerade ausgestreckt, doch zuweilen auch nach aufwärts gebogen getragen wird, erscheint die Behaarung mehr zottig und gelockt.

Die Färbung ist meistens einfärbig weiß, gelblich-, röthlich- oder graulichweiß, schwarzgrau, rothbraun oder schwarz. Häufig erscheint dieselbe aber auch auf hellem Grunde mit großen, unregelmäßigen und verwischten schwarzgrauen, rothbraunen oder schwarzen Flecken gezeichnet, und bei der rothbraunen und schwarzen Abänderung kommen sehr oft weiße Abzeichen an der Schnauze, der Kehle, dem Vorderhalse, der Brust, dem Bauche, an den Füßen und am Schwanze vor.

Unverstümmelte Individuen werden nur selten angetroffen, denn fast allenthalben besteht die Sitte, schon den jungen Thieren dieser Form den Schwanz zu stutzen.

Bei den Italienern ist dieser Hund unter dem Namen Can barbone, bei den Franzosen unter den Benennungen Barbet. Grand Barbet und Barbeton Caniche bekannt. Die Engländer nennen ihn Water-dog, Water-Spaniel, Fynder und Poodle.

Weder die alten Griechen, noch die alten Römer scheinen den großen Pudel gekannt zu haben und ebensowenig wird seiner von den alten Deutschen zur Zeit des Mittelalters Erwähnung gethan. Erst zu Anfang der zweiten Hälfte des 16. Jahrhunderts sind wir mit dieser Form bekannt geworden, indem uns Conrad Gesner im Jahre 1555 zuerst eine Beschreibung und Abbildung von derselben mitgetheilt hatte.

Es ist gewiß, daß unter allen Formen und Racen des Hundes der große Pudel nicht nur eine der schönsten, sondern auch der gelehrigsten ist, und daß er mit diesen Vorzügen auch noch gewisse andere Eigenschaften in sich vereinigt, welche bei anderen Hundeformen nur selten in gleich hohem Grade wie bei ihm angetroffen werden.

Munterkeit, Freundlichkeit, Anhänglichkeit und Treue sind bei ihm mit Gutmüthigkeit, Zutraulichkeit und Gehorsam gepaart, weßhalb er auch mit vollem Rechte als Stubenhund so überaus beliebt ist.

Durch alle diese guten Eigenschaften sucht er seinem Herrn wie und wo immer er nur kann, Vergnügen zu bereiten, und unermüdlich zeigt er sich hierin, vorzüglich aber wenn es gilt, sich als gewandter und ausdauernder Schwimmer zu erweisen und in das Wasser geschleuderte Gegenstände aus demselben zurückzuholen oder seinem Herrn zur Nachtzeit mit zwei Laternen, die er im Munde trägt, auf seiner Heimkehr voranzuleuchten.

Der große Pudel lernt mit außerordentlicher Leichtigkeit und zeichnet sich ganz besonders durch seine Auffassungsgabe aus, indem er sich schon in verhältnißmäßig kurzer Zeit jedes selbst noch so schwierige Kunststück eigen macht, das nur immer von einem Hunde ausgeführt zu werden vermag.

21. **Der mittlere Pudel** (Canis extrarius, aquaticus medius).

Auch in diesem Hunde kann man nur eine reine, unvermischte Form erkennen und zwar eine Abänderung des großen Pudels (Canis extrarius, aquaticus), welche blos durch Zucht und unveränderte Lebensweise erzielt worden zu sein scheint.

Sämmtliche Merkmale, welche dem großen Pudel (Canis extrarius, aquaticus) eigen sind, trifft man auch bei dieser Form an, und nur die geringere Größe ist es, welche sie von demselben unterscheidet, indem sie immer wenigstens um ein Drittel, häufig aber auch um die Hälfte kleiner ist.

In Ansehung der Färbung findet kein Unterschied statt, denn auch sie kommt sowohl einfärbig weiß, gelblich-, röthlich- oder graulichweiß, grau, rothbraun oder schwarz, als auch mit großen schwarzen, rothbraunen oder grauen, doch meistens sehr verwischten Flecken auf weißem Grunde gezeichnet vor. Ebenso werden bei den dunkelfärbigen Abänderungen häufig weiße Abzeichen angetroffen.

So wie beim großen Pudel, trifft man auch bei dieser Form nur selten unverstümmelte Individuen an, da es fast allenthalben Sitte ist, denselben den Schwanz zu stutzen.

Weder in Italien, noch in Frankreich und England wird diese Form vom großen Pudel unterschieden und daher auch daselbst mit den nämlichen Benennungen bezeichnet.

Es kann als gewiß betrachtet werden, daß der mittlere Pudel schon den alten Römern bekannt war, obgleich keiner ihrer Schriftsteller seiner erwähnt; da man Abbildungen desselben auf einigen Antiken trifft, die aus der späteren Zeit des Kaisers Augustus gegen das Ende des letzten Jahrhunderts vor Christus herrühren. Ebenso gewiß ist es aber auch, daß derselbe den alten Deutschen zur Zeit des Mittelalters nicht bekannt war.

In allen seinen Eigenschaften kommt der mittlere Pudel mit dem großen vollständig überein, daher er auch ebenso wie dieser, allgemein beliebt ist.

In manchen Gegenden wird er zum Aufsuchen der Trüffeln benützt.

22. **Der kleine Pudel** (Canis extrarius, aquaticus minor).

In dieser Mischlingsrace sind die Merkmale ihrer Stammältern in so unverkennbarer Weise ausgesprochen, daß über ihre Abkunft vom mittleren Pudel (Canis extrarius, aquaticus medius) und dem kleinen Seidenhunde (Canis extrarius, hispanicus) durchaus kein Zweifel bestehen kann. Sie ist daher offenbar ein Halbbastard reiner Kreuzung.

Ihre Gestalt im Allgemeinen ist dieselbe wie die des mittleren Pudels, doch ist diese Race beträchtlich bezüglich der Größe von diesem verschieden, da sie nicht nur um die Hälfte kleiner, sondern auch viel zarter und zierlicher gebaut ist.

Außerdem sind es aber auch noch andere Merkmale, welche sie von dieser Form unterscheiden.

Der Kopf ist minder hoch, die Schnauze etwas niederer, und auch weniger stumpf, der Leib schmächtiger, und die Beine sind verhältnißmäßig dünner.

Die Körperbehaarung ist lang, fein und weich, am Leibe und an den Beinen gekräuselt und mehr wollig, am Kopfe, an den Ohren und am Schwanze, der meist gerade ausgestreckt, aber nicht selten auch nach aufwärts gebogen getragen wird, beträchtlich länger, zottig-gewellt, und seidenartig. Auch das Gesicht ist mit ziemlich langen Haaren besetzt, und insbesondere die Schnauze, wo dieselben eine Art von Bart bilden.

Die Färbung ist dieselbe wie beim mittleren Pudel, und bietet auch die nämlichen Abänderungen dar.

Von den Italienern wird diese Race Barbino, von den Franzosen, so wie der große Pintsch (Canis extrarius, aquaticus hirsutus), Petit Barbet, und von den Engländern Little Barbet genannt.

Wie vom mittleren Pudel, so trifft man auch vom kleinen, Abbildungen auf einigen römischen Antiken an, die aus gleicher Zeit stammen; doch ist auch er in mittelalterlicher Zeit den alten Deutschen unbekannt geblieben.

Obgleich der kleine Pudel keine reine, unvermischte Form, sondern eine Mischlingsrace ist, so haben sich doch alle Eigenschaften, welche den großen und mittleren Pudel auszeichnen, in ihm beinahe völlig unverändert erhalten. Deßhalb ist er auch als Stubenhund überaus beliebt und vorzüglich bei Frauen, welche ihn seiner geringen Größe sowohl, als auch seiner zierlichen Körperform wegen, häufig zu ihrem Schooßhunde wählen.

Auch zum Aufsuchen der Trüffeln ist er gut verwendbar.

23. **Der kleine Pintsch** (Canis extrarius, aquaticus Gryphus).

Die Merkmale, welche diese Blendlingsrace an sich trägt, berechtigen wohl zu dem Schlusse, daß dieselbe aus der Vermischung des kleinen Pudels (Canis extrarius, aquaticus minor) mit dem Spitze (Canis domesticus, pomeranus audax) hervorgegangen, sonach ein einfacher Bastard gemischter Kreuzung sei.

Sie ist außerordentlich nahe mit dem rauhen Pintsche (Canis extrarius, hispanicus hirsutus) verwandt, und zwar sowohl in Bezug auf Körperform, als auch auf Größe, und unterscheidet sich von diesem nur durch den etwas höheren Kopf, die stärker gewölbte Stirne, die stumpfere Schnauze, die etwas mehr hängenden Ohren, und die noch längere Behaarung des Körpers.

In allen übrigen Kennzeichen und selbst in der Färbung stimmt sie aber mit der genannten Race vollkommen überein.

Abstutzen der Ohren und des Schwanzes ist auch bei dieser Race üblich.

Sie ist der Barbet-Griffon und der Chien anglais der Franzosen; doch legen dieselben den letzteren Namen auch dem langhaarigen englischen Hühnerhunde (Canis sagax, anglicus hirsutus) und dem glatten Pintsche (Canis Molossus, fricator britannicus) bei.

Auch diese Race ist bei uns so wie der rauhe Pintsch (Canis extrarius, hispanicus hirsutus), unter dem Namen „Affen-Pintsch" bekannt und bei den Frauen als Schooßhund sehr beliebt.

24. Der Schnur-Pudel (Canis extrarius, aquaticus funicularius).

Unzweifelhaft stellt sich dieser Hund als eine reine, unvermischte Form dar, in welcher man nur eine in Folge von Zucht und Cultur entstandene Abänderung des großen Pudels (Canis extrarius, aquaticus) erblicken kann.

Die höchst eigenthümliche Behaarung, durch welche diese Form ausgezeichnet ist, gestalten sie zu einer der auffallendsten unter den Hunden.

Bezüglich ihrer Größe kommt sie mit dem großen Pudel vollständig überein, indem sie nicht selten eine Körperlänge von 3 Fuß erreicht, und auch in Ansehung ihrer Gesammtform, so wie in der Bildung ihrer einzelnen Körpertheile, bietet sie keinen irgendwie auffallenden Unterschied von demselben dar.

Charakteristisch für diese Form ist nur die eigenthümliche Beschaffenheit der Behaarung, welche nicht nur von sehr bedeutender Länge ist, sondern auch eine ganz besondere Anordnung zeigt, indem das weiche wollige Haar nicht so wie bei andern langhaarigen Hundeformen, in aufgelösten glatten oder gewellten Zotten herabhängt, sondern zu regelmäßig aneinander gereihten straffen Schnüren gedreht ist, welche vom Scheitel, und der Mittellinie des Nackens und des Rückens, zu beiden Seiten des Kopfes, des Halses, und des Leibes herabfallen, an den Körperseiten nicht selten eine Länge von mehr als 2 Fuß erreichen, und beinahe bis an den Boden langen; so daß die Beine von denselben völlig überdeckt werden.

In ähnlicher Weise hängen diese Schnüre auch von den Ohren, und oft in einer Länge von $1\frac{1}{2}$ Fuß herab, und ebenso von der Unterseite des Schwanzes, der in der Regel beinahe gerade ausgestreckt, und nur sehr wenig nach aufwärts gebogen getragen wird. Nur das Gesicht, die Schnauze, und die Pfoten sind mit kürzeren Haaren bekleidet.

Die gewöhnliche Färbung ist einfärbig weiß, seltener dagegen schwarz.

Ueber das Land, in welchem diese Form — die offenbar nur ein Produkt der Cultur ist, — zuerst gezogen wurde, herrschen unter den Naturforschern und Kynologen verschiedene Meinungen. Einige sind der Ansicht, daß dieselbe aus Spanien und Portugal stamme, andere vermuthen, daß sie in Griechenland zuerst gezogen worden sei.

Was die Eigenschaften dieser Form betrifft, so stimmen dieselben ganz und gar mit jener des großen Pudels überein; doch da sie an körperlicher Schönheit denselben offenbar noch übertrifft, so ist sie auch deßhalb noch weit mehr geschätzt als dieser, und zwar um so mehr, als sie auch viel seltener als derselbe vorkommt.

25. Der große Pintsch (Canis extrarius, aquaticus hirsutus).

Schon ein oberflächlicher Blick genügt, um in dieser Mischlingsrace ihre Abkunft vom großen Pudel (Canis extrarius, aquaticus) und dem Hirten-Haushunde (Canis domesticus, ovilis) zu erkennen. Sie stellt daher unzweifelhaft einen einfachen Bastard reiner Kreuzung dar.

Meistens ist dieselbe bedeutend kleiner als der große Pudel, obgleich sie ihm nicht selten auch an Größe völlig gleich kommt.

Die Merkmale, welche sie von diesem trennen, sind folgende.

Der Kopf ist etwas länger, und auch minder hoch, die Stirne schwächer gewölbt, die Schnauze mehr gestreckt, niederer, und spitzer. Die Ohren sind beträchtlich kürzer, schmäler, stumpfspitzig-gerundet, und nur sehr schwach hängend oder beinahe halb aufrecht stehend; der Hals ist länger und dünner, der Leib minder voll, die Beine sind etwas schwächer, und die Spannhäute zwischen den Zehen weniger stark entwickelt.

Der Hauptunterschied besteht aber in der Behaarung des Körpers, welche nicht nur kürzer und durchaus nicht gekräuselt, sondern mehr glatt-zottig, abstehend, und grob ist. Auch das Gesicht ist mit ziemlich langen Haaren besetzt, welche um die Schnauze am längsten sind und eine Art von Bart bilden.

Die Färbung ist meistens auf der Oberseite des Körpers und der Außenseite der Beine matt schwarz, auf der Unterseite des Körpers, der Innenseite der Beine, und an der Schnauze röthlich-, oder bräunlichgelb, und oberhalb der Augen befindet sich jederseits ein kleiner, rundlicher, ebenso gefärbter Flecken. Häufig erscheint dieselbe aber auch einfärbig weiß, gelblich-, röthlich-, oder graulichweiß, oder auch rothbraun, schwarzbraun, oder schwarz. Seltener ist die hellere Grundfarbe mit größeren verwischten schwarzgrauen, rothbraunen, oder schwarzen Flecken gezeichnet.

Die Ohren und den Schwanz trifft man gewöhnlich bei dieser Race abgestutzt.

Die Engländer bezeichnen diese Race mit dem Namen Griffon, während sie von den Franzosen, ebenso wie der kleine Pudel (Canis extrarius, aquaticus minor), Petit Barbet genannt wird.

Sie wird sowohl als Stubenhund gehalten, als auch zum Zusammenhalten der Schafheerden benützt und bisweilen sogar zum Zuge verwendet.

26. **Der kraushaarige Neufoundländerhund** (Canis extrarius, aquaticus Terrae-novae).

Wie sich mit großer Wahrscheinlichkeit nach den äußeren Formen dieser Race schließen läßt, dürfte dieselbe aus der Anpaarung des großen Pudels (Canis extrarius, aquaticus) mit dem französischen Fleischerhunde (Canis leporarius, laniarius) hervorgegangen, sonach ein doppelter Bastard reiner Kreuzung sein.

Sie gehört zu den größeren unter den Racen des Hundes und stellt sich als eine starke, kräftige Form dar, welche mit der Gestalt, Größe und Stärke des französischen Fleischerhundes, zum Theile die Behaarung, so wie auch die Bildung der Ohren des großen Pudels in sich vereint.

Ihr Kopf ist von mäßiger Größe und etwas gestreckt, das Hinterhaupt breit, und ziemlich hoch, die Stirne schwach gewölbt, die Schnauze nicht sehr lang, und etwas verdickt. Die Lippen sind straff, die Ohren ziemlich lang, und breit, an der

Spitze abgerundet, und vollkommen hängend. Der Hals ist nicht sehr kurz, dick und kräftig, der Leib nur wenig gestreckt und voll, die Brust nicht besonders breit, doch stark, der Widerrist schwach erhaben, der Rücken in der Mitte kaum bemerkbar gesenkt. Die Beine sind verhältnißmäßig ziemlich hoch und stark, die Spannhäute zwischen den Zehen der Vorder- und Hinterfüße sehr stark entwickelt und fast bis an die Krallen reichend. Der Schwanz ist ziemlich lang und dick, und wird meist etwas hängend, und nur gegen die Spitze zu nach aufwärts gekrümmt, bisweilen aber auch bogenförmig emporgehoben getragen.

Die Behaarung ist im Gesichte kurz und glatt anliegend, am übrigen Körper aber lang und zottig, schwach gekräuselt, dicht, weich, und beinahe seidenartig, an den Ohren und am Schwanze noch merklich länger.

Die Färbung ist meistens schwarz, mit einem kleinen, lebhaft rostgelb gefärbten Flecken ober jedem Auge und rostgelber Zeichnung, an der Lippe, der Kehle und den Fußgelenken. Bisweilen kommen auch weiße Abzeichen an den Füßen und an der Schwanzspitze vor. Seltener erscheint dieselbe einfärbig schwarz, braun, oder weiß, oder auch mit großen schwarzen oder braunen Flecken auf weißem Grunde gezeichnet. Die Augen sind meistens lichtbraun.

Es ist gewiß, daß diese Race zur Zeit der ersten Niederlassung der Engländer in Neufoundland im Jahre 1622, noch nicht daselbst getroffen wurde und daß ihre Entstehung daher erst in eine spätere Zeit fällt. Ohne Zweifel waren es einige daselbst zurückgelassene europäische Hundeformen, denen sie ihre Entstehung verdankt, und aller Wahrscheinlichkeit nach jene Formen, welche oben als ihre Stammältern angegeben sind. In ihrer ursprünglichen Reinheit wird sie auch in Neufoundland dermalen nur selten mehr getroffen.

Von den Franzosen wird sie Chien de Terre-Neuve, von den Engländern Newfoundland Dog genannt.

Die erste Beschreibung von derselben erhielten wir durch Zimmermann, gegen das Ende der zweiten Hälfte des 18. Jahrhunderts und bald darauf theilte uns Blumenbach auch eine vollkommen naturgetreue Abbildung von ihr mit.

Der kraushaarige Neufoundländerhund gilt mit vollem Rechte für eine schöne Hunderace und ist deßhalb auch sehr gesucht. So wie in seinen körperlichen Merkmalen, gibt sich auch in seinen Eigenschaften seine Abstammung deutlich kund. Er ist überaus treu und anhänglich an seinen Herrn, sehr verständig und außerordentlich gelehrig.

Sein Haupt-Element ist das Wasser. Er schwimmt nicht nur allein sehr gut und mit größter Leichtigkeit selbst gegen den Strom, in welchem er auch untertaucht, sondern geht auch sehr gerne in's Wasser, aus dem er nicht so bald wieder herauszubringen ist.

Seine Ausdauer im Schwimmen ist außerordentlich und man kennt ein Beispiel, daß ein Hund dieser Race in einer Bai von einem Schiffe aufgenommen wurde, in welcher so weit das Auge reichte, kein Segel wahrzunehmen war. Er mußte daher durch viele Stunden sich im Wasser herumgetrieben haben, bevor er jenes Schiff erreichte. Ohne irgend eine vorausgegangene Abrichtung holt er unermüdlich jeden Gegenstand aus dem Wasser und überbringt denselben seinem Herrn, und selbst bei strengster Kälte.

Dieser Eigenschaft wegen ist er auch ganz vorzüglich tauglich zur Rettung verunglückter Menschen aus dem Wasser, wozu er jedoch besonders abgerichtet werden muß.

Erblickt ein solcher abgerichteter Hund einen Menschen im Wasser in Gefahr, so stürzt er sich sogleich in die Fluthen, schwimmt auf denselben zu, steckt seine Schnauze unter dessen Achsel und hebt ihn mittelst derselben über den Wasserspiegel empor.

Es sind unzählige Beispiele bekannt, wo diese Hunde eine große Anzahl von Menschen aus dem Wasser gerettet haben und insbesondere bei Schiffbrüchen.

Aus diesem Grunde pflegt man diese Race hauptsächlich auf Schiffen, so wie auch in der Nähe von Flüssen und Strömen, und vorzüglich von reißenden Gebirgsflüssen zu halten.

Aber auch zur Verfolgung des amerikanischen Wolfes wird dieser Hund benützt, den er mit Muth und Erfolg angreift und bekämpft.

In seiner Heimath wird er auch zum Zuge verwendet, um Holz und geräucherte Fische fortzuschaffen, indem man ihn vor den Schlitten spannt.

Land wittert er schon in großer Entfernung auf den Schiffen und bisweilen selbst von mehr als zehn englischen Meilen, was er durch heftiges Bellen zu erkennen gibt.

Ungeachtet des Bewußtseins seiner Stärke blickt er stolz und ruhig auf kleine Hunde herab und selbst wenn ihn dieselben necken.

Er ist gutmüthig und sanft, und besitzt ein ausgezeichnetes Erinnerungsvermögen sowohl für genossene Wohlthaten, als auch für erduldete Unbilden und erlittene Strafen.

Bei all' seiner Gutmüthigkeit läßt er sich aber immer nur ungerne von Fremden und Kindern berühren oder auch am Kopfe streicheln, und macht selbst öfters Miene nach denselben zu beißen, daher er nur mit Vorsicht im Hause gehalten werden kann. Insbesondere zeigt er sich aber falsch gegen fremde Personen.

In Europa ist es schwer, seine Race rein zu erhalten, und es erfordert dieß bei der ungeheueren Anzahl verschiedener Hunderacen, welche allenthalben angetroffen werden, sehr große Aufmerksamkeit; denn durch Kreuzung mit anderen Racen geht sehr viel von seinen Eigenthümlichkeiten verloren.

Der kraushaarige Neufoundländerhund ist bei uns einer der beliebtesten und geschätztesten Hunderacen und wird sowohl zum persönlichen Schutze, als zum Vergnügen gehalten.

27. Der langhaarige Neufoundländerhund (Canis extrarius, aquaticus longipilis).

Aus den äußeren Formen dieser Mischlings-Race geht ziemlich deutlich hervor, daß dieselbe ihre Entstehung der Kreuzung des kraushaarigen Neufoundländerhundes (Canis extrarius, aquaticus Terrae-novae) mit dem schottischen Seidenhunde (Canis extrarius, scoticus) zu verdanken hat, wornach sie sich als ein dreifacher Bastard gemischter Kreuzung darstellt.

Sie ist noch größer und kräftiger gebaut als die erstgenannte Race und kommt an Größe und Stärke gewöhnlich der gemeinen Dogge (Canis Molossus, mastivus) gleich.

Die Merkmale, durch welche sie sich vom kraushaarigen Neufoundländerhunde unterscheidet, sind die höhere Stirne und stumpfere Schnauze, eine etwas schwächer gewölbte Stirne, der kürzere und dickere Hals, der vollere Leib, die längeren und breiteren Ohren, und der längere Schwanz.

Das Hauptunterscheidungszeichen besteht aber in der merklich längeren, zottig-gewellten, und seidenartig glänzenden Behaarung, welche an den Ohren und der Unterseite des Schwanzes lange, herabhängende Fransen bildet. Nur das Gesicht allein ist mit kurzen glatt anliegenden Haaren bedeckt.

Die Färbung ist in der Regel einfärbig tief schwarz, oder rothgelb, seltener weiß, mit größeren oder kleineren schwarzen Flecken.

Diese schöne und sehr beliebte Race ist heut zu Tage viel häufiger als der kraushaarige Neufoundländerhund, und wird vorzugsweise in England gezogen.

Man hat in neuerer Zeit versucht, durch sie den in den Schweizer-Alpen ausgestorbenen St. Bernhardshund zu ersetzen.

In Frankreich sowohl, als England wird diese Race vom kraushaarigen Neufoundländerhunde nicht unterschieden und daher auch mit denselben Benennungen bezeichnet.

Sie vereinigt alle Eigenschaften in sich, welche bei der eben genannten Race, von der sie stammt, angetroffen werden, ist aber noch weit mehr als diese beliebt, da sie dieselbe nicht nur an Größe, Kraft und Stärke übertrifft, sondern ihr auch an körperlicher Schönheit offenbar voransteht. Aus diesem Grunde wird sie bei uns mit besonderer Vorliebe gehalten, indem sie ihrem Herrn nicht nur zum Vergnügen dient, sondern auch seiner Person, seinem Hause und seiner Habe sicheren Schutz gewährt, und wenn es Noth thut, dieselben kräftig und muthig vertheidigt.

Seit neuerer Zeit wird eine besonders schöne Zucht dieser Race von einfärbig tiefschwarzer Farbe in einem zum königlichen Jagdschlosse Solitude gehörigen Reviere bei Leonberg im Neckarkreise in Württemberg gehalten, welche unter dem Namen „Leonberger-Zucht“ bekannt ist und auf deren Reinerhaltung große Sorgfalt verwendet wird.

28. Der Schaf-Pudel (Canis extrarius, aquaticus lanatus).

Die auffallende Aehnlichkeit dieser Race, theils mit dem großen Pudel (Canis extrarius, aquaticus), theils mit dem Calabresenhunde (Canis extrarius, calabricus), zwingen zu der Annahme, daß dieselbe aus der gegenseitigen Vermischung dieser beiden Hundeformen hervorgegangen und sonach ein doppelter Bastard gemischter Kreuzung sei.

Sie stellt ein vollständiges Bindeglied zwischen denselben dar und schließt sich bezüglich der Behaarung mehr der ersteren, in Ansehung der Größe und allgemeinen Gestalt des Körpers aber mehr der letzteren Form an.

Vom großen Pudel unterscheidet sie sich durch die minder stark gewölbte Stirne, die kürzeren und schmäleren Ohren, den gestreckteren und in den Weichen deutlich eingezogenen Leib, die höheren Beine, und die schwächer gekräuselte Behaarung des Körpers, welche am Halse und am Bauche am längsten, an den Ohren und der Vorderseite der Beine beträchtlich kürzer als an den meisten übrigen Körpertheilen, und im Gesichte sehr kurz, und vollkommen glatt anliegend ist.

Die Färbung ist meistens einfärbig weiß, und nur ein Kreis um die Augen ist bisweilen blaulichgrau. Die Nasenkuppe ist graulich-fleischfarben. Oefters kommen aber auch einfärbig gelblich-, röthlich-, oder graulichweiße Abänderungen vor, seltener dagegen gefleckte, welche mit verwischten bräunlichen oder schwarzen Flecken auf hellem Grunde gezeichnet sind.

Die Zucht dieser Race wird hauptsächlich in der Campagna di Roma betrieben.

Die Engländer nennen sie, ebenso wie den Calabresenhund (Canis extrarius, calabricus), Calabrian Dog.

Diese ebenso schöne als beliebte Race, welche bezüglich ihrer Eigenschaften beinahe vollständig mit dem großen Pudel übereinkommt, eignet sich ganz vorzüglich zu einem getreuen und stets freundlichen Gesellschafter ihres Herrn.

29. Der orientalische Hirtenhund (Canis extrarius, Calmuccorum).

Man kann in diesem Hunde nur eine reine, unvermischte Form und zwar eine Abänderung des Seidenhundes (Canis extrarius) erkennen, welche auf den Einflüssen des Klima's und auf geographischer Verbreitung beruht. Er gehört dem mittleren Theile von Asien an und scheint hauptsächlich über die Mongolei verbreitet zu sein.

Derselbe ist ungefähr von der Größe des großen Seidenhundes (Canis extrarius, major), bisweilen aber auch kleiner, doch etwas schlanker als dieser gebaut.

Die körperlichen Merkmale, welche ihn von demselben unterscheiden, sind die mehr gewölbte Stirne, die etwas spitzere Schnauze, der schlankere Leib, die verhältnißmäßig etwas höheren Beine, der in Folge seiner stärkeren Behaarung länger und dicker erscheinende Schwanz, und die noch reichlichere, längere und zottigere, doch ebenso gewellte und weiche Behaarung des Körpers, welche vorzüglich am Halse, an der Brust, den Leibesseiten, der Hinterseite der Vorderarme und der Schenkel, so wie auch an den Ohren und am Schwanze in langen Zotten herabhängt. Nur die Vorderseite der Beine und noch mehr das Gesicht, sind mit kürzeren Haaren bekleidet.

Die Färbung ist meistens einfärbig bräunlichgelb, rothgelb, oder schwarz; bisweilen aber auch gelblichgrau, oder gelblichweiß, seltener weiß mit bräunlichgelben Schattirungen.

In ihrem Vaterlande wird diese Form hauptsächlich zum Bewachen der Schafheerden benützt, aber auch als Wächter des Hauses gehalten.

30. **Der deutsche Hirtenhund** (Canis extrarius, villaticus).

Offenbar ist dieser Hund eine reine, unvermischte Form und blos als eine Abänderung des Seidenhundes (Canis extrarius) zu betrachten, welche auf geographischer Verbreitung und klimatischen Verhältnissen beruht. Er gehört dem mittleren Theile von Europa an und scheint ursprünglich hauptsächlich über Deutschland verbreitet gewesen zu sein.

Der deutsche Hirtenhund ist meistens nur von der Größe des Fuchses (Vulpes vulgaris), doch bisweilen auch größer, aber äußerst selten nur von gleicher Größe wie der große Seidenhund (Canis extrarius, major), welchem er sich bezüglich der Gestalt im Allgemeinen anschließt, obgleich er sich durch mancherlei Abweichungen in seinen körperlichen Formen als verschieden von demselben darstellt.

Die Merkmale, welche ihn von der genannten Form unterscheiden, sind der kürzere Kopf, die stärker gewölbte Stirne, eine kürzere und stumpfere Schnauze, die minder langen und auch nicht so breiten, an der Wurzel etwas steifen und daher auch nicht vollkommen hängenden Ohren, der kürzere und dickere Hals, der vollere und mehr gedrungene, in den Weichen stärker eingezogene Leib, die niedereren und dickeren Beine, und der dichter und reichlicher behaarte, daher auch etwas länger und dicker erscheinende Schwanz, welcher beinahe beständig links über den Rücken nach aufwärts gekrümmt getragen wird.

Die Körperbehaarung ist lang, zottig, undeutlich gewellt, und etwas rauh; an der Kehle, dem Halse, der Brust, dem Bauche, der Hinterseite der Vorder- und Hinterbeine, so wie auch an den Ohren und am Schwanze, vorzüglich aber auf der Unterseite desselben länger und zottiger, als an allen übrigen Körpertheilen. Nur das Gesicht und die Vorderseite der Beine ist mit kurzen Haaren bedeckt.

Die Färbung ist in der Regel einfärbig schwarz oder braun; bisweilen ist aber auch die Unterseite des Körpers heller gefärbt, und manchmal sogar rein weiß, oder gelblichweiß.

Wir treffen diesen Hund schon in den ältesten mittelalterlichen Dokumenten der alten Deutschen an, wo er unter dem Namen Haus- oder Hofhunt (Canis qui curtem defendit) im Alemannischen, und unter dem Namen Hovawarth auch im Bojischen Gesetze aufgeführt erscheint, während er in den Schriften aus dem 9. bis 15. Jahrhunderte auch mit den Benennungen Hofewart, Hofwart oder Hofward bezeichnet wird.

Zu jener Zeit wurde er — wie schon aus diesen Benennungen hervorgeht, — hauptsächlich zum Bewachen des Hauses benützt und auch heut zu Tage noch wird er von uns in gleicher Weise verwendet, obgleich er hie und da auch zum Hüten der Schafheerden, und in manchen Gegenden sogar zum Zuge benützt wird.

Dritte Gruppe.

Dachshunde

(Canes vertagi).

Der Kopf ist groß, lang und ziemlich hoch, die Stirne schwach gewölbt, die Schnauze ziemlich lang und hoch, nach vorne zu stark verschmälert und stumpf zugespitzt. Die Lippen sind sehr schwach hängend, die Ohren lang, breit, abgerundet und hängend. Der Hals ist ziemlich kurz und dick, der Leib stark gestreckt und ziemlich voll, die Brust breit. Die Beine sind sehr kurz und stark, die vorderen am Handgelenke stark nach einwärts gebogen und nach auswärts gewendet, die Schenkel überaus kurz. Der Schwanz ist ziemlich kurz und dick, die Körperbehaarung kurz und glatt anliegend.

In den von der Grundform dieser Gruppe abweichenden Racen, sind die Merkmale der Haus-, Seiden- und Jagdhundform, der Bullenbeißer- und Windhundform zu erkennen.

Sämmtliche dieser Gruppe angehörigen Formen sind Abkömmlinge nur einer einzigen Art. Diese ist:

Der Dachshund

(Canis vertagus).

Derselbe bildet den Repräsentanten einer reinen, unvermischten, eine selbstständige Art darstellenden Form des Hundes, als deren Heimath die höheren Gebirgszüge von Süd- und Mittel-Europa angesehen werden müssen.

Zugleich ist er aber auch als die Stammart einer verhältnißmäßig nur geringen Zahl verschiedener Hundeformen und Racen zu betrachten, von denen bis jetzt nur 12 von den Naturforschern unterschieden oder beschrieben worden sind.

Nur eine einzige derselben ist eine reine, unvermischte Form, nämlich:
der krummbeinige Dachshund (Canis vertagus, valgus);
die übrigen 11 dagegen geben sich deutlich als Bastarde zu erkennen und zwar:
der zottige Dachshund (Canis vertagus, sericeus),
der langhaarige Dachshund (Canis vertagus, longipilis), und
der doppelnasige Dachshund (Canis vertagus, Nasica), als einfache Bastarde reiner Kreuzung;
der geradebeinige Dachshund (Canis vertagus, rectipes), und
der schweinschwänzige Dachshund (Canis vertagus, syosurus), als einfache Bastarde gemischter Kreuzung;
der bunte Dachshund (Canis vertagus, pictus), und
der gestreifte Dachshund (Canis vertagus, striatus), als doppelte Bastarde gemischter Kreuzung; und
der rauhe Dachshund (Canis vertagus, hirsutus),
der Roll-Dachshund (Canis vertagus, lasiotus),
der gefleckte Dachshund (Canis vertagus, varius), und
der Domingo-Dachshund (Canis vertagus, dominicensis), als dreifache Bastarde gemischter Kreuzung.

1. Der krummbeinige Dachshund (Canis vertagus, valgus).

Er ist die einzige reine, unvermischte Form in der ganzen Gruppe, daher der Grundtypus sämmtlicher zu derselben gehörigen Racen, dessen Verbreitungsbezirk sich nur über einen Theil des südlichen und mittleren Europa erstreckt, und als dessen ursprüngliche Heimath aller Wahrscheinlichkeit nach der Pyrenäen- und Alpenzug betrachtet werden kann.

Diese höchst eigenthümliche und in ihren körperlichen Merkmalen von allen übrigen Arten des zahmen Hundes wesentlich abweichende Form gehört zu den kleineren unter denselben, da sie nur äußerst selten über 1 Fuß hoch angetroffen wird, und zeichnet sich durch ihren starken, kräftigen Bau und ihre auffallende und gleichsam wie eine Mißbildung erscheinende Gesammtgestalt des Körpers aus.

Ihr Kopf ist verhältnißmäßig groß, lang und ziemlich stark erhaben, das Hinterhaupt breit, mit stark entwickeltem Knochenkamme, die Stirne schwach gewölbt, die Schnauze ziemlich lang und etwas hoch, nach vorne zu schon von den Augen an plötzlich verschmälert und stumpf zugespitzt. Die Lippen sind ziemlich kurz und kaum etwas hängend, die Wangenhaut ist gespannt. Die Ohren sind sehr lang, breit, abgerundet, weich und vollkommen hängend, die Augen klein und völlig wagrecht gestellt, das eine nicht selten etwas größer als das andere. Der Hals ist ziemlich kurz und dick, der Leib stark gestreckt, ziemlich dick und gegen die Weichen etwas eingezogen, der Widerrist mäßig stark erhaben, der Rücken schwach gekrümmt und gegen die Mitte etwas gesenkt, die Brust breit und stark vorstehend. Die Beine sind sehr kurz, plump und stark, die vorderen am Handgelenke stark nach einwärts gebogen, so daß sie sich beinahe berühren, von da aber plötzlich nach auswärts gewendet, die Schenkel überaus kurz und an den Hinterfüßen ist eine etwas höher gestellte bekrallte Afterzehe vorhanden. Der Schwanz ist ziemlich kurz, an der Wurzel dick, gegen das Ende zu verschmälert und verdünnt, und bis an das Fersengelenk hinabreichend. Derselbe wird hoch nach aufwärts gerichtet und sehr stark nach einwärts gebeugt, selten aber gerade ausgestreckt getragen.

Die Körperbehaarung ist kurz, glatt anliegend, ziemlich grob und glänzend; die Ohren und der Schwanz sind gleichfalls kurz behaart, doch ist das Haar an den Ohren beträchtlich feiner.

Die Färbung ist in der Regel auf der Oberseite des Körpers, so wie auch an der Außenseite der Oberarme und der Schenkel schwarz, an den übrigen Theilen des Körpers aber, mit Ausnahme der meistens weißen Brust und Kehle, hell bräunlich- oder rostgelb, und über den Augen befindet sich jederseits ein kleiner, rundlicher hell bräunlich- oder rostgelber Flecken, so daß die Augen gleichsam von einem schwarzen Ringe umgeben zu sein scheinen, und ein größerer ebenso gefärbter Flecken steht zu beiden Seiten der Brust. Die Lippen und die Wangen sind gleichfalls von hell bräunlich- oder rostgelber Farbe, welche jedoch an den Wangen häufig durch das vorwaltende Schwarz bis auf einen kleinen runden Flecken verdrängt wird. Häufig erscheint die Färbung auch entweder einfärbig hellbraun, dunkelbraun oder kastanienbraun, oder bräunlichgelb, und auf der Oberseite des Körpers meist mehr oder weniger schwarz überflogen. Selten dagegen kommen aber einfärbige schwarze oder weiße Abänderungen vor.

Mäßig große Individuen haben eine Körperlänge von 2 Fuß 6 Zoll, während die Länge des Schwanzes 11 Zoll und die Höhe am Widerrist gleichfalls 11 Zoll beträgt.

Der krummbeinige Dachshund besitzt im Verhältnisse zu seiner geringen Größe eine ansehnliche Stärke und ist nach seinem ganzen Körperbaue mehr zum Graben, als zum Laufen geeignet. Seine kurzen niederen Beine, noch mehr aber die verdrehten Vorderbeine, die ihm einen ganz eigenthümlichen wankenden Gang verleihen, sind die Ursache seines ebenso wenig raschen, als ausdauernden Laufes.

Sein Geruch ist außerordentlich fein, sein Gesicht dagegen minder scharf und ebenso auch sein Gehör. Hingegen besitzt er Intelligenz in hohem Grade und ebenso auch Muth und Tapferkeit.

Diese Eigenschaften eignen ihn ganz vorzüglich zur Jagd, insbesondere in Gebirgsgegenden, wo er hauptsächlich zur Aufsuchung und Verfolgung der in unterirdischen Bauen wohnenden Thiere, aber auch zur offenen Jagd verwendet wird. Er spürt nur durch den Geruch und entdeckt mit größter Sicherheit die Baue des Dachses, Fuchses, Kaninchens, des Bibers und der Fischotter. Obgleich ihm wahre Jagdlust und insbesondere das Kriechen in die Erdlöcher angeboren ist, so wird er doch hierzu noch besonders abgerichtet.

Mit Kraft, Muth und Ausdauer bekämpft er den Dachs und Fuchs in ihren unterirdischen Bauen und zwingt sie meistens dieselben zu verlassen. Nur äußerst selten schrecken ihn die heftigen Verwundungen, die er oft bei diesen Kämpfen erhält, von der Fortsetzung derselben ab und meistens wird er dadurch nur noch böser und eifriger, ja oft so zur Wuth gereizt, daß er sich ganz in seine Gegner verbeißt. Sein Leben besitzt eine solche Zähigkeit, daß er selbst die bedeutendsten Verwundungen glücklich übersteht.

Mittelgroße und nicht zu dick gewordene Individuen kriechen am Besten. Werden sie aber zu jung zu diesem Geschäfte verwendet, so werden sie abgeschreckt, verweigern das Kriechen in die Baue und jagen nur mehr über dem Boden. Aus diesem Grunde pflegt man sie auch nicht unter einem Jahre ihres Alters hierzu abzurichten. Sind sie aber einmal zum Kriechen und Vorliegen hinreichend eingeübt, so kann man sie nebstbei auch zur freien Jagd verwenden, ohne sie hierdurch zu verderben. Da das vom Dachshunde verfolgte Wild nicht sehr rasch vor demselben läuft und sich vielfach von ihm herumjagen läßt, so läßt sich auch sehr gut vor ihm schießen. Sogar auf Schweine ist er gut zu verwenden, da er seiner niederen Beine wegen nicht leicht vom Eber erfaßt werden kann.

In der offenen Jagd steht er aber gegen die eigentlichen Jagdhunde weit zurück, theils weil er nicht weit in die Ferne sieht, theils aber auch, weil er bei der Verfolgung des Wildes nicht auf den Ruf des Jägers hört und oft stundenlang nicht zurückkehrt, da er, wenn er ermüdet, sich am nächstbesten Orte niederlegt, um seine ermatteten Glieder ausruhen zu lassen.

Jenen Dachshunden, welche man zur Jagd verwendet, pflegt man schon in sehr zarter Jugend die fünfte Afterzehe an den Hinterfüßen abzuschneiden, da sie sich sehr leicht mit derselben verhängen.

Der Dachshund ist sehr klug, gelehrig und treu, dabei aber auch listig und nicht selten sogar diebisch. So lange er noch jung ist, zeigt er sich munter und angenehm, wird er aber alt, so erscheint er ernst, mürrisch, bissig und häufig sogar tückisch, denn nicht selten knurrt er dann und fletscht die Zähne selbst gegen seinen eigenen Herrn. Ueberhaupt ist er bissig, zänkisch und kampflustig, streitet fast mit jedem Hunde, greift selbst die größten, ihm weit überlegenen an und beißt sich mit denselben herum. Versucht ein großer Hund sich gegen ihn zu vertheidigen, so gebraucht der Dachshund die List, sich auf den Rücken zu werfen und seinen Gegner an den empfindlichsten Körpertheilen zu beißen, um ihn dadurch zu verscheuchen oder zu zwingen, vom ferneren Kampfe abzustehen.

Sein Gebell ist laut, helltönend und anhaltend, insbesondere beim Verfolgen des Wildes.

In früherer Zeit wurde er in Frankreich und England häufig zum Wenden des Bratspießes abgerichtet, welchem Geschäfte er seinen französischen Namen Tourne-Broche und seine englische Benennung Turnspit verdankt. Heut zu Tage wird er in England vorzugsweise zum Rattenfange benützt.

Von den Franzosen wird er auch Basset und Basset à jambes torses genannt, und in früherer Zeit führte er in England die Namen Beagle terrier und Tumbler, welche letztere Benennung aber dermalen nur für den geradebeinigen Dachshund (Canis vertagus, rectipes) gebraucht wird.

Es kann keinem Zweifel unterliegen, daß der krummbeinige Dachshund schon den alten Griechen bekannt war, denn Xenophon hat denselben in unverkennbarer Weise unter dem Namen Canis castorius beschrieben. Dagegen finden wir denselben von keinem römischen Schriftsteller erwähnt und ebenso fehlt er auch auf den römischen Antiken. Wohl aber haben ihn die alten Deutschen gekannt, wo er schon im Bojischen Gesetze unter dem Namen Bibarhunt erscheint und unter derselben Benennung, so wie auch unter den Namen Canis Bersarius, Beverarius und Bibracco auch in den Schriften des 9. bis 15. Jahrhunderts aufgeführt wird.

2. **Der geradebeinige Dachshund** (Canis vertagus, rectipes).

Wie die äußeren Merkmale dieses Hundes ziemlich deutlich erkennen lassen, ist derselbe aus der Kreuzung des krummbeinigen Dachshundes (Canis vertagus, valgus) mit dem deutschen Stöberhunde (Canis sagax, venaticus irritans) hervorgegangen und kann daher nur als ein einfacher Bastard gemischter Kreuzung angesehen werden.

So groß die Uebereinstimmung auch ist, welche diese Race mit dem krummbeinigen Dachshunde bezüglich ihrer Gesammtform hat, so bietet sie doch mancherlei und zum Theile sehr erhebliche Verschiedenheiten dar, welche sie von diesem unterscheiden.

Nicht nur der merklich kürzere Kopf, die etwas kürzere und auch minder spitze Schnauze, die verhältnißmäßig längeren, breiteren Ohren, und der längere und auch dünnere Schwanz sind es, welche als für diese Race bezeichnende Merkmale zu betrachten sind, sondern auch, und zwar ganz vorzüglich, die durchaus verschiedene Bildung der Beine, welche zwar fast ebenso kurz und stark als beim krummbeinigen Dachshunde, und auch am Handgelenke der Vorderbeine verdickt, aber keineswegs an demselben nach auswärts gebogen, sondern beinahe vollkommen gerade sind. An den Hinterfüßen kommt häufig eine fünfte Afterzehe vor.

Behaarung und Färbung sind von jener des krummbeinigen Dachshundes durchaus nicht verschieden.

Die Franzosen nennen diese Race Basset und Basset à jambes droites, die Engländer Tumbler.

Wir kennen dieselbe erst seit dem 16. Jahrhunderte, wo sie von Johannes Cajus zuerst unter den Hunden Groß-Britanniens unter dem Namen Tumbler aufgeführt erscheint.

In allen ihren Eigenschaften kommt sie mit dem krummbeinigen Dachshunde beinahe vollständig überein und kann auch in derselben Weise verwendet werden; doch eignet sie sich weit mehr zum Stöbern und zur offenen Jagd im Walde, als zum Kriechen in unterirdische Baue.

3. Der schweinschwänzige Dachshund (Canis vertagus, syosurus).

In dieser Form, welche rücksichtlich ihrer körperlichen Merkmale zwischen dem krummbeinigen Dachshunde (Canis vertagus, valgus) und dem geradebeinigen (Canis vertagus, rectipes) gleichsam in der Mitte steht, kann man nur eine Blendlingsrace erblicken, welche die beiden genannten Formen zu ihren Stammältern hat. Sie ist daher offenbar ein einfacher Bastard gemischter Kreuzung.

Sowohl in der Größe, als auch in allen ihren wesentlichen körperlichen Merkmalen stimmt diese Race mit dem krummbeinigen Dachshunde überein und unterscheidet sich von diesem nur durch die etwas kürzere und minder spitze Schnauze, nicht so stark nach auswärts gebogene Vorderfüße, etwas breitere Ohren, und den längeren und dünneren Schwanz, der auch weit mehr nach vorwärts gekrümmt und sichelförmig wieder nach einwärts gebogen getragen wird. An den Hinterfüßen ist beinahe regelmäßig eine fünfte Afterzehe vorhanden.

Die Färbung bietet von der beim krummbeinigen Dachshunde gewöhnlich vorkommenden durchaus keine Verschiedenheit dar und ist beinahe immer tief glänzend schwarz, an den Lippen, den Wangen, den Seiten der Brust, dem Gesäße und den Füßen rothgelb, nebst einem ebenso gefärbten kleinen rundlichen Flecken ober jedem Auge. Häufig sind auch der Vorderhals, die Brust, der Bauch und die Pfoten weiß.

Die Verwendung dieser Race ist dieselbe, wie jene des krummbeinigen und geradebeinigen Dachshundes.

4. Der rauhe Dachshund (Canis vertagus, hirsutus).

Es stellt sich diese Form als eine Mischlingsrace dar, welche aller Wahrscheinlichkeit nach durch Kreuzung des geradebeinigen Dachshundes (Canis vertagus, rectipes) mit dem rauhen Pintsche (Canis extrarius, hispanicus hirsutus) erzielt wurde. Sie dürfte sonach für einen dreifachen Bastard gemischter Kreuzung gelten.

Der rauhe Dachshund ist eine der kleinsten Racen in der Gruppe der Dachshunde, welche immer kleiner als der krummbeinige Dachshund (Canis vertagus, valgus), und meistens sehr klein und nur von der Größe des Bologneserhundes (Canis extrarius, hispanicus melitaeus) ist.

In seinen Körperformen bietet derselbe einige Aehnlichkeit mit dem Burgos (Canis extrarius, hispanicus villosus) sowohl, als auch mit dem zottigen Dachshunde (Canis vertagus, sericeus) dar, von welchem letzteren er sich jedoch durch nachstehende Merkmale deutlich unterscheidet.

Sein Kopf ist kleiner, kürzer und auch weniger hoch, die Schnauze minder lang und spitzer, die Ohren sind kürzer und schmäler, der Leib ist etwas schmächtiger, die Beine sind niederer, und die vorderen vollkommen gerade und am Handgelenk etwas verdickt; doch fehlt auch ihm eine fünfte Afterzehe an den Hinterfüßen.

Die Behaarung ist merklich kürzer, glatt-zottig, straff und weich.

Die Färbung erscheint meistens einfärbig weiß, röthlich- oder graulichweiß, nicht selten aber auch gelbbraun oder schwarz auf weißem Grunde gefleckt. Bisweilen ist nur der Kopf allein von gelbbrauner oder schwarzer Farbe, der übrige Körper aber weiß.

Man pflegt diese Race nur als Schooßhund zu halten.

5. **Der zottige Dachshund** (Canis vertagus, sericeus).

Ueber die Abstammung dieser Race vom krummbeinigen Dachshunde (Canis vertagus, valgus) und dem großen Seidenhunde (Canis extrarius, major) kann um so weniger ein Zweifel bestehen, als die Merkmale dieser beiden Formen deutlich in derselben vereinigt sind. Sie ist daher unbedingt als ein einfacher Bastard reiner Kreuzung zu betrachten.

Bezüglich ihrer Gesammtform schließt sich dieselbe mehr dem krummbeinigen Dachshunde, als dem großen Seidenhunde an, obgleich sie auch manche Merkmale dieser Race an sich trägt.

Sie ist größer als die erstgenannte Form und unterscheidet sich von derselben durch nachstehende Kennzeichen.

Ihr Kopf ist verhältnißmäßig kleiner, das Hinterhaupt minder breit, die Schnauze etwas höher und auch weniger zugespitzt. Der Leib ist nicht so stark gestreckt, die Brust schmäler, die Beine sind merklich höher, und die vorderen Handgelenke nicht so stark nach auswärts gebogen. An den Hinterfüßen ist keine fünfte Afterzehe vorhanden und der Schwanz erscheint durch die reichliche Behaarung dicker.

Die Behaarung ist ziemlich lang, zottig-gewellt, weich und fein, am längsten aber am Bauche, an der Hinterseite der Beine, und vorzüglich an den Ohren und am Schwanze, insbesondere an dessen Unterseite, wo sie lange Fransen bildet.

Die Färbung ist in der Regel auf der Oberseite des Körpers, so wie auch auf der Außenseite der Oberarme und der Schenkel schwarz, auf der Schnauze, an den Wangen, der Brust, dem Bauche, der Innenseite der Beine und an den Unterfüßen rost- oder hellbräunlichgelb, und ein ebenso gefärbter kleiner rundlicher Flecken befindet sich jederseits oberhalb des Auges. Häufig kommen aber auch einfärbige schwarze oder gelbbraune und nicht selten sogar gefleckte Abänderungen vor, welche mit größeren gelbbraunen Flecken auf weißem Grunde besetzt sind. Weiße Abzeichen werden sehr oft an verschiedenen Theilen des Körpers angetroffen.

Mit dieser Race sind wir erst um die Mitte des 18. Jahrhunderts bekannt geworden, wo sie von Ridinger zuerst abgebildet wurde.

Ungeachtet sie größer als der krummbeinige Dachshund ist, so kann sie dennoch so wie dieser, zum Kriechen in die unterirdischen Baue des Dachses, Fuchses, des Bibers und auch der Fischotter verwendet werden und ist auch eben so tauglich zur offenen Jagd.

6. Der langhaarige Dachshund (Canis vertagus, longipilis).

Schon auf den ersten Blick gibt sich dieser Hund als eine Blendlingsform kund, welche nur aus der Vermischung des krummbeinigen Dachshundes (Canis vertagus, valgus) mit dem großen Pudel (Canis extrarius, aquaticus) hervorgegangen sein kann. Sie ist daher ohne Zweifel ein einfacher Bastard reiner Kreuzung.

Obgleich in ihrer Gestalt nicht auffallend vom krummbeinigen Dachshunde verschieden, doch viel größer als derselbe, zeigt sie in der Bildung ihrer einzelnen Körpertheile mancherlei Abweichungen von dieser Form.

Der Kopf ist etwas kleiner, das Hinterhaupt nicht so breit, die Stirne mehr gewölbt, die Schnauze höher und stumpfer, der Leib etwas weniger gestreckt und voller, und die Brust minder breit. Die Beine sind verhältnißmäßig höher, und die vorderen am Handgelenke minder stark nach auswärts gebogen. An den Hinterfüßen kommt keine fünfte Afterzehe vor, und der Schwanz erscheint in Folge der längeren Behaarung dicker, und wird auch nie so stark nach aufwärts gebogen und sehr oft auch gerade ausgestreckt getragen.

Die Behaarung ist ziemlich lang, etwas gekräuselt und weich, am längsten aber an den Ohren und an der Unterseite des Schwanzes, wo dieselbe beinahe zottig erscheint.

Die Färbung ist meistens einfärbig hellbraun, rothbraun, oder schwarz, bisweilen aber auch weiß, gelblich-, oder röthlichweiß.

Auch diese Race eignet sich ganz gut zur offenen Jagd.

7. Der Roll-Dachshund (Canis vertagus, lasiotus).

Es dürfte wohl kaum einem Zweifel unterliegen, daß diese Race das Ergebniß der Kreuzung des langhaarigen Dachshundes (Canis vertagus, longipilis) mit dem Schafhunde (Canis domesticus, pastoreus) sei, wie dieß aus ihren körperlichen Merkmalen ziemlich deutlich zu ersehen ist. Sie dürfte sonach ein dreifacher Bastard gemischter Kreuzung sein.

Zunächst mit dem langhaarigen Dachshunde verwandt, aber etwas kleiner als derselbe und auch leichter als dieser gebaut, unterscheidet sich der Roll-Dachshund von der genannten Race, durch die schwächer gewölbte Stirne, die minder stumpfe Schnauze, die kürzeren, aber beinahe vollständig hängenden Ohren, den etwas längeren und dünneren Hals, den nicht so stark gestreckten und auch weniger vollen Leib, die verhältnißmäßig höheren, am vorderen Handgelenke verdickten, aber nicht nach auswärts gebogenen Beine, die etwas längeren Schenkel, und die nur sehr schwach gewellte, rauhe, zottige Behaarung des Körpers, welche an den Ohren und der Unterseite des Schwanzes am längsten ist, und um die Schnauze eine Art von Bart bildet. An den Hinterfüßen ist keine fünfte Afterzehe vorhanden.

Die Färbung ist meistens auf der Oberseite des Körpers und der Außenseite der Beine schwarz, auf der Unterseite des Körpers, der Innenseite der Beine, und an der Schnauze rostgelb, und über jedem Auge befindet sich ein kleiner, rundlicher rostgelber Flecken. Bisweilen erscheint dieselbe aber auch einfärbig hellbraun, gelblichweiß, oder schwarz.

Diese Race wird vorzüglich in den Tiroler- und Schweizer-Alpen angetroffen und daselbst in gleicher Weise wie der krummbeinige Dachshund benützt.

8. **Der gefleckte Dachshund** (Canis vertagus, varius).

Offenbar verdankt diese Mischlingsrace der Anpaarung des krummbeinigen Dachshundes (Canis vertagus, valgus) mit dem Vorstehhunde (Canis sagax, venaticus major) ihre Entstehung und ist sonach als ein dreifacher Bastard gemischter Kreuzung zu betrachten.

In ihren Körperformen kommt sie im Allgemeinen so ziemlich mit dem krummbeinigen Dachshunde überein, doch ist sie merklich größer als derselbe.

Die Merkmale, durch welche sie sich von diesem unterscheidet, bestehen darin, daß ihr Kopf größer und höher, die Schnauze verhältnißmäßig kürzer, dicker, und weniger spitz, die Ohren breiter, die Beine merklich höher, die Vorderbeine minder stark nach auswärts gebogen, und der Schwanz etwas länger, und auch dünner ist. Sehr oft kommt an den Hinterfüßen auch eine fünfte Afterzehe vor.

Die Behaarung ist wie beim krummbeinigen Dachshunde kurz, glatt anliegend, und glänzend.

Die Färbung dagegen ist von der gewöhnlich bei dieser Art vorkommenden durchaus verschieden, indem dieselbe entweder einfärbig weiß oder gelblichweiß, oder auch mit mehr oder weniger ausgebreiteten, unregelmäßigen schwarzen oder braunen, meist aber dunkel kastanienbraunen Flecken auf hellem Grunde gezeichnet erscheint.

9. **Der doppelnasige Dachshund** (Canis vertagus, Nasica).

Dieser Hund gibt sich seinen äußeren Formen nach als eine Blendlingsrace kund, die aus der Vermischung des krummbeinigen Dachshundes (Canis vertagus, valgus) mit dem doppelnasigen Bullenbeißer (Canis Molossus, palmatus) hervorgegangen ist, wornach sie als ein einfacher Bastard reiner Kreuzung angesehen werden muß.

Sie ist von weit beträchtlicherer Größe als der krummbeinige Dachshund (Canis vertagus valgus) und steht in dieser Beziehung bisweilen nicht weit hinter jener des doppelnasigen Bullenbeißers (Canis Molossus, palmatus) zurück.

Die Hauptmerkmale, durch welche sie sich von der erstgenannten Art unterscheidet, sind der höhere Kopf, die deutlicher gewölbte Stirne, die kürzere, dickere und stumpfere Schnauze, die etwas hängenden Lippen, die merklich höheren Beine, die noch kräftigeren, aber weniger stark nach auswärts gebogenen Vorderfüße, so wie der etwas längere und dünnere Schwanz, vorzüglich aber die tief in die Nasenscheidewand eindringende Längsfurche, wodurch die Nase gespalten und gleichsam doppelt erscheint. An den Hinterfüßen wird nur bisweilen eine fünfte Afterzehe angetroffen.

Auch in der Behaarung ist ein Unterschied bemerkbar, indem dieselbe durchaus nicht jenen Glanz besitzt, welcher dem krummbeinigen Dachshunde eigen ist.

Die Färbung ist bald dieselbe wie die bei der genannten Art gewöhnlich vorkommende, welche aus Schwarz und Rostgelb besteht, bald aber auch einfärbig schwarz, gelbbraun oder fahlbraun.

10. **Der bunte Dachshund** (Canis vertagus, pictus).

Mit großer Wahrscheinlichkeit kann man in diesem Hunde eine Blendlingsrace erblicken, welche durch Kreuzung des krummbeinigen Dachshundes (Canis vertagus, valgus) mit dem Roquet (Canis Molossus, fricator hybridus) erzielt worden ist. Findet sich diese Annahme bestätigt, so ist diese Race ein doppelter Bastard gemischter Kreuzung.

In der Regel ist dieselbe merklich kleiner als der krummbeinige Dachshund und meistens sogar sehr klein.

Obgleich sie in ihren körperlichen Formen im Allgemeinen ziemlich lebhaft an diesen erinnert, so bietet sie doch mancherlei Verschiedenheiten dar, durch welche sie sich wieder von demselben entfernt.

Ihr Körperbau ist minder plump, der Kopf verhältnißmäßig kleiner und auch höher, die Stirne deutlicher gewölbt, die Schnauze etwas kürzer und stumpfer. Die Ohren sind schmäler, die Beine merklich höher, und die Vorderbeine minder dick, und am Handgelenke auch nicht so stark nach auswärts gebogen. Eine fünfte Afterzehe an den Hinterfüßen wird bei dieser Race aber nur selten angetroffen.

Die Behaarung ist deutlich kürzer, glatter und feiner als bei der obengenannten Art.

Durchaus verschieden ist aber die Färbung des Felles, indem dasselbe immer entweder gelblichgrau oder mausfarben, oder auch schiefergrau gefärbt erscheint und mit größeren oder kleineren schwarzen Flecken besetzt ist, zwischen denen nicht selten auch röthlich- oder fahlgelbe Flecken von verschiedener Größe eingemengt sind.

Tourne-Broche ist der Name, den auch diese Race in Frankreich führt.

Man pflegt dieselbe nur zum Vergnügen als Stubenhund zu halten, doch kann sie auch zur Kaninchen-Jagd verwendet werden.

11. **Der gestreifte Dachshund** (Canis vertagus, striatus).

In den äußeren Formen dieses Hundes sind die Merkmale des Dachshundes (Canis vertagus, valgus) und der gemeinen Dogge (Canis Molossus, mastivus) in so auffallender Weise mit einander vereinigt, daß man ihn unbedingt für einen Abkömmling derselben und daher für einen doppelten Bastard gemischter Kreuzung betrachten muß.

Die Körpergestalt dieser Race ist beinahe dieselbe, wie die des doppelnasigen Dachshundes (Canis vertagus, Nasica), mit welchem sie auch in Ansehung der Größe vollständig übereinkommt, und ebenso wie dieser, bisweilen fast von derselben Größe wie der große Bullenbeißer (Canis Molossus, major) angetroffen wird.

Die etwas längere Schnauze, die merklich längeren und breiteren Ohren, der an seiner Unterseite etwas länger behaarte Schwanz, und vorzüglich die ungespaltene Nase, sind die Merkmale, durch welche sie sich vom doppelnasigen Dachshunde unterscheidet.

Die Körperbehaarung ist ebenso wie bei diesem, rauh und ohne Glanz.

Fast regelmäßig trifft man aber an den Hinterfüßen eine fünfte Afterzehe an.

Die Färbung ist fahlbraun, mit verloschenen schwarzen, schief gestellten, striemenartigen Querstreifen, und häufig ist auch die Schnauzengegend schwärzlich überflogen.

12. **Der Domingo-Dachshund** (Canis vertagus, dominicensis).

Ohne Schwierigkeit läßt sich aus den körperlichen Merkmalen dieser Blendlingsrace erkennen, daß sie der Kreuzung des krummbeinigen Dachshundes (Canis vertagus, valgus) mit dem Tigerhunde (Canis leporarius, danicus corsicanus) ihre Entstehung verdankt. Sie stellt sich daher als ein d r e i f a c h e r B a s t a r d g e m i s c h t e r K r e u z u n g dar.

Die höchst mangelhafte Kenntniß, welche wir von dieser Hunde-Race bis jetzt erhalten haben, beschränkt sich nur auf eine sehr kurze und ungenügende Beschreibung, welche uns L a u r i l l a r d von derselben gegeben, und einige wenige ergänzende Notizen, die mir unmittelbar von einem Reisenden zugekommen sind, der dieselbe öfter in Port-au-Prince auf St. Domingo gesehen zu haben versichert.

Hiernach wäre sie höher und schlanker als alle übrigen Dachshund-Racen gebaut, und daher ihrer Körperform nach die abweichendste Bildung in dieser Gruppe.

In der Größe soll sie den krummbeinigen Dachshund (Canis vertagus, valgus) übertreffen.

Ihre Ohren sollen beträchtlich kürzer, weniger breit, und auch nicht vollkommen hängend, der Leib schmächtiger, die Beine gestreckter, und am vorderen Handgelenke weniger stark nach auswärts gebogen, die Schenkel höher, und der Schwanz länger und dünner sein.

Die gewöhnlich vorkommende Färbung wird als weiß, und schwarz gefleckt bezeichnet, doch soll dieselbe sehr oft auf der Oberseite des Körpers schwarz, auf der Unterseite weiß, und bisweilen auch einfärbig gelbbraun sein. Die Augen sind blau.

Diese Race scheint bis jetzt nur auf St. Domingo oder Hayti gezogen worden zu sein und ist uns erst seit ungefähr dreißig Jahren bekannt.

Vierte Gruppe.

Jagdhunde

(Canes sagaces).

Der Kopf ist groß, von länglicher Form und ziemlich hoch, die Stirne schwach gewölbt, die Schnauze von mäßiger Länge, ziemlich hoch und nach vorne zu nur wenig verschmälert und abgestumpft. Die Lippen sind stärker oder schwächer hängend, die Ohren mehr oder weniger lang, breit, abgerundet und hängend. Der Hals ist ziemlich lang und dick, der Leib schwach gestreckt und nicht sehr voll, die Brust breit. Die Beine sind mittelhoch und stark, die vorderen vollkommen gerade, die Schenkel ziemlich lang. Der Schwanz ist von ziemlicher Länge und dick, die Körperbehaarung kurz und glatt anliegend.

Die aberranten Racen dieser Gruppe deuten auf die Seiden- und Dachshund-, die Bullenbeißer- und Windhundform hin.

Alle hierher gehörigen Formen bilden aber nur eine einzige Art. Es ist dieß:

Der Jagdhund

(Canis sagax).

Auch dieser ist eine reine unvermischte Form des Hundes, welche von keiner anderen abgeleitet werden kann und deßhalb auch als eine selbstständige Art zu betrachten, welche über Mittel- und Nordwest-Europa und den östlichen Theil von Mittel-Afrika reicht.

Sie ist die Stammart einer sehr ansehnlichen Anzahl verschiedener Formen und Racen; von denen bis jetzt schon 35 unterschieden oder beschrieben worden sind.

Unter denselben sind fünf als solche Abänderungen zu betrachten, welche durch klimatische Verhältnisse in Folge geographischer Verbreitung hervorgerufen wurden. Diese sind:

der deutsche Jagdhund (Canis sagax, germanicus),
der Leithund (Canis sagax, venaticus),
der französische Jagdhund (Canis sagax, gallicus),
der englische Jagdhund (Canis sagax, anglicus), und
der afrikanische Jagdhund (Canis sagax, africanus).

Die übrigen dreißig stellen sich durchgehends als Bastardformen dar, und zwar:

der langhaarige deutsche Jagdhund (Canis sagax, hirsutus),
der deutsche Stöberhund (Canis sagax, venaticus irritans),
der langhaarige französische Jagdhund (Canis sagax, gallicus sericeus), und
der doppelnasige französische Jagdhund (Canis sagax gallicus Nasica), als einfache Bastarde reiner Kreuzung;
der deutsche Schweißhund (Canis sagax, venaticus scoticus),
der normannische Jagdhund (Canis sagax, gallicus normannus),
der englische Fuchshund (Canis sagax, anglicus vulpicapus), und
die englische Bracke (Canis sagax, anglicus Bracca), als einfache Bastarde gemischter Kreuzung;
der Vorstehhund (Canis sagax, venaticus major),
der russische Hühnerhund (Canis sagax, venaticus Nasica),
die deutsche Bracke (Canis sagax, venaticus cursor),
der deutsche Hühnerhund (Canis sagax, venaticus subcaudatus),
der kleine Hühnerhund (Canis sagax, venaticus minor),
der französische Hühnerhund (Canis sagax, gallicus avicularius)
der dalmatinische Hühnerhund (Canis sagax, gallicus ragusanus),
die französische Bracke (Canis sagax, gallicus Bracca),
der englische Stöberhund (Canis sagax, anglicus irritans),
der langhaarige englische Fuchshund (Canis sagax, anglicus villosus),
der englische Hühnerhund (Canis sagax, anglicus avicularius),
der englische Parforcehund (Canis sagax, anglicus major), und
der englische Schweißhund (Canis sagax, anglicus sanguisequus), als doppelte Bastarde gemischter Kreuzung; und
die Steinbracke (Canis sagax, venaticus Bracca),
der langhaarige Vorstehhund (Canis sagax, venaticus sericeus),
der Wasser-Hühnerhund (Canis sagax, venaticus aquatilis),
der portugiesische Hühnerhund (Canis sagax, venaticus lusitanicus),
der langhaarige Hühnerhund (Canis sagax, venaticus longipilis),
der langhaarige Wasserhühnerhund (Canis sagax, venaticus villosus),
der französische Stöberhund (Canis sagax, gallicus arrectus),
der langhaarige englische Hühnerhund (Canis sagax, anglicus hirsutus), und
der Hirschhund (Canis sagax, anglicus cervinus), als dreifache Bastarde gemischter Kreuzung.

1. Der deutsche Jagdhund (Canis sagax, germanicus).

In diesem Hunde, welcher eine reine, unvermischte Form des Jagdhundes (Canis sagax) darstellt und als die Grundform derselben anzusehen ist, kann man nur eine Abänderung dieser Art erkennen, welche auf klimatischen Verhältnissen in Folge geographischer Verbreitung beruht, und deren Heimath sich über den mittleren Theil von Europa und insbesondere über Deutschland erstreckt.

Derselbe ist von mittlerer Größe, doch nur äußerst selten höher als 1 ½ Fuß und von starkem, kräftigem Baue.

Sein Kopf ist verhältnißmäßig groß, von länglicher Gestalt und ziemlich stark erhaben. Das Hinterhaupt ist breit, mit stark entwickeltem Knochenkamme, die Stirne schwach gewölbt, die Schnauze nicht sehr lang, doch ziemlich hoch, und nach vorne zu sehr wenig verschmälert und etwas abgestumpft. Die Lippen sind nicht sehr lang, etwas schlaff und hängend, und die Wangenhaut ist ziemlich gespannt. Die Ohren sind sehr lang, breit, abgerundet, weich und vollkommen hängend, die Augen klein und völlig wagrecht gestellt. Der Hals ist ziemlich lang und dick, der Leib schwach gestreckt, verhältnißmäßig etwas schlank und gegen die Weichen ziemlich stark eingezogen, der Widerrist mäßig stark erhaben, der Rücken nicht gekrümmt und in der Mitte etwas gesenkt, die Brust breit und vorstehend. Die Beine sind von mittlerer Höhe, schlank und stark, und die vorderen vollkommen gerade, die Schenkel ziemlich lang, und an den Hinterfüßen befindet sich eine etwas höher gestellte, bekrallte Afterzehe. Der Schwanz ist ziemlich lang, an der Wurzel dick, gegen das Ende zu verschmälert, und reicht bis etwas unter das Fersengelenk hinab. Gewöhnlich wird derselbe in die Höhe gerichtet und etwas nach vorwärts gebeugt, aber zuweilen auch gerade nach rückwärts gestreckt getragen.

Die Behaarung des Körpers ist kurz, glatt anliegend und etwas grob; auch die Ohren und der Schwanz sind kurz und glatt anliegend behaart, doch ist das Haar an den Ohren immer feiner.

Die Färbung ist in der Regel auf der Oberseite des Körpers, und an der Außenseite der Vorderbeine und der Schenkel schwarz oder rothbraun, während die übrigen Körpertheile mit Ausnahme der meist weißen Brust, mehr oder weniger bräunlichgelb gefärbt erscheinen. Ueber den Augen befindet sich jederseits ein rundlicher, bräunlich-gelber Flecken, und auch die Schnauze ist an den Lippen, so wie die Wangen bräunlich-gelb gezeichnet. Sehr oft kommen auch einfärbige Abänderungen, bald von röthlicher, oder rothbrauner, bald von bräunlichgelber, oder grauer Farbe vor, weit seltener aber schwarze oder weiße. Häufig trifft man dagegen gefleckte Abänderungen an, die entweder mit weißen oder gelblichen Flecken auf dunklem Grunde, oder mit schwarzen Flecken auf weißem Grunde gezeichnet sind. Die Pfoten sind meistens weiß oder gelblich, die Augen schwärzlichbraun.

Mittelgroße Individuen haben eine Körperlänge von 2 Fuß 4 ½ Zoll, eine Schwanzlänge von 1 Fuß 1 ½ Zoll, und eine Höhe am Widerrist von 1 Fuß 4 Zoll 10 Linien.

In Frankreich ist dieser Hund unter dem Namen Chien courant suisse bekannt.

Der deutsche Jagdhund ist die einzige Form in der Gruppe der Jagdhunde, welche schon den alten Römern bekannt war; denn obgleich derselben von keinem ihrer Schriftsteller Erwähnung gethan wird, so treffen wir doch Abbildungen von ihr auf mehreren Antiken an, die aus der späteren Zeit des Kaisers Augustus gegen das Ende des letzten Jahrhunderts vor Christus stammen.

Desto häufiger erscheint dieser Hund aber schon in den ältesten mittelalterlichen Dokumenten der alten Deutschen, wo er unter verschiedenen Benennungen aufgeführt wird. So trifft man ihn ihm Alemannischen Gesetze unter dem Namen Treibhunt oder Laufhunt (Canis seusius oder Cursor), im Bojischen unter der Benennung Triphunt (Seuces doctus) und im Burgundischen unter der Benennung Canis segutius.

In den Schriften aus der zweiten Hälfte des achten christlichen Jahrhunderts unter Carl dem Großen, wird derselbe als Triphunt oder Treibhunt (Canis Susis) aufgeführt, und in jenen aus dem 9. bis 15. Jahrhunderte, unter den Benennungen Canis Segutius oder Seusius, Seuces, Seucis, Sucis, Susis oder Sussis und sequax, so wie auch unter den Namen Canis cursor oder cursalis, und Hessehunt oder Hetzhunt.

Der deutsche Jagdhund ist flüchtig und leicht, kräftig und schnell, und sowohl durch die Schärfe seines Auges, als auch die außerordentliche Feinheit seines Geruches vor allen anderen Hundearten zur Jagd befähigt, zu welcher er auch ausschließlich verwendet wird. Er jagt hauptsächlich nach der Spur und besitzt ein so scharfes Spürvermögen, daß er das Wild schon aus weiter Ferne wittert. Man bedient sich seiner daher sowohl zum Aufspüren und Aufjagen des Wildes, als auch zum Verfolgen desselben und richtet ihn zu jedem dieser Geschäfte besonders ab. Vorzüglich wird er aber auf Haarwild benützt, dessen Spur er mit lauter, anhaltender Stimme, ohne jedoch eigentlich zu bellen, verfolgt.

Seine Intelligenz ist in hohem Grade entwickelt und sein Instinct bedeutend, daher er auch sehr gelehrig und ohne große Schwierigkeiten abzurichten ist. Dabei zeichnet er sich durch Anhänglichkeit und Treue aus und ist weder falsch, noch listig und selbst nicht gegen Personen, die ihm völlig fremd sind.

Sein Gebell, das er außer beim Verfolgen des Wildes nur selten erschallen läßt, ist ziemlich tieftönend, hellklingend und kurz.

2. **Der langhaarige deutsche Jagdhund** (Canis sagax, hirsutus).

Es stellt sich diese Race als ein Blendling dar, der offenbar auf der Vermischung des deutschen Jagdhundes (Canis sagax, germanicus) mit dem großen Seidenhunde (Canis extrarius, major) beruht und daher ein einfacher Bastard reiner Kreuzung ist.

Sie ist von derselben Größe wie der deutsche Jagdhund und auch beinahe von gleicher Gestalt.

Das auffallendste Merkmal, wodurch sie sich von der genannten Form unterscheidet, besteht in der Art der Behaarung, welche nicht so wie bei dieser, kurz und glatt anliegend, sondern lang, zottig-gewellt, weich und beinahe seidenartig ist, und auch an den Ohren und am Schwanze lange zottige Fransen bildet. Nur das Gesicht ist kürzer behaart.

Bei einer sorgfältigen Vergleichung beider Formen bemerkt man aber, daß dieß nicht der einzige Unterschied ist, der zwischen denselben besteht, sondern daß sich auch noch andere, wenn gleich nur geringe Verschiedenheiten in ihren körperlichen Merkmalen ergeben.

Beim langhaarigen deutschen Jagdhunde ist der Kopf etwas länger und mehr abgeflacht, das Hinterhaupt schmäler, die Stirne schwächer gewölbt, die Schnauze gestreckter und minder hoch, nach vorne zu mehr verschmälert und auch weniger stumpf. Die Lippen sind nur sehr schwach hängend, der Leib ist gedrungener, voller, und in der Weichengegend weit weniger eingezogen. Die Brust ist etwas schmäler und auch weniger vorstehend, und der Schwanz in Folge seiner reichlichen Behaarung länger und beträchtlich dicker. Eine fünfte Afterzehe an den Hinterfüßen kommt nur bisweilen vor.

Die Färbung ist dieselbe, welche beim deutschen Jagdhunde angetroffen wird.

Zur Jagd auf Federwild ist diese Race ganz vorzüglich geeignet und wird auch hierzu fast ausschließlich verwendet.

3. **Der Leithund** (Canis sagax, venaticus).

Auch dieser ist eine reine, unvermischte Form und zwar eine durch geographische Verbreitung bedingte klimatische Abänderung des Jagdhundes (Canis sagax), welche dem östlichen Theile von Mittel-Europa angehört und höchst wahrscheinlich aus Polen stammt.

Er ist eine der größten und kräftigsten Formen in der Gruppe der Jagdhunde, und größer als der deutsche Jagdhund (Canis sagax, germanicus), mit welchem er aber fast von derselben Gestalt ist.

Die Merkmale, durch welche er sich von diesem unterscheidet, sind folgende.

Sein ganzer Körperbau ist durchaus kräftiger, der Kopf etwas größer, die Schnauze breiter und stumpfer. Die Lippen sind mehr hängend, die Ohren noch länger und breiter, der Leib ist etwas voller und die Beine sind verhältnißmäßig kräftiger und stärker.

Die Körperbehaarung und die Färbung sind dieselben wie beim deutschen Jagdhunde.

Diese Form, welche in der mittelalterlichen Zeit zu den geschätztesten unter allen Hundeformen zählte, wird heut zu Tage nur sehr selten mehr im reinen, unvermischten Zustande angetroffen und hat sich vielleicht nur noch in Württemberg und in Oesterreich zu Ebersdorf an der Donau in jener hellbraunen Zucht mit dunklerem Rücken und Behang erhalten, welche Kaiser Joseph II. in dem dortigen Jagdreviere gestiftet hatte.

Die weiße Abänderung, welche stets zu den allerseltensten gehörte, ist unter dem Namen „St. Hubertus-Zucht“ bekannt, und soll von den Hunden des heiligen Hubertus stammen, deren Zucht lange Zeit hindurch in der einst bestandenen berühmten Benediktiner-Abtei St. Hubert im Ardennenwalde in Luxemburg — wohin alle Jene, die von wüthenden Hunden sich gebissen glaubten, zu wallfahrten pflegten, um sich daselbst Heilung zu erflehen, — sorgfältig gepflegt und rein erhalten wurde.

In Frankreich wird der Leithund Limier, in England aber Blood-hound genannt, eine Benennung, welche daselbst auch anderen Hunde-Racen und namentlich dem deutschen (Canis sagax, venaticus scoticus) und dem englischen Schweißhunde (Canis sagax, anglicus sanguisequus) beigelegt wird.

Schon in der ältesten Zeit des Mittelalters galt dieser Hund bei den deutschen Volksstämmen für die vorzüglichste unter allen ihnen bekannt gewesenen Jagdhund-Racen. Er ist der Laitihunt (Canis Ductor) des Alemannischen und der Leitihunt (Canis seuces) des Bojischen Gesetzes, und erscheint unter denselben Namen auch in den Schriften des 9. bis 15. Jahrhunderts.

Man pflegte ihn gewöhnlich nur zur Auffindung und Verfolgung der Spuren des Roth- und Schwarzwildes, seltener dagegen auch des Elennthieres zu verwenden. Stets mußte er dem Jäger, der ihn an einem langen Lederriemen hielt, vorangehen und ihn auf der aufgefundenen Fährte, die er nicht verlassen durfte, leiten, worauf sich auch seine Benennung gründet, und hatte sich dabei vollkommen ruhig und still zu verhalten, ohne auch nur einen Laut von sich zu geben.

Diese Abrichtung war außerordentlich schwierig und erforderte noch mehr Zeit, Mühe und Geduld, als die des Vorstehhundes (Canis sagax, venaticus major). Sie mußte schon von Jugend an, doch nicht vor Erreichung des ersten Lebensjahres vorgenommen werden und nahm gewöhnlich drei volle Jahre in Anspruch.

Dermalen wird diese Dressur aber nur selten mehr angewendet und der Leithund, so wie der deutsche Jagdhund (Canis sagax, germanicus) benützt.

4. **Der deutsche Stöberhund** (Canis sagax, venaticus irritans).

In diesem Hunde erkennt man einen Blendling, der unzweifelhaft aus der Vermischung des Leithundes (Canis sagax, venaticus) mit dem krummbeinigen Dachshunde (Canis vertagus, valgus) hervorgegangen und sonach ein einfacher Bastard reiner Kreuzung ist.

Es stellt sich derselbe unverkennbar als ein Mittelglied zwischen diesen beiden Formen dar, in welchem die körperlichen Merkmale derselben deutlich vereinigt sind.

Bezüglich seiner Gestalt im Allgemeinen neigt er sich aber mehr der erstgenannten

Tafel 6.

Englische Dogge.
Dalmatinischer Hühnerhund.
Mops.

Dänische Dogge.

Bull-Dogg.

Tafel 4.

Großer Pudel. Großer Seidenhund. König Carls-Hund. Bologneserhund. Kleiner Pudel. Langhaariger Neufoundländerhund. St. Bernhardshund.

Form zu, obgleich er beträchtlich kleiner als diese, und nicht um sehr viel größer als die letztgenannte ist.

Die übrigen Merkmale, durch welche er sich vom Leithunde unterscheidet, sind die nach vorne zu mehr verschmälerte und weniger stumpfe Schnauze, die minder hängenden Lippen, die verhältnißmäßig etwas kürzeren und schmäleren Ohren, der gestrecktere Leib, die beträchtlich kürzeren Beine, von denen die vorderen am Handgelenke zwar verdickt, doch beinahe vollkommen gerade sind, und der etwas kürzere Schwanz.

Die Färbung ist dieselbe, wie sie auch beim Leithunde und krummbeinigen Dachshunde angetroffen wird.

Es kann mit großer Wahrscheinlichkeit angenommen werden, daß diese Race schon den alten Deutschen bekannt war und die im Burgundischen Gesetze unter dem Namen Canis petrunculus und in den Schriften des 9. bis 15. Jahrhunderts unter der Benennung Steinbracke (Canis petrunculus oder Petronius) erscheinende Form mit diesem Hunde identisch sei.

Diese Race wird bei uns, wie schon aus ihrem Namen zu ersehen ist, zum Aufspüren des Wildes und zum Verfolgen desselben benützt.

5. Die Steinbracke (Canis sagax, venaticus Bracca).

Wie aus den Merkmalen dieser Race hervorgeht, beruht dieselbe auf der Vermischung des deutschen Stöberhundes (Canis sagax, venaticus irritans) mit der dänischen Dogge (Canis Molossus, danicus). Sie ist daher ein dreifacher Bastard gemischter Kreuzung.

In ihrer Körperform erinnert dieselbe zunächst an die erstgenannte Race, doch sind auch gewisse Merkmale der letztgenannten, ziemlich deutlich in ihr zu erkennen.

Vom deutschen Stöberhunde, welchen sie an Größe etwas übertrifft, unterscheidet sie sich durch den längeren und mehr abgeflachten Kopf, das schmälere Hinterhaupt, die schwächer gewölbte Stirne, die längere und nach vorne zu noch mehr verschmälerte, und minder stumpfe Schnauze, die kürzeren, schmäleren Ohren, den etwas längeren und dünneren Hals, den gestreckteren und in den Weichen weniger stark eingezogenen Leib, die höheren und stärkeren, am vorderen Handgelenke kaum verdickten Beine, und den längeren und dickeren Schwanz. An den Hinterfüßen ist nicht selten eine fünfte Afterzehe vorhanden.

Die gewöhnlich vorkommende Färbung ist einfärbig bräunlich- oder fahlgelb, gelbbraun, roth- oder kastanienbraun, grau, oder schwarz, und sehr oft werden auch weiße Abzeichen an verschiedenen Körperstellen angetroffen. Seltener sind die gefleckten Abänderungen, welche mit weißen oder gelblichen Flecken auf dunklem Grunde gezeichnet sind.

Auch diese Hunde-Race scheint den alten Deutschen bekannt gewesen zu sein, da die in den Schriften aus dem 9. bis 15. Jahrhundert vorkommende Barnbracke und der Mistbeller oder Mistbella wohl nur auf diese Race bezogen werden können.

Sie wird ebenso wie der deutsche Stöberhund hauptsächlich zum Aufspüren des Wildes benützt und eignet sich zur offenen Jagd besser als die Dachshunde, da sie gut die Fährte hält; doch schneidet sie nicht selten auch das Wild ab und verscheucht dasselbe aus dem Reviere.

Auch zur Jagd auf Auerhühner kann sie mit Erfolg verwendet werden, weßhalb sie in einigen Gebirgsgegenden von den Jägern „Auerhahn-Beller" genannt wird; doch muß sie hierzu besonders abgerichtet werden.

6. **Der deutsche Schweißhund** (Canis sagax, venaticus scoticus).

Diese Race gibt sich als ein Blendling kund, dessen Abstammung vom Leithunde (Canis sagax, venaticus) und dem großen dänischen Hunde (Canis leporarius, danicus) unverkennbar ist. Er stellt sich sonach als einfacher Bastard gemischter Kreuzung dar.

Der deutsche Schweißhund ist eine der größten und zugleich auch kräftigsten Racen in der Gruppe der Jagdhunde, da er den Vorstehhund (Canis sagax, venaticus major) an Größe noch übertrifft und bei einer Körperlänge von 3 Fuß, eine Schulterhöhe von mehr als 1½ Fuß erreicht.

In seiner Gestalt im Allgemeinen an denselben zwar erinnernd, unterscheidet er sich von dieser Race schon auf den ersten Blick, durch seinen leichteren Gliederbau und seine bei Weitem schlankeren Formen.

Sein Kopf ist mehr gestreckt und flacher, das Hinterhaupt nicht so breit, die Stirne schwächer gewölbt, die Schnauze länger, niederer, schmäler und stumpf zugespitzt. Die Lippen sind weit weniger hängend, die Ohren kürzer und schmäler, der Hals ist etwas länger und dünner, der Leib mehr gestreckt, schmächtiger und in den Weichen viel stärker eingezogen, und die Beine sind höher und schlanker, die Schenkel beträchtlich länger, die Vorderbeine etwas kürzer als die Hinterbeine. Der Schwanz ist länger und dünner, und die Körperbehaarung am Bauche minder dicht. Meistens ist an den Hinterfüßen auch eine fünfte Afterzehe vorhanden.

Die Färbung ist in der Regel einfärbig bräunlich- oder fahlgelb, hellbraun, dunkelroth- oder kastanienbraun, grau, oder schwarz; bisweilen ist aber die Oberseite braun, grau, oder schwarz, die Unterseite weiß, oder es sind auch weiße Abzeichen an verschiedenen Körpertheilen vorhanden. Zu den seltener vorkommenden Abänderungen gehört die schwarze, mit bräunlichgelben Füßen.

So wie der Leithund (Canis sagax, venaticus) und der englische Schweißhund (Canis sagax, anglicus sanguisequus), wird auch der deutsche Schweißhund von den Engländern Blood-hound genannt.

Er ist eine der ältesten und geschätztesten unter den, den alten Deutschen und Schotten bekannt gewesenen Jagdhund-Racen. Wir finden ihn schon im Bojischen

Gesetze unter dem Namen Spurihunt (Canis qui in ligamine vestigium tenet), und in den Schriften des 9. bis 15. Jahrhunderts unter den Benennungen Spürhunt, Schweißhunt oder Bluthunt (Canis vestigabilis), so wie auch unter den Namen Canis fugax, sequax oder sagax aufgeführt.

So wie der Leithund, wurde auch der deutsche Schweißhund von den alten Deutschen zur Auffindung und Verfolgung der Spuren des Wildes verwendet und war ebenso als dieser geschätzt. Er wurde von dem Jäger an einem Riemen geführt, und war dazu abgerichtet, die Fährte zu halten. In Schottland, wo er in derselben Weise verwendet wurde, benützte man ihn auch so wie den englischen Schweißhund (Canis sagax, anglicus sanguisequus), zur Verfolgung der Spuren der Räuber und des geraubten Viehes.

Heut zu Tage gehört er bei uns zu den seltener vorkommenden Racen, ist aber eben so geschätzt, als in alter Zeit, und wird auch nur zur Jagd auf Haarwild, und vorzüglich auf Hirsche verwendet.

7. **Der Vorstehhund** (Canis sagax, venaticus major).

Aus den Merkmalen, welche diese Race an sich trägt, läßt sich deutlich erkennen, daß dieselbe aus der Vermischung des Leithundes (Canis sagax, venaticus) mit der englischen Dogge (Canis Molossus, mastivus anglicus) hervorgegangen ist. Sie erscheint daher als ein doppelter Bastard gemischter Kreuzung.

Sie ist größer als die erstgenannte Form und auch schwerer als diese gebaut, unterscheidet sich aber von derselben durch die stärker gewölbte Stirne, die viel kürzeren, bei Weitem nicht so breiten und auch nicht so weichen Ohren, die meistens etwas schlaffen Augenlider, durch welche die rothe Bindehaut zum Vorscheine kommt, durch den kürzeren und dickeren Hals, einen gedrungeneren, volleren und in den Weichen weniger stark eingezogenen Leib, die minder stark vorstehende Brust, verhältnißmäßig höhere und stärkere Beine und etwas längere Schenkel. Eine fünfte Afterzehe an den Hinterfüßen ist beinahe regelmäßig vorhanden.

Die Färbung ist sehr oft einfärbig dunkelroth-, oder kastanienbraun, oder auch bräunlichgelb oder grau, seltener dagegen weiß. Weit häufiger erscheint dieselbe aber gefleckt, oder getigert, und bald sind es größere, unregelmäßige, wolkenartige, bald mehr oder weniger dicht stehende kleine, punktförmige Flecken von rothbrauner, oder schwarzer Farbe, welche auf weißem oder grauem Grunde vertheilt sind. Bei den einfärbigen Abänderungen kommen häufig auch weiße Abzeichen an verschiedenen Körperstellen vor. Die Augen sind schwärzlichbraun.

In sehr vielen Gegenden ist es bei den Jägern üblich, den Vorstehhund durch Abhauen des Schwanzes zu verstümmeln.

Den alten Deutschen war dieser Hund gleichfalls schon in mittelalterlicher Zeit bekannt, wo er im Bojischen Gesetze mit dem Namen Hapichhunt (Canis acceptoricius) und im Friesischen mit dem Namen Canis acceptorius bezeichnet wird.

Unter denselben Benennungen treffen wir ihn auch in den Schriften aus dem 9. bis 15. Jahrhunderte an, so wie nicht minder auch unter den Namen Habichthunt und Vogelhunt (Canis avicularius), da man ihn bei der Falkenjagd benützte.

Gewöhnlich wird diese Race bei uns auch „Hühnerhund" genannt, während sie die Franzosen mit der Benennung »Chien couchant« zu bezeichnen pflegen.

Diese Race wird — wie schon ihr Name andeutet — hauptsächlich zum Vorstehen auf der Jagd verwendet und zu diesem Geschäfte ganz besonders abgerichtet.

Je schärfer bei einem solchen Hunde der Geruchssinn entwickelt ist, desto mehr ist er auch zur Abrichtung geeignet.

Gewöhnlich beginnt man mit derselben schon frühzeitig und zwar wenn der Hund ein Alter von ¾ Jahren erreicht hat; doch kann eine solche Abrichtung auch selbst noch im zweiten Jahre vorgenommen werden.

Zu diesem Behufe legt der Jäger, welcher die Abrichtung besorgt, dem Hunde ein Repphuhn vor und lehrt ihn dasselbe aufzusuchen, dann vor dasselbe hinzutreten und ruhig stehen zu bleiben, ohne es zu berühren, damit sich der Hund allmählig daran gewöhne. Hierauf wird er im Freien so lange in diesem Geschäfte geübt, bis man es dahin gebracht, daß sich der Hund auch dann ruhig verhält, wenn der Schuß nach dem aufgespürten Federwilde gerichtet wird, sei dieß nun während dasselbe noch am Boden sitzt, oder auch im Fluge. Hat der Hund diese Dressur bereits erlangt, so wird er daran gewöhnt, nicht eher das Federwild aufzujagen, als bis ihm dies durch einen Zuruf des Jägers geheißen wird. In beiden Fällen muß er aber die Beute unversehrt dem Jäger überbringen, ruhig zu demselben zurückkehren und sich an seiner Seite niederlassen.

Diese Abrichtung, welche sehr viel Zeit und Geduld erfordert, kann aber auch bei anderen Hunde-Racen in Anwendung gebracht werden, welche eine ähnliche Abstammung haben, so beim langhaarigen Vorstehhunde (Canis sagax, venaticus sericeus), — dem deutschen Hühnerhunde (Canis sagax, venaticus subcaudatus), — dem russischen (Canis sagax, venaticus Nasica), — langhaarigen (Canis sagax, venaticus longipilis), — kleinen (Canis sagax, venaticus minor), — dalmatinischen (Canis sagax, gallicus ragusanus), und portugiesischen Hühnerhunde (Canis sagax, venaticus lusitanicus), — dem französischen (Canis sagax, gallicus avicularius) — und doppelnasigen französischen Hühnerhunde (Canis sagax, gallicus Nasica), — dem englischen (Canis sagax, anglicus avicularius) — und langhaarigen englischen Hühnerhunde (Canis sagax, anglicus hirsutus), — und beim Wasser-Hühnerhunde (Canis sagax, venaticus aquatilis) — und dem langhaarigen Wasser-Hühnerhunde (Canis sagax, venaticus villosus).

Diejenigen, welche sich Anfangs ungelehrig und hartnäckig zeigen, werden meistens in der Folge nach vollendeter Abrichtung die besten. Nur vollkommen gut dressirte Hunde werden auf der Jagd zum Vorstehen verwendet, spielend dressirte haben meist keinen guten Appell und werden mehr blos zum Aufsuchen des Federwildes benützt.

8. Der russische Hühnerhund (Canis sagax, venaticus Nasica).

Wie aus den körperlichen Merkmalen dieser Race deutlich zu ersehen ist, kann über die Abstammung derselben von dem Vorstehhunde (Canis sagax, venaticus major) und dem doppelnasigen Bullenbeißer (Canis Molossus, palmatus) wohl kaum irgend ein Zweifel bestehen. Sie muß daher als ein doppelter Bastard gemischter Kreuzung angesehen werden.

An Größe und Gestalt ist sie der erstgenannten Race ähnlich und beinahe ebenso schwer und kräftig als diese gebaut; doch unterscheidet sie sich von derselben hauptsächlich durch die noch stärker gewölbte Stirne, eine kürzere, höhere und stumpfere, etwas aufgeworfene Schnauze, und eine gespaltene Nase, indem die in die Nasenscheidewand tief eingreifende Längsfurche die beiden Nasenlöcher weit von einander trennt. Auch die Spannhäute zwischen den Zehen sind bei dieser Race stark entwickelt und sehr oft kommt auch eine fünfte Afterzehe an den Hinterfüßen vor.

Die Färbung ist jedoch von jener des Vorstehhundes durchaus nicht verschieden und es kommen auch alle Farbenänderungen bei derselben vor, welche bei dem genannten Hunde angetroffen werden.

Der russische Hühnerhund wird in derselben Weise wie der Vorstehhund (Canis sagax, venaticus major) benützt.

9. Die deutsche Bracke (Canis sagax, venaticus cursor).

Dieselbe stellt sich ihren äußeren Formen zufolge als ein Blendling dar, der offenbar aus der Kreuzung des Vorstehhundes (Canis sagax, venaticus major) mit der französischen Bracke (Canis sagax, gallicus Bracca) hervorgegangen und daher ein doppelter Bastard gemischter Kreuzung ist.

Bezüglich ihrer Körperform zwischen den beiden genannten Racen in der Mitte stehend, stellt diese Race ein vollständiges Verbindungsglied zwischen denselben dar.

Sie ist etwas kleiner als die erstere und auch leichter als diese gebaut, doch größer und schwerer als die letztere. Ein ähnliches Verhältniß findet auch bezüglich aller einzelnen Körpertheile statt.

Die sonstigen Unterscheidungsmerkmale, welche sie vom Vorstehhunde trennen, sind der etwas kleinere, längere und niederere Kopf, das schmälere Hinterhaupt, die minder stark gewölbte Stirne, die gestrecktere, schmälere und weniger stumpfe Schnauze, die kürzeren und nicht so tief herabhängenden Lippen, die etwas kürzeren und schmäleren Ohren, die straffen Augenlider, der längere dünnere Hals, der gestrecktere und in den Weichen mehr eingezogene Leib, die höheren und schwächeren Beine, und der längere und dünnere Schwanz.

Eine fünfte Afterzehe wird nur bisweilen angetroffen.

Die Färbung ist dieselbe wie beim Vorstehhunde und kommen auch dieselben Farbenabänderungen vor.

Die deutsche Bracke wird hauptsächlich als Treibhund verwendet und eignet sich vorzüglich zur Hasenjagd.

10. Der langhaarige Vorstehhund (Canis sagax, venaticus sericeus).

Es kann wohl kaum irgend einem Zweifel unterliegen, daß diese Race auf der Kreuzung des Vorstehhundes (Canis sagax, venaticus major) mit dem großen Seidenhunde (Canis extrarius, major) beruht und daher als ein dreifacher Bastard gemischter Kreuzung zu betrachten ist.

Dieselbe stellt sich als ein unverkennbares Mittelglied zwischen diesen beiden Formen dar, indem sie mit der Größe und der allgemeinen Körpergestalt der ersteren, den leichteren Bau und die Behaarung der letzteren verbindet, wobei sie zugleich auch lebhaft an den langhaarigen deutschen Jagdhund (Canis sagax, hirsutus) erinnert.

Die feineren Unterschiede, welche sie vom Vorstehhunde (Canis sagax, venaticus major) trennen, sind der etwas längere und mehr abgeflachte Kopf, das minder breite Hinterhaupt, die schwächer gewölbte Stirne, die längere und niederere, schmälere und minder stumpfe Schnauze, die kürzeren Lippen, die längeren und breiteren Ohren, die schmälere Brust, die etwas dünneren Beine, und der in Folge seiner reichlichen Behaarung viel länger und dicker erscheinende Schwanz.

Das Hauptunterscheidungsmerkmal besteht aber in der sehr langen und zottiggewellten, weichen und beinahe seidenartigen Behaarung, welche den ganzen Körper, mit Ausnahme des kurz und glatt anliegend behaarten Gesichtes, überdeckt, und am Vorderhalse, an der Brust, dem Bauche, der Hinterseite der Vorderbeine und der Hinterschenkel, an den Ohren, und am Schwanze, insbesondere aber an der Unterseite desselben am längsten ist, und lange Fransen bildet.

Eine fünfte Afterzehe an den Hinterfüßen kommt nur äußerst selten vor.

Die Färbung ist von jener des Vorstehhundes durchaus nicht verschieden und es kommen nicht nur alle Farbenabänderungen, welche bei diesem angetroffen werden, vor, sondern auch sehr oft einfärbig röthlichgelbe, oder gefleckte, die mit großen wolkenähnlichen röthlichgelben oder gelbbraunen Flecken auf weißem Grunde gezeichnet sind.

Man pflegt diese Race so wie den Vorstehhund (Canis sagax, venaticus major) zur Jagd auf Federwild zu verwenden und erzieht sie auch hierzu in völlig gleicher Weise.

11. Der Wasser-Hühnerhund (Canis sagax, venaticus aquatilis).

Die körperlichen Merkmale dieses Hundes lassen deutlich erkennen, daß derselbe aus der gegenseitigen Vermischung des Vorstehhundes (Canis sagax, venaticus major) mit dem großen Pudel (Canis extrarius, aquaticus) hervorgegangen, sonach ein dreifacher Bastard gemischter Kreuzung ist.

Er ist sehr nahe mit dem langhaarigen Vorstehhunde (Canis sagax, venaticus sericeus) verwandt und auch von derselben Körperform und Größe. Der wesentlichste Unterschied, wodurch er sich von dieser Race unterscheidet, besteht fast nur in der Beschaffenheit der Behaarung, da dieselbe nicht so lang wie bei dieser und auch nicht zottig-gewellt und beinahe seidenartig, sondern kürzer, zottig-gekräuselt und mehr wollig ist.

Bei einer genauen und sorgfältigen Vergleichung dieser beiden Racen ergibt sich jedoch, daß beim Wasser-Hühnerhunde der Kopf weniger gestreckt und merklich höher, die Stirne etwas stärker gewölbt, die Schnauze kürzer, höher und stumpfer, der Hals etwas verkürzt und dicker, der Leib gedrungener und voller, und die Beine verhältnißmäßig minder hoch und etwas stärker sind. An den Hinterfüßen ist keine fünfte Afterzehe vorhanden.

Die Färbung ist meistens einfärbig weiß, gelblich-, röthlich- oder graulichweiß, oder auch grau, doch kommen sehr oft auch gefleckte Abänderungen vor, welche mit großen unregelmäßigen verloschenen wolkenartigen Flecken von schwarzgrauer, rothbrauner oder schwarzer Farbe auf hellem Grunde gezeichnet sind.

Wir haben diese Race erst durch Ridinger um die Mitte des 18. Jahrhunderts kennen gelernt, indem uns derselbe eine schöne Abbildung von ihr mitgetheilt hatte.

Sie eignet sich ganz vorzüglich zur Jagd auf Federwild und insbesondere auf Sumpf- und Wasservögel, da sie sehr gerne in's Wasser geht. Ihre Abrichtung erfolgt in gleicher Weise wie beim Vorstehhunde (Canis sagax, venaticus major).

12. Der deutsche Hühnerhund Canis sagax, venaticus subcaudatus).

Man wird wohl kaum einen Irrthum begehen, wenn man diese Race aus der Kreuzung des Leithundes (Canis sagax, venaticus) mit dem französischen Hühnerhunde (Canis sagax, gallicus avicularius) abzuleiten sucht und dieselbe für einen doppelten Bastard gemischter Kreuzung hält.

Sowohl in ihrer Gesammtform, als auch in der Bildung aller ihrer einzelnen Körpertheile steht sie zwischen denselben genau in der Mitte; doch erinnert sie in ihren Formen auch einigermaßen an den Vorstehhund (Canis sagax, venaticus major), von welchem sie sich außer der etwas geringeren Größe und dem minder schweren Körperbaue durch nachstehende Merkmale unterscheidet.

Ihr Kopf ist etwas kleiner, die Stirne mehr gewölbt, die Schnauze etwas länger, niederer, nach vorne zu schwach verschmälert und auch weniger stumpf. Die Lippen sind etwas kürzer und nicht so tief herabhängend, die Ohren länger und breiter, und die Augen verhältnißmäßig größer. Der Hals ist etwas länger und dünner, der Leib weniger voll, die Beine sind höher und schwächer, und der Schwanz ist beträchtlich kürzer und erscheint deßhalb dicker.

Diese auffallende Verkürzung des Schwanzes beruht aber nicht auf einem ursprünglichen, dieser Race eigenthümlichen Merkmale, sondern hat sich erst im Laufe der Zeiten eingestellt und ist erwiesenermaßen als ein künstlich hervorgerufenes und ererbtes Merkmal zu betrachten, indem durch die mit Ausdauer fortgesetzte Sitte, diese Race durch das Abhauen des Schwanzes schon in zarter Jugend zu verstümmeln, jener Charakter nach mehreren Generationen zu einem beständigen geworden ist.

An den Hinterfüßen kommt sehr oft eine fünfte Afterzehe vor.

Die am häufigsten vorkommende Färbung ist die gefleckte oder getigerte, indem bald größere wolkenartige, bald kleinere mehr punktförmige gelbbraune, rothbraune, schwarzbraune, dunkelgraue oder schwarze Flecken, über eine weiße, isabellfarbene, bräunlichgelbe oder hellgraue Grundfarbe verbreitet sind, und wobei die Ohren fast immer von diesen dunkleren Farben eingenommen werden. Weit seltener sind die einfärbigen Abänderungen bei dieser Race, welche meistens eine weiße, isabellgelbe oder bräunlichgelbe, seltener dagegen eine roth- oder kastanienbraune, und am allerseltensten eine schwarze Färbung darbieten.

So wie den englischen Hühnerhund (Canis sagax, anglicus avicularius), nennen die Engländer auch diese Race Pointer, die Franzosen Chien d'arrét.

Sie wird ebenso wie der Vorstehhund (Canis sagax, venaticus major), zur Jagd auf Federwild verwendet und auch in gleicher Weise zu diesem Dienste abgerichtet.

13. **Der kleine Hühnerhund** (Canis sagax, venaticus minor).

Diese Race scheint ein Blendling zu sein, der aus der Vermischung des deutschen Hühnerhundes (Canis sagax, venaticus subcaudatus) mit dem dalmatinischen Hühnerhunde (Canis sagax, gallicus ragusanus) hervorgegangen ist, wornach sie ein doppelter Bastard gemischter Kreuzung wäre.

Immer kleiner als der erstere und auch leichter als dieser gebaut, stellt diese Race ein deutlich ausgesprochenes Mittelglied zwischen demselben und dem letztgenannten Hunde dar.

Die Merkmale, welche sie vom deutschen Hühnerhunde unterscheiden, sind der kleinere, gestrecktere und minder hohe Kopf, das schmälere Hinterhaupt, die schwächer gewölbte Stirne, die etwas längere und niederere, schmälere und weniger stumpfe Schnauze, die kürzeren und schmäleren Ohren, der längere und dünnere Hals, der schmächtigere Leib, die verhältnißmäßig höheren Beine, und der etwas längere Schwanz. An den Hinterfüßen wird häufig eine fünfte Afterzehe angetroffen.

Die Färbung erscheint immer getigert, indem die weiße, isabellfarbene, bräunlichgelbe, oder graue Grundfarbe mit ziemlich dicht stehenden kleinen, rundlichen und fast punktförmigen Flecken von dunkelbrauner, oder schwarzer Farbe übersäet sind. Die Ohren und ihre nächste Umgegend sind regelmäßig dunkelbraun, oder schwarz gefärbt.

Von dieser Race werden oft sehr kleine Individuen gezogen, die jedoch nur ein Ergebniß der Cultur sind und durch veränderte Lebensweise, insbesondere aber durch Anwendung künstlicher Mittel erzielt werden. Das kleinste unter den bis jetzt bekannt gewordenen wurde aber in Sachsen gezogen, denn seine Körperlänge betrug bei einem Lebensalter von zwei Jahren nicht mehr als $5\frac{1}{2}$ Zoll. Lange war d.ese Seltenheit im königlichen Museum zu Dresden aufgestellt, doch wurde sie beim Brande desselben im Jahre 1848 ein Raub der Flammen.

Was die Verwendung dieser Race betrifft, so kann sie zwar ebenso wie der Vorstehhund (Canis sagax, venaticus major), zur Jagd auf Federwild benützt werden, doch ist es weit schwieriger, dieselbe hierzu zu dressiren.

14. **Der portugiesische Hühnerhund** (Canis sagax, venaticus lusitanicus).

Wie aus den äußeren Merkmalen dieser Race zu ersehen ist, dürfte dieselbe auf der gegenseitigen Vermischung des deutschen Hühnerhundes (Canis sagax, venaticus subcaudatus) mit dem krummbeinigen Dachshunde (Canis vertagus, valgus) beruhen. Sie könnte daher als ein dreifacher Bastard gemischter Kreuzung angesehen werden.

In der Gestalt sowohl, als auch in der Größe dem deutschen Stöberhunde (Canis sagax, venaticus irritans) ähnlich, läßt auch diese Race in ihren körperlichen Formen ihre Abkunft vom krummbeinigen Dachshunde (Canis vertagus, valgus) nicht verkennen.

Sie unterscheidet sich jedoch von der erstgenannten Race durch den etwas kleineren Kopf, die stärker gewölbte Stirne, etwas kürzere und schmälere Ohren, einen längeren und nicht so dicken Hals, höhere und schwächere Beine, von denen die vorderen jedoch, so wie bei dieser, am Handgelenke verdickt und beinahe vollkommen gerade sind, und durch den beträchtlich kürzeren und auch dickeren Schwanz. An den Hinterfüßen ist meistens eine fünfte Afterzehe vorhanden.

Die Färbung ist dieselbe wie beim deutschen Hühnerhunde (Canis sagax, venaticus subcaudatus).

Auch diese Race ist zur Jagd auf Federwild geeignet und wird hierzu ebenso wie der Vorstehhund (Canis sagax, venaticus major) erzogen.

15. **Der langhaarige Hühnerhund** (Canis sagax, venaticus longipilis).

Offenbar stellt diese Race einen Blendling dar, der durch Anpaarung des deutschen Hühnerhundes (Canis sagax, venaticus subcaudatus) mit dem großen Seidenhunde (Canis extrarius, major) entstanden und sonach ein dreifacher Bastard gemischter Kreuzung ist.

Die nahe Verwandtschaft dieser Race mit dem langhaarigen Vorstehhunde (Canis sagax, venaticus sericeus) spricht sich sowohl in der Körpergestalt im Allgemeinen, als auch in der langen, zottig-gewellten, weichen und fast seidenartigen Behaarung, bezüglich welcher sie mit demselben vollständig übereinkommt, sehr deutlich aus, und es erfordert eine genaue und sorgfältige Vergleichung, um diese beiden Racen nicht mit einander zu verwechseln.

Die wenigen Merkmale, wodurch sich der langhaarige Hühnerhund vom langhaarigen Vorstehhunde unterscheidet, sind außer der etwas geringeren Größe, und dem noch leichteren Körperbaue, der etwas kleinere Kopf, die stärker gewölbte Stirne, die etwas längere, niederere, und nach vorne zu noch mehr verschmälerte, minder stumpfe Schnauze, die noch merklicher verkürzten Lippen, die längeren und breiteren Ohren, der etwas längere und dünnere Hals, der weniger volle Leib, und die etwas höheren und dünneren Beine. An den Hinterfüßen kommt nur äußerst selten eine fünfte Afterzehe vor.

Die Färbung ist von jener des deutschen Hühnerhundes (Canis sagax, venaticus subcaudatus) durchaus nicht verschieden, und bietet alle jene Abänderungen dar, welche auch bei diesem angetroffen werden.

Zur Jagd auf Federwild ist diese Race ganz besonders geeignet und wird auch allenthalben hierzu so wie der Vorstehhund (Canis sagax, venaticus major), benützt und abgerichtet.

16. **Der langhaarige Wasser-Hühnerhund** (Canis sagax, venaticus villosus).

Es kann wohl kaum bezweifelt werden, daß diese Race das Ergebniß der Kreuzung des deutschen Hühnerhundes (Canis sagax, venaticus subcaudatus) mit dem kraushaarigen Neufoundländerhunde (Canis extrarius, aquaticus Terrae-novae), daher ein dreifacher Bastard gemischter Kreuzung sei.

Sie steht dem langhaarigen Hühnerhunde (Canis sagax, venaticus longipilis) sehr nahe und unterscheidet sich von diesem in derselben Weise, wie der Wasser-Hühnerhund (Canis sagax, venaticus aquatilis) vom langhaarigen Vorstehhunde (Canis sagax, venaticus sericeus).

Der Hauptunterschied liegt sonach in der Beschaffenheit der Behaarung, welche nicht so lang, und auch nicht zottig-gewellt und beinahe seidenhaarig wie beim langhaarigen Hühnerhunde, sondern kürzer, zottig-gekräuselt, und mehr wollig ist.

Vom Wasser-Hühnerhunde, mit welchem diese Race gleichfalls sehr nahe verwandt ist, unterscheiden sie die etwas geringere Größe, der leichtere Bau, der kleinere Kopf und die etwas höheren Beine.

An den Hinterfüßen ist keine fünfte Afterzehe vorhanden.

Die Färbung kommt ganz mit jener des langhaarigen Hühnerhundes überein.

Auch diese Race geht gerne in's Wasser und wird deßhalb zur Jagd auf Sumpf- und Wasservögel mit gutem Erfolge verwendet. Ihre Abrichtung ist von jener des Vorstehhundes (Canis sagax, venaticus major) durchaus nicht verschieden.

17. **Der französische Jagdhund** (Canis sagax, gallicus).

Jedenfalls gibt sich dieser Hund als eine reine, unvermischte Form zu erkennen, und zwar als eine Abänderung des Jagdhundes (Canis sagax), welche durch klimatische Einflüsse in Folge geographischer Verbreitung hervorgerufen wurde, den westlichen Theil von Mittel-Europa einnimmt, und die offenbar aus Frankreich stammt.

In seinen Formen sowohl dem deutschen Jagdhunde (Canis sagax, germanicus), als auch dem Leithunde (Canis sagax, venaticus) ähnlich, neigt er sich bezüglich seines leichteren Baues und seiner Größe mehr dem ersteren, in Ansehung seiner allgemeinen Körperform aber mehr dem letzteren zu.

Die wesentlichsten Kennzeichen, welche ihn von demselben unterscheiden, sind der etwas kleinere Kopf, die weit mehr gewölbte Stirne, die längere und minder hohe, nach vorne zu ziemlich stark verschmälerte und nicht sehr stumpfe Schnauze, die merklich kürzeren und daher auch nicht so tief herabhängenden Lippen, die etwas kürzeren und weniger breiten Ohren, die verhältnißmäßig größeren, mehr hervortretenden Augen, der merklich längere und dünnere Hals, der schmächtigere Leib, die etwas höheren und minder starken Beine, der längere und dickere Schwanz, und die gröbere Behaarung am Bauche.

Die Färbung erscheint immer gefleckt, indem die weiße oder isabellgelbe Grundfarbe mit größeren gelbbraunen, dunkelbraunen oder schwarzen wolkenähnlichen Flecken und nicht selten von zweierlei Farben gezeichnet ist. Die Ohren und die angrenzenden Theile des Kopfes sind immer von einer dieser dunklen Farben eingenommen.

Chien courant ist der Name, mit welchem die Franzosen diesen Hund bezeichnen. Von den Italienern wird er Cane da Corsa genannt.

Der französische Jagdhund wird ebenso wie der deutsche (Canis sagax, germanicus), zum Aufspüren und Aufjagen des Wildes, und zur Verfolgung desselben benützt.

18. **Der langhaarige französische Jagdhund** (Canis sagax, gallicus sericeus).

Aus den Merkmalen dieser Race geht unverkennbar hervor, daß dieselbe der Kreuzung des französischen Jagdhundes (Canis sagax, gallicus) mit dem großen Seidenhunde (Canis extrarius, major) ihre Entstehung verdankt und daß sie sonach ein einfacher Bastard reiner Kreuzung sei. Ihre Abstammung ist daher beinahe dieselbe wie die des langhaarigen deutschen Jagdhundes (Canis sagax, hirsutus), der sie in Frankreich ersetzt.

An Größe ist diese Race dem französischen Jagdhunde vollkommen gleich, und auch ihre Gestalt ist beinahe dieselbe, doch unterscheidet sie sich von diesem in auffallender Weise durch die Behaarung, welche nicht kurz und glatt anliegend wie bei diesem, sondern lang, zottig-gewellt, weich und nahezu seidenartig ist, und insbesondere an den Ohren und dem Schwanze in langen Fransen herabhängt.

Vom langhaarigen deutschen Jagdhunde (Canis sagax, hirsutus), welchem diese Race sehr nahe steht, ist dieselbe durch den kleineren Kopf, die stärker gewölbte Stirne, die etwas längere und minder hohe, nach vorne zu mehr verschmälerte und weniger stumpfe Schnauze, die kürzeren Lippen, den längeren und minder dicken

Hals, den schmächtigeren Leib, und die höheren Beine deutlich unterschieden. An den Hinterfüßen wird nur bisweilen eine fünfte Afterzehe angetroffen.

Die Färbung kommt mit jener des französischen Jagdhundes überein.

So wie der langhaarige deutsche Jagdhund (Canis sagax, hirsutus), wird auch der langhaarige französische, hauptsächlich zur Jagd auf Federwild benützt.

19. **Der französische Stöberhund** (Canis sagax, gallicus arrectus).

Wie es scheint, dürfte diese Race das Ergebniß der Vermischung des langhaarigen französischen Jagdhundes (Canis sagax, gallicus sericeus) mit dem englischen Stöberhunde (Canis sagax, anglicus irritans) sein. Sie könnte sonach für einen dreifachen Bastard gemischter Kreuzung angesehen werden.

Sowohl in der allgemeinen Körperform, als auch in der langen, zottig-gewellten weichen Behaarung ist diese Race dem langhaarigen französischen Jagdhunde ähnlich, doch ist sie beträchtlich kleiner als derselbe und unterscheidet sich von ihm durch nachstehende Merkmale.

Ihr Kopf ist etwas kleiner, mehr gestreckt, und auch minder hoch, die Stirne schwächer gewölbt, die Schnauze etwas länger, und nach vorne zu schmäler und auch spitzer. Die Ohren sind etwas kürzer, und weniger breit, der Leib ist gestreckter und die Beine sind merklich niederer und stärker, und am vorderen Handgelenke verdickt. Bisweilen kommt auch an den Hinterfüßen eine fünfte Afterzehe vor.

In der Färbung findet zwischen diesen beiden Racen durchaus kein Unterschied statt.

Von den Franzosen wird diese Race Griffon genannt, und sie benützen dieselbe in gleicher Weise, wie wir den deutschen Stöberhund (Canis sagax, venaticus irritans), zum Aufspüren und Verfolgen des Wildes.

20. **Der doppelnasige französische Hühnerhund** (Canis sagax, gallicus Nasica).

Es kann als gewiß betrachtet werden, daß diese Race ein Blendling des französischen Jagdhundes (Canis sagax, gallicus) mit dem doppelnasigen Bullenbeißer (Canis Molossus, palmatus), somit ein einfacher Bastard reiner Kreuzung sei.

Dieselbe ist etwas kleiner als der russische Hühnerhund (Canis sagax, venaticus Nasica), mit welchem sie in Ansehung ihrer körperlichen Formen sehr große Aehnlichkeit und auch die gespaltene Nase gemein hat, die durch eine tief in die Nasenscheidewand eingreifende Längsfurche gebildet wird, und wodurch die beiden Nasenlöcher weit von einander getrennt erscheinen. Ebenso theilt sie auch mit dieser Race die stark entwickelten Spannhäute zwischen den Zehen.

Die einzigen Merkmale, welche sie von demselben unterscheiden, sind der leichtere Bau, der etwas kleinere Kopf, die gestrecktere und schmälere Schnauze, der längere und dünnere Hals, der schmächtigere Leib, und die etwas höheren Beine. An den Hinterfüßen kommt sehr oft eine fünfte Afterzehe vor.

Die Färbung ist dieselbe wie beim französischen Jagdhunde (Canis sagax, gallicus).

Die Franzosen nennen diese Race Braque à nez fendu.

Ihre Verwendung ist dieselbe wie beim Vorstehhunde (Canis sagax, venaticus major).

21. Der normannische Jagdhund (Canis sagax, gallicus normannus).

Aller Wahrscheinlichkeit nach verdankt diese Race der Anpaarung des französischen Jagdhundes (Canis sagax, gallicus) mit dem französischen Fleischerhunde (Canis leporarius, laniarius) ihre Entstehung. Sie kann daher für einen einfachen Bastard gemischter Kreuzung gelten.

In dieser Race, welche in ihrer allgemeinen Körperform eine entfernte Aehnlichkeit mit dem deutschen Schweißhunde (Canis sagax, venaticus scoticus) erkennen läßt, sind die Merkmale des französischen Jagdhundes, mit jenen des französischen Fleischerhundes in auffallender Weise gepaart.

Vom ersteren unterscheidet sie sich durch den gestreckteren und minder hohen Kopf, die schwächer gewölbte Stirne, die längere und niederere, nach vorne zu noch weit mehr verschmälerte und weniger stumpfe Schnauze, die kürzeren, nur sehr schwach hängenden Lippen, durch kürzere und schmälere Ohren, einen etwas längeren und dünneren Hals, den schlankeren Leib, die höheren und schmächtigeren Beine, die kürzeren Schenkel und den dünneren Schwanz.

Die Färbung erscheint fast beständig gefleckt, indem auf weißem oder gelblichweißem Grunde einige große wolkenartige Flecken von schwarzer, dunkel- oder hellbrauner Farbe vertheilt sind. Die Ohren und die Kopfseiten sind beinahe immer dunkel gefärbt. Weit seltener sind die einfärbigen weißen, gelblichweißen, grauen, braunen oder schwarzen Abänderungen.

Diese Race wird vorzugsweise in der Normandie gezogen und verdankt derselben auch ihre Benennung.

Chien courant normand und Chien courant baubis sind die Namen, welche sie in Frankreich führt.

Man pflegt sie zum Aufspüren und Aufjagen des Haarwildes, so wie zum Verfolgen desselben in offener Jagd zu benützen, wozu sie durch ihren feinen Geruch und ihren leichten Bau ganz vorzüglich geeignet ist.

22. Der französische Hühnerhund (Canis sagax, gallicus avicularius).

Aus den körperlichen Merkmalen dieser Race geht unverkennbar hervor, daß sie das Ergebniß der Kreuzung des französischen Jagdhundes (Canis sagax, gallicus) mit der englischen Dogge (Canis Molossus, mastivus anglicus) sei und daher für einen doppelten Bastard gemischter Kreuzung angesehen werden müsse. Ihre Abstammung ist sonach beinahe dieselbe, wie jene des Vorstehhundes (Canis sagax, venaticus major), den sie in Frankreich vertritt.

In allen ihren Merkmalen verhält sie sich zum französischen Jagdhunde (Canis sagax, gallicus), wie der Vorstehhund (Canis sagax, venaticus major) zum Leithunde (Canis sagax, venaticus), so wie sie denn auch in ihrer allgemeinen Körperform lebhaft an den Vorstehhund erinnert und sich von demselben außer der geringeren Größe und dem leichteren Baue, nur durch folgende Kennzeichen unterscheidet.

Ihr Kopf ist etwas kleiner, die Stirne mehr gewölbt, die Schnauze länger, minder hoch, nach vorne zu etwas verschmälert und daher auch weniger stumpf. Die Lippen sind merklich kürzer und nicht so tief herabhängend, die Ohren noch mehr verkürzt und auch etwas weniger breit, die Augen sind verhältnißmäßig größer, der Hals ist länger und dünner, der Leib minder voll, die Beine sind etwas höher und auch weniger stark, und der Schwanz ist länger und dicker.

Wie beim Vorstehhunde, ist auch bei dieser Race meistens eine fünfte Afterzehe an den Hinterfüßen vorhanden, und ebenso wird auch der etwas schlaffen Augenlider wegen die rothe Bindehaut gewöhnlich sichtbar.

Die Färbung ist bald einfärbig weiß, Isabellfarben oder braun, seltener dagegen schwarz, oder sie erscheint auf weißem oder isabellfarbenem Grunde, mit größeren oder kleineren gelbbraunen, schwarzbraunen oder schwarzen Flecken gezeichnet. Bisweilen sind bei den farbigen Abänderungen die Brust und ein Halsring weiß, und kommen auch noch an anderen Körperstellen weiße Abzeichen vor.

In Frankreich führt diese Race den Namen Braque, in Italien den Namen Bracco und in England die Benennung Breac. Mit letzterer Benennung pflegt man daselbst aber auch die französische Bracke (Canis sagax, gallicus Bracca) und den dalmatinischen Hühnerhund (Canis sagax, gallicus ragusanus) zu bezeichnen.

Bezüglich der Verwendung dieser Race und jener des Vorstehhundes (Canis sagax, venaticus major) besteht durchaus kein Unterschied.

23. **Der dalmatinische Hühnerhund** (Canis sagax, gallicus ragusanus).

Ueber die Abstammung dieser Race vom französischen Hühnerhunde (Canis sagax, gallicus avicularius) und dem großen dänischen Hunde (Canis leporarius, danicus) kann ihren körperlichen Merkmalen zu Folge kaum ein Zweifel bestehen. Sie stellt sich sonach als ein doppelter Bastard gemischter Kreuzung dar.

In ihren Körperformen, so wie auch in der Größe ist sie der erstgenannten Race ähnlich, während sie in mancher Beziehung auch an den Tigerhund Canis leporarius, danicus corsicanus) erinnert, mit welchem sie oft verwechselt wurde.

Die Merkmale, durch welche sie sich vom französischen Hühnerhunde (Canis sagax, gallicus avicularius) unterscheidet, sind folgende.

Ihr Kopf ist etwas kleiner, gestreckter, und minder hoch, das Hinterhaupt nicht so breit, die Stirne flacher, die Schnauze etwas länger, niederer, schmäler, und auch weniger stumpf. Die Ohren sind kürzer und schmäler, die Augen verhältnißmäßig kleiner, der Hals ist länger und dünner, der Leib etwas schmächtiger. Die Beine sind höher, und der Schwanz ist kürzer und dicker. An den Hinterfüßen kommt meistens eine fünfte Afterzehe vor.

Die Färbung ist beständig getigert, und immer sind es kleine, ziemlich dichtstehende, rundliche und fast punktförmige Flecken von bräunlichgelber, dunkelbrauner oder schwarzer Farbe, welche über die weiße Grundfarbe verbreitet sind. Bisweilen trifft man auch bräunlichgelbe und schwarze Flecken mit einander gemischt an. Die Ohren und die angrenzenden Theile des Kopfes sind regelmäßig bräunlichgelb, dunkelbraun oder schwarz.

Diese Race, welche auch unter dem Namen „ragusanische und bengalische Bracke“ bekannt ist, scheint zuerst in Dalmatien gezogen worden zu sein, von wo sie später nach Bengalen gebracht wurde und von dort wieder nach Europa kam.

In manchen Gegenden von Deutschland wird sie ihrer bunten Färbung wegen mit dem Namen „Cattun-Hund“ bezeichnet, während sie in England gewöhnlich Dalmatian-hound oder Breac, in Frankreich Braque de Bengale und in Italien Bracco di Bengala genannt wird.

Hie und da besteht die Gewohnheit, sie durch Abdrehen der Ohren zu verstümmeln.

Man kann zwar diese Race, so wie den Vorstehhund (Canis sagax, venaticus major) zur Jagd auf Federwild benützen, doch ist es mit sehr großer Mühe verbunden, dieselbe gehörig abzurichten.

24. **Die französische Bracke** (Canis sagax, gallicus Bracca).

Diese Race gibt sich ihren äußeren Formen nach als ein Blendling zu erkennen, der aus der Vermischung des französischen Jagdhundes (Canis sagax, gallicus) mit dem Tigerhunde (Canis leporarius, danicus corsicanus) hervorgegangen ist. Sie ist daher als ein doppelter Bastard gemischter Kreuzung zu betrachten.

Vom dalmatinischen Hühnerhunde (Canis sagax, gallicus ragusanus), mit welchem sie sehr nahe verwandt ist, unterscheidet sich diese Race außer der geringeren Größe und dem leichteren Körperbaue, durch nachstehende Merkmale.

Ihr Kopf ist größer, länger und höher, das Hinterhaupt breiter, die Stirne mehr gewölbt, die Schnauze länger. Die Ohren sind länger und breiter, der Leib ist mehr gestreckt und in den Weichen stärker eingezogen, die Beine sind etwas schwächer und der Schwanz ist länger und dünner. An den Hinterfüßen ist nur selten eine fünfte Afterzehe vorhanden.

Die Färbung erscheint beinahe immer gefleckt oder getigert, und meistens sind es kleinere, mehr punktförmige und ziemlich dicht stehende Flecken von schwarzer Farbe, welche auf aschgrauem Grunde vertheilt, und bisweilen auch mit größeren schwarzen Flecken gemengt sind, bald größere wolkenartige, schwarze Flecken auf hell bräunlichgelbem Grunde, und beinahe immer sind die Ohren und deren nächste Umgebung schwarz. Weit seltener sind die einfärbigen weißen, hell bräunlichgelben oder schwarzen Abänderungen, bei welchen letzteren jedoch sehr oft weiße Abzeichen, und insbesondere an der Brust und an den Füßen vorkommen. Bisweilen trifft man bei denselben auch einen weißen Halsring an.

Auch diese Race nennen die Engländer Breac.

Es dürfte wohl kaum einem Zweifel unterliegen, daß diese Race es war, welche von den alten Deutschen — wie wir aus dem Friesischen Gesetze ersehen, — mit dem Namen Canis Bracco bezeichnet wurde, und die auch in den aus dem 9. bis 15. Jahrhunderte herrührenden Schriften unter den Benennungen Brach, Bracke oder Brack, und Brakin oder Brechin (Canis Bracco oder Braccho) aufgeführt erscheint, so wie auch unter den Namen Lycisca und Lycisca bracco.

Sie wird auf der offenen Jagd als Treibhund und vorzüglich auf Hasen benützt, schneidet aber häufig das Wild ab und versprengt dasselbe über das Grenzgebiet.

Auf den alten Wappen erscheint sie gewöhnlich als Sinnbild der Treue und des Gehorsams dargestellt, und bildet auf denselben den eigentlichen heraldischen Hund.

25. **Der englische Jagdhund** (Canis sagax, anglicus).

Offenbar eine reine, unvermischte Form, die eine besondere Abänderung des Jagdhundes (Canis sagax) bildet und auf klimatischen Verhältnissen in Folge geographischer Verbreitung beruht. Sie gehört ausschließlich dem nordwestlichen Europa an und stammt ohne Zweifel aus England.

Der englische Jagdhund ist von der Größe des Leithundes (Canis sagax, venaticus) und auch beinahe von denselben Körperformen.

Die Merkmale, welche ihn von diesem unterscheiden, sind die etwas stärker gewölbte Stirne, eine längere und nach vorne zu auch mehr verschmälerte Schnauze, noch längere, breitere und an den Seiten etwas eingerollte Ohren, der merklich längere und dünnere Hals, der etwas schlankere und in den Weichen minder stark eingezogene Leib, eine weniger vorstehende Brust, die verhältnißmäßig höheren Beine, und eine gröbere Behaarung am Bauche.

Die Färbung ist in der Regel auf der Oberseite des Körpers rothbraun, auf der Unterseite desselben weiß, und manchmal sind auch die Schwanzspitze und eine schmale Blässe auf der Stirne gleichfalls von weißer Farbe. Bisweilen ist aber die Grundfarbe des Körpers weiß und mit großen rothbraunen oder schwarzen Flecken gezeichnet. Seltener kommen einfärbige Abänderungen vor, die bald röthlich, rothbraun oder bräunlichgelb, bald aber auch schwarz oder weiß gefärbt erscheinen.

Heut zu Tage ist diese Form selbst in ihrer Heimath selten und wird in England fast nirgends mehr in ihrer ursprünglichen Reinheit angetroffen. Talbot oder Old Southern Hound ist die Benennung, welche sie daselbst führt.

26. Der englische Fuchshund (Canis sagax, anglicus vulpicapus).

Die körperlichen Merkmale dieser Race lassen deutlich erkennen, daß dieselbe aus der Vermischung des englischen Jagdhundes (Canis sagax, anglicus) mit dem großen dänischen Hunde (Canis leporarius, danicus) hervorgegangen, somit ein einfacher Bastard gemischter Kreuzung sei.

Diese schöne, leichtgebaute Race ist eine der schlanksten Formen in der Gruppe der Jagdhunde und reiht sich in Ansehung ihrer Körperbildung zunächst dem deutschen Schweißhunde (Canis sagax, venaticus scoticus) an.

Sie ist etwas kleiner als derselbe und auch noch schlanker als dieser gebaut. Die Schnauze ist länger und nach vorne zu auch mehr verschmälert, die Ohren sind etwas länger und breiter, der Hals ist länger und dünner, der Leib schmächtiger, die Brust weniger vorstehend. Die Beine sind höher und schlanker, die vorderen aber wie beim deutschen Schweißhunde etwas kürzer, und an den Hinterfüßen ist meistens eine fünfte Afterzehe vorhanden.

Die gewöhnlich vorkommende Färbung ist weiß, mit größeren und kleineren unregelmäßigen, wolkenartigen Flecken von gelblichbrauner, rothbrauner oder schwarzer Farbe. Immer sind es aber die Ohren und deren Umgebung, welche von einer dieser dunklen Farben eingenommen werden, und meistens befindet sich ein ebenso gefärbter Flecken an den Leibesseiten, den Hinterschenkeln und an der Wurzel des Schwanzes. Die Nasenkuppe ist in der Regel schwarz, bisweilen aber auch fleischfarben.

Diese Race ist es, welche vorzugsweise bei den Fuchsjagden in England verwendet, und deßhalb daselbst mit dem Namen Fox-hound bezeichnet wird.

Sie ist die geschätzteste unter allen Jagdhund-Racen in England und wird von den Jagdfreunden in zahlreichen Meuten gehalten, denen eine Schar von Reitern folgt, wenn dieselben zur Aufspürung und Verfolgung des Fuchses losgelassen werden.

Seit einigen Jahren, als die Fuchsjagd auch in Ungarn zu einem Vergnügen des hohen Adels und selbst des königlichen Hofes geworden, wird diese Race auch dort besonders gepflegt und meutenweise gehalten.

27. Der englische Stöberhund (Canis sagax, anglicus irritans).

Es kann durchaus keinem Zweifel unterliegen, daß diese Race eine Bastardform sei, welche durch Anpaarung des englischen Fuchshundes (Canis sagax, anglicus vulpicapus) mit dem krummbeinigen Dachshunde (Canis vertagus, valgus) erzielt wurde. Sie stellt sonach einen doppelten Bastard gemischter Kreuzung dar.

Der englische Stöberhund verhält sich zum englischen Fuchshunde (Canis sagax, anglicus vulpicapus), wie der deutsche Stöberhund (Canis sagax, venaticus irritans) zum Leithunde (Canis sagax, venaticus) und auch bei ihm sind gewisse Merkmale des krummbeinigen Dachshundes (Canis vertagus, valgus) deutlich in seinen Formen zu erkennen.

Vom deutschen Stöberhunde (Canis sagax, venaticus irritans), mit welchem er in der Größe übereinkommt, unterscheidet er sich durch einen merklich kleineren, gestreckteren und auch niedereren Kopf, das schmälere Hinterhaupt, die längere und nach vorne zu ziemlich stark verschmälerte, stumpfspitzige Schnauze, die kürzeren und schmäleren Ohren, den längeren und nicht so dicken Hals, den schmächtigeren Leib, die schmälere Brust, die längeren und minder starken, am vorderen Handgelenke aber ebenso verdickten Beine, die höheren Schenkel und den längeren Schwanz. An den Hinterfüßen ist meistens eine fünfte Afterzehe vorhanden.

Die Färbung ist entweder wie beim englischen Fuchshunde weiß, mit größeren und kleineren, unregelmäßigen wolkenartigen, gelblichbraunen, rothbraunen oder schwarzen Flecken, oder einfärbig dunkelbraun, mit weißen Abzeichen, und meistens befindet sich ein weißer Flecken oberhalb des Nackens.

Von den Engländern wird diese Race Beagle genannt.

Man benützt sie ebenso wie den deutschen Stöberhund (Canis sagax, venaticus irritans) zum Aufspüren des Wildes, und verwendet sie vorzüglich zur Hasenjagd und zwar in voller Meute.

28. **Der langhaarige englische Fuchshund** (Canis sagax, anglicus villosus).

Wie aus den äußeren Merkmalen dieser Race deutlich hervorgeht, verdankt dieselbe der Kreuzung des englischen Fuchshundes (Canis sagax, anglicus vulpicapus) mit dem großen Seidenhunde (Canis extrarius, major) ihre Entstehung. Sie gibt sich daher als ein doppelter Bastard gemischter Kreuzung kund.

Unter allen langbehaarten Formen des Jagdhundes ist der langhaarige englische Fuchshund diejenige, welche am leichtesten zu erkennen und durch ihren schlanken Körperbau von allen übrigen ausgezeichnet ist.

An Größe und Gestalt dem englischen Fuchshunde (Canis sagax, anglicus vulpicapus) fast völlig gleich, unterscheidet sie sich von demselben beinahe nur durch die reichliche Behaarung und den in Folge derselben minder schmächtig erscheinenden Leib und den hierdurch auch länger und beträchtlich dicker aussehenden Schwanz.

Das lange, zottig-gewellte, weiche und beinahe seidenartige Haar, das den ganzen Körper, mit Ausnahme des kurz und glatt anliegend behaarten Gesichtes, überdeckt, ist am Vorderhalse, an der Brust, dem Bauche, der Hinterseite der Schenkel, an den Ohren und am Schwanze am längsten, vorzüglich aber an der Unterseite desselben, wo es in langen Fransen herabhängt.

Eine fünfte Afterzehe an den Hinterfüßen fehlt beinahe immer.

Die Färbung ist von jener des englischen Fuchshundes durchaus nicht verschieden.

Was die Benützung betrifft, so ist sie mit jener der ebengenannten Race völlig gleich.

29. **Der englische Hühnerhund** (Canis sagax, anglicus avicularius).

Bei genauerer Prüfung der körperlichen Merkmale dieser Race läßt sich kaum verkennen, daß dieselbe aus der Vermischung des englischen Fuchshundes (Canis sagax, anglicus vulpicapus) mit der englischen Dogge (Canis Molossus, mastivus anglicus) hervorgegangen, sonach ein doppelter Bastard gemischter Kreuzung sei.

In ihrer Körpergestalt im Allgemeinen ist sie dem französischen Hühnerhunde (Canis sagax, gallicus avicularius) ähnlich, aber etwas kleiner als derselbe und auch von leichterem Baue.

Die wesentlichsten Merkmale, durch welche sie sich von diesem unterscheidet, sind der etwas gestrecktere und nicht so hohe Kopf, die längere, minder hohe und nach vorne zu mehr verschmälerte, daher noch weniger abgestumpfte Schnauze, die längeren und breiteren Ohren, die verhältnißmäßig kleineren Augen, der noch längere und dünnere Hals, der schmächtigere Leib, die höheren und schlankeren Beine und die etwas längeren Schenkel. An den Hinterfüßen ist, so wie beim französischen Hühnerhunde, auch bei dieser Race meistens eine fünfte Afterzehe vorhanden.

Die Färbung ist jener des englischen Fuchshundes (Canis sagax, anglicus vulpicapus) völlig gleich.

Pointer ist der Name, mit welchem diese Race in England bezeichnet wird, und Chien d'arrét die Benennung, welche sie in Frankreich führt. Aber Engländer sowohl, als auch Franzosen, wenden dieselben Benennungen auch für den deutschen Hühnerhund (Canis sagax, venaticus subcaudatus) an.

Man benützt diesen Hund, so wie den Vorstehhund (Canis sagax, venaticus major) zur Jagd auf Federwild und richtet ihn auch in gleicher Weise hierzu ab.

30. **Die englische Bracke** (Canis sagax, anglicus Bracca).

Diese Race gibt sich deutlich als eine Blendlingsform kund, welche auf der Anpaarung des englischen Fuchshundes (Canis sagax, anglicus vulpicapus) mit dem großen Windhunde (Canis leporarius, major) beruht. Sie stellt sich daher als ein einfacher Bastard gemischter Kreuzung dar.

Die englische Bracke ist die leichteste Form unter allen Jagdhunden und erinnert in ihrer Gestalt am meisten an die Windhundform.

Vom englischen Fuchshunde (Canis sagax, anglicus vulpicapus), dessen nahe Verwandtschaft unverkennbar in ihr ausgesprochen ist, unterscheidet sie sich, außer der etwas geringeren Größe, welche nicht über $1 \frac{1}{2}$ Fuß Schulterhöhe reicht, durch folgende Merkmale.

Ihr Kopf ist kleiner, länger und mehr abgeflacht, das Hinterhaupt schmäler, die Stirne flacher, die Schnauze länger, niederer und nach vorne zu mehr verschmälert, und daher auch mehr zugespitzt. Die Ohren sind kürzer, schmäler und viel weniger hängend, der Hals ist länger und dünner, der Leib gestreckter, schmächtiger und in den Weichen stärker eingezogen, der Rücken schwach gekrümmt, die Brust schmäler und mehr tiefliegend. Die Beine sind höher und schlanker, die Schenkel länger, der Schwanz ist noch länger und dünner, und die Behaarung des Körpers feiner.

In Ansehung der Färbung kommt diese Race vollständig mit dem englischen Fuchshunde überein.

Von den Engländern wird sie Harrier genannt und fast nur zur Hasenjagd verwendet, woher sie auch ihren Namen erhielt.

31. **Der langhaarige englische Hühnerhund** (Canis sagax, anglicus hirsutus).

Schon ein oberflächlicher Blick genügt, um in dieser Race einen Abkömmling des englischen Hühnerhundes (Canis sagax, anglicus avicularius) und des schottischen Seidenhundes (Canis extrarius, scoticus) zu erkennen. Sie ist daher offenbar ein dreifacher Bastard gemischter Kreuzung.

Mit dem langhaarigen englischen Fuchshunde (Canis sagax, anglicus villosus) ziemlich nahe verwandt, doch nicht so leicht als dieser gebaut und etwas kleiner als derselbe, unterscheidet sich diese Race von der ebengenannten, durch nachstehende Merkmale.

Die Schnauze ist kürzer, breiter, und stumpfer, der Leib weniger gestreckt, und voller, die Beine sind merklich niederer, und die Schenkel kürzer. An den Hinterfüßen kommt keine fünfte Afterzehe vor.

Die Behaarung ist von jener des langhaarigen englischen Fuchshundes nur dadurch verschieden, daß sie etwas kürzer ist.

Die Färbung ist entweder einfärbig rothgelb, oder weiß und mit größeren wolkenartigen Flecken von rothgelber, kastanienbrauner, oder schwarzer Farbe gezeichnet. Die Ohren und die nächst angrenzenden Theile des Kopfes werden immer von einer dieser dunklen Farben eingenommen.

Die Engländer bezeichnen diese Race mit dem Namen Setter, eine Benennung, welche sie aber auch dem schottischen Seidenhunde (Canis extrarius, scoticus) beilegen. Die Franzosen nennen sie Épagneul écossais und so wie den kleinen Pintsch (Canis extrarius, aquaticus Gryphus), und den glatten Pintsch (Canis Molossus, fricator britannicus) auch Chien anglais.

Auch diese Race wird, so wie der Vorstehhund (Canis sagax, venaticus major), zur Jagd auf Federwild verwendet und ist bei den Engländern deßhalb auch sehr geschätzt.

32. **Der englische Parforcehund** (Canis sagax, anglicus major).

Ohne Zweifel ist diese Race eine Blendlingsform, welche auf der Anpaarung des englischen Jagdhundes (Canis sagax, anglicus) mit der gemeinen Dogge (Canis Molossus, mastivus) beruht, daher ein doppelter Bastard gemischter Kreuzung.

Diese große starke Race bietet zwar in ihrer Gesammtform einige Aehnlichkeit mit dem Vorstehhunde (Canis sagax, venaticus major) dar, unterscheidet sich aber von demselben nicht nur durch den leichteren Körperbau, sondern auch noch durch mancherlei andere Merkmale.

Die Schnauze ist bei derselben merklich länger, niederer, nach vorne zu verschmälert, und auch weniger stumpf. Die Ohren sind länger und breiter, der Hals ist etwas länger und dünner, die Brust schmäler, die Beine sind höher und minder stark, und die Schenkel länger. An den Hinterfüßen ist fast immer eine fünfte Afterzehe vorhanden.

Die Färbung ist meistens weiß, oder grau, mit größeren oder kleineren bräunlichgelben, rothbraunen oder schwarzen Flecken gezeichnet, bisweilen aber auch einfärbig grau, oder schwarz.

Die Zucht dieser Race wird nur in England betrieben, wo man sie fast nur zur Hirschjagd benützt. Aus diesem Grunde wird sie daselbst auch ebenso wie der Hirschhund (Canis sagax, anglicus cervinus), Stag-hound genannt. Bei den Franzosen ist sie unter dem Namen Chien courant anglais bekannt.

33. **Der englische Schweißhund** (Canis sagax, anglicus sanguisequus).

Aus den Merkmalen, welche diese Race schon bei einem oberflächlichen Anblicke darbietet, ist deutlich zu erkennen, daß sie aus der Vermischung des englischen Jagdhundes (Canis sagax, anglicus) mit der dänischen Dogge (Canis Molossus, danicus) hervorgegangen, sonach ein doppelter Bastard gemischter Kreuzung sei.

Der englische Schweißhund zeichnet sich nicht nur durch die Schönheit seiner Körperform, sondern auch durch seine sehr beträchtliche Größe aus, indem er bisweilen eine Schulterhöhe von 2 Fuß 4 Zoll erreicht, und daher zu den allergrößten Formen in der Gruppe der Jagdhunde gehört.

In seiner Gestalt im Allgemeinen hat er zwar einige Aehnlichkeit mit dem deutschen Schweißhunde (Canis sagax, venaticus scoticus), doch unterscheidet er sich von demselben nicht nur durch seinen kräftigeren Bau und die überwiegende Körpergröße, sondern auch durch mancherlei Abweichungen in der Bildung seiner einzelnen Körpertheile.

Der Kopf ist mehr gestreckt und höher, das Hinterhaupt breiter, die Stirne mehr gewölbt, die Schnauze länger, breiter und stumpfer. Die Lippen sind mehr hängend, die Ohren länger und breiter, der Hals ist kürzer und dicker, der Leib voller, und die Beine sind stärker, die Schenkel minder lang. An den Hinterfüßen ist sehr oft eine fünfte Afterzehe vorhanden.

Die Färbung erscheint bald gefleckt, indem auf dunkel röthlich- oder lohbraunem, oder auch auf graubraunem Grunde große schwarze Flecken ausgebreitet sind, bald aber auch einfärbig dunkel röthlich- oder lohbraun, graubraun oder schwarz. Bisweilen ist die Oberseite graubraun, die Unterseite weißlich, und oberhalb der Augen befindet sich jederseits ein kleiner röthlichbrauner Flecken. Manchmal kommen auch weiße Abzeichen, und insbesondere an der Brust vor.

Diese Race, welche in älterer Zeit häufig in Schottland und England gezogen wurde, ist dermalen daselbst ziemlich selten geworden, und wird nur hie und da noch im reinen Zustande angetroffen.

Blood-hound ist der Name, unter welchem sie in England bekannt ist; doch pflegen die Engländer mit derselben Benennung auch den Leithund (Canis sagax, venaticus) und den deutschen Schweißhund (Canis sagax, venaticus scoticus) zu bezeichnen.

Wir finden diesen Hund schon in den ältesten schottischen Jagdgesetzen unter dem Namen Sleut-hound (Canis trassans oder vestigabilis), und er wurde nicht nur zur Aufsuchung und Verfolgung der Spuren des Wildes, sondern auch des geraubten Viehes und der Räuber benützt; daher in derselben Weise, wie zur Zeit des Mittelalters der deutsche Schweißhund (Canis sagax, venaticus scoticus).

34. Der Hirschhund (Canis sagax, anglicus cervinus).

Ueber die Abstammung dieser Race kann nicht leicht ein Zweifel bestehen, da aus ihren körperlichen Merkmalen deutlich hervorgeht, daß sie ein Abkömmling des englischen Schweißhundes (Canis sagax, anglicus sanquisequus) und der Saurüde (Canis leporarius, laniarius suillus) sei. Sie muß daher als ein dreifacher Bastard gemischter Kreuzung angesehen werden.

Dieselbe ist meist von gleicher Größe und Stärke wie die erstgenannte Race, bisweilen aber auch etwas kleiner, und vereinigt mit den Merkmalen derselben, zum Theile auch jene der Saurüde (Canis leporarius, laniarius suillus) und insbesondere deren Behaarung. Sie gehört sonach, nebst dem englischen Schweißhunde, zu den größten Formen in der Gruppe der Jagdhunde und schließt sich in Ansehung ihrer Körpergestalt im Allgemeinen zunächst den Windhunden an.

Die Unterscheidungszeichen, welche sie vom englischen Schweißhunde trennen, sind der etwas kleinere, längere, und minder hohe Kopf, das schmälere Hinterhaupt, die schwächer gewölbte Stirne, die etwas längere, niederere, und minder stumpfe Schnauze, die kürzeren und schmäleren Ohren, der schmächtigere Leib, die niedereren Beine, und der durch seine Behaarung dicker erscheinende Schwanz.

Der Hauptunterschied liegt aber in der durchaus verschiedenen Behaarung des Körpers, welche ziemlich lang, zottig-gewellt, rauh und grob, im Gesichte, an den Ohren und der Vorderseite der Beine etwas kürzer, am Schwanze aber am längsten ist.

An den Hinterfüßen kommt nur selten eine fünfte Afterzehe vor.

Die Färbung erscheint meistens gefleckt, und bald sind es einige größere röthlichbraune Flecken, welche auf grauem Grunde vertheilt sind, bald einzelne wenige umfangreichere, theils schwarze, theils rostrothe Flecken, welche sich an den Seiten des Rückens und über die Ohrengegend verbreiten. Weit seltener sind die einfärbigen weißlichen, grauen, oder röthlichbraunen Abänderungen.

Der Hirschhund wird nur in England gezogen und gehört auch dort zu den selteneren Racen. Er wird vorzugsweise zur Hirschjagd benützt und deßhalb auch, so wie der englische Parforcehund (Canis sagax, anglicus major), Stag-hound genannt.

Man trifft ihn bisweilen auch mit abgestutzten Ohren an.

35. **Der afrikanische Jagdhund** (Canis sagax, africanus).

Derselbe stellt sich als eine reine, unvermischte Form, und zwar als eine klimatische, auf geographischer Verbreitung beruhende Abänderung des Jagdhundes (Canis sagax) dar, die dem östlichen Theile von Mittel-Afrika angehört, insbesondere über Sennaar und den Sudán verbreitet ist und in ältester Zeit auch über Nordost-Afrika reichte.

Diese höchst ausgezeichnete Form in der Gruppe der Jagdhunde weicht in sehr auffallender Weise vom Grundtypus derselben ab und schließt sich in Ansehung ihres Körperbaues zunächst den Windhunden an.

Unter den reinen, unvermischten Formen dieser Gruppe ist es der französische Jagdhund (Canis sagax, gallicus), mit welchem sie noch am ersten verglichen werden kann, obgleich sie beinahe in allen ihren einzelnen Körpertheilen sehr wesentliche Unterschiede von demselben darbietet.

Sie ist beträchtlich kleiner als derselbe und auch viel leichter gebaut.

Ihr Kopf ist nicht so groß, und auch weniger hoch, das Hinterhaupt etwas schmäler, die Stirne schwächer gewölbt, die Schnauze niederer, nach vorne zu mehr verschmälert, und auch nicht so stumpf. Die Lippen sind nur sehr schwach hängend, die Ohren beträchtlich kürzer und schmäler, stumpfspitzig-gerundet, steifer, und keineswegs vollständig hängend. Der Hals ist länger und dünner, der Leib gedrungener und schmächtiger, die Brust schmäler, die Beine sind verhältnißmäßig höher und schlanker, die Schenkel etwas länger, der Schwanz ist dünner, und die Körperbehaarung kürzer. An den Hinterfüßen ist keine fünfte Afterzehe vorhanden.

Die Färbung ist immer gefleckt, indem die weiße Grundfarbe mit einigen ziemlich großen, wolkenartigen dunkelbraunen Flecken besetzt ist, welche sich theils auf dem Rücken, theils auf den Leibesseiten befinden. Der Kopf sammt den Ohren ist braungelb, die Schnauze etwas heller.

Wir finden diese Form schon auf mehreren alt-ägyptischen Denkmälern aus verschiedenen Perioden abgebildet, von denen das älteste aus der Zeit der zwölften Dynastie herrührt.

Ohne Zweifel war sie es, welche zu jener Zeit als Jagdhund benützt wurde, wie dieß aus den bildlichen Darstellungen auf jenen Denkmälern unwiderlegbar hervorgeht.

Höchst wahrscheinlich haben aber auch die alten Griechen und Römer den afrikanischen Jagdhund gekannt; denn der Canis aegyptiacus des Aristoteles und der Canis Libycus des Nemesianus scheinen auf denselben bezogen werden zu können.

Von den Engländern wird dieser Hund Egyptian leash-hound und African Bloodhound genannt.

Fünfte Gruppe.

Bullenbeißer

(Canes Molossi).

Der Kopf ist groß, von rundlicher Form und hoch, die Stirne stark gewölbt, die Schnauze kurz, hoch, nach vorne zu nicht verschmälert und überaus stumpf. Die Lippen sind sehr stark hängend, die Ohren ziemlich lang, nicht sehr breit, stumpfspitzig gerundet, halb aufrechtstehend, und über der Wurzel übergebogen und hängend. Der Hals ist ziemlich kurz und sehr dick, der Leib gedrungen und voll, die Brust breit. Die Beine sind von mittlerer Höhe und sehr stark, die vorderen vollkommen gerade, die Schenkel mäßig lang. Der Schwanz ist ziemlich lang und dick, die Körperbehaarung mehr oder weniger kurz und glatt anliegend.

Die von der Grundform dieser Gruppe abweichenden Racen schließen sich zum Theile der Haus- und Seidenhundform, zum Theile der Dachs- und Windhundform an.

Sie gehören durchgehends nur einer einzigen Art an. Dieselbe ist:

Der Bullenbeißer

(Canis Molossus).

Offenbar gibt sich auch dieser als eine reine, unvermischte Form des Hundes zu erkennen, die ihren eigenthümlichen Merkmalen zufolge als eine selbstständige Art desselben angesehen werden muß und deren ursprünglicher Verbreitungsbezirk fast ganz West-Europa und den mittleren Theil von Asien eingenommen zu haben scheint.

Sie stellt sich als die Stammart einer verhältnißmäßig nicht sehr großen Anzahl verschiedener Formen und Racen dar, von welchen seither 19 von den Kynologen aufgestellt oder beschrieben worden sind.

Unter diesen befinden sich nur drei, welche auf klimatischen Verhältnissen in Folge geographischer Verbreitung beruhen, nämlich:
der große Bullenbeißer (Canis Molossus, major),
der Bull-Dogg (Canis Molossus, orbicularis), und
die Thibet-Dogge (Canis Molossus, thibetanus).

Eine scheint ihre Entstehung der Zucht und veränderten Lebensweise zu verdanken. Es ist dieß:
der doppelnasige Bullenbeißer (Canis Molossus, palmatus).

Die übrigen 15 Racen sind durchgehends Bastarde und zwar:
der kleine Bullenbeißer (Canis Molossus, minor), und
der Mops (Canis Molossus, fricator), welcher letztere zugleich auch auf Zucht und veränderter Lebensweise zu beruhen scheint, Halbbastarde reiner Kreuzung;
der kleine dänische Hund (Canis Molossus, fricator variegatus),
der alicantische Hund (Canis Molossus, fricator Andalusiae), und
der Bulldogg-Dachs (Canis Molossus, orbicularis terrarius), einfache Bastarde reiner Kreuzung;
der Roquet (Canis Molossus, fricator hybridus), und
der artesische Hund (Canis Molossus, fricator artesianus), einfache Bastarde gemischter Kreuzung;
die gemeine Dogge (Canis Molossus, mastivus), und
die dänische Dogge (Canis Molossus, danicus), doppelte Bastarde reiner Kreuzung;
die englische Dogge (Canis Molossus, mastivus anglicus),
die Cuba-Dogge (Canis Molossus, mastivus cubanus), und
die Bulldogg-Bracke (Canis Molossus, orbicularis Bracca), doppelte Bastarde gemischter Kreuzung;
der glatte Pintsch (Canis Molossus, fricator britannicus), und
die Box-Dogge (Canis Molossus, mastivus gladiator), dreifache Bastarde gemischter Kreuzung; und
die japanesische Dogge (Canis Molossus, thibetanus Japanorum), ein vierfacher Bastard gemischter Kreuzung.

1. **Der große Bullenbeißer** (Canis Molossus, major).

Dieser Hund, der als die typische Form der ganzen Gruppe anzusehen ist, stellt eine reine, unvermischte Abänderung des Bullenbeißers (Canis Molossus) dar, die sich nur durch klimatische Verhältnisse in Folge geographischer Verbreitung erklären läßt, und deren Heimath sich über den westlichen Theil von Mittel-Europa und einen Theil von Nordwest-Europa, namentlich aber über Deutschland, Frankreich und England erstreckt.

Er gehört zu den großen Formen unter den Hunden und wird nicht selten von der Größe eines mäßig großen Wolfes (Canis Lupus) angetroffen.

Seine Gestalt ist plump; überaus muskulös und kräftig, vorzüglich aber an den Schenkeln. Der Kopf ist groß, rundlich und hoch, das Hinterhaupt sehr breit, mit mäßig stark entwickeltem Knochenkamme, die Stirne stark gewölbt und zwischen den Augen etwas ausgehöhlt, und die Schnauze kurz und hoch, nach vorne zu nicht verschmälert, sehr stark abgestumpft und etwas aufgeworfen, mit einer meistens stärker ausgeprägten Längsfurche an der Scheidewand der Nase. Die Lippen sind lang, schlaff, und sehr stark hängend, daher auch fast beständig geifernd, und die Wangenhaut ist etwas schlotternd. Die Ohren sind ziemlich lang, nicht sehr breit, stumpfspitzig-gerundet, nicht besonders weich, halb aufrechtstehend, und über der Wurzel übergebogen und hängend. Die Augen sind verhältnißmäßig klein, etwas schief gestellt, und gewöhnlich triefend; die Augenlider schlaff, daher die kahle rothe Bindehaut an ihrer Innenseite deutlich sichtbar wird. Der Hals ist ziemlich kurz, sehr dick und kräftig, und erscheint der Quere nach gerunzelt; der Leib ist gedrungen und voll, und gegen die Weichen nur wenig eingezogen, der Widerrist erhaben, der Rücken nicht gekrümmt und in der Mitte etwas gesenkt, die Brust breit und tiefliegend. Die Beine sind mittelhoch, dick und überaus stark, die vorderen vollkommen gerade, die Schenkel mäßig lang, und an den Hinterfüßen ist keine fünfte Afterzehe vorhanden. Der Schwanz ist ziemlich lang, an der Wurzel dick, gegen das Ende zu verschmälert, und bis unter das Fersengelenk reichend. In der Regel wird derselbe in die Höhe gerichtet und nach vorwärts gebeugt, seltener gerade nach rückwärts gestreckt getragen.

Die Körperbehaarung ist kurz, glatt anliegend, und etwas grob, und auch die Ohren und der Schwanz sind kurz und glatt anliegend behaart.

Die Färbung ist meistens entweder fahl- oder bräunlichgelb, und bisweilen schwärzlich überflogen, oder auch fahlbraun, oder bräunlich. Das Schnauzenende, die Lippen, und das äußerste Ende der Ohren sind mattschwarz. Häufig kommen auch Abänderungen mit schwarzen striemenähnlichen, schief gestellten Querstreifen auf bräunlichem Grunde vor, seltener dagegen schwarze, mit bräunlichgelben Füßen.

Mittelgroße Individuen haben eine Körperlänge von 2 Fuß 6½ Zoll, eine Schwanzlänge von 1 Fuß 1 Zoll, und eine Höhe am Widerrist von 1 Fuß 8 Zoll.

Gewöhnlich trifft man diesen Hund nur verstümmelt an, da es fast überall Sitte ist, demselben schon in zarter Jugend die Ohren abzuschneiden, oder auch den Schwanz zu stutzen.

Die Engländer nennen ihn Mastiff, English Mastiff, und Bande-Dog, die Franzosen Dogue, und Grand Dogue, beide Nationen vermengen ihn aber mit der gemeinen Dogge (Canis Molossus, mastivus), und die Engländer auch mit der englischen Dogge (Canis Molossus, mastivus anglicus), die sie mit denselben Namen bezeichnen.

Den alten Griechen und Römern scheint diese Form nicht bekannt gewesen zu sein. Desto genauer kannten sie aber die alten Deutschen, welche sie vorzugsweise zur Bärenjagd verwendeten, aber auch zum Einfangen des Rindes benützten. Im Alemannischen Gesetze treffen wir dieselbe unter dem Namen Bärenfänger (Canis ursaritius), in den Schriften aus der zweiten Hälfte Kaisers Carl des Großen unter dem Namen Bullenbeißer (C. Molossus), und in jenen aus dem 9. bis 15. Jahrhunderte unter der Benennung Büffelsfänger an. Auch in den alt-englischen Jagdgesetzen aus mittelalterlicher Zeit kommt diese Form vor, und zwar zuerst in den Forstgesetzen Königs Heinrich II. von England, aus dem 12. Jahrhunderte, wo sie unter dem Namen Canis Mastivus aufgeführt erscheint.

Der große Bullenbeißer ist plump und schwer, sein Lauf daher weder besonders rasch, noch ausdauernd. Dagegen besitzt er eine außerordentliche Stärke, Entschlossenheit und Muth, und wagt sich mit großer Kampflust selbst an einen überlegenen Feind. Im Wasser bewegt er sich mit Gewandtheit, Ausdauer und Kraft, daher er im Stande ist, nicht nur der Strömung entgegen zu schwimmen, sondern auch dem stärksten Wellenschlage Trotz zu bieten.

Unter allen seinen Sinnen ist der Geruchssinn am stärksten bei ihm ausgebildet, doch steht er hierin dem Jagdhunde jedenfalls etwas nach.

Ungeachtet seine Intelligenz im Vergleiche mit jener anderer Hundearten sehr beschränkt erscheint, so läßt sich doch nicht läugnen, daß er einen Begriff von Eigenthum hat, wodurch er sich vortrefflich, und vorzüglich auf dem Lande, zum Wächter des Hauses und unserer Güter eignet, die er treu und sorgfältig beschützt, und wenn es Noth thut, auch mit Tapferkeit und Muth gegen Eindringlinge vertheidigt. Aus diesem Grunde wird er häufig auch als Kettenhund gehalten, wodurch sein Muth sowohl, als seine Stärke bedeutend gekräftiget werden, insbesondere wenn er mit rohem und bisweilen auch schon etwas faul gewordenem Fleische gefüttert wird.

Ebenso pflegt man ihn auch zum Bewachen der Schwein- und Rinderheerden zu verwenden, die er besser als jede andere Hunde-Race zusammenzuhalten weiß; denn selbst die wildesten Rinder ist er zu bändigen im Stande, indem er so lange um sie herumspringt, bis es ihm gelingt sich in ihre Schnauze einzubeißen und sich an derselben anzuhängen, wodurch selbst das wildeste Rind besänftigt werden kann.

Da er sich sehr leicht zum Kampfe abrichten läßt und dadurch einen gewissen Grad von Wildheit annimmt, so eignet er sich ganz vorzüglich als Hetzhund zur Jagd auf große Raubthiere, wie Bären und Wölfe, so wie nicht minder auch auf Wildschweine und Hirsche; wobei er diese Thiere an den Ohren faßt, sie festhält und würgt, ohne sie aber dadurch wesentlich zu beschädigen.

Dieser Eigenschaften wegen ist er auch in den Thierhetzen der früheren Zeit auf Auerochsen und andere wilde Thiere häufig verwendet worden, und auch jetzt noch wird er bei den Stiergefechten in Spanien als Hetz- und Fanghund mehr als irgend eine andere Hunde-Race benützt.

So wild und bösartig er aber auch, wenn er angehetzt wird, sich zeigt, so ist er doch sonst im Allgemeinen gutmüthig, obgleich dabei immer etwas trotzig. Bei seinem ernsten — man könnte sagen phlegmatischen — Charakter, ist er nur wenig zum Zorne geneigt; denn nicht leicht sucht er mit anderen Hunden einen Streit und läßt sich sogar von denselben und insbesondere von kleinen Hunden sehr viel gefallen.

Ebenso erträgt er auch lange so manche Neckereien; wird er aber anhaltend gereizt, so greift er, ohne viel zu bellen oder seinen Gegner zu warnen, denselben von vorne an, wobei er jedoch im Bewußtsein seiner Kraft, niemals eine List anwendet, sondern sich begnügt, den Feind zu Boden zu werfen ohne denselben zu beißen, vorausgesetzt, daß sich derselbe ergibt und ihm keinen ferneren Widerstand entgegenstellt.

Außerdem zeichnet er sich aber auch durch Treue und Anhänglichkeit an seinen Herrn aus, wobei er sich jedoch niemals ihm aufzudrängen sucht.

Immerhin bleibt er aber für fremde Personen gefährlich; mag er nun frei umhergehen, oder auch an der Kette liegen und vorzüglich, wenn er gegen dieselben gehetzt wird.

Durch diese Eigenschaften erweist er sich als der beste und verläßlichste Begleiter auf Reisen und insbesondere in einsamen Gegenden.

Sein Gebell ist dumpf und kurz, und von seinen Lippen trieft fortwährend in langgezogenen Fäden herabhängender Geifer.

2. **Der doppelnasige Bullenbeißer** (Canis Molossus, palmatus).

Dieser Hund stellt unverkennbar eine reine, unvermischte Form und zwar eine Abänderung des großen Bullenbeißers (Canis Molossus, major) dar, welche offenbar nur durch Zucht und veränderte Lebensweise entstanden ist.

Die äußeren Merkmale, welche ihn von diesem trennen, sind die an den Vorder- sowohl, als Hinterfüßen stärker entwickelten Spannhäute zwischen den Zehen, und eine völlig gespaltene Nase, indem die Längsfurche, welche die beiden Nasenlöcher von einander trennt, mehr oder weniger tief in die Nasenscheidewand eindringt und dadurch die Spaltung der Nase bewirkt.

Die Färbung ist dieselbe wie beim großen Bullenbeißer.

Unverstümmelte Individuen gehören heut zu Tage zu den Seltenheiten, da man auch dieser Hundeform fast allenthalben die Ohren und den Schwanz zu stutzen pflegt.

Bei den Franzosen ist sie unter dem Namen Dogleau bekannt.

Der doppelnasige Bullenbeißer wird in derselben Weise wie der große Bullenbeißer verwendet, mit welchem er auch alle Eigenschaften gemein hat. Er geht sehr gerne in's Wasser und ist einer der besten Schwimmer unter den Hunden.

3. **Der kleine Bullenbeißer** (Canis Molossus, minor).

Die Abstammung dieser Mischlingsrace vom großen Bullenbeißer (Canis Molossus, major) und dem Bull-Dogg (Canis Molossus, orbicularis) ist so deutlich in ihren äußeren Merkmalen ausgesprochen, daß dieselbe kaum zu verkennen ist. Sie ist daher unzweifelhaft ein Halbbastard reiner Kreuzung.

In Ansehung ihrer körperlichen Formen steht dieselbe genau zwischen beiden in der Mitte, indem sie merklich kleiner als der große Bullenbeißer und etwas größer als der Bull-Dogg ist, und sich dasselbe Verhältniß auch in allen ihren einzelnen Körpertheilen ausspricht.

Ebenso bietet auch die Färbung durchaus keine Verschiedenheit von jener der beiden Stammältern dar, und erscheint in denselben Abänderungen wie bei diesen.

Das Abstutzen des Schwanzes und der Ohren ist auch bei dieser Race üblich.

In Frankreich wird sie wie der Mops (Canis Molossus, fricator), Doguin genannt.

Man pflegt diesen Hund vorzüglich als Stallhund und zwar in Pferdeställen zu halten, wodurch auch die Anhänglichkeit erklärlich wird, die er zu diesen Thieren hat. Doch auch als Stubenhund gehört er zu den beliebteren Racen.

Im Allgemeinen ist sein Charakter mehr ernst als lebhaft, keineswegs aber boshaft.

4. **Der Mops** (Canis Molossus, fricator).

Diese Race gibt sich deutlich als eine Abänderung des kleinen Bullenbeißers (Canis Molossus, minor) zu erkennen, welche wohl nur durch Zucht und veränderte Lebensweise erzielt worden ist, und muß sonach als ein Halbbastard reiner Kreuzung angesehen werden.

Vom kleinen Bullenbeißer, dessen Formen deutlich in dem Mopse ausgesprochen sind, unterscheidet sich derselbe hauptsächlich durch die noch geringere Größe, indem er beinahe immer wenigstens um ein Drittel kleiner als dieser ist, so wie auch durch seinen gedrungeneren Körperbau.

Die feineren Unterschiede, welche sich bei einer genaueren gegenseitigen Vergleichung dieser beiden Formen ergeben, bestehen in folgenden Merkmalen.

Beim Mopse ist die Schnauze verhältnißmäßig etwas kürzer, schmäler und auch weniger stark aufgeworfen, die Stirne mehr gerunzelt, die Lippen sind kürzer, der Leib ist mehr gedrungen, die Beine sind etwas niederer und dünner, und der Schwanz wird fast beständig hoch nach aufwärts gerichtet und stark nach einwärts gebeugt, seltener dagegen aber etwas gesenkt getragen.

Die Färbung ist fahlbraun und auf der Oberseite des Körpers schwärzlich überflogen, das Schnauzenende, die Lippen und gewöhnlich auch das äußerste Ende der Ohren sind mattschwarz.

Diese Race, welche im verflossenen und selbst noch zu Anfang des gegenwärtigen Jahrhunderts ein Lieblings-Schooßhund der Frauen war, ist seit noch nicht ganz vierzig Jahren beinahe gänzlich aus Europa verschwunden, und es gehört gewiß heut zu Tage zu den allergrößten Seltenheiten, wenn noch hie und da im östlichen Theile von Europa und insbesondere in Rußland, und vielleicht auch noch in England, einzelne Individuen derselben angetroffen werden, wie dieß aus den vergeblichen Anstrengungen, diese einst so beliebt gewesene Race für Mittel-Europa wieder zu gewinnen, deutlich hervorgeht, indem es selbst bei Ausschreibung höchst namhafter Preise durch lange Zeit nicht möglich war, sich ein Pärchen dieser Hunde-Race zu verschaffen und hierdurch wieder eine Nachzucht zu erzielen. Erst in allerneuester Zeit tauchen einzelne Individuen dieser so selten gewordenen Race in einigen Ländern und namentlich in Oesterreich und Ungarn wieder auf.

Von jeher war es aber fast überall Sitte, die zierlichen Formen dieses Hundes durch Abschneiden der Ohren dicht an der Wurzel, zu verunstalten.

Die Engländer bezeichnen diesen Hund mit dem Namen Pug-dog, die Franzosen mit den Benennungen Carlin, Mopse und Doguin, obgleich sie diesen letzteren Namen auch für den kleinen Bullenbeißer (Canis Molossus, minor) gebrauchen, und die Italiener mit dem Namen Cane mufolo.

Bezüglich seines Charakters kommt der Mops vollständig mit dem kleinen Bullenbeißer überein.

Die erste naturhistorische Beschreibung von ihm erhielten wir durch Buffon zu Anfang der zweiten Hälfte des 18. Jahrhunderts.

5. **Der kleine dänische Hund** (Canis Molossus, fricator variegatus).

Aus den körperlichen Formen dieser Race geht klar und deutlich hervor, daß dieselbe auf der Anpaarung des Mopses (Canis Molossus, fricator) mit dem italienischen Windhunde (Canis leporarius, italicus) beruhe und sonach ein einfacher Bastard reiner Kreuzung sei.

Diese überaus niedliche und zart gebaute Form, welche mit gewissen Merkmalen des Mopses, die Schlankheit der Glieder des italienischen Windhundes in sich vereinigt und rücksichtlich der Körpergestalt im Allgemeinen, so wie auch ihrer Größe sich mehr dem Mopse nähert, unterscheidet sich von demselben durch nachstehende Kennzeichen.

Ihr Kopf ist kleiner, länger und auch minder hoch, das Hinterhaupt schmäler, die Stirne nicht so stark gewölbt, die Schnauze länger, beträchtlich niederer und schmäler, stumpf zugespitzt und durchaus nicht aufgeworfen. Die Lippen sind kurz und straff, die Ohren etwas länger, schmäler und nur wenig hängend, die Augen verhältnißmäßig größer. Der Hals ist länger und dünner, der Leib weniger gedrungen, schmächtiger und in den Weichen stärker eingezogen, die Brust schmäler. Die Beine sind höher und schlanker, die Schenkel länger, und der Schwanz ist merklich länger und dünner, und wird meistens nach rückwärts gestreckt und etwas nach aufwärts gebogen, seltener dagegen in die Höhe gerichtet und nach vorwärts gekrümmt getragen.

Die Behaarung ist kurz, glatt anliegend und ziemlich fein.

Die gewöhnlich vorkommende Färbung ist einfärbig dunkel röthlich- oder kastanienbraun, gelblichbraun, hell aschgrau oder graulichschwarz, seltener dagegen weiß oder schwarz. Doch trifft man häufig auch gefleckte Abänderungen, welche mit größeren oder kleineren unregelmäßigen und bisweilen ziemlich dicht gestellten schwarzen oder braunen Flecken auf weißem Grunde, oder mit weißen Flecken auf schwarzem Grunde gezeichnet sind. Bei den einfärbigen Abänderungen kommen auch sehr oft weiße Abzeichen an verschiedenen Körpertheilen vor, insbesondere am Kopfe, an der Kehle, dem Vorderhalse, an der Brust und auch an den Füßen.

Die klein gefleckten Abänderungen mit dicht gestellten Flecken sind unter dem Namen Harlekin bekannt.

In Frankreich ist der kleine dänische Hund unter dem Namen Petit Danois, in England unter der Benennung Little Danish Dog bekannt.

Seine zierlichen Formen, seine Lebhaftigkeit, Gutmüthigkeit und Zutraulichkeit machen ihn zu einem, besonders bei Frauen beliebten Stuben- und Schooßhund.

6. **Der Roquet** (Canis Molossus, fricator hybridus).

In dieser Race sind die Merkmale des kleinen dänischen Hundes (Canis Molossus, fricator variegatus) und des Mopses (Canis Molossus, fricator) in so unverkennbarer Weise mit einander vereinigt, daß ihre Abkunft von denselben für gewiß angesehen werden kann. Sie muß daher unbedingt als ein einfacher Bastard gemischter Kreuzung betrachtet werden.

Nahezu von derselben Gestalt wie der Mops und auch von gleicher Größe, läßt diese Race durch ihren schlanken Gliederbau, so wie auch durch noch manche andere Merkmale, ihre Verwandtschaft mit dem kleinen dänischen Hunde durchaus nicht verkennen.

Die Unterscheidungskennzeichen, welche sie von der letztgenannten Race trennen, bestehen in dem größeren, kürzeren und höheren Kopfe, einem etwas breiteren Hinterhaupte, der stärker gewölbten Stirne, der kürzeren, beträchtlich höheren und breiteren, stumpferen und schwach aufgeworfenen Schnauze, den minder straffen Lippen, den etwas längeren und breiteren Ohren, den merklich größeren und etwas vorstehenden Augen, einem verhältnißmäßig kürzeren und dickeren Halse, dem gedrungeneren und weniger schmächtigen Leibe, der breiteren Brust, den etwas niedereren und minder schlanken Beinen, und dem kürzeren und dickeren Schwanze, der fast immer in die Höhe gerichtet und nach vorwärts gebogen, und nur selten etwas gesenkt getragen wird.

Die Körperbehaarung und Färbung sind von jener des kleinen dänischen Hundes nicht verschieden, und es kommen alle Farbenänderungen bei dieser Race vor, welche auch bei der eben genannten angetroffen werden. Am häufigsten erscheint die Färbung einfärbig weiß oder auch gefleckt.

Roquet und Chien roquet ist der Name, welchen diese Race in Frankreich, Bastard-pug, den sie in England führt.

Auch diese Race ist ein beliebter Schooßhund bei den Frauen; doch wird er von denselben meistens verzärtelt, abgehalten sich im Freien zu bewegen und gewöhnlich auch nur allzureichlich mit Futter versehen, daher man selten ältere Individuen trifft, bei denen sich nicht eine übergroße Menge von Fett abgelagert hätte.

7. **Der artesische Hund** (Canis Molossus, fricator artesianus).

Offenbar bildet diese Race eine Blendlingsform, welche auf der gegenseitigen Vermischung des Roquet's (Canis Molossus, fricator hybridus) mit dem Mopse (Canis Molossus, fricator) beruht, und ist sonach ein einfacher Bastard gemischter Kreuzung.

Obgleich dieselbe mit der erstgenannten Race in sehr naher Verwandtschaft steht, mit welcher sie auch bezüglich der Gestalt und Größe übereinkommt, so bietet sie in ihren körperlichen Formen dennoch gewisse Merkmale dar, welche sie von dieser unterscheiden und mehr dem Mopse (Canis Molossus, fricator) nähern.

Diese Merkmale sind folgende.

Ihr Kopf ist etwas größer und höher, das Hinterhaupt breiter, die Stirne stärker gewölbt und auch etwas gerunzelt. Die Schnauze ist kürzer, breiter, stumpfer und mehr aufgeworfen, die Lippen sind minder straff, die Ohren etwas kürzer und breiter, die Augen kleiner und nur sehr wenig vorstehend. Der Hals ist kürzer und dicker, der Leib gedrungener und in den Weichen weniger eingezogen, die Brust etwas breiter. Die Beine sind verhältnißmäßig kürzer und dicker, und der Schwanz wird beinahe fortwährend hoch nach aufwärts gerichtet und stark nach vor- und einwärts gebeugt, sehr selten aber etwas gesenkt getragen.

Die Behaarung ist dieselbe wie beim Roquet, nur etwas gröber.

Die gewöhnlich vorkommende Färbung ist einfärbig weiß, fahlbraun, graubraun oder schwärzlich-blaugrau, doch erscheint dieselbe bisweilen auch gefleckt, indem die weiße, fahlbraune, graubraune oder schwärzlich-blaugraue Grundfarbe mit größeren oder kleineren schwarzen Flecken besetzt ist. Fast immer ist aber das Schnauzenende mehr oder weniger schwärzlich.

Diese Race, welche heut zu Tage vielleicht nirgends mehr anzutreffen ist, war im verflossenen Jahrhunderte auch unter dem Namen Achtziger oder Ryssel'scher Hund bekannt. Die erstere Benennung verdankt sie aller Wahrscheinlichkeit nach der Zeit ihrer Entstehung, indem sie in den 1680er Jahren zuerst in der Provinz Artois in Frankreich gezogen worden sein soll. Letztere Benennung wurde ihr nach der Stadt Ryssel in Flandern gegeben, wo man sie gleichfalls beinahe gleichzeitig gezogen hatte. Aber schon zu jener Zeit gehörte sie zu den Seltenheiten unter den Hunde-Racen und wurde nur als Schooßhund gehalten.

In Frankreich wurde sie Chien d'Artois, in England Artois Mongrel genannt.

8. **Der glatte Pintsch** (Canis Molossus, fricator britannicus).

Wie die Merkmale dieser Race ziemlich deutlich erkennen lassen, scheint dieselbe durch Kreuzung des kleinen dänischen Hundes (Canis Molossus, fricator variegatus) mit dem geradebeinigen Dachshunde (Canis vertagus, rectipes) erzielt worden und ein dreifacher Bastard gemischter Kreuzung zu sein.

Bezüglich der allgemeinen Körperform ist der glatte Pintsch einigermaßen der erstgenannten Race ähnlich, während so manche andere seiner Merkmale unverkennbar auf seine Verwandtschaft mit der letztgenannten Race hindeuten, so daß er gleichsam zwischen beiden in der Mitte steht und dieselben scheinbar mit einander verbindet.

In Ansehung der Größe kommt er meistens mit dem kleinen dänischen Hunde überein, obgleich er ihn hierin bisweilen auch übertrifft. Von ebenso schlankem und proportionirtem Körperbaue wie dieser, unterscheidet er sich von demselben durch nachstehende Merkmale.

Sein Kopf ist größer, länger, und mehr abgeflacht, das Hinterhaupt breiter, die Stirne weniger gewölbt, die Schnauze beträchtlich länger und mehr zugespitzt. Die Ohren sind verhältnißmäßig länger und auch breiter, bisweilen halb aufrechtstehend, meistens aber mehr hängend, die Augen kleiner. Der Hals ist etwas kürzer und dicker, der Leib mehr gestreckt und auch minder schmächtig. Die Beine sind etwas kürzer, stärker und kräftiger, insbesondere die vorderen, und der Schwanz ist merklich kürzer und dicker, und wird gewöhnlich nach aufwärts gebogen, oder auch gerade ausgestreckt getragen.

Die Behaarung ist kurz, glatt anliegend, glänzend und etwas grob.

Die Färbung ist in der Regel auf der Oberseite des Körpers, und der Außenseite der Oberarme und der Schenkel schwarz, an den übrigen Körpertheilen aber rost- oder hellbräunlichgelb, und über den Augen befindet sich jederseits ein kleiner, rundlicher rost- oder hellbräunlichgelber Flecken. Seltener ist die einfärbig schwarze Abänderung. Bisweilen kommen auch weiße Abzeichen am Schnauzenende, an der Kehle, dem Vorderhalse, der Brust und an den Pfoten vor.

In einigen Gegenden von Deutschland ist diese Race auch unter dem Namen Rattler bekannt. Die Engländer nennen sie Terrier, eine Benennung, mit welcher sie auch den Hebriden- (Canis domesticus, hebridicus), den Trüffelhund (Canis domesticus, barbatus), und den englischen Otterhund (Canis extrarius, hispanicus terrarius) zu bezeichnen pflegen, und die Franzosen Chien terrier, Renardin und Chien anglais.

Der glatte Pintsch ist ein munterer und lebhafter Hund, den man ebenso gerne in der Stube, als auch in Pferdeställen hält, und der bei der letzteren Haltung auch große Zuneigung zu den Pferden gewinnt.

Er kann ebenso wie die meisten Dachshunde zur Jagd auf Füchse und Dachse benützt werden, da er muthig ist und gerne in die unterirdischen Baue kriecht. Ganz vorzüglich eignet er sich aber zum Rattenfange, wenn er einmal dazu abgerichtet ist.

9. **Der alicantische Hund** (Canis Molossus, fricator Andalusiae).

Ueber die Abkunft dieser Mischlingsform vom Mopse (Canis Molossus, fricator) und dem kleinen Seidenhunde (Canis extrarius, hispanicus) kann um so weniger ein Zweifel bestehen, als die älterlichen Merkmale in derselben deutlich ausgesprochen sind. Sie stellt daher einen einfachen Bastard reiner Kreuzung dar.

Diese kleine zierliche Race, welche in ihren Formen sehr deutlich an ihre beiden Stammältern erinnert, und ein vollständiges Mittelglied zwischen denselben bildet, reiht sich in Ansehung ihrer Größe und allgemeinen Körperform mehr dem Mopse (Canis Molossus, fricator), bezüglich der Behaarung aber mehr dem kleinen Seidenhunde (Canis extrarius, hispanicus) an.

Von ersterem unterscheidet sie sich durch den etwas kleineren, gestreckteren und auch etwas niedereren Kopf, das schmälere Hinterhaupt, die nicht so stark gewölbte Stirne, die etwas längere und schmälere, minder hohe und weniger stark aufgeworfene Schnauze, die straffen Lippen, die langen, breiten, abgerundeten und vollkommen hängenden Ohren, den etwas gedrungeneren Leib, die schmälere Brust, und den in Folge seiner reichlichen Behaarung länger und auch dicker erscheinenden Schwanz, welcher meistens über den Rücken nach aufwärts gebogen, und nur bisweilen etwas gesenkt getragen wird.

Der Hauptunterschied besteht aber in der durchaus verschiedenen Behaarung, welche sehr lang, zottig-gewellt, weich und beinahe seidenartig ist, am längsten aber am Vorderhalse, an der Brust, der Hinterseite der Oberarme und der Schenkel, an den Ohren und am Schwanze erscheint, und vorzüglich an der Unterseite desselben, wo sie lange Fransen bildet. Die Schnauze und die Läufe sind kürzer behaart.

Die am häufigsten vorkommende Färbung ist einfärbig weiß, oder hell röthlichgelbbraun, und letztere bisweilen auch mit weißen Abzeichen. Sehr oft trifft man aber auch gefleckte Abänderungen an, welche auf weißem Grunde mit größeren gelbbraunen oder schwarzen Flecken gezeichnet sind, und fast immer sind es die Ohren, oder auch der ganze Kopf, welche von der dunklen Farbe eingenommen werden.

Zuerst in der Provinz Alicante in Spanien gezogen, von welcher sie ihren Namen trägt, wurde diese Race späterhin auch nach Cayenne gebracht und deßhalb auch Cayenne-Hund genannt. In unseren Tagen ist sie jedoch schon ziemlich selten geworden, woran hauptsächlich die Geschmacksrichtung Ursache ist.

Bei den Franzosen führt sie den Namen Chien d'Alicante und Chien de Cayenne, bei den Engländern die Benennung Alicant Dog.

Als Schooßhund war sie bei den Frauen von jeher sehr beliebt.

10. **Die gemeine Dogge** (Canis Molossus, mastivus).

Die körperlichen Merkmale dieser Race lassen nicht verkennen, daß dieselbe das Ergebniß der Anpaarung des großen Bullenbeißers (Canis Molossus, major) mit dem französischen Fleischerhunde (Canis leporarius, laniarius), sonach ein doppelter Bastard reiner Kreuzung sei.

Sie ist eine der größten und stärksten Formen nicht nur in der Gruppe der Bullenbeißer, sondern überhaupt unter allen Racen des Hundes, und schließt sich durch ihren kräftigen und muskulösen Bau zunächst dem großen Bullenbeißer (Canis

Molossus, major) an, während sie bezüglich ihrer ziemlich hohen Beine und der stark verlängerten Schenkel, im Vereine mit noch mehreren anderen Merkmalen, auch an den französischen Fleischerhund (Canis leporarius, laniarius) erinnert.

Von der erstgenannten Race unterscheiden sie nachstehende Merkmale.

Ihr Kopf ist etwas kleiner, und auch minder hoch, das Hinterhaupt schmäler, die Stirne schwächer gewölbt. Die Schnauze ist merklich länger, schmäler, weniger stumpf, und durchaus nicht aufgeworfen. Die Längsfurche an der Nasenscheidewand ist bedeutend schwächer, und die Lippen hängen auch nicht so tief herab. Die halb aufrechtstehenden und an der Spitze überhängenden Ohren sind etwas breiter, und beinahe von dreieckiger Gestalt. Der Hals ist etwas länger und dünner, der Leib gestreckter, und gegen die Weichen stärker eingezogen, die Brust ist schmäler, die Beine sind höher und minder dick, und die Schenkel mehr gestreckt. An den Hinterfüßen ist beinahe immer eine fünfte Afterzehe vorhanden, und bisweilen ist dieselbe sogar doppelt. Der Schwanz erscheint durch die längere Behaarung dicker, und wird entweder in die Höhe gerichtet und nach vorwärts gebeugt, oder auch gerade ausgestreckt getragen.

Die Behaarung ist kurz, ziemlich glatt anliegend und etwas rauh, an der Kehle, dem Vorderhalse, an der Brust, dem Bauche, an der Hinterseite der Schenkel und der Unterseite des Schwanzes aber etwas länger.

Die Färbung bietet mancherlei Verschiedenheiten dar. Bald ist dieselbe einfärbig gelblichweiß, fahl- oder bräunlichgelb und bisweilen auch schwärzlich überflogen, bald fahlbraun oder bräunlich, dunkelbraun, grau oder schwarz. Sehr oft kommt auch eine Abänderung vor, welche mit schief gestellten, schwarzen, striemenähnlichen Querstreifen auf bräunlichem Grunde gezeichnet ist. Seltener sind jene Abänderungen, welche mit gelblichen, graulichen oder bräunlichen Flecken auf weißem Grunde besetzt sind. Das Schnauzenende, die Lippen und das äußerste Ende der Ohren sind fast immer matt-schwarz.

So wie beim großen Bullenbeißer, ist es auch bei dieser Race Sitte, sie durch das Abschneiden der Ohren und sehr oft auch durch Abhauen des Schwanzes zu verstümmeln.

Sowohl die Franzosen, als auch die Engländer vermengen sie mit dem großen Bullenbeißer (Canis Molossus, major), denn so wie diesen bezeichnen sie die ersteren mit dem Namen Dogue und Grand Dogue, die letzteren mit der Benennung Mastiff, English Mastiff und Bande-Dog.

Wir haben diese Race erst gegen das Ende des 17. Jahrhunderts durch Rajus kennen gelernt.

Sie ist eine der bekanntesten und verbreitetsten unter allen zur Bullenbeißer-Gruppe gehörigen Formen und wird sowohl zum Zusammenhalten der Rinder- und Schweinheerden, als auch zum Bewachen des Hauses benützt, häufig aber auch als Zughund verwendet.

11. Die englische Dogge (Canis Molossus, mastivus anglicus).

Unzweifelhaft ist diese Race das Produkt der Kreuzung der gemeinen Dogge (Canis Molossus, mastivus) mit dem großen Bullenbeißer (Canis Molossus, major), wie dieß aus ihren körperlichen Merkmalen deutlich zu ersehen ist. Sie stellt sich daher als ein doppelter Bastard gemischter Kreuzung dar.

Von derselben Größe und Stärke wie die gemeine Dogge (Canis Molossus, mastivus), doch etwas niederer als diese gebaut, bildet diese Race ein unverkennbares Mittelglied zwischen derselben und dem großen Bullenbeißer (Canis Molossus, major).

Die Merkmale, welche sie von der erstgenannten Race unterscheiden, sind folgende.

Ihr Kopf ist etwas größer und auch höher, das Hinterhaupt breiter, die Stirne mehr gewölbt. Die Schnauze ist merklich kürzer, breiter und stumpfer, etwas aufgeworfen, und an der Nasenscheidewand von einer ziemlich tiefen Längsfurche durchzogen. Die Lippen sind schlaffer und mehr hängend, und die halb aufrechtstehenden und an der Spitze überhängenden Ohren etwas schmäler und mehr stumpfspitzig gerundet. Der Hals ist kürzer und dicker, der Leib gedrungener, und in den Weichen auch weniger eingezogen, die Brust ist breiter, und die Beine sind etwas minder hoch und stärker, die Schenkel merklich kürzer. An den Hinterfüßen ist aber fast immer eine fünfte Afterzehe vorhanden. Der Schwanz ist dünner, und die Behaarung fast an allen Körpertheilen gleichförmig, glatt anliegend und etwas grob, und nur an der Unterseite des Schwanzes ist das Haar etwas länger.

Bezüglich der Färbung findet keine Verschiedenheit von der gemeinen Dogge statt, denn es kommen dieselben Abänderungen bei dieser Race vor, welche auch bei der ebengenannten angetroffen werden. Am häufigsten ist aber die gestreifte, die auf bräunlichem Grunde mit schief gestellten schwarzen Querstreifen gezeichnet ist. Das Schnauzenende, die Lippen und das äußerste Ende der Ohren sind aber immer von matt-schwarzer Farbe.

Eine Verstümmelung durch Abschneiden der Ohren und Abhauen des Schwanzes gilt auch bei dieser Race fast allenthalben für eine Zierde.

In Frankreich ist dieselbe unter dem Namen Dogue de forte race und Dogue anglais bekannt, in England unter dem Namen Mastiff und English Mastiff, einer Benennung, welche daselbst auch die gemeine Dogge (Canis Molossus, mastivus) und der große Bullenbeißer (Canis Molossus, major) führen.

Der älteste unter den Schriftstellern, welcher uns mit der englischen Dogge bekannt machte, ist Aldrovandi, der uns gegen das Ende der ersten Hälfte des 16. Jahrhunderts eine Beschreibung und Abbildung von derselben mittheilte.

Sie ist eine der größten und stärksten Formen unter den Hunden, und zugleich auch eine der muthigsten, daher sie vorzugsweise als Hetzhund und zum Einfangen der Rinder und Schweine verwendet wird. Aber auch zum persönlichen Schutze ist sie ganz besonders geeignet, und deßhalb wird sie häufig auch als Begleiter auf Reisen benützt. Ebenso tauglich wäre sie auch zur Bewachung des Hauses, doch pflegt man sie in England nicht hierzu zu verwenden, und daher auch nicht an die Kette zu legen.

12. **Die Cuba-Dogge** (Canis Molossus, mastivus cubanus).

Es ist dieß eine Blendlingsrace, welche ihre Entstehung der gegenseitigen Vermischung der gemeinen Dogge (Canis Molossus, mastivus) mit dem Bull-Dogg (Canis Molossus, orbicularis) verdankt, daher ein doppelter Bastard gemischter Kreuzung, der rücksichtlich seiner Abkunft beinahe vollkommen mit der englischen Dogge (Canis Molossus, mastivus anglicus) übereinkommt.

In dieser ziemlich großen Hunde-Race, welche zwar kleiner als die gemeine Dogge (Canis Molossus, mastivus), aber größer als der große Bullenbeißer (Canis Molossus, major) ist, trifft man Kraft und Stärke mit einem schön proportionirten Körperbaue vereint, und sprechen sich in derselben die Merkmale der erstgenannten Race eben so deutlich, als jene des Bull-Dogg (Canis Molossus, orbicularis) aus.

Von der gemeinen Dogge unterscheiden sie folgende Kennzeichen.

Ihr Kopf ist kürzer und auch mehr gerundet, das Hinterhaupt breiter, die Stirne breiter, stärker gewölbt, und zwischen den Augen etwas ausgehöhlt. Die Schnauze ist kürzer, viel mehr abgestumpft, und auch etwas aufgeworfen, die Nasenscheidewand von einer ziemlich tiefen Längsfurche durchzogen, und die schlaff herabhängenden Lippen sind unterhalb der Nasenkuppe schwach zurückgezogen. Der Hals ist kürzer und voller, der Leib mehr gedrungen und in der Weichengegend auch weniger eingezogen, die Brust breiter. Die Beine sind verhältnißmäßig minder hoch und stärker, die Schenkel merklich kürzer, und an den Hinterfüßen ist eine fünfte Afterzehe vorhanden. Der Schwanz ist dünner, und die Behaarung fast an allen Theilen des Körpers gleichförmig, glatt anliegend und etwas grob, und blos die Unterseite des Schwanzes ist mit etwas längeren Haaren besetzt.

Die Färbung ist einfärbig röthlich-fahlbraun, auf der Unterseite des Körpers aber heller. Das Schnauzenende, die Lippen, das äußerste Ende der Ohren, ein rundlicher Flecken jederseits oberhalb der Augen, und die Füße, sind von mattschwarzer Farbe.

Diese Race, welche zuerst von Cuba aus bekannt wurde, bildet daselbst die vorzüglichste und geschätzteste Zucht.

Die Engländer nennen sie Cuba Mastiff.

13. **Die Box-Dogge** (Canis Molossus, mastivus gladiator).

Mit ziemlicher Gewißheit kann angenommen werden, daß diese Race ein Abkömmling der gemeinen Dogge (Canis Molossus, mastivus) und des gestreiften

Dachshundes (Canis vertagus, striatus), sonach ein dreifacher Bastard gemischter Kreuzung sei.

Sie ist von der Größe des großen Bullenbeißers (Canis Molossus, major) und von sehr starkem und kräftigem Körperbaue, und vereinigt mit den Hauptmerkmalen desselben auch eine nicht zu verkennende Aehnlichkeit mit dem gestreiften Dachshunde (Canis vertagus, striatus).

Ihr großer, hoher und am Hinterhaupte breiter Kopf zeichnet sich durch eine merklich längere, nach vorne zu etwas verschmälerte, ziemlich stumpfe, aber durchaus nicht aufgeworfene Schnauze aus. Die Stirne ist viel weniger gewölbt, und die Lippen sind beträchtlich kürzer, daher auch nur wenig hängend. Die Ohren sind nicht nur länger, breiter und mehr abgerundet, sondern auch schlaffer und beinahe völlig hängend. Der ziemlich kurze, überaus dicke und muskulöse Hals ist der Quere nach von Hautfalten durchzogen. Der Leib ist gestreckt, die Brust breit und etwas vorstehend. Die Beine sind verhältnißmäßig etwas kurz, die vorderen außerordentlich stark, und an den Hinterfüßen ist meistens eine fünfte Afterzehe vorhanden. Der nicht sehr lange Schwanz ist an der Wurzel dick, gegen das Ende zu verschmälert, und wird hoch nach aufwärts gerichtet und stark nach einwärts gebeugt, bisweilen aber auch gerade ausgestreckt getragen.

Die Behaarung ist kurz, ziemlich glatt anliegend und rauh, am Halse aber und an der Brust länger als an den übrigen Theilen des Körpers.

Die Färbung bietet dieselben Verschiedenheiten dar, wie jene der gemeinen Dogge (Canis Molossus, mastivus).

Verstümmelung des Schwanzes und der Ohren sind auch bei dieser Race üblich.

Wir kennen dieselbe erst seit neuerer Zeit, und sie wird ebenso wie der große Bullenbeißer, die gemeine und englische Dogge benützt; hauptsächlich aber zum Bewachen des Hauses gehalten, und in England auch als Hetzhund verwendet.

14. **Die dänische Dogge** (Canis Molossus, danicus).

Die auffallende Aehnlichkeit, welche diese Race in ihren äußeren Merkmalen theils mit dem großen Bullenbeißer (Canis Molossus, major), theils mit dem großen dänischen Hunde (Canis leporarius, danicus) darbietet, lassen keinen Zweifel übrig, daß dieselbe aus der Kreuzung dieser beiden Formen hervorgegangen, daher ein doppelter Bastard reiner Kreuzung ist.

Die Formen dieser schönen, großen und starken Race, welche eine der größten unter allen Hunde-Racen ist, und bisweilen selbst bis zu einer Länge von 6 Fuß angetroffen wird, halten nahezu die Mitte zwischen jenen der gemeinen Dogge (Canis Molossus, mastivus) und des großen dänischen Hundes (Canis leporarius, danicus).

Weit leichter als die erstere gebaut, unterscheidet sie sich von derselben durch nachstehende Merkmale.

Der Kopf ist kleiner, gestreckter und auch bedeutend niederer, das Hinterhaupt minder breit, die Stirne schwächer gewölbt. Die Schnauze ist länger, schmäler, und auch bei Weitem nicht so stumpf. Die Lippen sind beträchtlich kürzer, und nur sehr schwach hängend, die Ohren schmäler, stumpfspitzig-gerundet, und mehr schlaff und hängend. Der Hals ist etwas länger und dünner, der Leib mehr gestreckt, schmächtiger, und in den Weichen stärker eingezogen. Die Beine sind verhältnißmäßig höher und schlanker, und bisweilen ist an den Hinterfüßen eine fünfte Afterzehe vorhanden. Der Schwanz ist beträchtlich dünner, und wird auch weit mehr nach auf- und vorwärts gekrümmt getragen.

Die Behaarung ist fast am ganzen Körper kurz, glatt anliegend und minder grob, und nur am Vorderhalse und an der Unterseite des Schwanzes erscheint dieselbe etwas länger.

Die Färbung ist in der Regel einfärbig bräunlich- oder fahlgelb, rothbraun, hell blaulich-aschgrau, oder schwarz, seltener dagegen weiß und schwarz, rothbraun oder fahlgelb gefleckt. Sehr oft kommen aber bei den einfärbigen Abänderungen weiße Abzeichen an verschiedenen Körpertheilen vor.

Wie allen Doggen, so pflegte man auch dieser Race, welche heut zu Tage nur selten mehr im reinen Zustande angetroffen wird, fast regelmäßig die Ohren abzuschneiden.

Auch diese Race ist noch nicht sehr lange bekannt und unter den Doggen unstreitig die schönste und zierlichste Form, daher sie auch mit vollem Rechte ganz besonders beliebt ist.

Man pflegt sie nur als Stubenhund und hauptsächlich zum Schutze der eigenen Person zu halten, wozu sie auch durch ihre Anhänglichkeit, ihre Kraft und Stärke, so wie auch durch ihren Muth, sich ganz besonders eignet.

15. **Der Bull-Dogg** (Canis Molossus, orbicularis).

Es kann diese Form nur für eine reine, unvermischte, auf klimatischen Verhältnissen beruhende und durch geographische Verbreitung bedingte Abänderung des Bullenbeißers (Canis Molossus) betrachtet werden, deren ursprüngliche Heimath wohl im Südwesten von Europa und insbesondere in Spanien und Portugal zu suchen ist, von wo sie erst später nach England gebracht wurde.

In ihrer allgemeinen Körperform dem großen Bullenbeißer (Canis Molossus, major) ähnlich, aber nur von mittlerer Größe und um die Hälfte kleiner als derselbe, erscheint sie im Verhältnisse zu ihrer Größe ebenso stark und kräftig als dieser gebaut.

Der Hauptunterschied zwischen diesen beiden Hundeformen liegt in der Bildung des Kopfes, welcher beim Bull-Dogg noch kürzer und beinahe vollkommen rund erscheint. Die Stirne ist breiter und stärker gewölbt, etwas gerunzelt, und bietet in der Mitte zwischen den beiden Augen eine ziemlich tiefe Aushöhlung dar. Die Schnauze ist kürzer, stumpfer und mehr aufgeworfen, der Unterkiefer steht meistens ziemlich stark vor dem Oberkiefer vor, und die schlaff herabhängenden Lippen sind kürzer und unterhalb der Nasenkuppe etwas zurückgezogen, so daß die Vorderzähne nicht von denselben bedeckt werden und fletschend hervortreten. Die Wangenhaut ist wie beim großen Bullenbeißer schlaff, und die Ohren so wie bei diesem gestaltet, halb aufrechtstehend und gegen die Spitze umgebogen und überhängend. Die ziemlich kleinen, etwas schief gestellten und meistens triefenden Augen sind von ziemlich schlaffen Augenlidern umgeben, so daß die kahle rothe Bindehaut an der Innenseite derselben sichtbar wird. Die Beine sind verhältnißmäßig etwas kürzer, aber ebenso stark und kräftig wie beim großen Bullenbeißer, und auch in der Behaarung des Körpers besteht zwischen diesen beiden Formen durchaus kein Unterschied.

Die Färbung ist in der Regel einfärbig röthlich-fahlgelb oder auch röthlich-fahlbraun, und sehr oft ist die Grundfarbe von schwarzen, striemenartigen, schiefgestellten Querstreifen durchzogen. Das Schnauzenende und die Lippen sind gewöhnlich matt-schwarz und ebenso die Füße. Häufig werden auch weiße Abzeichen an der Stirne, der Schnauze, der Kehle, dem Vorderhalse, der Brust, dem Bauche, den Füßen und dem Schwanze bei dieser Form angetroffen.

Das Abstutzen der Ohren und des Schwanzes ist auch beim Bull-Dogg fast allenthalben Sitte.

Von den Engländern wird diese Form Bull-dog, von den Franzosen Bouledogue genannt.

Den alten Griechen war dieselbe nicht bekannt, wohl aber den Römern, welche dieselbe aus Britannien bezogen; denn der Canis Britannicus des Nemesianus und der Canis Britanna des Claudianus beziehen sich ohne Zweifel auf diese Form, die wir auch auf mehreren römischen Antiken unverkennbar abgebildet finden. Den alten Deutschen indeß scheint dieselbe unbekannt geblieben zu sein.

Bezüglich ihrer Eigenschaften kommt diese Form vollständig mit dem großen Bullenbeißer überein. Sie wird hauptsächlich als Beschützer ihres Herrn und seiner Habe, und zwar sowohl als Stuben-, wie auch als Stallhund gehalten.

Ohne Zweifel war sie es, welche schon die Römer in ihren Circen bei ihren Thierhetzen benützten, und die auch von den Spaniern bei der Besitzergreifung der zu den großen Antillen gehörigen Inseln Cuba und St. Domingo zu Anfang des 16. Jahrhunderts zur Bezwingung der eingeborenen Indianer verwendet wurde und durch welche sie dieselben bis in die dichten Urwälder verfolgen ließen, in die sich diese geflüchtet hatten, um sich zu schützen.

Auch heut zu Tage noch wird dieser Hund in Spanien und einigen Städten von Süd-Amerika bei den daselbst üblichen Stierkämpfen als Hetzhund verwendet.

16. **Der Bulldogg-Dachs** (Canis Molossus, orbicularis terrarius).

Ohne Zweifel ist diese Form eine Blendlingsrace, welche auf der Kreuzung des Bull-Dogg (Canis Molossus, orbicularius) mit dem krummbeinigen Dachshunde (Canis Molossus, valgus) beruht, somit ein einfacher Bastard reiner Kreuzung.

Sie ist meistens etwas kleiner als der Bull-Dogg und in unverkennbarer Weise sind die Merkmale ihrer beiden Stammältern in derselben verschmolzen.

Vom Bull-Dogg unterscheidet sie sich durch den längeren und mehr abgeflachten Kopf, eine schwächer gewölbte Stirne, die längere, schmälere und viel weniger abgestumpfte Schnauze, kürzere und minder tief herabhängende Lippen, etwas längere und breitere Ohren, einen ziemlich stark gestreckten Leib, die niedereren und am vorderen Handgelenke verdickten Beine, kürzere Schenkel, und einen kürzeren und dickeren Schwanz.

Die Färbung ist dieselbe wie beim Bull-Dogg; doch kommen auch einfärbige weiße und schwarze Abänderungen vor, oder bräunlichgelbe, welche jedoch meistens auf der Oberseite des Körpers schwarz überflogen sind.

Das Abstutzen der Ohren ist auch bei dieser Race üblich.

Bull-terrier ist der Name, welchen dieselbe in England führt.

Man hält sie sowohl als Stubenhund, als auch in Pferdeställen, wo sie sich in letzteren so sehr an die sie umgebenden Pferde gewohnt, daß sie denselben überall nachfolgt.

Da diese Race nicht nur durch ihren ganzen Körperbau dazu geeignet ist, in unterirdische Baue einzudringen, sondern auch Muth mit Stärke vereint, so kann sie ebenso wie die allermeisten Dachshunde, zur Jagd auf Dachse und Füchse benützt werden.

Weit häufiger wird sie aber zum Rattenfange verwendet, zu welchem sie ganz vorzüglich taugt und den sie auch mit außerordentlicher Ausdauer betreibt, wenn sie zu demselben abgerichtet worden ist.

17. **Die Bulldogg-Bracke** (Canis Molossus, orbicularis Bracca).

Wie aus den körperlichen Formen dieser Race deutlich zu ersehen ist, scheint sie das Ergebniß der Anpaarung des Bull-Dogg (Canis Molossus, orbicularis) mit dem Tigerhunde (Canis leporarius, danicus corsicanus), daher ein doppelter Bastard gemischter Kreuzung zu sein.

Dieselbe stellt eine ganz eigenthümliche Form dar, indem sie mit der Kopfgestalt des Bull-Dogg (Canis Molossus, orbicularis), die Größe, Körperform und den leichten Bau des Tigerhundes (Canis leporarius, danicus corsicanus) verbindet.

Mit diesen wenigen Worten ist eine genügende Charakteristik dieser ebenso auffallenden, als sonderbaren Thierbildung gegeben und es erübrigt nur noch beizufügen, daß bei derselben der Kopf niederer, die Schnauze etwas länger und schmäler, und die Lippen kürzer und weniger hängend als beim Bull-Dogg, der Leib aber minder gestreckt und voller, und die Beine kürzer und stärker als beim Tigerhunde sind.

Die Färbung erscheint immer nur getigert, indem die hell blaulich-aschgraue oder weiße Grundfarbe mit zahlreichen, dicht gestellten, theils größeren, theils kleineren schwarzen punktförmigen Flecken besetzt ist. Die Schnauze und die Lippen sind matt-schwarz.

Diese keineswegs schöne Race ist nur ein Produkt des Zufalles und wird deßhalb auch nur sehr selten angetroffen.

18. **Die Thibet-Dogge** (Canis Molossus, thibetanus).

Auch diese Form ist eine reine, unvermischte, auf geographischer Verbreitung und den Einflüssen des Klima's beruhende Abänderung des Bullenbeißers (Canis Molossus), welche dem mittleren Theile von Asien angehört und als deren Heimath insbesondere Thibet bezeichnet werden kann.

Diese stattliche, durch Kraft und Stärke ausgezeichnete Hundeform bietet zwar in ihrer Gesammtgestalt eine unverkennbare Aehnlichkeit mit dem großen Bullenbeißer (Canis Molossus, major) dar, unterscheidet sich von demselben aber nicht nur durch den viel stärkeren Körperbau und die weit beträchtlichere Größe, indem sie hierin selbst die größten Individuen der gemeinen Dogge (Canis Molossus, mastivus) noch übertrifft, sondern auch durch mancherlei andere, und zum Theile sehr wichtige Merkmale.

Ihr Kopf ist größer, das Hinterhaupt stärker erhaben, und die stark gewölbte Stirne bietet über den Augenbrauen eine tiefe Hautfalte dar. Die Schnauze ist breiter und noch stumpfer, doch etwas weniger aufgeworfen, die Lippen sind länger und deßhalb auch tiefer herabhängend, die Wangenhaut ist schlaffer, die Ohren sind länger und mehr abgerundet, und die Augen verhältnißmäßig kleiner. Der Hals ist kürzer und noch dicker, der Leib voller, und der Schwanz, welcher meistens über den Rücken nach aufwärts gekrümmt getragen wird, erscheint in Folge der reichlichen Behaarung bedeutend dicker und beinahe buschig.

Das Fell ist an den Leibesseiten schlaff und die Behaarung beträchtlich länger, am längsten aber am Schwanze und insbesondere an der Unterseite desselben, wo sie lange Fransen bildet.

Die Färbung des Körpers ist tief schwarz und an den Seiten etwas lichter gewölkt, und nur die Pfoten und ein kleiner rundlicher Flecken jederseits oberhalb der Augen sind lebhaft rostgelb oder hellbraun gefärbt.

Die Engländer nennen diesen Hund Mastiff of Tibet, die Franzosen Dogue du Thibet.

Obgleich diese auffallend große und starke Form schon zur Zeit der alten Griechen und Römer in Europa bekannt war, wo sie von Aristoteles, Strabo und Plinius unter dem Namen Canis indicus, und von Gratius Faliscus unter der Benennung Canis Hyrcanus beschrieben wurde, so ist sie uns doch bis in das zweite Decennium des gegenwärtigen Jahrhunderts gänzlich unbekannt geblieben.

Aristoteles hielt dieselbe für einen Bastard des Hundes mit dem Tiger oder mit irgend einem dem Hunde ähnlichen anderen wilden Thiere und glaubte, daß sie nicht aus der ersten, sondern erst aus der dritten Vermischung als zahmes Thier hervorgehe, da die aus der ersten Vermischung fallenden Bastarde noch völlig wild seien.

19. **Die japanesische Dogge** (Canis Molossus, thibetanus Japanorum).

Aller Wahrscheinlichkeit nach dürfte diese Race ihre Entstehung der Kreuzung der Thibet-Dogge (Canis Molossus, thibetanus) mit dem japanesischen Hunde (Canis domesticus, Zingarorum japonicus) zu verdanken haben. Sollte sich diese Vermuthung bestätigen, so wäre dieser Hund ein vierfacher Bastard gemischter Kreuzung, und zwar der einzige unter allen bis jetzt bekannten Racen, in welchem fünf verschiedene Arten vereinigt wären.

Ihre Abkunft von der Thibet-Dogge spricht sich in den körperlichen Merkmalen dieser Race deutlich und unverkennbar aus; doch ist sie beträchtlich kleiner als dieselbe und auch höher gebaut.

Ihr Kopf ist beinahe von gleicher Größe wie bei dieser, das Hinterhaupt ist aber schmäler, die Stirne viel weniger gewölbt, die Schnauze länger, niederer, schmäler und auch minder stumpf. Die Nase ist nur wenig aufgeworfen, und die Lippen sind bei Weitem nicht so hängend. Die Wangenhaut ist minder schlaff, und die Ohren sind kürzer, schmäler, stumpfspitzig-gerundet, halb aufrechtstehend und über der Wurzel gebrochen und überhängend. Der Hals ist länger und auch nicht so dick, der Leib schlanker und weniger voll, die Brust schmäler. Die Beine sind höher und auch nicht so stark, die Schenkel länger, und der Schwanz erscheint in Folge der minder reichlichen Behaarung dünner.

Die Körperbehaarung ist beträchtlich kürzer und mehr glatt anliegend.

Die Färbung ist bald einfärbig röthlich-braungelb, rothgelb, weiß oder schwarz, bald aber auch auf hellem Grunde mit größeren gelblichbraunen oder schwarzen Flecken besetzt, und bei der schwarzen Abänderung sind die Pfoten und ein kleiner rundlicher Flecken oberhalb der Augen nicht selten rostgelb oder hell bräunlichgelb.

Dieser Hund ist in Japan die gemeinste Race und in den Städten daselbst ein Straßenhund, und wahrscheinlich auch in China.

Sechste Gruppe.

Windhunde

(Canes leporarii).

Der Kopf ist ziemlich klein, lang und flachgedrückt, die Stirne flach, die Schnauze lang und ziemlich nieder, und nach vorne zu stark verschmälert und zugespitzt. Die Lippen sind straff, die Ohren ziemlich lang, schmal, zugespitzt, halb aufrechtstehend, und gegen die Spitze gebrochen und überhängend. Der Hals ist lang und dünn, der Leib etwas gestreckt und schmächtig, die Brust schmal. Die Beine sind sehr hoch und schlank, die vorderen vollkommen gerade, die Schenkel sehr lang. Der Schwanz ist ziemlich lang und sehr dünn, die Körperbehaarung mehr oder weniger kurz und glatt anliegend.

Die den typischen Charakter dieser Gruppe nur theilweise an sich tragenden Racen stellen einerseits Uebergänge zur Schakalform, andererseits zur Haus-, Seiden- und Jagdhund- und zur Bullenbeißerform dar.

Nur eine einzige Art bildet den Stamm dieser Gruppe, nämlich:

Der Windhund

(Canis leporarius).

In demselben kann man nur eine reine, unvermischte Form erkennen, welche sich als eine selbstständige Art des Hundes darstellt und über das südwestliche Asien, das südöstliche, mittlere und nordwestliche Europa, so wie auch über den östlichen Theil von Nord- und Mittel-Afrika verbreitet ist.

Sie bildet die Stammart einer sehr beträchtlichen Anzahl verschiedener Formen und Racen, von denen bereits 35 von den Fachmännern unterschieden und beschrieben worden sind.

Von diesen beruhen vier auf klimatischen Einwirkungen in Folge geographischer Verbreitung, als:
der große Windhund (Canis leporarius, major),
der irländische Windhund (Canis leporarius, hibernicus),
der italienische Windhund (Canis leporarius, italicus), und
der ägyptische Windhund (Canis leporarius, aegyptius),
während eine durch Acclimatisation einer gewissen Form hervorgerufen zu sein scheint, nämlich:
der englische Windhund (Canis leporarius, italicus anglicus).

Sämmtliche übrigen Formen, 30 an der Zahl, sind Bastarde, und zwar:
der Gasehund (Canis leporarius, hibernicus agasseus), ein Halbbastard reiner Kreuzung;
der spartanische Hund (Canis leporarius, laconicus),
der französische Fleischerhund (Canis leporarius, laniarius),
der große dänische Hund (Canis leporarius, danicus),
der persische Windhund (Canis leporarius, persicus),
der russische Windhund (Canis leporarius, rossicus),
der irländische Curshund (Canis leporarius, hibernicus molossinus),
der irländische Wolfshund (Canis leporarius, hibernicus domesticus), und
der arabische Windhund (Canis leporarius, arabicus), einfache Bastarde reiner Kreuzung;
der irländische Fleischerhund (Canis leporarius, laniarius iricus),
der leichte Curshund (Canis leporarius, cursorius),
der indische Windhund (Canis leporarius, indicus),
der griechische Windhund (Canis leporarius, grajus),
der türkische Windhund (Canis leporarius, turcicus),
der schottische Windhund (Canis leporarius, hibernicus hirsutus), und
der ägyptische Straßenhund (Canis leporarius, arabicus vagus), einfache Bastarde gemischter Kreuzung;
die Sau-Rüde (Canis leporarius, laniarius suillus), ein doppelter Bastard reiner Kreuzung;
der deutsche Fleischerhund (Canis leporarius, laniarius germanicus),
der schwere Fleischerhund (Canis leporarius, laniarius robustus),
der Tigerhund (Canis leporarius, danicus corsicanus),
der Tiger-Windhund (Canis leporarius, danicus velox),
der schwere Curshund (Canis leporarius, cursorius robustus),
der Solofänger (Canis leporarius, mastivus),
die russische Rüde (Canis leporarius, rossicus suillus),
der Domingo-Windhund (Canis leporarius, dominicensis),
der Cuba-Windhund (Canis leporarius, dominicensis cubanus),
der hochländische Windhund (Canis leporarius, hibernicus sanguisequus), und

der Lurcher (Canis leporarius, hibernicus pecuarius), doppelte Bastarde gemischter Kreuzung; endlich:

der Hetzhund (Canis leporarius, laniarius mastivus), und

der Kuppel-Windhund (Canis leporarius, rossicus subhirsutus), dreifache Bastarde gemischter Kreuzung.

1. **Der große Windhund** (Canis leporarius, major).

Es kann wohl keinem Zweifel unterliegen, daß diese Form, welche den Grundtypus der ganzen Gruppe bildet, eine reine unvermischte, auf den Einflüssen des Klima's und auf geographischer Verbreitung beruhende Abänderung des Windhundes (Canis leporarius) sei, die dem südöstlichen und mittleren Europa, und dem südwestlichen Asien angehört.

Sie ist groß, nahezu von der Größe des Wolfes (Canis Lupus), aber überaus schlank gebaut.

Der Kopf ist verhältnißmäßig klein, langgestreckt, und flachgedrückt, das Hinterhaupt schmal, mit nur sehr schwach entwickeltem Knochenkamme, die Stirne flach, die Schnauze lang, ziemlich nieder, nach vorne zu stark verschmälert und zugespitzt. Die Lippen sind kurz und straff, und die Wangenhaut ist gespannt. Die Ohren sind ziemlich lang, schmal, zugespitzt, nicht besonders weich, halb aufrechtstehend, und gegen die Spitze gebrochen und überhängend, die Augen verhältnißmäßig klein und vollkommen wagrecht gestellt. Der Hals ist lang und dünn, der Leib etwas gestreckt, sehr schmächtig, und gegen die Weichen überaus stark eingezogen, der Widerrist schwach erhaben, der Rücken stark gekrümmt, und die Brust schmal und tiefliegend. Die Beine sind sehr hoch, schlank und zart, die vorderen vollkommen gerade, die Schenkel sehr lang, und an den Hinterfüßen ist keine fünfte Afterzehe vorhanden. Der Schwanz ist ziemlich lang, sehr dünn, und weit bis unter das Fersengelenk reichend. Entweder wird derselbe herabhängend, oder auch nach rückwärts gestreckt und etwas nach aufwärts gebogen getragen.

Die Körperbehaarung ist kurz, glatt anliegend und weich, und auch die Ohren und der Schwanz sind kurz und glatt anliegend behaart.

Die gewöhnlich vorkommende Färbung ist einfärbig hell fahl-, isabell- oder röthlichgelb, oder auch grau, bisweilen aber auch hellbräunlich, schwarz oder weiß. Seltener ist dieselbe auf der Oberseite des Körpers und an der Außenseite der Beine schwarz, auf der Unterseite des Körpers und der Innenseite der Beine rostgelb, mit einem kleinen rundlichen rostgelben Flecken jederseits oberhalb der Augen. Sehr oft kommt eine Abänderung vor, welche auf grauem oder hellbräunlichem Grunde mit schief gestellten, schwärzlichen, striemenartigen Querstreifen gezeichnet ist.

Individuen mittlerer Größe haben eine Körperlänge von 2 Fuß 7 Zoll, eine Schwanzlänge von 1 Fuß 6 Zoll, und eine Höhe am Widerrist von 2 Fuß 3 Zoll.

Die Italiener nennen diesen Hund Veltro, die Franzosen Grand Lévrier, und die Engländer Greyhound oder auch British Greyhound. In alter Zeit wurde er von den Franzosen Vaultre, Vaultroy oder Vaultroit genannt.

Bei den Völkern des Alterthums war er die bekannteste Form unter den Hunden und zwar sowohl bei den Griechen und Römern, als auch bei den alten Deutschen, und bei allen wurde er mit mehrfachen Namen bezeichnet.

Er ist ohne Zweifel der Canis moloticus des Aristoteles, der Canis venaticus des Varro und Columella, der Canis Molossus des Virgilius Maro, Horaz, Oppian und Nemesianus, der Canis Veltraha des Gratius Faliscus, und der Canis Vertagus des Julius Firmicus.

Noch zahlreicher sind die Namen, welche er von den alten Deutschen erhielt.

Im Alemannischen Gesetze erscheint er unter dem Namen Wint- oder Hasenhunt (Veltris leporalis), im Bojischen unter der Benennung Canis veltrix, im Burgundischen als Canis veltraeus, und im Salischen Gesetze als Veltris leporarius oder argutarius. In den Schriften aus der Zeit Carl's des Großen, in der zweiten Hälfte des 8. christlichen Jahrhunders, kommt er unter den Benennungen Windthunt, Wint oder Windt (Veltra seu Spartus) vor, und in den Schriften aus dem 9. bis 15. Jahrhunderte unter den Namen Welter, Winthunt oder Windspiel (Canis Veltris, Veltrix, Velthrus, Veltraeus oder Veltrahus), und Canis leporarius levipes.

So wie die französische Bracke, gilt auch der große Windhund für ein Symbol des Gehorsams und der Treue in der Heraldik, daher man ihn auch häufig auf den Wappenschildern trifft.

Der große Windhund, welcher ungeachtet seiner Schlankheit verhältnißmäßig sehr kräftig ist, läuft nicht nur gerne, sondern auch andauernd und mit außerordentlicher Schnelligkeit. Sein Gesicht ist überaus scharf und sein Gehör sehr fein, wie denn auch seine Ohren fast beständig in Bewegung sind; dagegen ist sein Geruchssinn nur wenig ausgebildet und seine Intelligenz ist gleichfalls sehr beschränkt. Im Verhältnisse zu anderen Hundearten besitzt er nur geringe Fähigkeiten, ist wenig empfänglich für feinere Dressur und begreift überhaupt nur schwer und langsam.

Seines ungemein schnellen Laufes wegen wird er zum Fange gewisser Wildarten, und namentlich im flachen Lande bei der Hasen- und Kaninchenjagd verwendet, so wie nicht minder auch bei der Jagd auf Füchse.

Seine Benützung hierzu erfolgt nicht früher, als bis er das erste Lebensjahr erreicht hat, und da er nur durch Uebung zu erlernen im Stande ist, so muß er immer vorerst durch schon abgerichtete Hunde angeführt und angeeifert werden, denselben nachzuahmen.

Häufig zerreißt er das eingefangene Wild und insbesondere bei Beginn seiner Dressur; doch kann man es mit Mühe und Geduld dahin bringen, daß er das eingefangene Thier unversehrt dem Jäger überbringt. Uebrigens wird er auf der Jagd mehr durch das Gesicht als durch den Geruch geleitet.

In manchen Gegenden pflegt man den zur Jagd bestimmten Windhunden schon in der ersten Jugend die Daumenzehe an den Vorderfüßen und die Ballen an dem Handgelenke auszuschneiden, da sie durch dieselben im Laufe gehindert werden und sehr oft auch wunde Ballen bekommen; eine Uebung, die schon seit der zweiten Hälfte des zwölften Jahrhunderts besteht.

Der Windhund bellt selten und seine Stimme besteht mehr in einem Klaffen als in einem eigentlichen Gebelle.

Seine Empfindungen sind lebhaft und tief, und durch Gemüthseindrücke wird er oft so sehr ergriffen, daß sein Herzschlag nicht selten plötzlich eine kaum glaubliche Unregelmäßigkeit und eine überaus große Schnelligkeit zeigt.

Diese Reizbarkeit, verbunden mit seiner geringen Intelligenz, ist auch die Ursache, daß er Niemanden ausschließlich zugethan und so sehr empfänglich für Liebkosungen ist. Gegen Alle, die sich mit ihm abgeben, zeigt er sich gleich freundlich, und seine Treue und Anhänglichkeit an seinen Herrn ist im Vergleiche mit jener anderer Hundearten nur gering. Dagegen erweiset er sich erkenntlich und dankbar bei guter Behandlung und gibt seine Freude durch lebhafte Bewegungen seines Körpers zu erkennen. Meistens ist er dabei aber auch bissig und falsch. Größer als die Anhänglichkeit an seinen Herrn, ist seine Anhänglichkeit an Pferde, bei denen er sich häufig einfindet und denen er auch sehr gerne nachfolgt.

2. **Der spartanische Hund** (Canis leporarius, laconicus).

Derselbe stellt sich als ein Blendling dar, der aller Wahrscheinlichkeit nach seine Entstehung der Vermischung des großen Windhundes (Canis leporarius, major) mit dem griechischen Schakale (Canis aureus, grajus) zu verdanken hat und kann daher als ein einfacher Bastard reiner Kreuzung gelten. In Ansehung seiner Abstammung reiht er sich sonach dem arabischen Windhunde (Canis leporarius, arabicus) an.

An Größe steht er dem großen Windhunde zwar etwas nach, doch lassen sich in seinem ganzen Körperbaue die Formen desselben deutlich erkennen, obgleich er durch mancherlei Merkmale in sehr erheblicher Weise sich von diesem unterscheidet.

Sein Kopf ist höher, die Stirne etwas gewölbt, die Schnauze kürzer und auch nicht so nieder. Die Ohren sind verhältnißmäßig kürzer, breiter, steif und vollkommen aufrechtstehend. Der Hals ist merklich kürzer und dicker, der Leib bei Weitem nicht so schmächtig, und in der Weichengegend auch viel weniger eingezogen, der Rücken nur sehr schwach gekrümmt und beinahe völlig gerade. Die Beine sind minder hoch, kräftiger und stärker, und der Schwanz ist kürzer, dicker, und reicht nur wenig unter das Fersengelenk herab. Gewöhnlich wird derselbe hängend, bisweilen aber auch schwach nach aufwärts gebogen getragen.

Die Behaarung ist mit Ausnahme des kurz und glatt anliegend behaarten Gesichtes, am ganzen Körper länger und gröber, vorzüglich aber am Schwanze, der hierdurch beinahe ein buschiges Aussehen erhält.

Die Färbung ist einfärbig röthlichbraun, auf der Unterseite des Körpers etwas heller.

Die ausschließliche Heimath dieser Race ist der südliche Theil von Griechenland.

Sie ist bissig und deßhalb auch zu fürchten.

Unsere Kenntniß von diesem Hunde reicht bis in die älteste Zeit der Griechen und Römer zurück, wo derselbe unter mehrfachen Benennungen bei den verschiedenen Schriftstellern aufgeführt erscheint.

So beschrieb ihn schon Xenophon unter dem Namen Canis Vulpinus, Aristoteles und Varro unter dem Namen Canis laconicus. Virgilius Maro nennt ihn Spartae catulus und Canis amyclaeus, während er von Horaz und Nemesianus mit dem Namen Canis Spartanus und von Columella mit dem Namen Canis domesticus bezeichnet wurde. Abbildungen von demselben treffen wir auch häufig auf den griechischen und römischen Denkmälern an.

Xenophon und Aristoteles betrachteten ihn für einen Bastard, der aus der Vermischung des Hundes mit dem Fuchse hervorgegangen ist, und Aristoteles führt außerdem noch einen Blendling an, der auf der Anpaarung dieses seines lakonischen Hundes mit dem molossischen Hunde, das ist mit dem großen Windhunde, beruhen soll und welcher auch von Varro und Columella unter dem Namen Canis pecuarius erwähnt wurde.

Dieser letztere Blendling wurde jedoch in neuerer Zeit nicht mehr beobachtet und dürfte überhaupt nur schwer von dem spartanischen Hunde zu unterscheiden gewesen sein.

Beide wurden von den Griechen und Römern aber zum Bewachen der Schafheerden und auch des Hauses benützt.

Den alten Deutschen ist der spartanische Hund gänzlich unbekannt geblieben.

3. **Der französische Fleischerhund** (Canis leporarius, laniarius).

Aus den körperlichen Merkmalen dieses Hundes läßt sich deutlich erkennen, daß derselbe aus der Kreuzung des großen Windhundes (Canis leporarius, major) mit dem französischen Jagdhunde (Canis sagax, gallicus) hervorgegangen, sonach ein einfacher Bastard reiner Kreuzung ist. Seine Abstammung ist daher beinahe dieselbe, wie die des großen dänischen Hundes (Canis leporarius, danicus).

Er zählt zu den größeren Hunde-Racen und reiht sich sowohl rücksichtlich der Gestalt, als Größe, dem großen dänischen Hunde (Canis leporarius, danicus) an.

Sein Kopf ist gestreckt und etwas flachgedrückt, das Hinterhaupt nicht sehr breit, die Stirne nur sehr wenig gewölbt, die Schnauze lang, doch niederer und spitzer als beim großen dänischen Hunde, und die Lippen sind durchaus nicht hängend, sondern straff. Die Ohren sind mäßig lang und nicht sehr breit, beinahe von dreieckiger Gestalt, an der Wurzel steif und etwas aufgerichtet, gegen die Spitze zu aber gebrochen und überhängend. Der Hals ist ziemlich lang und verhältnißmäßig dünn, der Leib gestreckt, schlank, und gegen die Weichen ziemlich stark eingezogen. Die Brust ist nur von geringer Breite, der Widerrist schwach erhaben, der Rücken in der Mitte etwas gesenkt. Die Beine sind ziemlich hoch und kräftig, insbesondere die Vorderbeine, die Schenkel lang und stark, und an den Hinterfüßen ist fast immer eine fünfte Afterzehe vorhanden. Der Schwanz ist verhältnißmäßig ziemlich lang, nicht sehr dünn, und wird bogenförmig nach aufwärts gekrümmt, meistens aber gerade ausgestreckt getragen.

Die Behaarung des Körpers ist kurz, ziemlich glatt anliegend und etwas rauh, und nur an der Kehle, dem Vorderhalse, an der Brust, dem Bauche, an der Hinterseite der Schenkel, und an der Unterseite des Schwanzes ist das Haar etwas länger.

Die Färbung ist meistens weiß, oder gelblichweiß, mit einem oder auch mehreren großen, wolkenartigen dunkel- oder hellbraunen Flecken, und gewöhnlich sind es der Kopf nebst den Ohren, und der Hintertheil des Rückens, welche braun gezeichnet sind. Aber auch einfärbig weiß, gelblichweiß, grau, schwarz oder braun wird diese Race angetroffen, und nicht selten auf der Oberseite des Körpers schwarz, und auf der Unterseite desselben, so wie auch an den Beinen rostgelb, nebst einem kleinen, rundlichen rostgelben Flecken oberhalb jedem Auge.

Diese Race wird fast nur in Frankreich gezogen, wo sie den Namen Matin führt. Die Engländer nennen sie Matin Dog.

Wir treffen diesen Hund schon in den Schriften des 9. bis 15. Jahrhunderts an, wo er unter den Namen Canis odorisequus und Canis leporarius, segnipes aufgeführt erscheint. Genauer haben wir ihn aber erst durch Buffon zu Anfang der zweiten Hälfte des 18. Jahrhunderts kennen gelernt.

In alter Zeit wurde er vorzugsweise zur Aufspürung des Wildes verwendet, während man ihn in neuerer Zeit zur Bewachung des Hauses und der Viehheerden benützt.

4. **Der irländische Fleischerhund** (Canis leporarius, laniarius iricus).

In den äußeren Merkmalen dieser Race sind die wesentlichsten Kennzeichen des französischen Fleischerhundes (Canis leporarius, laniarius) und des großen dänischen Hundes (Canis leporarius, danicus) in so auffallender Weise mit einander vereint, daß die Abstammung derselben von den beiden genannten Formen kaum verkannt werden kann. Sie ist daher unzweifelhaft ein einfacher Bastard gemischter Kreuzung.

Der letztgenannten Race an Größe kaum etwas nachstehend, unterscheidet sich der irländische Fleischerhund von derselben durch die schwächer gewölbte Stirne, eine etwas niederere und mehr zugespitzte Schnauze, die kürzeren, schmäleren, halb aufrechtstehenden, gegen die Spitze aber gebrochenen und überhängenden Ohren, den in der Weichengegend stärker eingezogenen Leib, die verhältnißmäßig etwas niedereren

Beine, und die weniger glatt anliegende Behaarung des Körpers. An den Hinterfüßen kommt fast immer eine fünfte Afterzehe vor.

Die Färbung ist in der Regel einfärbig bräunlich- oder fahlgelb, röthlichgelb oder auch rothbraun, doch kommen nicht selten weiße Abzeichen am Kopfe und am Vorderhalse, an der Brust und an den Füßen vor.

Die Zucht dieser Race scheint ausschließlich auf Irland beschränkt zu sein, woher sie auch den Namen hat.

5. Die Sau-Rüde (Canis leporarius, laniarius suillus).

Schon auf den ersten Blick gibt sich dieser Hund als ein Abkömmling des französischen Fleischerhundes (Canis leporarius, laniarius) und des großen Seidenhundes (Canis extrarius, major) zu erkennen, wornach er sich als ein doppelter Bastard reiner Kreuzung darstellt.

Er ist von sehr ansehnlicher Größe und starkem, kräftigem Baue, und gehört zu den größten Racen unter den Hunden, da er bisweilen bis zu einer Schulterhöhe von nicht viel weniger als 3 Fuß angetroffen wird.

Rücksichtlich der Gestalt sowohl, als Größe erinnert er zwar lebhaft an die erstgenannte Race, doch weicht er in manchen seiner Merkmale wesentlich von derselben ab und zeichnet sich insbesondere durch die eigenthümliche Behaarung seines Körpers aus.

Sein Kopf ist etwas größer und höher als bei dieser, das Hinterhaupt breiter, die Stirne minder flach, und die Schnauze etwas kürzer und auch stumpfer. Die Ohren sind beträchtlich länger, breiter und vollkommen hängend, der Hals ist kürzer und dicker, der Leib voller und in der Weichengegend weniger stark eingezogen, der Rücken beinahe vollkommen gerade. Die Beine sind etwas niederer und stärker, und der Schwanz, welcher meist bogenförmig nach aufwärts gekrümmt, aber auch gerade ausgestreckt und bisweilen sogar hängend getragen wird, erscheint in Folge der reichlichen Behaarung beträchtlich dicker.

Die Körperbehaarung ist lang, schwach zottig-gewellt, rauh und grob, im Gesichte und an der Vorderseite der Beine etwas kürzer, an den Ohren und dem Schwanze aber am längsten.

Die Färbung ist in der Regel auf dem Rücken, den Schultern und um die Ohren röthlich- oder lohbraun, mit dunkelbraunem oder schwärzlichem Anfluge, auf der Unterseite des Körpers aber weißlich. Nicht selten erscheint sie jedoch auch einfärbig braun, schwarz oder grau, welche letztere Farbe durch ein Gemische von schwarzen und weißen Haaren gebildet wird.

Diese Race, welche zur Zeit des Mittelalters die verbreitetste in Deutschland war und beinahe ausschließlich zur Schweinsjagd benützt wurde, ist heut zu Tage beinahe völlig ausgerottet und wird nur noch im östlichen und südlichen Theile von Ungarn und den dort angrenzenden Ländern häufiger getroffen.

Im Alemannischen Gesetze ist sie unter dem Namen Saufänger (Canis porcaritius) und im Salischen unter dem Namen Canis porcarius aufgeführt, und zur Zeit Carl's des Großen in der zweiten Hälfte des achten christlichen Jahrhunderts erscheint sie unter dem Namen Rüde oder Saurüde (Canis Rudo).

6. **Der Hetzhund** (Canis leporarius, laniarius mastivus).

Die Abkunft dieses Hundes von der Sau-Rüde (Canis leporarius, laniarius suillus) und der gemeinen Dogge (Canis Molossus, mastivus) ist so deutlich in dessen körperlichen Formen ausgesprochen, daß dieselbe nicht bezweifelt werden kann. Er muß daher als ein dreifacher Bastard gemischter Kreuzung angesehen werden.

Diese sehr große Race, welche der Sau-Rüde an Größe und Stärke völlig gleich kommt, steht zwischen dieser und der gemeinen Dogge bezüglich ihrer körperlichen Merkmale gleichsam in der Mitte.

Die Unterscheidungszeichen, welche sie von der ersteren trennen, sind der höhere Kopf, das breitere Hinterhaupt, die mehr gewölbte Stirne, die kürzere, höhere und stumpfere Schnauze, die etwas hängenden Lippen, der vollere und in den Weichen weniger stark eingezogene Leib, die verhältnißmäßig niedereren und stärkeren Beine, und die kürzere, straffere und nicht sehr glatt anliegende Behaarung, welche an den Ohren und am Schwanze aber, so wie bei der Sau-Rüde, länger als an den übrigen Körpertheilen ist.

Die Färbung stimmt mit jener der Sau-Rüde vollkommen überein.

In unseren Tagen ist diese Race bereits sehr selten geworden.

7. **Der deutsche Fleischerhund** (Canis leporarius, laniarius germanicus).

Offenbar ist dieser Hund das Produkt der gegenseitigen Vermischung des französischen Fleischerhundes (Canis leporarius, laniarius) mit der gemeinen Dogge (Canis Molossus, mastivus), wornach er sich als ein doppelter Bastard gemischter Kreuzung zu erkennen gibt.

Seiner Gestalt nach erinnert er zunächst an den irländischen Fleischerhund (Canis leporarius, laniarius iricus), von welchem er sich jedoch schon bei einer oberflächlichen Betrachtung durch die geringere Größe und den gedrungeneren, niedereren Körperbau deutlich unterscheidet.

Aber auch noch andere Merkmale sind es, welche diese beiden Racen von einander trennen.

Der Kopf des deutschen Fleischerhundes ist etwas höher, das Hinterhaupt breiter, die Stirne mehr gewölbt, die Schnauze stumpfer. Die Lippen sind etwas hängend, der Hals ist kürzer und dicker, der Leib weniger gestreckt, voller und in den Weichen auch schwächer eingezogen, die Brust breiter. Die Beine sind niederer und stärker, und der Schwanz erscheint in Folge der längeren Behaarung dicker.

Die Körperbehaarung ist kurz, ziemlich glatt anliegend und etwas rauh, an der Kehle, dem Vorderhalse, der Brust, dem Bauche, der Hinterseite der Schenkel und der Unterseite des Schwanzes aber etwas länger. An den Hinterfüßen ist sehr oft eine fünfte Afterzehe vorhanden.

Die am häufigsten vorkommende Färbung ist einfärbig gelblichweiß, fahl- oder bräunlichgelb und bisweilen auf der Oberseite des Körpers schwärzlich überflogen, fahlbraun oder bräunlich, dunkelbraun, grau oder schwarz. Seltener erscheint dieselbe bräunlich und mit verloschenen schwarzen, striemenähnlichen Querstreifen gezeichnet, oder auch auf der Oberseite des Körpers und der Außenseite der Beine schwarz, auf der Unterseite des Körpers und der Innenseite der Beine rostgelb, nebst einem kleinen, rundlichen rostgelben Flecken jederseits oberhalb der Augen. Bei den dunkelfärbigen Abänderungen kommen auch häufig weiße Abzeichen vor.

Meistens trifft man diese Race nur verstümmelt, mit abgeschnittenen Ohren und gestutztem Schwanze an.

Sie wird hauptsächlich zum Zusammenhalten von Schwein- und Rinderheerden benützt, aber auch zum Bewachen des Hauses und zum Zuge verwendet.

8. **Der schwere Fleischerhund** (Canis leporarius, laniarius robustus).

Die Kennzeichen, welche dieser Hund in seinen äußeren Formen darbietet, berechtigen zu der Annahme, ihn für einen Abkömmling des französischen Fleischerhundes (Canis leporarius, laniarius) und des deutschen Hühnerhundes (Canis sagax, venaticus subcaudatus) zu betrachten. Er dürfte daher für einen doppelten Bastard gemischter Kreuzung gelten.

In seinen körperlichen Formen sind die Merkmale seiner beiden Stammältern ziemlich deutlich zu erkennen, doch schließt er sich weit mehr der ersteren als der letzteren Race an.

Er ist zwar fast ebenso stark und kräftig als diese gebaut, doch kleiner als dieselbe, und unterscheidet sich von ihr außer dem untersetztereren, schwereren und niedereren Baue, durch den größeren, kürzeren und höheren Kopf, eine stärker gewölbte Stirne, die kürzere, höhere und stumpfere Schnauze, die etwas hängenden Lippen, beträchtlich längere, breitere und mehr gerundete, vollkommen hängende Ohren, einen kürzeren und dickeren Hals, den gedrungeneren, volleren und in den Weichen weniger eingezogenen Leib, die niedereren Beine, und minder hohen Schenkel, den etwas kürzeren Schwanz, und die vollkommen glatt anliegende, weichere Behaarung. An den Hinterfüßen wird sehr oft eine fünfte Afterzehe angetroffen.

Die Färbung erscheint meistens gefleckt oder getigert, indem theils größere, theils kleinere gelbbraune, rothbraune, schwarzbraune, dunkelgraue oder schwarze Flecken auf weißem, gelblichweißem oder hellgrauem Grunde vertheilt sind; häufig aber auch einfärbig weiß, gelblichweiß, hellgrau oder schwarz, und bisweilen ist die Oberseite des Körpers und die Außenseite der Beine schwarz, die Unterseite des

Körpers und die Innenseite der Beine rostgelb. Immer kommt aber bei dieser letzteren Färbung ein kleiner, rundlicher, rostgelber Flecken jederseits oberhalb der Augen vor. Bei den dunkelfärbigen Abänderungen werden auch sehr oft weiße Abzeichen getroffen.

Diese Race, welche vorzugsweise im östlichen Frankreich und im westlichen Deutschland gezogen wird und hier in manchen Gegenden unter dem Namen Schimmel bekannt ist, vertritt heut zu Tage in den Hochalpen der Schweiz nebst dem langhaarigen Neufoundländerhunde (Canis extrarius, aquaticus longipilis), die Stelle des daselbst völlig verschwundenen St. Bernhardshundes.

Außerdem wird sie aber auch als Hüter der Rinder- und Schweineheerden benützt.

9. **Der große dänische Hund** (Canis leporarius, danicus).

Es kann wohl kaum bestritten werden, daß der große dänische Hund der Anpaarung des großen Windhundes (Canis leporarius, major) mit dem englischen Jagdhunde (Canis sagax, anglicus) seine Entstehung verdankt, und daß er sonach ein einfacher Bastard reiner Kreuzung ist. Bezüglich seiner Abstammung hat er daher große Aehnlichkeit mit jener des französischen Fleischerhundes (Canis leporarius, laniarius).

Diese durch die Schönheit ihrer Formen höchst ausgezeichnete Race, welche einen leichten harmonischen Bau mit einer ansehnlichen Körpergröße verbindet, erinnert einerseits durch die schlanken, aber kräftigen Formen ihrer Glieder an den großen Windhund, andererseits durch die sonstigen ihr eigenthümlichen Merkmale an den englischen Jagdhund, welche ihre Stammältern sind.

In der Körpergestalt im Allgemeinen bietet sie zwar eine unverkennbare Aehnlichkeit mit dem französischen Fleischerhunde (Canis leporarius, laniarius) dar, doch ist dieselbe durchgehends kräftiger, edler und schöner.

So wie dieser, gehört auch sie zu den größten Formen unter den Hunden, und manche Individuen zeigen in aufrecht sitzender Stellung bisweilen eine Höhe von nahe an 4 Fuß.

Die Merkmale, wodurch sie sich von diesem unterscheidet, bestehen in der deutlicher gewölbten Stirne, der etwas höheren und weniger zugespitzten Schnauze, den längeren, breiteren und auch etwas mehr hängenden Ohren, einem in den Weichen minder stark eingezogenen Leibe, in den verhältnißmäßig höheren Beinen, und in der durchgehends kurzen, vollkommen glatt anliegenden und etwas weicheren Behaarung des Körpers. Sehr oft trifft man an den Hinterfüßen eine fünfte Afterzehe an.

Die Färbung ist meistens einfärbig bräunlich- oder fahlgelb, rothbraun, hell blaulich-aschgrau oder schwarz, und nicht selten mit weißen Abzeichen am Kopfe, um die Schnauze, an der Kehle, der Brust oder an den Beinen. Bisweilen erscheint dieselbe aber auch schwarz, rothbraun oder fahlgelb auf weißem Grunde gefleckt.

Unverstümmelte Individuen gehören bei dieser Race zu den Seltenheiten, da fast allenthalben die Sitte besteht, schon den jungen Thieren derselben die Ohren zu stutzen oder auch abzudrehen.

In England ist sie unter dem Namen Danish Dog, in Frankreich unter der Benennung Grand Danois bekannt.

Dänemark ist das Land, in welchem diese Race zuerst gezogen wurde und welchem sie auch ihre Benennung verdankt.

Von jeher war sie aber einer der beliebtesten Luxushunde.

10. **Der Tigerhund** (Canis leporarius, danicus corsicanus).

Die äußeren Merkmale dieser Race lassen deutlich erkennen, daß dieselbe auf der Vermischung des großen dänischen Hundes (Canis leporarius, danicus) mit dem dalmatinischen Hühnerhunde (Canis sagax, gallicus ragusanus) beruht, wornach sie sich als ein doppelter Bastard gemischter Kreuzung darstellt.

Es ist dieß eine schöne und sehr beliebte Hunde-Race, welche in mancher Beziehung an den dalmatinischen Hühnerhund erinnert und sowohl mit diesem, als auch mit dem großen dänischen Hunde häufig verwechselt wird und sich mehr als alle übrigen Windhund-Racen zur Jagdhundform hinneigt.

Die Merkmale, durch welche sie sich vom großen dänischen Hunde unterscheidet, sind außer der weit geringeren Größe und dem etwas weniger schlanken Baue, der mehr abgeflachte Kopf, die schwächer gewölbte Stirne, eine schmälere und etwas stumpfere Schnauze, die längeren, breiteren und etwas mehr hängenden Ohren, der verhältnißmäßig etwas kürzere und dickere Hals, der gedrungenere und in den Weichen weniger stark eingezogene Leib, die etwas niedereren und stärkeren Beine, die kürzeren Schenkel und der dickere Schwanz.

Die Färbung erscheint beständig getigert, indem die hell blaulich-aschgraue oder weiße Grundfarbe mit zahlreichen, dichtstehenden, theils größeren, theils kleineren punktförmigen Flecken von schwarzer, bräunlichgelber oder röthlicher Farbe besetzt ist. Sehr oft trifft man schwarze mit bräunlichgelben Flecken gemischt und in der Regel sind auch die Ohren nebst dem zunächst an dieselben angrenzenden Theile des Kopfes schwarz. Die Augen sind hell graulichblau und gewöhnlich mit dunkelgrauen, schwarzen oder auch gelblichen Flecken gezeichnet, und die Rachenhöhle ist fast immer schwarz gefleckt.

Die Zucht dieser Race wird vorzugsweise auf Corsika und Sardinien betrieben, und fast in allen Ländern, wo dieselbe gehalten wird, besteht die grausame Sitte, sie schon in zarter Jugend durch Abdrehen der Ohren zu verstümmeln.

Von den Engländern wird diese Race Dalmatian Dog und Coach-dog genannt.

Eine besondere Vorliebe scheint dieselbe für Pferde zu haben, da sie sich sehr gerne in deren Umgebung aufhält.

11. Der Tiger-Windhund (Canis leporarius, danicus velox).

In dieser Race sind die Merkmale des Tigerhundes (Canis leporarius, danicus corsicanus) und des großen Windhundes (Canis leporarius, major) in so deutlicher Weise ausgesprochen, daß man nothwendigerweise diese beiden Formen für die Stammältern derselben betrachten muß. Sie ist daher offenbar ein doppelter Bastard gemischter Kreuzung.

Dieselbe ist zunächst mit dem Tigerhunde verwandt, aber noch schlanker als dieser gebaut, weßhalb auch die Windhundform noch viel deutlicher bei ihr hervortritt.

Sie ist etwas größer als derselbe und unterscheidet sich von ihm durch nachstehende Merkmale.

Ihr Kopf ist kleiner, gestreckter und mehr abgeflacht, das Hinterhaupt schmäler, die Stirne völlig flach, die Schnauze länger, niederer, nach vorne zu noch mehr verschmälert und auch weniger stumpf. Die Lippen sind beinahe vollkommen straff, die Ohren etwas kürzer, schmäler und nur zur Hälfte hängend. Der Hals ist etwas länger und dünner, der Leib mehr gestreckt, schlanker und in den Weichen auch mehr eingezogen, der Rücken schwach gekrümmt, die Brust schmäler. Die Beine sind höher und schmächtiger, die Schenkel länger, und der Schwanz ist merklich länger und dünner, die Behaarung des Körpers feiner.

Die Färbung erscheint immer getigert, indem zahlreiche, größere und kleinere schwarze punktförmige Flecken ziemlich dicht über die weiße Grundfarbe vertheilt sind.

Diese Race ist zuerst aus Ost-Indien bekannt geworden und wird daselbst von den vornehmen Türken gezogen.

12. Der leichte Curshund (Canis leporarius, cursorius).

Es ist dieß eine Blendlingsrace, welche bezüglich ihrer körperlichen Formen ein Mittelglied zwischen dem großen Windhunde (Canis leporarius, major) und dem großen dänischen Hunde (Canis leporarius, danicus) bildet und daher als ein Abkömmling derselben, somit als ein einfacher Bastard gemischter Kreuzung zu betrachten ist.

Sie ist nahezu von derselben Gestalt und Größe wie der dänische Hund, doch leichter als dieser gebaut, und schließt sich in manchen ihrer Merkmale mehr dem großen Windhunde an.

Die Kennzeichen, durch welche sie sich vom dänischen Hunde unterscheidet, sind folgende.

Der Kopf ist länger und mehr flachgedrückt, die Stirne beinahe völlig flach, die Schnauze länger und schmäler. Die Ohren sind kürzer, schmäler und mehr halb aufrechtstehend, der Hals ist länger und dünner, der Leib schlanker und in den Weichen weit mehr eingezogen. Die Beine sind höher, schlanker und minder kräftig, und die Behaarung ist an allen Körpertheilen etwas kürzer und auch feiner.

Die Färbung bietet dieselben Verschiedenheiten wie beim großen dänischen Hunde dar, doch kommen sehr oft auch Abänderungen vor, die auf fahlbraunem Grunde mit mehr oder weniger verloschenen, schmäleren oder breiteren, schwarzen, schiefgestellten, striemenähnlichen Querstreifen gezeichnet sind.

Die Zucht dieser Race wird vorzugsweise in Schweden und Norwegen betrieben, doch trifft man dieselbe auch häufig in Kurland an, weßhalb sie in manchen Gegenden auch unter dem Namen Kurländischer Hund bekannt ist.

Man benützt sie hauptsächlich zur Jagd auf größere und stärkere Thiere.

13. Der schwere Curshund (Canis leporarius, cursorius robustus).

Ueber die Abkunft dieser Race vom leichten Curshunde (Canis leporarius, cursorius) und dem großen Bullenbeißer (Canis Molossus, major) kann um so weniger ein Zweifel bestehen, als die wesentlichsten Merkmale dieser beiden Formen deutlich in ihr vereinigt sind. Sie ist daher offenbar ein doppelter Bastard gemischter Kreuzung.

Dieselbe ist mit der erstgenannten Race außerordentlich nahe verwandt, und auch von gleicher Gestalt und Größe, so daß sie sich von derselben fast nur durch ihren schwereren Körperbau zu unterscheiden scheint.

Bei einer genaueren Vergleichung ergibt sich indeß, daß ihr Kopf merklich größer, kürzer und höher, das Hinterhaupt breiter, die Stirne deutlich gewölbt, die Schnauze kürzer, breiter, höher und stumpfer ist. Die Lippen sind etwas hängend, die Ohren breiter, der Hals ist kürzer und dicker, der Leib weniger gestreckt, voller und in der Weichengegend auch schwächer eingezogen, die Brust breiter. Die Beine sind niederer und stärker, und die Schenkel kürzer.

In Ansehung der Färbung besteht zwischen diesen beiden Racen durchaus kein Unterschied.

Auch in ihren Eigenschaften kommt sie mit derselben beinahe vollständig überein und wird auch in gleicher Weise wie diese verwendet.

14. Der Solofänger (Canis leporarius, mastivus).

Wie aus den körperlichen Merkmalen dieses Hundes klar und deutlich hervorgeht, ist derselbe ein Abkömmling des großen Windhundes (Canis leporarius, major) und der gemeinen Dogge (Canis Molossus, mastivus), daher ein doppelter Bastard gemischter Kreuzung, der in Ansehung seiner Abstammung sehr große Aehnlichkeit mit jener des Domingo-Windhundes (Canis leporarius, dominicensis) hat.

Diese große schöne Hunde-Race, welche in ihren Körperformen lebhaft an den schweren Curshund (Canis leporarius, cursorius robustus) erinnert und auch von gleicher Größe mit demselben ist, unterscheidet sich von ihm durch nachstehende Merkmale.

Der Kopf ist mehr gestreckt und höher, die Stirne stärker gewölbt, die Schnauze länger, schmäler, niederer und auch minder stumpf. Die Lippen sind weniger hängend, der Hals ist länger und dünner, und der Leib etwas schlanker. Die Beine sind höher, die Schenkel mehr gestreckt, der Schwanz ist dicker, und die Körperbehaarung etwas länger, vorzüglich aber am Vorderhalse, an der Brust, dem Bauche, und dem Schwanze. An den Hinterfüßen kommt manchmal eine fünfte Afterzehe vor.

Die Färbung erscheint beinahe immer fahlbraun, mit schwärzlichen verloschenen, schiefgestellten, striemenähnlichen Querstreifen gezeichnet. Bisweilen ist dieselbe aber auch einfärbig fahlbraun oder graubraun, und sehr oft kommen weiße Abzeichen an der Schnauze, am Vorderhalse, an der Brust, dem Bauche und an den Füßen vor.

Ihrer Größe und Stärke, so wie auch ihres Muthes wegen, wird diese Race hauptsächlich zur Jagd auf Wölfe, Schweine, Bären und Elennthiere benützt.

15. **Der persische Windhund** (Canis leporarius, persicus).

Aller Wahrscheinlichkeit nach beruht diese Race auf der Anpaarung des großen Windhundes (Canis leporarius, major) mit dem großen Seidenhunde (Canis extrarius, major), wie dieß aus ihren körperlichen Formen hervorzugehen scheint. Sie dürfte sonach für einen einfachen Bastard reiner Kreuzung angesehen werden, dessen Abstammung beinahe dieselbe, wie jene des russischen Windhundes (Canis leporarius, rossicus) ist.

Bezüglich ihrer Gesammtform schließt sie sich mehr dem großen Windhunde, rücksichtlich der Behaarung aber dem großen Seidenhunde an.

In Ansehung der Größe kommt sie völlig mit der erstgenannten Form überein, doch unterscheidet sie sich von derselben wesentlich durch nachstehende Merkmale.

Ihr Kopf ist größer und auch mehr erhaben, das Hinterhaupt breiter, die Stirne minder flach, die Schnauze etwas höher. Die Ohren sind breiter, minder spitz und auch mehr hängend; der Hals ist etwas kürzer und dicker, der Rücken schwächer gekrümmt und in den Weichen weniger stark eingezogen. Die Beine sind stärker und der Schwanz erscheint durch die längere Behaarung dicker.

Noch auffallendere Unterschiede bietet aber die Behaarung dar, indem der ganze Körper, mit Ausnahme des kurz und glatt anliegend behaarten Gesichtes und der ziemlich kurz behaarten Füße, mit mäßig langen, zottig-gewellten, weichen und beinahe seidenartigen Haaren bedeckt ist, die insbesondere an den Ohren, am Vorderhalse, an der Brust, dem Vorderbauche, der Hinterseite der Vorderbeine und der Hinterschenkel, und an der Unterseite des Schwanzes in etwas längeren Zotten herabhängen.

Die Färbung ist meist schmutzig weiß, mit großen gelblichbraunen Flecken, seltener lohbraun, mit schwarzen Flecken; doch kommen zuweilen auch einfärbige Abänderungen vor, welche entweder schiefergrau oder weiß, seltener dagegen schwarz gefärbt sind. Noch seltener ist jene Abänderung, welche auf der Oberseite des Körpers und der Außenseite der Gliedermassen schwarz, auf der Unterseite des Körpers und der Innenseite der Gliedermassen weiß gefärbt erscheint.

Diese schöne Race wird beinahe ausschließlich in Persien gezogen und verdankt diesem Lande auch ihre Benennung.

Bei uns ist sie erst in neuester Zeit bekannt geworden und ebenso selten, als geschätzt.

16. **Der indische Windhund** (Canis leporarius, indicus).

Wie es scheint, ist diese Mischlingsrace das Ergebniß der Kreuzung des persischen Windhundes (Canis leporarius, persicus) mit dem russischen Windhunde (Canis leporarius, rossicus), wornach dieselbe ein einfacher Bastard gemischter Kreuzung wäre.

Sie ist beträchtlich größer als der große Windhund (Canis leporarius, major) und eine der größten Formen in der Gruppe der Windhunde, indem sie dem irländischen (Canis leporarius, hibernicus) sowohl, als auch dem russischen Windhunde (Canis leporarius, rossicus) an Größe und Stärke völlig gleich kommt, während sie sich in Ansehung der Gestalt zunächst an die letztgenannte Race anschließt.

Der einzige wesentliche Unterschied, durch welchen sie sich als verschieden von derselben darstellt, ist die etwas kürzere Behaarung des Körpers, welche ihr ein anderes Aussehen gibt.

Die Färbung ist in der Regel einfärbig weißlichgelb oder lohfarben, doch kommt sie bisweilen auch mit großen bräunlichgelben oder schwarzen Flecken auf den genannten Grundfarben gezeichnet vor.

Wie es scheint, ist die Zucht dieser Race blos auf Ost-Indien beschränkt.

17. **Der griechische Windhund** (Canis leporarius, grajus).

Bei einer genaueren Vergleichung der körperlichen Merkmale dieses Hundes mit jenen des großen Windhundes (Canis leporarius, major) und den wesentlichsten Kennzeichen des persischen Windhundes (Canis leporarius, persicus), gelangt man zu dem Schlusse, daß derselbe ein Abkömmling dieser beiden Formen, sonach ein einfacher Bastard gemischter Kreuzung sei.

Er ist mit dem persischen Windhunde, mit welchem er seinen äußeren Merkmalen zu Folge in sehr naher Verwandtschaft steht, zwar von gleicher Größe, unterscheidet sich von demselben aber durch die größere Annäherung aller seiner Formen an jene des großen Windhundes und durch die merklich kürzere, durchaus nicht zottige Behaarung seines Körpers, welche nur an den Ohren, der Hinterseite der Vorderbeine und Hinterschenkel, und an der Unterseite des Schwanzes etwas länger ist. Auch die Ohren sind minder hängend, als dieß beim persischen Windhunde der Fall ist.

Die Färbung ist in der Regel einfärbig schiefergrau oder weiß; denn weit seltener trifft man gefleckte Abänderungen an, welche mit größeren gelblichbraunen Flecken auf weißem, oder mit schwarzen Flecken auf lohbraunem Grunde gezeichnet sind

In Griechenland bildet diese Race die gewöhnliche Zucht, und wir treffen dieselbe auch schon auf einigen alten griechischen Denkmälern an.

18. **Der türkische Windhund** (Canis leporarius, turcicus).

Diese Race gibt sich als ein Blendling zu erkennen, der aus der Kreuzung des griechischen Windhundes (Canis leporarius, grajus) mit dem persischen Windhunde (Canis leporarius, persicus) hervorgegangen, demnach ein einfacher Bastard gemischter Kreuzung ist.

Sie stellt sich in Ansehung ihrer körperlichen Formen sowohl, als auch in Bezug auf die Behaarung, als ein deutlich ausgesprochenes Mittelglied zwischen diesen beiden Racen dar, mit welchen sie auch von gleicher Größe ist, und unterscheidet sich von der ersteren durch die viel mehr hängenden Ohren, von der letzteren durch die Behaarung, welche nur an den Ohren, an der Hinterseite der Vorder- und der Hinterschenkel, so wie auch an der Unterseite des Schwanzes länger als an den übrigen Körpertheilen, und auch etwas zottig ist.

Die Färbung erscheint bald einfärbig schiefer- oder dunkelaschgrau oder auch weiß, bald gelblichbraun oder schwarz auf weißem Grunde gefleckt. Bisweilen ist die Oberseite des Körpers schieferfarben, die Unterseite desselben und die Innenseite der Beine weiß, und nicht selten kommt auch eine weiße Blässe auf der Stirne und dem Nasenrücken vor.

Man trifft diese Race sowohl in der Türkei, als auch in Natolien und Syrien an, wo sie sich als herrenloser Hund herumtreibt, gewöhnlich aber rudelweise zusammenhält. Häufig findet sie sich auch in Städten und selbst in größeren ein, wo sie in den Straßen ihren Wohnsitz aufschlägt und sogar in Constantinopel, der türkischen Hauptstadt, den gewöhnlichsten Straßenhund bildet.

Sie ist zwar bissig, doch nur Personen in fränkischer Kleidung gefährlich, da sie dieselben anfällt und auch verfolgt, so lange man sie nicht durch Steinwürfe verscheucht.

Obgleich bald in größeren, bald in kleineren Rudeln auf offener Straße lebend, findet der türkische Windhund hier doch hinreichende Nahrung, um sich zu erhalten, da er nicht blos von den Abfällen lebt, die er zufällig daselbst trifft, sondern auch von den Bewohnern fast regelmäßig besonders mit Futter versehen wird.

Die Orientalen sind diesen Hund schon so gewohnt, daß sie nicht einmal das Geheul unangenehm berührt, das oft von einer ganzen Gesellschaft und selbst zur Nachtzeit durch die Straßen tönt.

19. Der russische Windhund (Canis leporarius, rossicus).

Der russische Windhund scheint ein Mischling des großen Windhundes (Canis leporarius, major) mit dem orientalischen Hirtenhunde (Canis extrarius, Calmuccorum) zu sein, wie dieß seine äußeren Formen ziemlich deutlich entnehmen lassen. Er dürfte sonach für einen einfachen Bastard reiner Kreuzung gelten und sich bezüglich seiner Abstammung zunächst dem persischen Windhunde (Canis leporarius, persicus) anschließen.

Der russische Windhund ist eine der größten Racen in der Gruppe der Windhunde, indem er dem indischen (Canis leporarius, indicus) sowohl, als auch dem irländischen Windhunde (Canis leporarius, hibernicus) an Größe gleich kommt und eine Schulterhöhe von nahe an 2½ Fuß erreicht.

Er ist von kräftigem Körperbaue, und obgleich er in seinen körperlichen Formen im Allgemeinen mit dem großen Windhunde (Canis leporarius, major) übereinkommt, so bietet er doch mancherlei Merkmale dar, wodurch er sich von diesem unterscheidet.

Sein Kopf ist etwas mehr erhaben, die Stirne minder flach, die Ohren sind verhältnißmäßig breiter und mehr hängend, der Rücken ist schwächer gekrümmt, und der Leib in den Weichen auch weniger stark eingezogen. Die Beine sind minder schmächtig, und der Schwanz erscheint in Folge seiner reichlichen Behaarung beträchtlich dicker.

Der auffallendste Unterschied besteht aber in der Behaarung des Körpers, indem derselbe mit Ausnahme des kurz und glatt anliegend behaarten Gesichtes und der nicht sehr lang behaarten Ohren und Füße, mit ziemlich langen, zottig-gewellten, weichen und beinahe seidenartigen Haaren bedeckt ist, die insbesondere am Vorderhalse, an den Leibesseiten, der Hinterseite der Vorderbeine und der Hinterschenkel, vorzüglich aber an der Unterseite des Schwanzes in langen Fransen herabhängt. Die Haare zwischen den Zehenballen sind bei dieser Race sehr stark entwickelt.

Die Färbung ist entweder weiß mit großen schwarzen Flecken oder einfärbig weiß, gelblichweiß oder isabellfarben, und im letzteren Falle bisweilen mit weißen Abzeichen am Kopfe, an den Füßen und am Schwanze.

Diese Race wird hauptsächlich in Rußland gezogen und führt daselbst den Namen Sobaka gonczaja.

Bei uns ist diese Race ziemlich selten und wird ihrer Größe und Schönheit wegen als Luxushund auch sehr geschätzt.

20. Die russische Rüde (Canis leporarius, rossicus suillus).

In dieser Race kann man nur eine Blendlingsform erkennen, welche auf der Anpaarung des russischen Windhundes (Canis leporarius, rossicus) mit der Sau-Rüde (Canis leporarius, laniarius suillus) beruht. Sie stellt sich daher als ein doppelter Bastard gemischter Kreuzung dar.

In ihren körperlichen Formen ist die nahe Verwandtschaft dieser Race mit der Sau-Rüde deutlich ausgesprochen, doch ist sie sehr leicht von derselben zu unterscheiden, obgleich sie in ihrer Gestalt im Allgemeinen sowohl, als auch in der Bildung ihrer einzelnen Körpertheile große Aehnlichkeit mit derselben hat, und auch in der Größe vollständig mit ihr übereinkommt.

Der kleinere Kopf, die längere und spitzere Schnauze, die etwas kürzeren und schmäleren Ohren, der gestrecktere und schmächtigere Leib, die höheren Beine und längeren Schenkel, und vollends die längere, zottig-gewellte, feinere und weichere Behaarung, sind die Hauptmerkmale, durch welche sie sich von derselben unterscheidet.

Die gewöhnlich vorkommende Färbung ist einfärbig gelblichweiß, oder grau und auf der Unterseite weißlich. Bisweilen erscheint dieselbe aber auch mit größeren, verloschenen wolkenartigen röthlichbraunen, oder schwarzen Flecken auf gelblichweißem, oder grauem Grunde gezeichnet.

Auch in Rußland, wo diese Race gezogen wird, ist sie dermalen ziemlich selten geworden.

Ihre Hauptbenützung besteht in der Jagd auf Schweine, Bären und Wölfe.

21. **Der Kuppel-Windhund** (Canis leporarius, rossicus subhirsutus).

Die Abstammung dieses Hundes vom russischen Windhunde (Canis leporarius, rossicus) und der gemeinen Dogge (Canis Molossus, mastivus) ist so deutlich in seinen körperlichen Merkmalen ausgesprochen, daß über dieselbe nicht leicht ein Zweifel erhoben werden kann. Er ist sonoch als ein dreifacher Bastard gemischter Kreuzung zu betrachten.

Seiner Gestalt nach reiht sich derselbe zunächst an den Solofänger (Canis leporarius, mastivus) an, dem er auch an Größe durchaus nicht nachsteht, und mit welchem er auch die Merkmale fast aller seiner einzelnen Körpertheile gemein hat.

Das einzige auffallendere Unterscheidungszeichen, das diese beiden Racen von einander trennt, besteht darin, daß beim Kuppel-Windhunde die Behaarung beträchtlich länger, schwach zottig-gewellt und weicher ist.

Auch die Haare zwischen den Zehenballen treten bei demselben sehr stark hervor und an den Hinterfüßen kommt bisweilen eine fünfte Afterzehe vor.

Die Färbung ist bei beiden Racen gleich.

Die Zucht dieses Hundes wird vorzüglich in Kurland betrieben, wo er auch unter dem Namen Kurländischer Eishund bekannt ist.

Man benützt ihn hauptsächlich zur Jagd auf Elennthiere, Schweine, Wölfe und Bären.

22. **Der Domingo-Windhund** (Canis leporarius, dominicensis).

Aus den körperlichen Merkmalen dieser Mischlingsrace geht ziemlich deutlich hervor, daß dieselbe das Ergebniß der Kreuzung des großen Windhundes (Canis leporarius, major) mit der dänischen Dogge (Canis Molossus, danicus), daher ein doppelter Bastard gemischter Kreuzung sei, der sich bezüglich seiner Abstammung zunächst dem Solofänger (Canis leporarius, mastivus) anschließen würde.

Diese große, starke und kräftige Race, welche zu den größten Formen in der Gruppe der Windhunde gehört und nicht selten eine Schulterhöhe von 2 Fuß 4 Zoll erreicht, erinnert bezüglich ihrer Gestalt sowohl, als Größe, lebhaft an den Solofänger (Canis leporarius, mastivus), von welchem sie sich außer dem etwas leichteren Baue, durch folgende Kennzeichen unterscheidet.

Ihr Kopf ist etwas kleiner, mehr gestreckt und niederer, das Hinterhaupt schmäler, die Stirne schwächer gewölbt, die Schnauze länger, schmäler und auch weniger stumpf. Die Lippen sind nur sehr schwach hängend, die Ohren schmäler, stumpfspitzig, halb aufrechtstehend, und gegen die Spitze gebrochen und überhängend, die Augen größer. Der Hals ist verhältnißmäßig etwas länger und auch minder dick, der Leib gestreckter, weniger voll, und in den Weichen stärker eingezogen, die Brust schmäler. Die Beine sind etwas höher und auch schlanker, die Schenkel länger, der Schwanz ist kürzer und dicker, und die Behaarung minder lang. Nur am Vorderhalse und an der Brust ist das Haar etwas länger als an den übrigen Theilen des Körpers.

Die Färbung ist einfärbig schiefergrau, auf der Unterseite heller und in licht bläulich-aschgrau übergehend. Die Lippen, die Augenbrauen und die Innenseite der Ohren sind weißlichgrau, die Nasenkuppe, die Lippenränder und die Augenlider schwarz, die Augen lichtbraun.

Es scheint, daß diese Race nur auf St. Domingo und Cuba gezogen wird.

23. **Der Cuba-Windhund** (Canis leporarius, dominicensis cubanus).

Aller Wahrscheinlichkeit nach beruht diese Race auf der Vermischung des Domingo-Windhundes (Canis leporarius, dominicensis) mit der Cuba-Dogge (Canis Molossus, mastivus cubanus), wornach sie als ein doppelter Bastard gemischter Kreuzung angesehen werden dürfte.

Obwohl dieselbe in ihrer Gestalt im Allgemeinen dem Domingo-Windhunde ähnlich ist, so unterscheidet sie sich von demselben nicht nur durch den schwereren Körperbau und die etwas geringere Größe, sondern auch noch durch mehrere andere Merkmale, welche deutlich auf ihre Verwandtschaft mit der Cuba-Dogge hindeuten.

Ihr Kopf ist beträchtlich kürzer und höher als bei der erstgenannten Race, das Hinterhaupt breiter, die Stirne viel mehr gewölbt, die Schnauze kürzer, breiter und auch weit mehr abgestumpft. Die Lippen hängen tiefer herab, die Ohren sind breiter, stumpfspitzig-gerundet und über der Wurzel gebrochen und überhängend, und die hellglänzenden Augen sind kleiner. Der Hals ist merklich kürzer und dicker, der Leib gedrungener, voller, und in der Weichengegend schwächer eingezogen, die Brust breiter.

Die Beine sind niederer und stärker, die Schenkel kürzer, der Schwanz ist länger und dünner, und die Behaarung an allen Körpertheilen kürzer, gröber, und beinahe völlig glatt anliegend.

Die Färbung ist einfärbig graubraun. Die Ohren, und ein kleiner rundlicher Flecken jederseits oberhalb der Augen sind matt-schwarz.

Am häufigsten wird diese Race auf Cuba gezogen, doch wird sie auch auf St. Domingo und dem Festlande von Central-America getroffen.

24. **Der irländische Windhund** (Canis leporarius, hibernicus).

Derselbe ist offenbar eine reine, unvermischte, auf den Einwirkungen des Klima's in Folge geographischer Verbreitung beruhende Abänderung des Windhundes (Canis leporarius) und gehört dem westlichen Theile von Nord-Europa an, wo insbesondere Irland seine Heimath bildet.

Er ist nebst dem indischen (Canis leporarius, indicus) und dem russischen Windhunde (Canis leporarius, rossicus), die größte und stärkste unter allen dieser Gruppe angehörigen Formen, und vereinigt mit der Gestalt des großen Windhundes (Canis leporarius, major), die Größe der englischen Dogge (Canis Molossus, mastivus anglicus).

Die einzigen Merkmale, durch welche er sich vom großen Windhunde unterscheidet, sind die bedeutendere Größe, und das etwas längere, doch glatt anliegende Haar.

Die Färbung ist meistens einfärbig schiefergrau, fahlgelb, hellbräunlich, schwarz, oder weiß, bisweilen aber auch braun oder schwarz auf weißem Grunde gefleckt.

In früherer Zeit war diese Race in Irland sehr gemein und wurde vorzugsweise zur Wolfsjagd benützt; heut zu Tage gehört sie daselbst aber zu einer Seltenheit.

Die Engländer bezeichnen sie mit dem Namen Irish Greyhound, die Franzosen mit der Benennung Chien d'Irlande.

25. **Der Hasehund** (Canis leporarius, hibernicus agasseus).

Wie es scheint, dürfte diese Race auf der Anpaarung des irländischen Windhundes (Canis leporarius, hibernicus) mit dem großen Windhunde (Canis leporarius, major) beruhen und einen Halbbastard reiner Kreuzung darstellen.

Dieselbe ist nur wenig kleiner als der irländische und größer als der große Windhund, zwischen welchen beiden Formen sie auch in Ansehung ihrer körperlichen Merkmale in der Mitte steht und dieselben gleichsam mit einander zu verbinden scheint; doch schließt sie sich mehr der ersteren, als der letzteren an und unterscheidet sich von derselben einzig und allein nur durch die etwas kürzere Behaarung ihres Körpers.

In alter Zeit wurde die Zucht dieser Race in England sorgfältig und eifrig gepflegt, während dieselbe dermalen als völlig ausgestorben zu betrachten ist.

Gasehound war die Benennung, mit welcher sie damals bezeichnet wurde.

Die älteste Nachricht, welche wir von der Existenz dieser Race erhielten, rührt aus dem 16. Jahrhunderte, wo sie von Johannes Cajus in seiner Abhandlung über die Britischen Hunde zuerst genannt wird.

Ihre Verwendung galt ausschließlich der Jagd.

26. Der irländische Curshund (Canis leporarius, hibernicus molossinus).

Die Abstammung dieser Mischlingsrace vom irländischen Windhunde (Canis leporarius, hibernicus) und dem großen Bullenbeißer (Canis Molossus, major) ist so deutlich in ihren Körperformen ausgesprochen, daß man dieselben nothwendigerweise für deren Stammältern betrachten muß. Sie stellt sich offenbar als ein einfacher Bastard reiner Kreuzung dar.

Diese dem Solofänger (Canis leporarius, mastivus) bezüglich der Gestalt sehr nahe stehende Race unterscheidet sich von demselben außer der bedeutenderen Größe, durch den etwas größeren, kürzeren und höheren Kopf, das breitere Hinterhaupt, eine noch stärker gewölbte Stirne, die kürzere, breitere, höhere und stumpfere Schnauze, die mehr hängenden Lippen, den kürzeren und dickeren Hals, den volleren und in den Weichen auch weniger stark eingezogenen Leib, die breitere Brust, verhältnißmäßig niederere Beine, kürzere Schenkel, einen dünneren Schwanz, und die etwas längere, aber an allen Körpertheilen gleichförmige Behaarung.

In der Färbung kommen beide Racen mit einander überein.

So wie der irländische Windhund, gehört auch der irländische Curshund in unseren Tagen zu den nur selten vorkommenden Erscheinungen.

27. Der schottische Windhund (Canis leporarius, hibernicus hirsutus).

Schon eine oberflächliche Vergleichung der äußeren Merkmale dieses Hundes mit jenen des irländischen Windhundes (Canis leporarius, hibernicus) und des französischen Fleischerhundes (Canis leporarius, laniarius) führt zu dem Schlusse, daß derselbe von diesen beiden Formen stamme und als ein einfacher Bastard gemischter Kreuzung zu betrachten sei.

Seine körperlichen Formen lassen zwar dessen Abstammung vom irländischen Windhunde nicht verkennen, doch erinnert er in der Gestalt sowohl, als Größe einigermaßen auch an den türkischen Windhund (Canis leporarius, turcicus), obgleich dieser eine durchaus verschiedene Abkunft hat.

Von der erstgenannten Form unterscheidet er sich außer der etwas geringeren Größe, durch den höheren und am Hinterhaupte breiteren Kopf, eine sehr schwach gewölbte Stirne, die breiteren, stumpferen und auch etwas mehr gebrochenen Ohren, den etwas kürzeren Hals, einen volleren und gegen die Weichen minder stark eingezogenen Leib, den schwächer gekrümmten Rücken, die verhältnißmäßig etwas kürzeren, dickeren Beine, und eine zwar nicht kürzere, aber rauhere und ziemlich glatt anliegende Behaarung.

Die Färbung ist in der Regel einfärbig schiefergrau, gelblichweiß, oder weiß, häufig aber auch mit großen, dunkel- oder hellbraunen, oder selbst schwarzen Flecken auf weißem oder gelblichweißem Grunde gezeichnet.

Diese Race wird fast nur in Schottland und Irland gezogen, wo ihre Hauptbenützung in der Verwendung zur Jagd besteht.

28. **Der hochländische Windhund** (Canis leporarius, hibernicus sanguisequus).

Der hochländische Windhund scheint das Produkt der gegenseitigen Vermischung des schottischen Windhundes (Canis leporarius, hibernicus hirsutus) mit dem englischen Schweißhunde (Canis sagax, anglicus sanguisequus), sonach ein doppelter Bastard gemischter Kreuzung zu sein.

In seiner Körperform im Allgemeinen ist er der erstgenannten Race, mit welcher er auch von gleicher Größe ist, zwar ziemlich ähnlich, doch unterscheidet er sich von derselben, außer dem kräftigeren Baue, noch durch folgende Merkmale.

Sein Kopf ist weniger gestreckt und höher, das Hinterhaupt breiter, die Stirne mehr gewölbt, die Schnauze kürzer, etwas höher, und auch breiter und stumpfer. Die Lippen sind schwach hängend, die Ohren länger, breiter, mehr abgerundet und fast völlig hängend. Der Hals ist kürzer und dicker, der Leib gedrungener und voller, die Beine sind etwas niederer und stärker, die Schenkel minder lang, und die Behaarung ist kürzer, fast glatt anliegend, und auch weniger grob.

Die Färbung bietet mancherlei Verschiedenheiten dar. Bald erscheint dieselbe einfärbig dunkelröthlichbraun, graubraun, schwarz, schiefergrau, gelblichweiß, oder weiß, bald aber auch auf dunkelröthlichbraunem, oder graubraunem Grunde mit großen schwarzen, oder auf gelblichweißem, oder weißem Grunde, mit größeren dunkel- oder hellbraunen, und zuweilen selbst mit schwarzen Flecken besetzt. Bisweilen ist die Oberseite des Körpers graubraun, die Unterseite desselben weißlich, und über jedem Auge befindet sich ein kleiner, rundlicher, röthlichbrauner Flecken.

Dieser Hund bildet beinahe ausschließlich eine schottische Zucht und wird hauptsächlich zur Jagd verwendet.

29. **Der irländische Wolfshund** (Canis leporarius, hibernicus domesticus).

Diese Race gibt sich als ein Blendling kund, der offenbar auf der Kreuzung des irländischen Windhundes (Canis leporarius, hibernicus) mit dem Hirten-Haushunde (Canis domesticus, ovilis) beruht. Er kann daher unbedingt als ein einfacher Bastard reiner Kreuzung angesehen werden.

In diesem Hunde sind die wesentlichsten Kennzeichen seiner beiden Stammältern innig mit einander verschmolzen, so daß er ein unverkennbares Mittelglied zwischen denselben bildet.

Vom irländischen Windhunde, welchem er sich bezüglich seiner Körperformen näher anschließt, unterscheiden ihn, außer seiner beträchtlich geringeren Größe, nachstehende Merkmale.

Sein Kopf ist kürzer und höher, das Hinterhaupt breiter, die Stirne schwach gewölbt, die Schnauze kürzer und höher. Die Ohren sind minder lang, breiter, steifer, und mehr aufrechtstehend; der Hals ist kürzer und dicker, der Leib gedrungener, voller, und in den Weichen nicht so stark eingezogen, die Brust breiter. Die Beine sind viel niederer und stärker, die Schenkel kürzer, der Schwanz ist merklich kürzer und dicker, und die Körperbehaarung beträchtlich länger, beinahe glatt=zottig und gröber.

Die gewöhnlich vorkommende Färbung ist einfärbig weiß, fahlgelb, heller oder dunkler braun, grau, oder schwarz, oder auf hellem Grunde mit dunkleren grauen, braunen, oder auch schwarzen, mehr oder weniger scharf begrenzten, oder verloschenen Flecken besetzt. Sehr oft kommt auch eine Abänderung vor, die auf der Oberseite des Körpers und der Außenseite der Beine schwarz, oder braun, auf der Unterseite des Körpers, der Innenseite der Beine und auf der Schnauze rothgelb oder braungelb ist und über jedem Auge einen ebenso gefärbten kleinen rundlichen Flecken zeigt.

Die Zucht dieser Race ist fast nur auf Irland beschränkt.

30. **Der Lurcher** (Canis leporarius, hibernicus pecuarius).

Der Lurcher ist eine Mischlingsform, die ohne Zweifel das Ergebniß der gegenseitigen Vermischung des irländischen Windhundes (Canis leporarius, hibernicus) mit dem Schafhunde (Canis domesticus, pastoreus), daher ein doppelter Bastard gemischter Kreuzung ist.

Derselbe ist nahe mit dem irländischen Wolfshunde (Canis leporarius, hibernicus domesticus) verwandt, und zwar sowohl in Bezug auf seine Gestalt, als auch auf seine Größe, und unterscheidet sich von diesem nur durch folgende Merkmale.

Sein Kopf ist höher, das Hinterhaupt breiter, die Schnauze merklich stumpfer. Die Ohren sind länger und breiter, halb aufrechtstehend, und gegen die Spitze gebrochen und überhängend; der Hals ist verhältnißmäßig länger, und auch dünner, der Leib weniger gedrungen, und etwas schmächtiger, die Beine sind höher, und die Schenkel länger.

Ein Hauptunterscheidungsmerkmal bildet aber die noch längere, ziemlich glatt=zottige, grobe Behaarung des Körpers, welche am Kopfe am längsten ist, und um die Schnauze herum eine Art von Bart bildet.

Die Färbung ist meistens einfärbig grau, braun, oder schwarz, oder erscheint auf grauem oder braunem Grunde mit dunkleren verloschenen Flecken besetzt. Bisweilen ist aber auch die Oberseite des Körpers und die Außenseite der Beine schwarz, die Unterseite des Körpers, die Innenseite der Beine, und die Schnauze rostgelb, und ein kleiner rundlicher rostgelber Flecken steht jederseits oberhalb der Augen.

In England, Schottland und Irland ist dieser Hund eine der verbreitetsten Racen.

Lurcher ist der Name, welchen er daselbst führt.

31. Der italienische Windhund (Canis leporarius, italicus).

Der italienische Windhund stellt sich als eine reine, unvermischte Form, und zwar als eine derjenigen Abänderungen des Windhundes (Canis leporarius) dar, welche sich nur durch klimatische Einflüsse und geographische Verbreitung erklären lassen, und gehörte ursprünglich wohl nur dem mittleren Theile von Süd-Europa und namentlich Italien an.

Er ist in seinen körperlichen Formen im Allgemeinen dem großen Windhunde beinahe vollkommen gleich, und unterscheidet sich von demselben fast nur durch die weit geringere Größe, indem er um die Hälfte kleiner ist, und durch den zarteren Bau.

Bei einer genaueren Vergleichung ergibt sich jedoch, daß die Körperbehaarung noch kürzer und feiner ist, und die Ohren in der Regel häufiger zurückgelegt, als aufgerichtet oder halb aufgerichtet getragen werden.

Die Färbung ist meistens einfärbig licht röthlichbraungelb oder ledergelb, isabellfarben, röthlich- oder gelblichweiß, oder auch licht aschgrau, seltener dagegen rein weiß; doch kommen bisweilen Abänderungen vor, die mit größeren braunen, oder schwarzen Flecken auf hellem Grunde gezeichnet sind.

Die Italiener bezeichnen diesen Hund mit dem Namen Levriere, die Franzosen mit der Benennung Moyen Lévrier und Levron. Von den Engländern wird er Italian Greyhound genannt.

In den Schriften aus der alten Griechen- und Römerzeit wird diese Form zwar nicht genannt, doch kann es um so weniger einem Zweifel unterliegen, daß sie wenigstens den Römern bekannt war, als sie nicht blos Italien zu ihrer Heimath hat, sondern auch auf so manchen römischen Denkmälern abgebildet erscheint.

Der italienische Windhund weicht bezüglich seiner Eigenschaften kaum vom großen Windhunde ab, wird aber seiner Zartheit wegen bei uns nur als Stubenhund gehalten, und ist als solcher auch sehr beliebt, da er mit der Zierlichkeit in seinen Formen auch Lebhaftigkeit und Munterkeit verbindet. Er verlangt jedoch eine viel größere Sorgfalt in der Pflege, als dieß beim großen Windhunde der Fall ist, indem er denselben an Zärtlichkeit weit übertrifft.

Auch diese Form trifft man auf den Wappenschildern als Sinnbild der Treue und des Gehorsams an.

32. Der englische Windhund (Canis leporarius, italicus anglicus).

Es kann als eine erwiesene Thatsache betrachtet werden, daß dieser Hund, welcher eine reine, unvermischte Form darstellt, nur eine durch Acclimatisation hervorgerufene Abänderung des italienischen Windhundes (Canis leporarius, italicus) und durch dessen Verpflanzung von Italien nach England entstanden ist.

Derselbe ist unstreitig die kleinste und zarteste Form in der Gruppe der Windhunde und noch um ein Drittel kleiner als der italienische Windhund, mit welchem er in allen seinen Merkmalen auf das Vollkommenste übereinstimmt, und von dem er sich höchstens nur dadurch unterscheidet, daß er die Ohren meistens ganz oder halb aufgerichtet trägt.

Auch in der Färbung besteht zwischen diesen beiden Formen durchaus kein Unterschied.

Von den Franzosen wird dieser Hund Petit Lévrier und ebenso wie der italienische Windhund, auch Levron genannt. Auch die Engländer bezeichnen ihn so wie diesen, mit dem Namen Italian Greyhound.

Wie in seinen körperlichen Merkmalen, so kommt der englische Windhund auch in allen seinen Eigenschaften mit dem italienischen vollständig überein und ist seiner zierlichen Formen wegen als Stubenhund noch mehr beliebt als dieser.

33. **Der ägyptische Windhund** (Canis leporarius, aegyptius).

Dieser Hund gibt sich als eine reine, unvermischte Form, und zwar als eine Abänderung des Windhundes (Canis leporarius) zu erkennen, welche durch geographische Verbreitung und klimatische Einflüsse bedingt ist. Er gehört dem östlichen Theile von Nord- und Mittel-Afrika an, und reicht von Aegypten über Nubien und Dongola bis nach Sennaar, und wahrscheinlich noch weiter in das Innere von Afrika.

Unstreitig ist dieser Hund die schönste und zierlichste Form in der Gruppe der Windhunde, welche mit der Größe des großen Windhundes (Canis leporarius, major), die Zartheit des Baues des italienischen Windhundes (Canis leporarius, italicus) in sich vereint.

Die wesentlichsten Merkmale, welche dieser Form eigen sind, bestehen in dem kleinen, flachgedrückten Kopfe, einer stark gestreckten Schnauze, den sehr schmalen und etwas mehr aufrechtstehenden Ohren, dem überaus schlanken und in der Weichengegend sehr stark eingezogenen Leibe, den hohen, dünnen, zarten Beinen, dem fast regelmäßigen Vorhandensein einer fünften Afterzehe an den Hinterfüßen, und dem außerordentlich feinen, kurzen, glatt anliegenden Haare.

Die gewöhnliche Färbung ist einfärbig hell isabellfarben, seltener schwarz, mit weißen Abzeichen, oder weiß und schwarz gefleckt.

In Aegypten und vorzüglich in Unter-Aegypten ist diese Form heut zu Tage ziemlich selten, und erst weiter westwärts und namentlich in der Berberei wird sie häufiger getroffen. Ihren Hauptwohnsitz bilden aber Nubien, Dongola und Sennaar.

Die Araber nennen sie Kélb-el-seïd.

Sie ist der einzige Hund, welcher von den Arabern zur Jagd, und vorzüglich auf Gazellen verwendet wird, und zeichnet sich durch Schnelligkeit, Gewandtheit und Ausdauer im Laufe aus.

Abbildungen von derselben treffen wir schon auf den Grabmälern der alten Aegyptier aus der Zeit der dritten Dynastie.

34. Der arabische Windhund (Canis leporarius, arabicus).

Der arabische Windhund, welcher auch unter den Namen „Beduinen- und Akabahund" bekannt ist, scheint eine Blendlingsrace zu sein, welche aus der Kreuzung des ägyptischen Windhundes (Canis leporarius, aegyptius) mit dem ägyptischen Schakale (Canis Lupaster) hervorgegangen ist, wornach er sich als ein einfacher Bastard reiner Kreuzung darstellen würde, der bezüglich seiner Abstammung Aehnlichkeit mit dem spartanischen Hunde (Canis leporarius, laconicus) hat.

Er stammt schon aus der ältesten Zeit und wird auch heut zu Tage noch sowohl in Aegypten und Abyssinien, als auch in Syrien und Arabien und vorzugsweise in der Umgegend von Akaba in der Provinz Hedjas angetroffen.

Obgleich dieser schöne Hund in seinen Formen einigermaßen an den spartanischen Hund (Canis leporarius, laconicus) erinnert, spricht sich in seinem ganzen Baue deutlich seine Abkunft vom ägyptischen Windhunde aus, von welchem er jedoch in mancherlei Beziehungen sehr wesentliche Abweichungen darbietet.

Er ist etwas kleiner als derselbe und wird bisweilen auch nur von Mittelgröße angetroffen.

Sein Kopf ist höher, die Stirne schwach gewölbt, die Schnauze kürzer und auch nicht so nieder. Die Ohren sind beträchtlich kürzer, breiter, steif und vollkommen aufrechtstehend. Der Hals ist kürzer und dicker, der Leib minder schmächtig und in der Weichengegend auch weniger eingezogen, der Rücken schwächer gekrümmt. Die Beine sind verhältnißmäßig kürzer und auch kräftiger, und der Schwanz erscheint durch seine reichliche Behaarung länger und beträchtlich dicker, reicht tief unter das Fersengelenk herab und wird meistens hängend, seltener dagegen etwas nach aufwärts gebogen getragen.

Die Behaarung ist mit Ausnahme des kurz und glatt anliegend behaarten Gesichtes, am ganzen Körper merklich länger und auch gröber, und der Schwanz ist nicht sehr ferne von der Wurzel angefangen, vorzüglich aber auf der Unterseite mit langen, ziemlich steifen Haaren besetzt, die sich gegen die Spitze zu allmählig verlängern und demselben ein fast buschiges Aussehen geben.

Die Färbung ist meistens einfärbig röthlichbraun oder weißlich und lohgelb überflogen, bisweilen aber auch röthlich-aschgrau, und das lange Haar am Schwanze weißlich.

Die Engländer bezeichnen diese Race mit dem Namen Arabian Greyhound und Bedouin Greyhound of Akaba.

Auch von diesem Hunde werden Abbildungen auf den alt-ägyptischen Denkmälern aus verschiedenen älteren und jüngeren Perioden angetroffen.

35. Der ägyptische Straßenhund (Canis leporarius, arabicus vagus).

Es kann kaum ein Zweifel darüber bestehen, daß der ägyptische Straßenhund aus der Vermischung des arabischen Windhundes (Canis leporarius, arabicus) mit dem ägyptischen Schakale (Canis Lupaster) hervorgegangen, sonach ein einfacher **Bastard gemischter Kreuzung** ist.

Man trifft ihn allenthalben in Aegypten an, wo er sich meistens zu größeren oder kleineren Rudeln vereint, als herrenloser Hund herumtreibt und häufig auch in Städten, ja selbst in Cairo, der Hauptstadt des Landes.

Diese Race, welche bei ihrer herumstreichenden Lebensart in ihrer Heimath durch die Vermischung mit den verschiedenartigsten Hunderacen bezüglich ihrer körperlichen Formen die mannigfaltigsten Veränderungen erleidet und nur selten in ihrem ursprünglichen reinen Zustande angetroffen wird, läßt selbst in ihren abweichendsten Bastarden ihre Abstammung vom arabischen Windhunde nicht verkennen.

In ihrer Reinheit aber spricht sich diese Verwandtschaft überaus deutlich aus, indem sie beinahe dieselben Formen darbietet, und sich hauptsächlich nur durch etwas geringere Größe, einen kürzeren und dickeren Hals, den volleren und in den Weichen nur sehr schwach eingezogenen Leib, einen beinahe vollkommen geraden Rücken, die minder hohen Beine, und eine etwas längere und gröbere Behaarung unterscheidet, die am Schwanze noch viel reichlicher ist und demselben daher auch ein noch weit mehr buschiges Aussehen verleiht.

Die Färbung bietet dieselbe Mannigfaltigkeit wie jene des arabischen Windhundes dar.

Kélb ist der Name, womit die Araber diesen, so wie überhaupt alle Hunde zu bezeichnen pflegen.

Seiner Bissigkeit wegen ist es räthlich, ihm möglichst auszuweichen.

Gemähnter ägyptischer Hund. Nackter Windhund. Langohriger ägyptischer Hund. Aegyptischer Hund.

Siebente Gruppe.

Nackte Hunde

(Canes carabaei).

Der Kopf ist klein, von länglicher Form und hoch, die Stirne stark gewölbt, die Schnauze ziemlich lang, nicht sehr nieder und nach vorne zu stark verschmälert und zugespitzt. Die Lippen sind straff, die Ohren ziemlich lang, etwas breit, zugespitzt, halb aufrechtstehend und gegen die Spitze gebrochen und überhängend. Der Hals ist nicht sehr lang und dünn, der Leib etwas gestreckt und ziemlich schmächtig, die Brust schmal. Die Beine sind ziemlich hoch und schlank, die vorderen vollkommen gerade, die Schenkel lang. Der Schwanz ist ziemlich lang und sehr dünn, die Körperbehaarung fehlend, die Haut beinahe völlig kahl.

In den aberranten Racen dieser Gruppe sind zum Theile die Merkmale der Seidenhund-, Bullenbeißer- und Windhundform zu erkennen.

Alle stammen aber nur von einer einzigen Art. Es ist dieß:

Der nackte Hund
(Canis caraibaeus).

Die auffallenden Eigenthümlichkeiten dieses Hundes, welche ihn scharf von allen übrigen Hundearten trennen und von keiner derselben ableiten lassen, nöthigen dazu, ihn nicht nur für eine reine, unvermischte Form, sondern auch für den Repräsentanten einer selbstständigen Art zu betrachten, die dem mittleren Amerika nebst den zunächst angrenzenden Ländern von Süd- und Nord-Amerika angehört, und nordwärts bis nach Mexiko, südwärts bis nach Paraguay hinabreicht.

Er ist die Stammart einer nur sehr geringen Zahl verschiedener Formen und Racen, von welchen uns bis jetzt nicht mehr als 6 bekannt geworden sind.

Drei derselben sind reine, unvermischte Formen, von denen jedoch nur eine als Grundform zu betrachten ist, nämlich:

der südamerikanische nackte Hund (Canis caraibaeus, meridionalis), während die zweite oder

der ägyptische Hund (Canis caraibaeus, aegyptius) durch Acclimatisation entstanden ist, und die dritte oder

der mexikanische Buckelhund (Canis caraibaeus, Hernandesii) wohl nur auf Zucht und veränderter Lebensweise beruht.

Die übrigen 3 sind Bastarde, und zwar

der nackte Windhund (Canis caraibaeus, aegyptius turcicus) und

der langohrige ägyptische Hund (Canis caraibaeus, aegyptius lasiotus) einfache Bastarde reiner Kreuzung, und

der gemähnte ägyptische Hund (Canis caraibaeus, aegyptius cristatus) ein doppelter Bastard reiner Kreuzung.

1. Der südamerikanische nackte Hund (Canis caraibaeus, meridionalis).

Diese durch ihre körperlichen Merkmale höchst ausgezeichnete, offenbar reine, unvermischte Form ist der Grundtypus sämmtlicher zu dieser Gruppe gehörigen Formen und Racen, und nicht nur über Mittel-Amerika, wo sie bis in das südliche Mexiko reicht, sondern auch über den größten Theil von Süd-Amerika bis nach Paraguay hinab verbreitet.

In der Regel ist dieselbe ziemlich klein, doch wird sie zuweilen auch von mittlerer Größe, selten aber in einer Höhe von mehr als 1 Fuß getroffen, daher sie auch fast immer kleiner als der Fuchs (Vulpes vulgaris) erscheint.

Ihre Gestalt ist meistens ziemlich schlank, doch bei der ihr eigenthümlichen großen Anlage zur Ablagerung von Fett, häufig auch voll und untersetzt.

Der Kopf ist verhältnißmäßig etwas klein, von länglicher Form und hoch, das

Hinterhaupt nicht sehr breit, mit nur mäßig stark entwickeltem Knochenkamme, die Stirne stark gewölbt, die Schnauze ziemlich lang und nicht besonders nieder, nach vorne zu stark verschmälert und zugespitzt. Die Lippen sind kurz und straff, und die Wangenhaut ist gespannt. Die Ohren sind ziemlich lang und verhältnißmäßig etwas breit, zugespitzt, nicht sehr weich, halb aufrechtstehend, gegen die Spitze gebrochen und nach vorne überhängend, oder bisweilen auch vollkommen aufrecht. Der Hals ist nicht sehr lang und dünn, der Leib etwas gestreckt, in der Regel ziemlich schmächtig und gegen die Weichen stark eingezogen, bisweilen aber auch voll und untersetzt, der Widerrist erhaben, der Rücken schwach gekrümmt, die Brust schmal und tiefliegend. Die Beine sind verhältnißmäßig ziemlich hoch, schlank und zart, die vorderen vollkommen gerade, die Schenkel lang und an den Hinterfüßen ist keine fünfte Afterzehe vorhanden. Der Schwanz ist ziemlich lang, sehr dünn und bis etwas unter das Fersengelenk reichend. Entweder wird derselbe hängend oder auch nach rückwärts gestreckt und etwas nach aufwärts gebogen getragen.

Die Körperhaut ist kahl und nur um den Mund herum, in der Nähe des Schwanzes und an den Beinen befinden sich einzelne mäßig lange Haare. Auch die Ohren und der Schwanz sind völlig haarlos.

Die Hautfarbe ist schwärzlich oder dunkelaschgrau, etwas in's Bläuliche ziehend, und zuweilen trifft man auch an verschiedenen Körperstellen und insbesondere auf der Unterseite des Körpers und an den Beinen einige fleischfarbene Flecken auf dem dunklen Grunde an.

Mittelgroße Individuen haben eine Körperlänge von 2 Fuß, eine Schwanzlänge von 10 Zoll und eine Höhe am Widerrist von 1 Fuß.

Von den Antillen und den Bahama-Inseln aus scheint dieser Hund über Guinea und die Insel St. Jago der Capverden, nach Aegypten und bis auf die philippinische Insel Luzon oder Manila, ja selbst nach China gebracht worden zu sein, so wie er offenbar später auch nach Europa gelangte.

Von den verschiedenen Indianer-Stämmen in Paraguay wird derselbe mit verschiedenen Namen bezeichnet; so nennen ihn die Abiponer Nétegink, die Lenguas Nektilaga, und die Guaranis Yagua, während die Spanier in Süd-Amerika den Namen Perro chino, das ist „Hund der Indianer" für ihn gebrauchen. Die Engländer nennen ihn Hairless Dog, die Franzosen Chien caraïbe, und von den alten Mexikanern wurde er Xoloitzcuintli genannt.

Der südamerikanische nackte Hund zeigt große Leichtigkeit in seinen Bewegungen und auch sein Lauf ist rasch und ziemlich anhaltend.

Seine Stimme besteht in den warmen Ländern, welche seine Heimath bilden, in der Regel mehr in einem Geheule und Gewinsel, als in einem Gebelle, obgleich manche Individuen bisweilen auch ein zwar kurzes, aber ziemlich lautes Gebell ausstoßen, und andere wieder beinahe völlig stumm sind. Auch bei uns bellt dieser Hund weit seltener als andere Hunde und heftiger blos bei Annäherung eines Fremden.

Unter seinen Sinnen scheint der Gehörs- und Geruchssinn am Meisten ausgebildet zu sein; seine Intelligenz ist aber nur sehr gering, daher er auch selbst in seinen Heimathländern nicht zur Jagd verwendet, sondern blos als Wächter des Hauses benützt wird, und vorzüglich sind es die großen Meiereien in Paraguay, wo er in großer Anzahl gehalten wird.

Er ist sehr gutmüthig und wachsam, sehr treu und anhänglich an seinen Herrn.

Mit anderen Hunde-Racen vermischt er sich weit seltener, als diese unter sich, und die Jungen, welche aus einer solchen Vermischung hervorgehen, gleichen gewöhnlich mehr der Mutter.

Die Indianerinnen in Süd-Amerika zeigen eine sehr große Zuneigung für diesen Hund und ziehen häufig dessen Junge neben ihren Kindern an der Brust auf.

In unserem Klima, wo er seiner Zartheit und Empfindlichkeit wegen nur als Stubenhund gehalten wird, hält er in der Regel nicht so lange wie andere Hundearten aus.

Seine Empfindlichkeit gegen die Einflüsse der Temperatur und Feuchtigkeit der Luft ist so groß, daß er selbst an den wärmsten Tagen oft am ganzen Leibe zittert. Ueberhaupt ist er so zärtlich, daß er auch bei der wärmsten Haltung und sorgfältigsten Pflege häufig katarrhalischen Anfällen unterliegt.

Bei längerer Haltung in unserem Klima verfärbt sich auch allmählig seine Haut und geht aus dem Schwärzlichen in's Grauliche über, mit einem schwachen Tone in's Fleischfarbene.

2. **Der ägyptische Hund** (Canis caraibaeus, aegyptius).

Derselbe bildet offenbar eine r e i n e, u n v e r m i s c h t e Form des südamerikanischen nackten Hundes (Canis caraibaeus, meridionalis) und kann nur als eine Abänderung desselben betrachtet werden, die durch A c c l i m a t i s i r u n g seiner Stammart entstanden ist, die aus Süd-Amerika Anfangs nach Aegypten und von da später nach Europa verpflanzt worden ist.

Seine körperlichen Formen stimmen mit jenen der ebengenannten Stammart vollkommen überein, und der einzige Unterschied, durch welchen er von derselben abweicht, besteht darin, daß bei ihm der Scheitel und meistens auch die Schwanzspitze mit einem Büschel mehr oder weniger dünn stehender Haare besetzt ist und seine Hautfarbe häufiger röthlich- oder bräunlich-fleischfarben, als schwärzlich oder dunkelaschgrau erscheint, so wie nicht selten auch an verschiedenen Stellen des Körpers und vorzüglich auf der Unterseite desselben und an den Beinen, nicht blos röthlichweiße oder weiße, sondern sehr oft auch braune Flecken von größerem oder kleinerem Umfange angetroffen werden. Die Haare sind weißlich, röthlich- oder auch bräunlichweiß.

Die Franzosen nennen diesen Hund Chien-turc, die Italiener Can Turco, und die Engländer Naked Dog.

Bei uns wird derselbe nur zum Vergnügen als Stubenhund gehalten und zeigt sich gegen Kälte ebenso empfindlich als der südamerikanische nackte Hund, ungeachtet er schon seit mehr als 100 Jahren in Europa acclimatisirt ist.

3. Der nackte Windhund (Canis caraibaeus, aegyptius turcicus).

Aus den Merkmalen dieser Blendlingsrace geht klar und deutlich hervor, daß sie auf der Anpaarung des ägyptischen Hundes (Canis caraibaeus, aegyptius) mit dem italienischen Windhunde (Canis leporarius, italicus) beruhe und daher ein einfacher Bastard reiner Kreuzung sei.

Sie stellt sich als ein unverkennbares Mittelglied zwischen diesen beiden Formen dar und stimmt mit dem italienischen Windhunde sowohl bezüglich ihrer Größe, als auch in Ansehung der Gestalt und der Zierlichkeit ihrer Körperform, beinahe vollständig überein, so daß sie auf den ersten Blick nur durch die Haarlosigkeit ihrer Haut sich von demselben zu unterscheiden scheint.

Bei einer genaueren Vergleichung beider ergibt sich jedoch, daß der Unterschied zwischen denselben nicht blos auf der Kahlheit des Körpers beruht, sondern daß es auch noch andere Merkmale sind, welche dieselben von einander trennen.

Ein Hauptunterschied liegt in der Bildung des Kopfes, der nicht nur merklich höher, sondern dessen Stirne auch deutlich etwas gewölbt ist. Auch die Ohren sind verhältnißmäßig etwas breiter und werden meistens halb aufrechtstehend getragen.

In Ansehung der Haarlosigkeit des Körpers stimmt diese Race ganz mit dem ägyptischen Hunde überein, doch ist der Scheitel bei derselben beinahe immer kahl.

Die Hautfarbe ist meistens bräunlich-fleischfarben, bisweilen aber auch röthlich-aschgrau, und nur äußerst selten kommen hellere Flecken auf der Unterseite des Leibes oder auch auf den Beinen vor.

Von den Franzosen wird diese Race Lévrier chien-turc, von den Engländern Turkish naked Dog genannt.

Alle Eigenschaften, welche ihren beiden Stammältern zukommen, trifft man bei ihr vereinigt an, und rücksichtlich ihrer Empfindlichkeit gegen Kälte kommt sie ganz und gar mit dem ägyptischen Hunde überein, denn schon bei dem geringsten Sinken der Temperatur zittert sie am ganzen Körper. Demungeachtet ist sie ihrer zierlichen Formen wegen als Stubenhund sehr beliebt. Im Allgemeinen gehört sie aber zu den seltener vorkommenden Racen.

4. Der langohrige ägyptische Hund (Canis caraibaeus, aegyptius lasiotus).

Schon ein oberflächlicher Blick genügt, um die Abstammung dieser Race zu erkennen, welche aus der Kreuzung des ägyptischen Hundes (Canis caraibaeus, aegyptius) mit dem König Carl's-Hunde (Canis extrarius, hispanicus brevipilis) hervorgegangen und somit ein einfacher Bastard reiner Kreuzung ist.

Dieselbe ist meistens kleiner als der ägyptische Hund, mit welchem sie in ihren körperlichen Formen im Allgemeinen zwar ziemlich übereinkommt, sich von demselben aber durch nachstehende Merkmale unterscheidet.

Ihr Kopf ist minder stark erhaben, die Stirne etwas weniger gewölbt, die Schnauze kürzer und auch niederer. Die Ohren sind länger, breiter, mehr abgerundet und beinahe völlig hängend, der Hals ist verhältnißmäßig kürzer und dicker, der Leib mehr gedrungen und in den Weichen weniger stark eingezogen, der Rücken minder als bei diesem gekrümmt. Die Beine sind nicht so hoch und auch nicht so dünn und zart, die Schenkel kürzer.

Der wesentlichste und am deutlichsten hervortretende Unterschied besteht aber darin, daß die Haut nicht an den meisten Körpertheilen, so wie bei dem ägyptischen Hunde, kahl, sondern außer am Scheitel und dem Schwanze, auch an den Ohren und am Vorderhalse mit ziemlich langen und nicht sehr dünn stehenden Haaren besetzt ist.

Die Hautfarbe ist dieselbe wie beim ägyptischen Hunde, die Farbe der Haare in der Regel gelblichbraun, häufig aber auch schwarz oder weiß.

Chien-turc et gredin ist der Name, mit welchem diese Race in Frankreich bezeichnet wird.

In ihren Eigenschaften kommt sie beinahe vollständig mit dem ägyptischen Hunde überein und ist auch als Stubenhund ebenso beliebt als dieser.

5. **Der gemähnte ägyptische Hund** (Canis caraibaeus, aegyptius cristatus).

Es ist dieß eine Mischlingsrace, welche ihre Entstehung der Vermischung des ägyptischen Hundes (Canis caraibaeus, aegyptius) mit dem kleinen dänischen Hunde (Canis Molossus, fricator variegatus) verdankt. Sie muß daher als ein doppelter Bastard reiner Kreuzung angesehen werden.

Sie ist von ebenso zartem Baue wie der ägyptische Hund, mit welchem sie auch in ihren körperlichen Formen im Allgemeinen sehr viel übereinkommt, doch ist sie immer etwas kleiner als derselbe.

Unterzieht man beide aber einer genaueren gegenseitigen Vergleichung, so ergibt sich, daß diese Race durch folgende Merkmale vom ägyptischen Hunde sich unterscheidet.

Die Schnauze ist kürzer und auch minder spitz, die Ohren sind etwas stumpfer, der Leib ist verhältnißmäßig kürzer und in der Weichengegend auch weniger stark eingezogen, und die Schenkel sind minder hoch.

Ein Hauptmerkmal, durch welches diese Race aber ausgezeichnet ist, besteht in der theilweisen Behaarung ihres Körpers, indem bei derselben nicht nur der Scheitel, sondern auch der Nacken und der Vorderhals mit ziemlich kurzen und nicht sehr dünn stehenden Haaren besetzt sind, und dünner gestelltes Haar sich auch über den Rücken und den Schwanz verbreitet.

Bezüglich der Hautfarbe besteht zwischen diesen beiden Formen durchaus kein Unterschied. Die Haare sind braun, grau oder schwarz.

Die Franzosen nennen diese Race Chien-turc metis und Chien-turc à crinière, die Italiener Can Turco bastardo.

Auch sie wird bei uns nur als Stubenhund gehalten und ist ebenso zärtlich als der ägyptische Hund.

6. **Der mexikanische Buckelhund** (Canis caraibaeus, Hernandesii).

Wenn es auch gewagt erscheinen mag, über diesen Hund — der uns nur aus einer höchst ungenügenden Beschreibung und einer wahrhaft erbärmlichen Abbildung, die uns Hernandez in der Mitte des 17. Jahrhunderts von demselben mitgetheilt, — eine Ansicht auszusprechen, so dürfte doch mit ziemlicher Wahrscheinlichkeit angenommen werden können, daß er eine reine, unvermischte Form, und zwar eine Abänderung des südamerikanischen nackten Hundes (Canis caraibaeus, meridionalis) sei, welche durch Zucht und veränderte Lebensweise hervorgerufen wurde, und hauptsächlich durch Mästung entstanden sei.

Aus jener plumpen und ohne Zweifel gänzlich verzerrten bildlichen Darstellung sowohl, als auch aus den wenigen, dieselbe erläuternden Worten ersehen wir, daß es eine völlig haarlose, dickleibige Hundeform war, die sich durch einen verhältnißmäßig kleinen Kopf, ziemlich lange, breite, und beinahe vollständig hängende Ohren, einen sehr kurzen Hals, und stark gekrümmten Rücken ausgezeichnet hatte, welcher letztere fast das Aussehen eines Buckels gewann. Der Schwanz wird als ziemlich kurz und hängend bezeichnet, und die Zahl der Zitzen nur auf sechs angegeben.

Die Hautfarbe dieses Hundes soll röthlichgelb, und schwärzlich gefleckt gewesen sein, die Schnauze, die Stirne, die Augenbogen, die Beine und der Schwanz aber werden als weißlich bezeichnet.

Die große Anlage zur Ablagerung von Fett, welche dem südamerikanischen nackten Hunde eigen ist, drängt unwillkürlich zur Vermuthung hin, daß auch dieser Hund, welcher einst in Mexiko gezogen wurde, kaum für eine besondere Form des nackten Hundes (Canis caraibaeus) gelten könne, sondern vielmehr nur als eine Abänderung des südamerikanischen nackten Hundes anzusehen sei, welche ihre Entstehung der Zucht und veränderten Lebensweise, und hauptsächlich der Mästung verdankt.

Diese Vermuthung gewinnt um so mehr Wahrscheinlichkeit für sich, als es eine geschichtlich erwiesene Thatsache ist, daß die alten Bewohner von Mexiko mehrere ihrer Hunderacen zu mästen pflegten, bevor sie dieselben verzehrten.

Das einzige Unterscheidungsmerkmal, welches dem mexikanischen Buckelhunde eigen gewesen sein mochte, besteht in der abweichenden Färbung der Haut, welche aber wohl ebenso wie beim ägyptischen Hunde (Canis caraibaeus, aegyptius), röthlich- oder bräunlich-fleischfarben war.

Bei den alten Mexikanern war dieser Hund unter dem Namen Ytzcuinte porzotli oder potzotli bekannt.

Nachtrag.

Hiermit ist die Reihe der verschiedenen Formen und Racen des zahmen Hundes, welche ich wohl noch mit so manchen seither unbeachtet gebliebenen hätte vermehren können, geschlossen, und es erübrigt mir nur noch, um nicht den Vorwurf eines Uebersehens oder einer Lückenhaftigkeit in dieser Arbeit auf mich zu lasten, hier anhangsweise einer Form zu erwähnen, welche bisher blos von einem einzigen Naturforscher beschrieben und auch abgebildet wurde, über deren Existenz ich aber, ungeachtet der Autorität, auf welche sich dieselbe stützt, dennoch einigen Zweifel hege.

Es ist dieß:

Der ächte Otterhund (Canis vertagus, hypridus).

Diese Race wurde bis jetzt nur von Ludwig Reichenbach beschrieben und durch eine Abbildung erläutert. Beide verdankte er der Mittheilung des durch seine Nachrichten über Amerika allgemein bekannten, glaubwürdigen Reisenden Bromme, der sich auch längere Zeit auf den kleinen Antillen aufgehalten und daselbst diese Form kennen gelernt zu haben behauptet.

Ich gebe die Charakteristik dieses Hundes so, wie sie Reichenbach uns mitgetheilt, und füge nur einige Ergänzungen bei, welche ich der von ihm beigefügten Abbildung entnommen habe.

Dieses höchst auffallende Thiergebilde stellt ein merkwürdiges Gemische der Dachshundform mit jener der Fischotter dar.

Der Kopf ist verhältnißmäßig groß, ziemlich lang, und hoch, das Hinterhaupt breit, die Stirne mäßig stark gewölbt, die Schnauze lang, ziemlich hoch, nach vorne zu schon von den Augen an plötzlich verschmälert, und stumpf zugespitzt. Die Ohren sind sehr lang, breit, abgerundet, und vollkommen hängend, die Augen klein, und schiefliegend. Der Hals ist kurz und dick, und mit dem Rücken fast in gleicher Ebene, der Leib überaus stark gestreckt und voll, der Widerrist nur sehr schwach erhaben, der Rücken gerade, die Brust ziemlich breit. Die Beine sind sehr kurz und dick, die vorderen vollkommen gerade, die Schenkel außerordentlich kurz. Die Vorder- sowohl, als auch die Hinterfüße sind fünfzehig, die Zehen durch eine lange Schwimmhaut mit einander verbunden. Der Schwanz ist verhältnißmäßig kurz, obgleich am Boden schleppend, sehr dick, und flachgedrückt.

Die Körperbehaarung ist kurz, dicht, und glatt anliegend.

Die Färbung erscheint einfärbig dunkelbraun.

Die Körperlänge beträgt $2^1/_2$ Fuß, die Länge des Schwanzes $^1/_2$ Fuß.

Der Angabe Bromme's zu Folge soll dieser merkwürdige Hund, welcher auf den kleinen Antillen häufiger als in anderen Gegenden Süd-Amerika's getroffen werden soll, aus China oder Guinea stammen.

Sollte diese Form wirklich existiren, so könnte dieselbe nur für einen Bastard des krummbeinigen Dachshundes (Canis vertagus, valgus) mit der brasilianischen Fischotter (Lutra brasiliensis) erklärt werden, was jedoch sehr unwahrscheinlich ist. Ein Aufschluß hierüber steht erst von der Zukunft zu erwarten.

Ich will hiermit keineswegs die Möglichkeit einer solchen Bastardirung geradezu läugnen; denn wenn man bedenkt, daß Pallas, der doch zu den genauesten und sorgfältigsten Beobachtern unter den Naturforschern nicht nur seiner, sondern aller Zeiten gehörte, und gegen dessen Erfahrungen und Urtheile wohl kaum von irgend einer Seite ein Bedenken, oder wohl gar eine gerechte Einsprache erhoben werden kann, einen Fall erzählt, der sich im Jahre 1790 im Gouvernement Pensa in Sibirien ereignete, wo eine Hauskatze (Felis maniculata, domestica) mit einem Stein-Marder (Martes Foina) drei Bastarde zeugte, die er selbst lebend sah und in seiner „Reise" sowohl, als auch in seiner »Zoographia rosso-asiatica« beschrieben und durch eine Abbildung erläutert hatte, so muß man jedenfalls die Möglichkeit zugeben, daß sich auch der Hund mit der Fisch-Otter fruchtbar vermischen könne, so wenig verwandt diese beiden Gattungen auch miteinander sind.

Eine andere Frage ist es indeß, ob die aus einer solchen Vermischung hervorgehenden Bastarde auch das Vermögen besitzen, sich unter sich wieder weiter fortzupflanzen.

Ueberhaupt ist dieß ein Feld, das bis jetzt noch sehr wenig gepflegt wurde, und bei sorgfältig angestellten Beobachtungen mit der Zeit zu höchst wichtigen Resultaten führen kann.

Anhang.

Halbzahme, noch heut zu Tage wild vorkommende Formen des Hundes.

An die Racen des zahmen Hundes schließen sich noch einige wenige fremdländische Formen an, die uns jedoch nur im halbwilden und wilden Zustande bekannt sind, und welche ich der Vollständigkeit wegen nicht übergehen zu dürfen, sondern hier anführen zu sollen für nothwendig erachte. Dieselben sind folgende:

Der schwarze amerikanische Wolf (Canis occidentalis, niger).

Seine Heimath ist Nord-Amerika; doch gehört er mehr den südlicheren Gegenden an und wird vorzüglich in Florida, am Saskatchewan und Missouri getroffen. Am Makenzie-Flusse dagegen ist er bereits selten. Er wird von den Indianern im halbzahmen Zustande gehalten und von denselben als Zugthier benützt.

Der Cayote (Canis ochropus).

Kalifornien und der westliche Theil von Mexiko sind das Vaterland dieser Art, welche daselbst im halbzahmen Zustande bei den Indianern getroffen und von denselben zum Zuge verwendet wird.

Der Dingo (Canis Novae-Hollandiae).

Er gehört ausschließlich Neu-Holland an und vertritt bei den Eingeborenen, die ihn im halbgezähmten Zustande halten, die Stelle eines Hausthieres.

Endlich:

Der Neu-Irländer-Hund (Canis Novae-Hiberniae).

Neu-Irland und Neu-Guinea bilden das Vaterland dieses australischen Hundes, der von den Eingeborenen, so wie der Dingo in Neu-Holland, im halbzahmen Zustande gehalten und als Hausthier verwendet wird.

Berichtigung.

Durch Versehen der Druckerei sind die Tafeln der Abbildungen falsch numerirt:

Tafel 1.	gehört zu Gruppe IV.	„Jagdhunde"	pag. 187.
2.	VI.	„Windhunde"	pag. 237.
3.	III.	„Dachshunde"	pag. 176.
4.	II.	„Seidenhunde"	pag. 147.
5.	I.	„Haushunde"	pag. 111.
6.	V	„Bullenbeißer"	pag. 217

Druckfehler.

Seite 112 Zeile 14 von oben lies: Canis domesticus, lapponicus, statt laponicus.
113 17 v. unten lies: Canis domesticus, Zingarorum japonicus, statt japanicus.
152 21 von oben lies: Canis extrarius, alpium, statt alpinus.
158 20 „ „ Canis extrarius, hispanicus subhirsutus, statt hirsutus.
161 15 von unten lies: Chien-lion, statt Chion-lion.

Alphabetisches Namensverzeichniß.

(Die Ziffern bedeuten die Seitenzahlen.)
